G. Willard

Geschichte der Vereinigten Staaten von Nordamerika

EHV
HISTORY

G. Willard

Geschichte der Vereinigten Staaten von Nordamerika

ISBN/EAN: 9783955640620

Auflage: 1

Erscheinungsjahr: 2013

Erscheinungsort: Bremen, Deutschland

EHV
HISTORY

Geschichte

der

Vereinigten Staaten

von

nach

E. Willard.

Mit den Portraits sämmtlicher Präsidenten, einer Karte Nordamerika's
und acht statistischen und chronologischen Tabellen.

Baltimore, Md.

Verlag von Maaß und Cursch.

1852.

P.S Duval & C?. Lith. Press Ph?.

Chronologische Uebersicht

aller

geschichtlichen Ereignisse seit der Entdeckung Amerika's.

(N.B. Dient zugleich als Inhalts-Verzeichniß.)

I

Könige von Frankr.	Präsid. der Ver. Staaten.			Sette.	Könige von England.
Ludwig XVI. Enthauptet 1792.	Georg Washington.	1790	Hamilton's System, die Schulden der Nation zu tilgen, wird angenommen	217	Georg III.
		—	Mai. Rhode Island tritt der Constitution bei	218	
		—	7. Aug. Vertrag mit den Creek-Indian.	221	
		1791	Steuern auf destillirte Spirituosen	218	
		—	Gen. Harmar wird von den Indianern geschlagen	220	
		—	Vermont wird in die Union aufgenom.	219	
Republik.		1792	Kentucky wird in die Union aufgenom.	221	
		—	Der Congreß errichtet eine Münze	220	
Robes- pierre.		1793	Washington's zweite Inauguration	221	
		—	22. April. Washington veröffentlicht eine Neutralitäts-Proclamation	221	
		1794	Gen. Wayne schlägt die Indianer	222	
		1794	19. Nov. Freundschafts- und Handelsvertrag mit England	223	
Directorium.		1795	Vertrag mit Algier	223	
		—	27. Oct. Vertrag mit Spanien	223	
		1796	Tennessee wird in die Union aufgenom.	223	
		—	Washington veröffentlicht seine Abschieds-Adresse	224	
	John Adams.	1797	4. März. J. Adam's Inauguration	224	
		—	Gesandtschaft nach Frankreich	225	
		1798	Der Congreß bereitet sich zum Kriege mit Frankreich vor	225	
		—	10. Febr. Die französ. Fregatte „Der Insurgent" wird von der Verein. St. Fregatte „Constellation" genommen	226	
Consulat. Bonaparte, erster Consul.		1798	30. Sept. Vertrag mit Frankreich	226	
		1799	14. Dec. Washington's Tod	226	
		1800	Der Gouvernementssitz wird nach dem District Columbia verlegt	227	
		—	Mississippi und Indiana werden zu Territorien erhoben	227	
Kaiser- reich.	Thomas Jefferson.	1801	4. März. Jefferson's erste Inaugurat.	229	
		1801	Krieg mit Tripolis	229	
		1802	Ohio wird in die Union aufgenommen	229	
Napoleon.			**1803.**		
		1803	Ankauf Louisiana's	230	
		—	Die Ver. St. Fregatte „Philadelphia" wird von den Tripolitanern erbeutet	230	
		1804	Decatur erobert die „Philadelphia" wieder und steckt sie im Hafen von Tripolis in Brand	230	

XII

Chronologische Uebersicht 2c.

Napoleon.   James Madison.   Thomas Jefferson.   Georg III.

XVI

Chronologische Uebersicht 2c.

Republik Frank= reich.	Präſid. der Ver. Staaten.		Seite.	Königin von England.
		1848 1. Aug. Gen. Smith übergiebt Vera Cruz den merikan. Behörden	363	
Die Republik unter dem Dictator Cavaignac.	James K. Polk.	— Oregon erhält eine Territorial=Regier.	366	
		— 8. Dec. Die erſten Depoſiten von Ca= liforniagold werden in der Ver.=St.= Münze niedergelegt	364	
		1848 21. Dec. Verſammlung zu Gunſten einer proviſoriſchen Regierung für Ca= lifornia zu San Francisco	364	
Die Republik unter dem Präſidenten Louis Napoleon.	Zacharias Taylor.	1849 5. März. Zach. Taylor's Inaugurat.	364	Victoria.
		— 10. Mai. Aufruhr in New York	369	
		— 15. Mai. Erſter Cholerafall in N. York	369	
		— 17. Mai. Großes Feuer in St. Louis	369	
		— 15. Juni. Tod des Erpräſidenten Polk	369	
		— 4. Septbr. Convention in Monterey, Calif., zur Anfertig. einer Conſtitution	364	
		1850 15. Jan. Uihazy beſucht den Präſiden= ten Taylor	370	
		— 31. März. Calhoun's Tod	365	
		— 19. Mai. Gen. Lopez landet mit 609 Mann bei Cardenas auf Cuba	366	
		— 9. Juli. Präſident Taylor's Tod	369	
	Millard Fillmore.	1850 10. Juli. Millard Fillmore, Präſident	369	
		— Sept. New Mexiko und Utah erhalten Territorial=Regierungen und Califor= nia wird als Staat aufgenommen	366	
		— 12. Sept. Die Fugitive Slavebill paſſirt	365	
		1851 25. April. Der Präſident erläßt eine Proclamation gegen die Cuba-Invaſion	367	
		— 4. Juli. Aufſtände auf Cuba	367	
		— 3. Aug. Lopez ſchifft ſich mit einer zwei= ten Expedition nach Cuba ein und landet bei Bahia Honda	367	
		— 13. Aug. Gefecht mit den Spaniern unter Gen. Enna bei Las Pozas	367	
		— 21. Aug. Aufruhr in New Orleans	368	
		— 1. Sept. Lopez wird in Havanna gar= rotirt	368	
		— Decbr. Ankunft Ludwig Koſſuth's in New York	370	

Anhang.

Geschichte

der

Verein. Staaten von Nordamerika.

—•—

Einleitung.

Natur.—Erste Bevölkerung und Traditionen Amerikas.

Das Land, von dem unsere Geschichte handelt, ist das in den aus=
gedehnten Grenzen der Vereinigten Staaten von Nord=Amerika ein=
geschlossene. Der Name: „Die Vereinigten Staaten von Nord=Ame=
rika" ist aber zu lang und die Union hat deshalb ihre Benennung
in den der amerikanischen Republik oder noch kürzer „Ame=
rikas" verwandelt. Die Bewohner werden im Inlande, zum
Unterschiede von Canadiensern und Mexikanern, schlichtweg Ameri=
kaner genannt, und im Auslande werden die Gesandten ihrer Na=
tion ebenfalls mit dem Namen: „Amerikanische Gesandte"
bezeichnet. Die Vereinigten Staaten nennen sich daher auch und ha=
ben das Recht dazu sich so zu nennen, nur Amerika. Was die
früheren Einwohner des ungeheuern Reichs betrifft, dessen Territo=
rien sich vom atlantischen Ocean bis zum stillen Meere erstrecken, so
geht eine wirklich authentische Geschichte derselben wohl nicht weiter
zurück, als zu den europäischen Entdeckungen und Ansiedlungen.
Dennoch lassen die gefundenen Antiquitäten, wie einzelne Traditio=
nen der Eingebornen auf eine frühere Race, von der wir nichts Ge=
naues wissen, schließen.

Noah, der zweite Vater des Menschengeschlechts, soll nach der
größen Sündfluth im westlichen Asien zuerst wieder ans Land

(1)

gestiegen sein; die beiden Continente nun, Amerika und Asien, nähern sich einander an der Behringsstraße und die frühesten hier von Europäern gefundenen Eingebornen gleichen den Tartaren des östlichen Asiens. Daher die Vermuthung, daß Amerika aus jener Richtung her bevölkert worden sei. Hiergegen spricht aber wieder das, was man an Ruinen, Befestigungswerken, und andern Al= terthümern aus Hügeln und Erderhöhungen gegraben hat. Und hier nachstände zu vermuthen, daß besonders das Mississippithal in früherer Zeit von einer civilisirtern Race, als jene Tartaren sind, bewohnt worden sei.

Allerdings soll aber auch die Tartarei in frühern Zeiten von einem andern Geschlechte bevölkert gewesen sein; denn auch dort finden sich Alterthümer, die denen der alten Aegypter gleichen; da= her ist es nun vielleicht möglich, daß eben jener Stamm, der jetzt so wenig Spuren hinterlassen, die Behringsstraße durchschnitten und seine Wanderung fortgesetzt habe, bis er die breiten Thäler des fruchtbaren Mississippigrundes und seiner benachbarten Ströme er= reichte. Rohere und wildere Stämme folgten aber diesem Zuge und vertrieben die friedlichen Nationen vom urbar gemachten Grund und Boden. Und es läßt sich nicht anders denken, als daß eben diese Nationen, von den Feinden bedrängt, noch weiter gen Süden zogen und so Mexiko, Mittelamerika und Peru erreichten, deren Kunstwerke vollkommen den im Norden und in der Tartarei ge= funden ähnlich sind.

Was nun die jetzigen Indianer betrifft, so stammen jene ausge= breiteten Nationen die sich östlich vom Mississippi finden, von den Leni Lenapes ab und sprechen, obgleich in verschiedenen Dialekten, doch eine Hauptsprache, die von den Franzosen Algonquin genannt wurde. Daher kommt es auch, daß dieser Name in größerer Aus= dehnung jener ganzen Race gegeben ist, die noch immer unter dem Namen der Delawaren bekannt ist.

Die Indianer besaßen keine Bücher, noch sonstige Schriftwerke und ihre ganze Literatur bestand nur in Ueberlieferungen und ein= zelnen Kriegsliedern. Nach diesen wohnte die große Nation der Leni Lenapes einst weit im Westen, zog sich dann östlich und gelangte endlich, nachdem sie eine große Strecke gewandert, an die

Ufer des Mississippi. Hier trafen sie die Mingos oder Jrokesen, einen andern mächtigen Stamm, der wahrscheinlich aus dem glei= chen Grunde auch vom Westen hierher ausgewandert war und denselben Fluß, aber höher zu den Quellen hinauf, erreicht hatte. Das östliche vom Mississippi gelegene Territorium wurde damals von den Allegewis, einer mächtigen Nation, die viele große Städte hatte, bewohnt, deren Krieger, wie die Tradition sagt, von gigan= tischem Körperbau waren. Die Lenapes baten um die Erlaubniß, sich in ihrem Lande ansiedeln zu dürfen; aber man verweigerte es ihnen. Da entschlossen sie sich, ihren Weg zu erzwingen und ver= bündeten sich nun mit den Mingos. Die Allegewis befestigten hier= auf ihre Städte und leisteten wackern Widerstand; manche blutige Schlachten wurden geschlagen, die Todten auf Haufen gelegt und mit Erde bedeckt. Aber die Allegewis mußten endlich den mächti= gern Feinden weichen, flohen den Mississippi hinab und kehrten nie wieder.

Die beiden siegreichen Nationen theilten jetzt das Land zwischen sich, die Jrokesen nahmen Besitz von jenem Theil, der an den Seen und am St. Lorenz lag, und breiteten sich nach und nach über die Thäler seines Stromgebietes aus, während die Lenapes ihre unter= nehmenden Jäger ausschickten, die die Berge überstiegen und mäch= tige gen Süd und Ost fließende Ströme entdeckten. Diesen folgten sie bis zum Atlantischen Meer, oder wie sie dieses nannten, zum Salzwassersee. Dem Delaware gaben sie den Namen Lenape= hittuck, oder der reißende Fluß der Lenapes. Diesen machten sie zum Mittelpunkt ihrer verschiedenen Verbindungen und dehnten sich von hier bis zum Potomac, Susquehanna und Hudson aus. Im Verlauf der Zeiten theilten sie sich dann in drei Stämme, in die Schildkröten, Truthühner und Wölfe. Die erstern behaupteten den zwischen der Seeküste und den Bergen gelegenen Platz, während die Wölfe ihre Rathsfeuer in Minisink, etwa 25 Meilen westlich von Newburgh und Hudson entzündeten. Als aber diese Regionen später von Europäern besiedelt wurden, zogen sich die Delawaren nach und nach weiter westlich und im Jahre 1770 etwa war der Sitz ih= rer Häuptlingschaft in den östlichen Theilen von Ohio.

Mit diesen Conföderationen verbündeten sich wiederum Andere, wie z. B. die Mohikaner, die sich östlich vom Hudson und dessen Quellen ausbreiteten, und die Enkel des Hauptstammes der Lenapes genannt wurden. Die Nation sandte ihre Stämme auch südlich hinab und aus ihr entstanden jene mächtigen Verbindungen, die das Land an Chesapeake bewohnten. Unterdessen hatten die Mingos oder Irokesen, die sich zuerst an den Seen niedergelassen, ihre Grenzen so erweitert, daß sie sich an manchen Stellen den Lenapes näherten. Sie überwältigten auch damals eine mächtige Nation, die Huronen, Adaronbacks oder Wyandots genannt, das einzige Volk an der öst= lichen Küste, welches, wie die indianische Tradition sagt, nicht von Mingos oder Lenapes abstammt. Zwischen den Delawaren und Irokesen entstanden aber endlich Streitigkeiten und ein Krieg be= gann, über den jedoch von den zwei verschiedenen Nationen auch sehr verschiedene Berichte gegeben werden. Die Ursache liegt in dem thatsächlichen Hergange, daß die Delawaren, obgleich sehr geachtet und von vielen Nationen der Großvater der Stämme genannt, doch aber auch wieder und zwar nach ihrem eigenen Bekenntniß in Be= treff aller Kriegsführung zu sogenannten „Weibern" reducirt wurden. Die Irokesen prahlten nun, daß ihre Macht und Gewalt die Delawaren gezwungen hätte, in diesem weibischen Beinamen Schutz zu suchen. Die Delawaren dagegen erklärten die Ursache solcher Benennung auf eine ganz andere und ihrem frühern Ruhme weit entsprechendere Weise. Fürchterlich vernichtende Kriege, sagen sie, hatten beide Nationen fast aufgerieben und die Irokesen sandten ihnen folgende Botschaft: „Es ist nicht gut, daß die Nationen alle miteinander in Feindschaft und Krieg leben, es würde den Unter= gang der ganzen indianischen Race herbeiführen; wir haben deshalb auf einen Ausweg gesonnen; eine Nation soll die Frau sein und wir Alle wollen die Frau vertheidigen; diese Frau soll keinen Krieg führen, sondern nur Worte des Friedens reden; sie soll die Strei= tigkeiten beilegen und Die zurechtweisen, die auf thörichten Wegen wandeln. Die Männer sollen dann hören und dieser Frau gehor= chen." Die Delawaren fügten sich diesem, und eine große Bera= thung folgte, in welcher die Irokesen in ihrer Bildersprache erklär= ten: „Wir kleiden Dich in das lange Gewand einer Frau, wir geben dir Oel und Medicin, und eine Maispflanze mit einer Hacke

in die Hand; deiner Sorge überantworten wir den großen Frie=
densgürtel und die Freundschaftskette."

Mit ziemlicher Gewißheit dürfen wir in diese Zeit die Regierung
des großen und berühmten Häuptlings der Delawaren, Tamenund,
legen, dessen Feste noch jetzt in New York in der "Tammany Hall"
gefeiert werden, während man sein Emblem, den Hirschwedel, als
ein Parteizeichen trägt. — Soweit folgen wir den Traditionen der
Indianer und es ist wahrscheinlich, daß sie, gleich denen anderer
barbarischer Nationen, eine Mischung von Wahrheit und Irrthum
enthalten; dennoch liegt eine Einfachheit in der ganzen Erzählung,
die sehr viel für sich hat. Man dürfte also die erste Bevölkerung
von Amerika den Allegewis zuschreiben, die als eine mehr civilisirte
Race durch die Tartarei, die Behringsstraße kamen und am Missis=
sippi hinunterzogen. Ihnen folgten die Lenapes und Mingos und
trieben sie wahrscheinlich nach Mexiko, Mittelamerika und Peru.
Dieses Argument findet auch noch darin eine nicht unbedeutende
Bestätigung, daß die Sprachen, die in ihrem Lande gesprochen wur=
den, sich in drei verschiedene Stämme theilen lassen und zwar in
den der Algonquins, der Irokesen und Mobiler. Ein Theil näm=
lich des ersten Stammes kann sich leicht etwas östlich gewendet und
im Thale von Mobile niedergelassen haben, denn De Soto fand
1540 dort ein Volk, daß in Städten wohnte und mehr civilisirt
war, als die es umgebenden Wilden. Auch das spricht vielleicht für
die Abstammung der Mobiler Indianer, daß sie sich früher der
christlichen Religion und Kultur ergaben, während die übrigen
Stämme dies streng verweigerten. Was aber die frühern wilden
Nationen, die Lenapes und Mingos, nicht zu thun vermochten: ih=
ren ganzen Urstamm zu vernichten, das haben jetzt unsere civili=
sirten Mächte zu Stande gebracht. Die Allegewis sind von den
Gräbern ihrer Väter vertrieben, oder vernichtet und nur noch ein=
zelne von jenen zahlreichen Stämmen übrig geblieben.

Die Leni Lenapes, Delawaren und Algonquins maßten sich die
Oberherrschaft all der nördlichen Stämme, östlich vom Mississipi an,
wobei nur die Mingos oder Irokesen, später auch die fünf Nationen
genannt, angeschlossen waren, und wiederum eine große Familie
bildeten, an deren Spitze die Huronen oder Wyandots standen.

1*

Dies waren, wie es scheint, jene Wilden, die unsere Vorväter an
den Ufern des atlantischen Oceans fanden, und deren Gastfreund=
schaft sie mit Nahrung und Kleidung versah, deren Tapferkeit sie
aber auch später in fortwährender Angst und Noth erhielt und mehr=
mals drohte, das ganze kleine Häuflein der Weißen zu vernichten.

Die den Engländern am frühesten bekannten Indianer waren
die virginischen Stämme und zwar von der Zeit her, wo die erste
mit Erfolg gekrönte Colonie im November 1607 dort gegründet
wurde. Damals wurden die Strecken, die zwischen der Seeküste und
den Bergen und vom Potomac zu den südlichen Wassern des James=
flusses liegen, von mehr als 40 Stämmen bewohnt. Die in den
Niederungen zwischen der Seeküste und den Fällen des Flusses bil=
deten eine Conföderation und waren der Powhatan=Nation be=
freundet. Diese Conföderation bestand aus 30 Stämmen und ihre
ganze Seelenzahl wird auf 8000 angegeben, von denen drei Zehn=
theile Krieger waren. Das Territorium, über das sie sich ausbrei=
teten, bestand aus 8000 Quadrat=Meilen und es scheint, daß dies
einer der bevölkertsten Distrikte war, da eine Person auf jede Qua=
drat=Meile kommt. Powhatan war der große Sachem einer Confö=
deration, die durch die Kraft seines Geistes zusammengehalten wurde
und seinen Namen trug. Der Sitz seiner Erblande war im Powha=
tan, später James und zwar unterhalb der Fälle, nicht weit von
jenem wunderschönen Platze, auf dem Richmond steht. Hier wurde
auch Pokahontas, die berühmteste indianische Frau, geboren.

Bald nach der Niederlassung von Jamestown theilten sich die
Indianer, welche an den zwischen den Wasserfällen des Flusses und
den Bergen gelegenen Hügeln wohnten, in zwei Conföderationen,
in die Monahoacks, die aus 8 Stämmen bestanden, im Norden, und
in die Monacans, aus 5 Stämmen bestehend, die sich südlich nach
Carolina hin erstreckten. Später zogen die letztern, unter dem Na=
men der Tuscaroren, nördlich und schlossen sich den Irokesen an.
Diese 13 Stämme vereinigten sich gegen die Powhatans. Kaum
weniger hervorragend sind aber in der amerikanischen Geschichte
auch die fünf Hauptstämme von Neu=England, den nordöstlichen
Staaten der Union; von diesen waren die ersten unter dem Namen
der Wampanoags oder Pokanokets bekannt, welche zwei der berühm=

teſten neuengländiſchen Häuptlinge erzeugten. Es war Vater und
Sohn: Maſſaſoit, ſeiner Weisheit und Güte wegen und Metacom
oder Philipp ſeiner heroiſchen Tapferkeit wegen berühmt. Ihre Un=
terthanen bewohnten das Land, das am Cap Cod liegt und ſich an
der Seeküſte hinſtreckt; es iſt daſſelbe, was jetzt den ſüdlichen Theil
von Maſſachuſetts und den öſtlichen Theil von Rhode Island um=
ſchließt. Verſchiedene Stämme, die auf den benachbarten Inſeln
wohnen, waren dem großen Sachem der Pokanokets zinspflichtig.

Im Jahre 1614 landete ein engliſcher Capitän, Namens Hunt,
an dieſer Küſte, ſtahl ſchändlicherweiſe 27 der harmloſen Eingebor=
nen und ſchleppte ſie nach Malaga, wo er ſie als Sclaven verkaufte.
Einige wohlwollende Mönche befreiten jedoch einen Theil von dieſen
wieder und einer derſelben, Tisquantum, ging nach England, wo er
freundlich aufgenommen wurde. Hunt's Schurkerei kam aber da=
durch an den Tag und er wurde verurtheilt und beſtraft. Tisquan=
tum dagegen, nachdem er die engliſche Sprache gelernt und das eng=
liſche Volk liebgewonnen, kehrte auf einem Schiffe des Capitän Der=
mer 1619 in ſein Vaterland zurück. Der arme Teufel ſollte aber
nicht viel Freude in ſeiner Heimath erleben; einem Briefe des Ca=
pitäns nach fand er, obgleich er einen Tag lang in den Plätzen ſei=
ner Kindheit umher reiſte, alle ſeine Lieben todt.

Die Pokanokets hatten zu jener Zeit mit den andern Neu=Eng=
landſtämmen eine Art Peſt zu erdulden, die nach der Beſchreibung
das gelbe Fieber geweſen ſein muß; denn die Ueberlieferung lautet,
daß die Opfer derſelben vor und nach dem Tode „die Farbe eines
gelben Kleides gehabt". Nicht weniger als neun Zehntel der Ein=
gebornen müſſen auf ſolche Art in jenem Lande und in einem ganz
kurzen Zeitraum umgekommen ſein, und es ſcheint ſo faſt, als ob der
Himmel ſelbſt hätte einer civiliſirten Race im Voraus Platz machen
wollen.

Außer den Pokanokets waren die andern Hauptſtämme von Neu=
England die Pawtuckets, die Maſſachuſetts, Narraganſetts und die
Pequods. Die Pawtuckets hatten ihren Hauptſitz in Merrimack, und
zwar nahe deſſen Mündung und dehnten ſich bis zu den Territorien
der Maſſachuſetts nach Süden aus. Ihre Zahl ſoll ſich früher auf
3000 belaufen haben; jene ſchreckliche Epidemie reducirte ſie aber

auf ſo viele Hunderte. Die Maſſachuſetts wohnten an der Bay zer=
ſtreut, die ihren Namen trägt, und das Wort bezeichnete in ihrer
Sprache einen Hügel in der Geſtalt eines Pfeils. Ihre Territorien
erſtreckten ſich bis zu den Pawtuckets im Norden und Pokanokets im
Süden; die Autorität ihres oberſten Häuptlings wurde aber auch
von vielen geringeren Stämmen anerkannt, unter denen ſich die
Neponſetts, Naſhuas und die Pocumtucks von Deerfield befinden.
Auch dieſe Nation litt ebenſoviel und vielleicht noch mehr, als die der
Pawtuckets, von jenem Fieber.

Die Hauptperſon dieſer Conföderation war, als die Engländer
dort landeten, eine Frau, die „Maſſachuſetts Königin“. Sie ſoll die
Wittwe eines mächtigen Häuptlings geweſen ſein, der 1619 ſtarb.
Ihre königliche Reſidenz, ein Wigwam auf einem flachen Hügel,
wurde 1625 von einer Abtheilung der Pilger von Plymouth beſucht,
und man glaubt, daß er in der Nähe von Milton gelegen habe.
Die Pilger von Plymouth bedauerten ſchon damals, daß ſie ſich nicht
auf dieſem Territorium niedergelaſſen hatten; denn der fruchtbare
Boden, die ſchönen Häfen und die pittoresken Inſeln verſprachen
das Beſte und haben auch in neuerer Zeit bewieſen, welcher Cultur
ſie fähig ſind.

Die Narraganſetts hatten ihren Hauptplatz und die Reſidenz ihres
großen Sachem auf der Inſel Canonicut in der Bay, die noch jetzt
ihren Namen trägt. Weſtlich dehnten ſie ſich bis zu vier oder fünf
Meilen vom Paucatuckfluß aus, wo ihre Territorien denen der Pe=
quods begegneten. Oeſtlich grenzten ſie an die Pokanokets. Durch
die peſtartige Krankheit war die Zahl ihrer Krieger von 5000 auf
1000 heruntergeſchmolzen. Kein Stamm hat aber wohl ſchöneres
Land, beſſere Jagdgründe gehabt, als gerade die Narraganſetts. Ab=
wechſelnde Wälder und Waſſer lieferten ihnen gleichen Ueberfluß an
Wild wie Fiſchen und ließen ſie ihre Lieblingsreiſen mit dem Canoe
bewerkſtelligen. Es ſcheint auch, daß ſie, da ihnen die Mittel ihrer
Subſiſtenz in ſo reichem Maaße geboten waren, weniger feindſelig
ſich zeigten, als andere Stämme; der alte Sachem derſelben, Cano=
nicus, der Wohlthäter von Rhode Island, iſt wenigſtens in einer
Hinſicht einer der bedeutendſten Männer unter den Wilden; denn
er iſt eigentlich der einzige indianiſche Häuptling, der einen vollkom=

menen Stammbaum aufweisen kann. Und so eifrig war er dabei
bemüht, das reine Blut seiner Familie zu erhalten, daß die Sage
geht, er hätte, da er für seine beiden Kinder kein gleich altes Ge=
schlecht finden konnte, diese zusammen vermählt. Von diesen ent=
sprang Canonicus und der Vater des prinzlichen Miantonomoh, der
ein Verbündeter seines Bruders und der Führer seiner Krieger
wurde. Die mehr barbarischen Pequods hatten die östlichen Theile
von Connecticut inne und ihre Länder schloffen sich denen der Nar=
ranganfetts an; die Refidenz ihres großen Sachem, Saffacus, lag
auf den Höhen von Groton, nahe dem Fluffe Pequod, der jetzt die
Themse genannt wird. Die Mohifaner unter Uncas, deffen Haupt=
fitz dort war, wo jetzt Norwich steht, wurden von den Pequods als
Unterthanen betrachtet, trugen aber nur unwillig dieses Joch, und
als die Pequods gegen die Weißen die Waffen ergriffen, trat Uncas
gegen sie auf.

Die Indianer des nördlichen Neu=England, deren verschiedene
Namen theilweise in den Flüffen und Seen jenes Landes bewahrt
sind, hatten noch außerdem eine Hauptbenennung und hießen die
Taratihos oder Abenakis. Sie dehnten sich an der Küste von Maine
aus bis nach New Hampshire hin und waren von rauhem und trotzi=
gen Charafter. Ihre blutigen nächtlichen Ueberfälle setzten lange
Zeit die friedlichen Bewohner Neu=Englands in Furcht und Schrecken
und besonders fürchterlich zeigten sie sich in ihrer Allianz mit den
Franzosen in Canada. Unter den Stämmen von New Hampshire
wurden die Pennicuhfs besonders berühmt, und zwar durch ihren
großen Sachem Paffaconaway, den man fürchtete, weil man ihn für
einen mächtigen Zauberer hielt.

Die Pioniere der canadischen Ansiedelungen fanden, daß die Iro=
fesen und Mingos die Ufer des St. Lorenz bewohnten. Und es
scheint, daß sie im Anfang weniger kriegerisch, als die Conföderation,
gewesen sein müffen, durch welche sie umgeben und nur zu oft ange=
griffen wurden. Die Stämme derselben wurden nach ihren verschie=
denen Namen Huronen, Wyandots und Adorondacks genannt. Die
Irofesen, von diesen gedrängt, zogen sich endlich von den Ufern des
St. Lorenz zurück und theilten sich in fünf verschiedene Stämme, die
Senecas, Cayugas, Onondagos, Oneidas und Mohawks; nach und

nach breiteten sie sich östlich vom Erie See aus, auch südlich am Ontario, und an den romantischen Wassern des nördlichen New York hin, denen sie noch ihre kühnen und harmonischen Namen gegeben haben.

Hier aber hielten sie endlich Stand und wurden nun, durch die ewigen Kriege geübt, die kecksten, wildesten und muthigsten Stämme. Sie überwältigten die Huronen, bekämpften die Delawaren, setzten sich bei allen übrigen Stämmen in Furcht und Schrecken, und als später Frankreich und England ihren Krieg begannen, so wurde ihr Beistand von beiden Ländern gesucht, sie selbst von beiden Ländern gefürchtet. Von den fünf Nationen waren die Mohawks die kriegerischsten; ihr Hauptsitz befand sich in Johnstown an dem schönen Flusse, der noch jetzt ihren Namen trägt. Von dort aus schickten sie ihre Tributsammler nach Osten und Süden, und kamen diese zwischen die feindlichen Indianer des Connecticutflusses und einer oder zwei ihrer alten Krieger trat hervor und schrie: „Wir sind gekommen Euer Blut zu saugen", dann ging ein Angstgeschrei durch das Land: „Die Mohawks, die Mohawks!" Und Alle flohen oder unterwarfen sich.

Von den südlichen Indianern waren die ausgebreitetsten und mächtigsten Conföderationen die der Creeks, meist in Georgia wohnhaft; dann die der Cherokesen in den bergigen Regionen Nord und West; und die der Choctaws und Chickasaws näher dem Mississippi zu.

Die Natchez haben großes Interesse erregt, weil ihre Sprache von denen der benachbarten Stämme ganz verschieden war. Ihre Häuptlinge wurden „Die große Sonne" genannt und wie die Peruaner hatten sie ein Feuer, das sie als geheiligt betrachteten und fortwährend unterhielten. Die Stadt Natchez am Mississippi bezeichnet noch jetzt ihren Hauptsitz.

Die Shawaneser, der Geburtsstamm Tecumses, jenes berühmten Häuptlings, wohnten einst an den Ufern des Sawaney=Flusses in Florida, zogen aber von dort nördlich, zuerst nach Pennsylvania und später nach Ohio.

Erstes Buch.

Von 1492 bis 1643.

Erste Periode.

Von der Entdeckung Amerikas bis zum ersten, von der Königin Elisabeth dem Sir H. Gilbert verliehenen Patent.

(Von 1492 bis 1578.)

Wir haben bis jetzt nur einen kurzen Blick auf das Land geworfen, wie es von seinen frühern Eigenthümern bewohnt wurde. Wir werden es jetzt bald im Besitze europäischer Souveräne sehen, die nur aus dem einfachen Grunde Beschlag darauf legten, weil — eines ihrer Schiffe, das dorthin segelte, es entdeckt hatte.

Würde ein solcher Grund von einer Nation vorgeschützt, die ein civilisirtes Land entdeckte und wollte diese dann wirklichen Besitz davon nehmen, wie es die Europäer mit Amerika gethan, so wiese man sie nicht allein mit bewaffneter Hand zurück, sondern die ganze Welt schrie auch noch über die fürchterlichste Ungerechtigkeit. Bei den armen Wilden aber, die nicht im Stande waren, sich gegen die ihnen überlegenen Waffen zu vertheidigen, scheint das etwas Anderes zu sein, ja im Gegentheil hält man es noch für ein gutes Werk; man bringt ihnen ja die christliche Religion und daß sie selbst darüber zu Grunde gehen, kümmert die Missionare nicht. Im Gegentheile hat das sogar noch einen besondern Nutzen; denn dadurch schwinden die doch sonst Schande halber zu bezahlenden Entschädigungsgelder, wie das noch jetzt die neuere Geschichte bewiesen hat.

(11)

Aber auch hier hatte wohl eine Art Vorsehung die Hand mit im
Spiele; denn nur durch fürchterliche Revolutionen konnte in civili=
sirten Ländern für die sich zu stark mehrende Bevölkerung Raum
werden. Ein anderer Platz mußte daher gefunden werden und je=
nes wilde, im Verhältniß zum alten so wenig bewohnte Land bot
einen trefflichen Abzugscanal.

Viele tausend Jahre waren aber seit der Schöpfung verflossen
und die Bewohner der östlichen Hemisphäre hatten noch nicht ein=
mal eine Ahnung, daß auf dem Planeten, der sie trug, ein anderer
Continent von fast demselben Umfange, als der ihnen bekannte,
liege. Das erfuhren sie aber auch nicht etwa durch einen glücklichen
Zufall; nein, sie verdankten diese Entdeckungen den scharfsinnigen
und hartnäckigen Bemühungen eines Mannes, der sich dadurch die
größten Verdienste um das Menschengeschlecht erworben hat.

Dies war Christoph Columbus, in Genua im Jahre 1437 ge=
boren, und mit alle den Eigenschaften begabt, die es ihm möglich
machten, ein solch ungeheures Unternehmen zu beginnen und durch=
zuführen: einer lebhaften Einbildungskraft, feurigem Muth, glü=
hendem Eifer und all jenen energischen Gefühlen der Seele, die zu
hohen und edeln Thaten führen. Dabei war er ruhig und beson=
nen, von gutmüthigem, frommen Charakter, aber auch von unabläs=
sigem Eifer in dem, was er einmal begonnen. Damals brach sich
die Wissenschaft zuerst nach dem langen, traurigen Schlafe des Mit=
telalters Bahn; die Magnetnadel war erfunden und der Seefahrer
brauchte nicht mehr vorsichtig am Ufer hinzufahren, sondern konnte
seine Barke jetzt keck und kühn in den Ocean hinaussteuern, um
fremde Länder aufzusuchen. Columbus hatte damals die Tochter
eines der zu jener Zeit verstorbenen portugiesischen Entdecker ge=
heirathet und erhielt von dessen Wittwe, die bemerkte, mit welchem
Eifer der junge Mann alles Das auffaßte, was in dieses Fach ein=
schlug, alle die Mappen, Karten und nautischen Papiere, welche
ihrem Gatten gehört hatten. Marco Polo, ein Venetianer, kehrte in
eben dieser Zeit aus dem Osten mit glühenden Beschreibungen von
Cathay und der Insel Cipango, damals gewöhnlich Ostindien ge=
nannt und jetzt unter dem Namen von China und Japan bekannt
zurück. Die kugelförmige Gestalt der Erde wurde allerdings damals

erſt von wenigen Gelehrten zugegeben; Columbus glaubte jedoch, nach der in der Mondfinſterniß bemerkbaren Geſtalt derſelben, feſt daran. Daher vermuthete er auch, daß jene herrlichen Länder, mit deren Beſchreibung Marco Polo ſeine Einbildungskraft entflammt hatte, eben ſo gut aufgefunden werden könnten, wenn man gen Weſten ſegelte. Freilich hoffte er, wegen falſcher Berechnung ihrer Lage, ſie in der Hälfte ihrer wirklichen Entfernung zu erreichen. Da er nun nicht mit Unrecht vermuthete, daß die Nation, die eine ſolche Entdeckung begünſtigen würde, auch bedeutende Vortheile daraus ziehen müßte, ſo bot er ſeine Dienſte zuerſt ſeinem Geburtslande an, fand ſich aber leider zurückgewieſen. Hierauf wendete er ſich nacheinander an Johann II. von Portugal, durch ſeinen Bruder Barthomäus an Heinrich VII. von England und perſönlich an Ferdinand und Iſabella, den König und die Königin von Spanien. Keiner von dieſen Monarchen bewies aber im Anfange hinlänglichen Geiſt, auf ſolche mächtige Pläne einzugehen, oder ſchien freigebige Großmuth genug zu beſitzen, ſie der Wiſſenſchaft wegen zu unterſtützen. Am ſpaniſchen Hofe hatte er ſo zwei volle Jahre vergebens zugebracht und war zuletzt ſo entmuthigt worden, daß er ſich ſchon vorbereitete, ſeinem Bruder nach England zu folgen, als er durch ein Mandat Iſabellens zurückgerufen wurde. Dieſe Frau erwies ſich von allen Souverainen Europas als die einzige, die den großen Erfolg einer ſolchen Entdeckung zu ahnen ſchien; und Columbus betrachtete ſie auch bis zum letzten Tage ſeines Lebens als ſeine erſte und kräftigſte Beſchützerin. Da aber die Königin nicht wußte, auf welche Art ſie eine zu ſolcher Reiſe nöthige Summe aufbringen ſollte, ſo beſchloß ſie ihre Juwelen zu opfern und wurde daran nur durch die außerordentlichen Anſtrengungen und Bemühungen ihrer Miniſter verhindert. Seine erſte und gewiß die intereſſanteſte Reiſe aller Seefahrer machte Columbus im Jahre 1492 und entdeckte dabei das erſte Land der neuen Welt am 11. October deſſelben Jahres.

Es war eine Inſel, die von den Eingebornen Guanchani genannt wurde, er aber gab ihr im frommen Danke für das glückliche Auffinden ſeines Ziels den Namen San Salvador. Auf ſeiner dritten Reiſe entdeckte er endlich den Continent und zwar die

2

Küste von Südamerika, etwa 14 Monate später, als die Cabots dessen Ufer im Nordosten erreicht hatten. Durch die Undankbarkeit Ferdinands wurde er aber wie ein Missethäter aus der Welt in Ketten heimgeschickt, die sein Geist der spanischen Monarchie gegeben hatte. Americus Vespucius, ein ehrgeiziger Florentiner, folgte ihm später in seiner Entdeckungslaufbahn und empfing von der Welt eine Ehre, die eigentlich Columbus gebührte, und zwar die, daß sein Name dem Continente gegeben wurde.

Im Jahre 1502 machte der große Entdecker seine vierte und letzte Reise und als er von dieser nach Spanien zurückgekehrt, seine Patronin todt, seine gerechten Forderungen unbeachtet, sich selbst vernachlässigt fand, da brach ihm das Herz und er starb im 69. Jahre seines Alters.

Andere Personen suchten nun mit Columbus die Ehre, und andere Nationen mit Spanien den Gewinn der Entdeckungen zu theilen. Viele Versuche wurden gemacht, um zu beweisen, daß eben dieses Land schon weit früher aufgefunden wäre. Die Waliser brachten eine Geschichte von Madoc, dem Sohn von Owen Gwyneth, der im 12. Jahrhundert westlich gesegelt war, dort ein Land entdeckt hatte, und später eine Colonie dorthin führte, von der man nie wieder etwas gehört. Ist diese Geschichte wirklich wahr, so beweist das noch immer nicht, daß jenes Land Amerika gewesen. Die Norweger entdeckten auch Island und Grönland und zwar im 9. Jahrhundert, und errichteten dort Colonien. Biörn oder Biron, ein Isländer, wurde auf einer Reise nach Grönland, im 11. Jahrhundert, durch einen Sturm südwestlich getrieben und fand eine Region, die er der vielen dort wachsenden Weinreben wegen das Weinland nannte. Aber auch hier fehlt der Beweis, daß dies wirklich Amerika gewesen.

Die europäischen Nationen, die zuerst Amerika entdeckten und colonisirten, sind:

     1) die Engländer,
     2) die Franzosen,
     3) die Spanier,
     4) die Holländer.

Aber erst unter der Regierung des wohl politisch klugen, doch

grausamen Heinrich VII. von England wurden die Ufer der Ver=
einigten Staaten entdeckt, und die Namen der Cabots sollten daher
mit denen des Columbus von amerikanischen Bürgern im Gedächt=
niß behalten werden; denn auch sie gehören mit zu der Kette, welche
die amerikanische mit der europäischen Geschichte verbindet. John
Cabot, ein Eingeborener von Venedig, hatte sich mit seiner Familie
in England angesiedelt und er und sein berühmter Sohn, Seba=
stian, waren Männer von großer Gelehrsamkeit und Unterneh=
mungskraft. Durch eine Commission Heinrichs VII., vom 5. März
1496 datirt (die älteste englische Staatsacte über Amerika), hatten
sie die Erlaubniß erhalten, irgend ein heidnisches, christlichen Völ=
kern bis dahin noch nicht bekanntes Land zu entdecken und war das
geschehen, so sollten sie diese Länder als des Königs Gouverneure
verwalten, indem sie ihm nur ein Fünftheil ihres ganzen Gewinnes
auszahlten. Sie segelten im Mai 1497 von England ab und ent=
deckten im Juni die Insel New Foundland, die sie Prima Vista
nannten. Von da aus nördlich steuernd, entdeckten sie zuerst den
Continent an der Küste von Labrador, etwa im 55. Breitegrade.
Auf ihrer Rückkehr verfolgten sie eine südliche Richtung bis zu einer
unbestimmten Entfernung.

Sebastian Cabot segelte ein zweites Mal aus, erreichte Labrador
im 58. Breitegrade, wandte sich von dort südlich und wurde der
Entdecker der Küste der Vereinigten Staaten, an der er bis zur süd=
lichen Breite von Maryland herniederfuhr. Es ist sehr zu be=
dauern, daß nur so wenige Einzelheiten von jener für die jetzige
Geschichte so wichtige Reisen vorhanden sind.

Franz I. von Frankreich fand später, 1524, und zwar ein Jahr
früher, als er bei Pavia geschlagen wurde, einen andern Italiener,
John Verrazani, einen Florentiner, den er nach dem Continente
hinüberschickte, und dieser befuhr ebenfalls jene Küste bis zur Insel
Nova Scotia hinauf, machte aber weiter keine besondere Entdeckun=
gen, sondern kehrte nach Frankreich zurück, schrieb jedoch eine Erzäh=
lung seiner Reise, welche den frühesten Originalbericht von den
Küsten der Vereinigten Staaten bildete.

Derjenige Seefahrer übrigens, dessen Entdeckungen die Franzosen
ihr Eigenthumsrecht an Nordamerika zuschrieben, war James

Cartier. Dieser erreichte nach einer glücklichen Reise von 20 Tagen
Cap Bonavista, den östlichen Theil von New Foundland, segelte um
die Nordostküste dieser Insel und fand hier gar arges Wetter und
eisige Seen. Dann nach Südwesten hinunterhaltend, entdeckte er
am St.-Lorenz-Tag den edlen Golf, der noch jetzt den Namen dieses Heiligen trägt. Im Juli lief er in eine Bay ein, die er der Hitze
der rasch wechselnden Jahreszeit nach Des Chaleurs nannte; von
da an der Küste bis zu einer kleinen Bucht, Gaspé genannt, hinun-
terlaufend, landete er dort und errichtete ein Kreuz, auf das er ein
Schild mit dem Wappen Frankreichs hing, damit erklärend, daß
dies Land von jetzt an Frankreich gehören solle. Stürmisches Wetter zwang ihn jedoch bald, zurückzukehren. Im Jahre 1535 segelte
er zum zweiten Male aus, erreichte den Golf von St. Lorenz wieder
und fuhr nun den Fluß hinauf, dem er denselben Namen gab.
Hierauf warf er an einer Insel Anker, auf der er ungemein viel
wilden Wein fand und die er die Bacchusinsel nannte, während sie
jetzt die Insel von Orleans heißt. Von hier setzte er seine Reise
nach der Insel Hochelaga fort, die damals den Hauptsammelplatz
mehrerer indianischen Stämme bildete, welche der Sprache nach den
Huronen angehörten.

Hierauf kehrte er nach der Bacchusinsel zurück, und erbaute dort
ein Fort, litt aber nicht allein durch die ungewohnte Strenge des
Winters, sondern auch durch einen Anfall des weit gefährlichern
Scorbut, dem ein großer Theil seiner Mannschaft zum Opfer fiel.
Im nächsten Frühjahr reiste er nach Frankreich zurück und machte
eine furchtbare Beschreibung von dem neugefundenen Lande, das er
aber nichtsdestoweniger Neu-Frankreich nannte. Jene Gegend wurde
auch Canada genannt; woher übrigens dieser Name entsprang und
zu welcher Zeit er ihm gegeben, ist nicht sicher bekannt.

Frankreich besaß jetzt in der neuen Welt eine Strecke, welche ein
riesiger Fluß durchströmte, der in Europa seines Gleichen nicht hatte.
Und um eine so ausgebreitete Region, obgleich eine Wildniß, zu
regieren, suchte Franz De La Roque von Roberval, der bis dahin
nur eine kleine Besitzung in der Piccardie besaß, beim König um
ein Patent nach, und erhielt bald von demselben die volle Autorität,
als Gouverneur jenes ungeheure Territorium zu beherrschen, das

die Bay und der Fluß St. Lorenz umschließt. Da er aber ohne
Cartier den Platz nie gefunden hätte, so mußte dieser ihn beglei=
ten und erhielt dafür den Titel eines „Hauptlootsen und Gene=
ralkapitäns" des Unternehmens. Um übrigens Colonisten nach
jenem fernen Welttheil zu finden, den die Uferbewohner noch fürch=
teten, wurden die Gefängnisse geöffnet und man kann sich denken,
aus welcher Bande dort die ersten Ansiedler bestanden. Es ist daher
auch natürlich, daß ein solches Unternehmen keinen guten Erfolg
haben konnte. Cartier erreichte allerdings den St. Lorenz, erbaute
ein Fort, nahe der Stelle wo jetzt Quebec steht, und verbrachte dort
den Winter, während dessen er Gelegenheit bekam, einen von seiner
Gesellschaft zu hängen, verschiedene in Eisen zu legen und andere,
Männer und Frauen, mit Peitschenhieben zu züchtigen. Im Früh=
jahre, als er denn endlich fand, daß er gar nichts mit ihnen aus=
richten konnte, nahm er sie nach Frankreich zurück und gab sogar im
nächsten Jahr seine Gouverneurstelle in Amerika auf, um lieber in
ruhigem Frieden in die Piccardie zurückzukehren.

Frankreich näherte sich jetzt der fürchterlichen Krisis der Bartho=
lomäusnacht; der schwache Karl IX. war nur dem Namen nach
Souverain, während Catharina von Medicis die wirkliche Macht
und Herrschaft besaß. Zu jener Zeit war aber Coligni, jener be=
rühmte Großadmiral, der Freund der Hugenotten und diese wurden
von den Monarchen so gefürchtet, daß er, als Coligni ein Projekt
vorschlug, eine Colonie derselben in Amerika zu gründen, gern dar=
ein willigte. Demzufolge schickte er unter dem Befehl von Johann
Ribault, der als ein braver und frommer Protestant bekannt war,
zwei mit Hugenotten beladene Schiffe nach der neuen Welt, von
denen Viele den besten Familien Frankreichs angehörten. Sie
landeten im herrlichen Klima von St. Augustin und entdeckten im
Mai den St. John, den sie hiernach den Maifluß nannten. An der
Küste in einem nordöstlichen Curse hinsegelnd, ließen sie sich endlich
am Eingange des Port=Royal nieder; dort errichteten sie ein Fort
und nannten es, dem König von Frankreich zu Ehren, C a r o l i n a,
ein Name, der sich noch jetzt auf zwei Staaten übertragen hat.
Ribault verließ dort seine Colonie und kehrte nach Frankreich zu=
rück.

2*

Der Comandeur des Forts scheint übigens nicht nach Recht und Gewissen regiert zu haben, denn es entstand eine Empörung und er wurde erschlagen. Hierdurch ihres Oberhauptes beraubt, sehnten sich die Colonisten wieder nach Haus zurück und gingen endlich auch wirklich in See, versahen sich aber nicht mit dem zu solcher Reise unumgänglich nöthigen und hinlänglichen Mundvorrath und wurden endlich, verirrt und fast verhungert, von einem brittischen Fahrzeug auf und nach England mit genommen.

Der unermüdliche Coligni ließ sich dadurch aber nicht abschrekken, schickte vielmehr unter Laudonniere eine andere Colonie hinüber, die ebenfalls wieder am Maifluß ihre Wohnstätten erbaute und ein anderes Fort befestigte, daß sie gleichfalls Carolina nannte. Im nächsten Jahre folgte diesen wieder Ribault mit mehreren Schiffen, die gleichfalls Emigranten und Vorräthe enthielten, und da er hier jetzt selbst den Oberbefehl übernahm, so schien auch von da an die Colonie wacker zu gedeihen.

*   *   *

Um aber nun die Entdeckung einer andern Nation bis zu dieser Zeit zu verfolgen, müssen wir auf 50 Jahre zurückgehen.

Juan Ponce de Leon, ein spanischer Soldat, der auch schon früher mit Columbus gereist war, hatte irgendwo die Idee gefaßt, es existire in der neuen Welt eine Quelle, deren Wasser alle Krankheiten heilen und dem Körper ewige Jugend geben könnte. Der alte Ponce machte sich also im Jahre 1512 auf, diese Quelle zu suchen und sich ein Königreich zu erobern. Er segelte zuerst zu den Bahama-Inseln und steuerte dann Nordwest; am Ostersonntag, der von den Spaniern Pascua florida genannt wird, entdeckte er etwas nördlich von der Breite von St. Augustin, wie er damals glaubte, ein förmliches Blumenland, so herrlich und blühend sahen die Bäume aus. Die Lebensquelle war freilich nicht da, aber Ponce nahm nichtsdesto weniger und zwar in des spanischen Königs Namen, Besitz von diesem Lande und nannte es Florida.

Jener Theil von Süd-Carolina, in dessen Nachbarschaft der Combaheefluß liegt, wurde bald darauf von einem Spanier, Namens Vasquez de Ayllon, besucht, das Land wurde Chicora genannt und der Fluß der Jordan. De Ayllon hatte zwei Schiffe; er

lud die Eingebornen ein, sie zu besuchen und während die keines=
wegs mißtrauischen Wilden auf seinem Decke standen, entfaltete er
seine Segel und im nämlichen Augenblicke wurden sie elende Skla=
ven, die, von ihren Familien gerissen, endlosem Jammer, endloser
Arbeit preisgegeben werden sollten. De Ayllon erhielt später einen
Befehl, oder vielmehr eine Erlaubniß, das Land zu erobern; die
feindselige Gesinnung der Indianer machte ihm das aber unmög=
lich und zahllose Spanier gingen im fruchtlosen Versuche zu Grunde.
Bei einem eben so unglücklichen Angriff der Spanier, unter dem
Abenteurer, Narvaez, der Florida und das benachbarte Land unter=
werfen wollte, schmolz eine Arme von 300 Spaniern, großentheils
berittene Cavaliere, so zusammen, daß nur vier oder fünf von die=
sen zurückkehrten und selbst diese Wenigen nur nach unendlichen
und kaum glaublichen Drangsalen und Mühen.

· Diese bestätigten jedoch, daß Florida das reichste Land der Welt
sei und Ferdinand de Soto, schon berühmt als der Begleiter Pizar=
ros, des grausamen Eroberers von Peru, und von Ehrgeiz gesta=
chelt, eine eben so weltberühmte Eroberung zu machen, als jener,
vernahm kaum die wunderbaren Erzählungen jener Wanderer, als
er auch bei Karl V. um eine Erlaubniß nachsuchte, Florida auf seine
eignen Kosten zu erobern. Er erhielt sie; sein Ruf verschaffte ihm
bald Begleiter und mit hohen Hoffnungen segelte er nach Cuba
hinüber, dessen Gouverneur er war. Dort seine Macht noch verstär=
kend, landete er 1539 zu Espirito Santo in Florida mit 600 Sol=
daten; es war dies eine größere und besser gerüstete Armee, als
die, mit der Cortez Mexico erobert hatte. Er erwartete nun nichts
weniger, als ganze Minen von Gold und die reichsten Städte zu fin=
den, und verfolgte auch, von Eingebornen getäuscht und irre geführt,
eine lange Zeit hindurch diese Schatten, die stets flohen, sobald er
sich näherte. Er wandte sich endlich nördlich, kreuzte die Alleghany=
Gebirge, marschirte dann südlich nach Mobile und kämpfte dort ei=
nen blutigen Kampf mit dem Volke einer von Mauern umschlossenen
Stadt, die mehrere 1000 Bürger oder vielmehr Krieger enthielt.
Zu Pensacola traf er Schiffe von Cuba, mit Vorräthen für seine
erschöpfte Armee und zu stolz, um weise zu werden, verharrte er hart=
näckig bei seinem nutzlosen Plane und ging lieber dem augenschein=

lichen Verderben entgegen, als daß er sich die Blöße gegeben, ein=
zugestehen, einen falschen Schritt gethan zu haben.

Die Hoffnung kostbare Metalle zu gewinnen, lockte ihn aber be=
sonders an, und weiter, immer weiter zog er gen Nordwesten, bis er
im 34. Breitegrade den majestätischen Mississippi entdeckte. Von
hier an wandte er sich westlich, bis er den Wachita erreichte, wo er
denn doch endlich, niedergeschlagen und entmuthigt, seinen Curs
heimwärts lenkte, dem Strom bis zu seiner Vereinigung mit dem
Red River folgte und mit diesem bis da hinunter ging, wo er seine
rothen Wasser in die Fluthen des Mississippi ergießt. Dort starb er
und sein Körper wurde, in eine hohle Eiche eingeschlossen, dem brei=
ten Strom übergeben, dessen Entdeckung er mit seinem Leben be=
zahlt hatte.

Der Offizier, der ihm im Befehl folgte, verlor keine Zeit, den
traurigen Ueberrest seiner Armee den Mississippi hinunter und wie=
der nach Cuba zu führen, wo er doch wenigstens, nicht mehr ohne
Unterlaß von im Hinterhalt liegenden Wilden bedroht, einmal wie=
der „ordentlich ausschlafen" konnte.

Sobald die Nachricht nach Spanien kam, daß Florida durch
französische Hugenotten colonisirt worden wäre, fand Philipp II.
in Pedro Melendez de Ariles einen herrlichen Agenten für seinen
eigenen bigotten Plan. Diesem gab er den doppelten Auftrag, so=
wohl Besitz von jenem Lande zu nehmen, als auch die Ketzer zu ver=
nichten. Ueber 500 Personen begleiteten Melendez, unter denen sich
ganze Familien, Soldaten, Handwerker und Priester befanden. Diese
erreichten die Küste südlich von der frühern Ansiedlung und entdeck=
ten den Hafen von St. Augustin, im Jahr 1565 am Tage dieses
Heiligen. Dort legten sie auch den Grund der Stadt dieses Na=
mens, welche jetzt die älteste der amerikanischen Republik ist, um 40
Jahre älter, als die Nächstfolgende.

Die Franzosen erhielten jetzt von Melendez die fürchterliche Nach=
richt, daß er gekommen wäre, Alle die zu vernichten, die nicht katho=
lischer Religion seien. Ribault, der vermuthete, die Spanier wür=
den ihren Angriff zu Wasser machen, schiffte sich ein, ihnen zu
begegnen. Ein fürchterlicher Sturm warf ihn aber aus seiner Bahn
und ließ seine große Flotte stranden. Zu gleicher Zeit durchwander=

ten die Spanier den Wald und griffen das Fort von der Landseite an. Unvorbereitet und durch solchen Angriff überrascht, blieb ihm na=
türlich nichts Anders übrig, als sich zu ergeben; grausame Bigot=
terie schlachtete hier ohne Unterschied des Alters und Geschlechts 900
Hugenotten. Die gestrandeten Schiffsleute wurden später noch ge=
funden, als sie schwach und erschöpft am Ufer lagen. Melendez lud
sie ein, zu ihm zu kommen und seiner Großmuth zu vertrauen; sie
kamen und er ermordete sie Alle.

Als die Nachricht dieses Gemetzels an die französische Küste drang,
zuckte ein Schrei der Rache durch das ganze Land, aber der Monarch
schenkte ihm kein Gehör; was konnte auch der Tod von 900 Huge=
notten eine Regierung kümmern, die 7 Jahre später die blutige
Bartholomäusnacht in Paris selbst feiern ließ? Nichts desto weni=
ger vergaß das Volk diese Schuld nicht, die es im Blut der Spa=
nier zu tilgen hatte. Und drei Jahre danach schifften sich unter der
Leitung des wackern Chevalier Gouges muthige Männer ein, grif=
fen Florida an und erschlugen 200 Spanier.

Die spanische Colonie bekam dadurch einen gewaltigen Stoß,
wurde aber doch nicht gänzlich vernichtet und erwies sich als die
erste bleibende Ansiedelung, welche Europäer an den Ufern der nord=
amerikanischen Republik gegründet hatten.

━━━◆━━━

Zweite Periode

Von dem Sir Gilbert verliehenen Patent der Königin
Elisabeth, bis zur Landung der Pilger in dem
jetzigen New Plymouth.

(Von 1578 bis 1620.)

Die Geschichte der englischen Colonisation in Amerika beginnt
mit zwei merkwürdigen Männern, Sir Humphrey Gilbert und sei=
nem Schwager Sir Walter Raleigh. Die englische Monarchie be=
anspruchte nämlich das Land und zwar auf Grund der Entdeckung

von Sebastian Cabot, und die Königin Elisabeth gab 1578 Sir Humphrey Gilbert ein offenes Patent, was ihm „alle solche entfernte heidnische und barbarische Länder, die er in Nordamerika entdecken und in Besitz nehmen würde," zusprach, vorausgesetzt, daß dieselben noch nicht vorher von einer andern christlichen Regierung in Besitz genommen wären. Hierzu gab sie ihm und seinen Erben das volle Eigenthumsrecht des Bodens, ebenso die Gerichtsbarkeit über jene Länder, und die Seen, welche sie begrenzten, zugleich erklärend, daß Alle die, die sich dort niederlassen würden, sämmtliche Privilegien freier Bürger und Eingebornen von England genießen sollten. Fernerhin verbot sie sogar die Niederlassung anderer Personen in der Nähe irgend eines Platzes selbst bis 200 Leagues Entfernung, welchen Sir Humphrey oder seine Gefährten durch einen Zeitraum von 6 Jahren bewohnt hatten. Für diese Privilegien sollte der, dem das Patent verliehen war, nur die Autorität der englischen Nation als rechtmäßige Obergewalt anerkennen und seinem Souverain einen Fünftheil alles des Goldes und Silbers zahlen, das er in diesen Ländern gewinnen würde.

Im ersten von Gilbert gemachten Versuche, eine Colonie zu gründen, sah er sich getäuscht, denn er stach allerdings in See, mußte aber wieder zurückkehren. Erst auf seiner zweiten Reise erreichte er, und zwar 1583, St. John in New Foundland, wo er Besitz vom Lande für seinen Souverain nahm, indem er eine Säule mit dem brittischen Wappen errichtete. Hiernach suchte er den Engländern die Fischereien jener Ufer zu sichern, die so werthvoll schienen, daß sich schon verschiedene europäische Nationen darum stritten. Von dort segelte er südwestlich, bis er den Breitegrad der Mündung des Kennebec erreichte; hier strandete das größte seiner drei Fahrzeuge und die ganze Mannschaft ging zu Grunde. Gilbert, der es jetzt unmöglich fand, weiter vorzurücken, kehrte nach England zurück. Die kleine Barke aber — denn er hatte selbst das kleinste seiner Fahrzeuge für sich gewählt, damit keiner seiner Leute einer größern Gefahr ausgesetzt wäre, als er, ihr Führer — ging unterwegs in stürmischer See zu Grunde und es wurde nie wieder von ihm gehört.

Der kühne und energische Raleigh, der in Frankreich ein Zögling

Colignis gewesen, nahm nun 1584, mit trotz jenes Unglücksfalles ungedämpftem Eifer, den großen Plan wieder auf, an dem Gilbert sein Vermögen zugesetzt und sein Leben verloren hatte. Sir Walter war schon damals ein Günstling der Königin und erlangte leicht von ihr ein Patent, das ihm dieselben Privilegien zusprach, die sie vor ihm seinem Schwager gewährt.

Raleigh hatte schon von unglücklichen französischen Emigranten die Fruchtbarkeit und das herrliche Klima des Südens rühmen hören und dorthin sandte er jetzt zwei Fahrzeuge unter Philipp Amidas und Arthur Barlow. Diese näherten sich dem Ufer des Pamlico=Sundes und fanden dort ein herrliches, mit wilden Früchten und Blumen bedecktes Land. Auch die Eingebornen schienen so freundlich wie ihr Klima und ihre Vegetation. Des Königs Sohn, Granganimo, kam mit 50 seines Volks, empfing sie mit ausgezeichneter Höflichkeit, und lud sie ein, sie in seinem 20 Meilen von der Küste entfernten Hause zu besuchen. Leider fanden sie ihn nicht dort, aber seine Frau begrüßte sie auf das Herzlichste und Gastfreundlichste, und sie hätten von keiner civilisirten Nation gütiger und liebevoller aufgenommen werden können.

Als die Schiffe aber nach England zurückkehrten und der Königin Elisabeth Nachrichten über dies reizende Land brachten, nannte sie es Virginia, zum Gedächtniß daran, daß diese glückliche Entdeckung unter einer jungfräulichen Königin gemacht sei. Der Name wurde auch bald der ganzen Küste beigelegt.

Raleigh fand nun manche Abenteurer, die sich nach solchen Beschreibungen ihm anschlossen und 1585 rüstete er eine Flotte von 7 Schiffen aus, die unter dem Befehl von Sir Richard Grenville in See ging, dem Laufe von Amidas und Barlow folgte und an derselben Insel, wie jene, landete; Grenville brannte aber hier grausamer Weise ein ganzes Dorf nieder, weil er einen Indianer in Verdacht hatte, einen silbernen Becher gestohlen zu haben. Hiernach ließ er, unter Capitän Lane, auf der Insel Roanoke eine Colonie zurück. Die Colonisten litten aber durch Mangel an Lebensmitteln große Noth und wurden schon im nächsten Jahre durch Francis Drake, der von einer glücklichen Expedition gegen die Spanier in Westindien zurückkehrte, wieder nach England eingeschifft.

Bald nach ihrer Abreise wurden sie durch ein Schiff aufgesucht, das Raleigh mit Vorräthen für sie hingeschickt und später langte Sir Richard Grenville selbst dort an. Da er sie nicht fand, ließ er höchst unvorsichtiger Weise 15 von seinen Leuten zurück, um die Insel in Besitz zu halten und kehrte dann selbst nach England heim. Von dieser kleinen Anzahl hat man aber nie wieder etwas gehört und es ist mehr als wahrscheinlich, daß sie von den beleidigten und rachsüchtigen Wilden vernichtet wurden.

Im Jahre 1587 schickte Raleigh wiederum eine Colonie von 150 Abenteurern nach derselben Insel und zwar unter dem Befehl von Capitain White, der aber blos einen Monat dort blieb, und dann nach England zurückkehrte, um Vorräthe für seine Colonie zu holen. Ehe er abreiste, gebar seine Tochter, eine Mrs. Dare, ein Mädchen, das erste von englischen Eltern in Amerika geborne Kind. Es wurde Virginia getauft.

Raleigh machte nun viele, aber stets vergebliche Versuche, diese Colonie zu unterstützen; denn gerade zu dieser Zeit drohte die spanische Armada England selbst zu überwältigen, und drei Jahre vergingen, ehe er sich nur die Mittel verschaffen konnte, Capitän White mit Vorräthen für sie zurückzuschicken. Da war es aber schon zu spät und nicht Einer von ihnen übriggeblieben, ja trotz aller Versuche, Etwas von ihnen zu erkunden, hat man nie wieder eine Spur von ihnen gefunden. White, in Gefahr, dort selbst zu Grunde zu gehen, mußte wieder nach England flüchten, ohne auch nur einen einzigen Ansiedler am amerikanischen Ufer zurückzulassen.

Hiernach wurde Raleigh leicht bewogen, alle seine Rechte und Ansprüche, die in seinem Patent enthalten waren, einer Compagnie Londoner Kaufleute abzutreten, und diese, die sich begnügte, blos einen kleinlichen Handel mit den Eingebornen zu treiben, machte gar keinen Versuch, einen Theil des Landes für sich zu erobern.

Erst im Jahre 1602 segelte Bartholomeo Gosnold mit 32 Männern von Falmouth ab, steuerte gerade West und war der erste englische Seefahrer, der jenes Land in der geradesten und nächsten Tour erreichte. Er näherte sich der Küste von Nahant, da er aber keinen guten Hafen fand, hielt er mehr nach Süden hinunter und entdeckte dort ein Cap, das er Cod nannte und dieß ist der erste Platz in

Neu-England, den ein Engländer je betreten hat. Von da segelte er um Nantucket herum und entdeckte und benannte Marthas Wein= berg, lief in Buzzards Bay ein und gab dort einer reizenden Insel, die er fand, den Namen Elisabeth, seiner Königin zu Ehren. Nahe deren westlichem Ufer auf einer kleinen Insel an einem See baute er ein Fort und Waarenhaus auf und wollte dort eine kleine Colo= nie zurücklassen. Die Indianer zeigten sich aber so feindlich, daß seine beabsichtigten Ansiedler keine Lust hatten, dort zu bleiben. Nach= dem er sein Schiff also fast ganz und gar mit der Sassafras=Wur= zel, die damals in der Heilkunde eine sehr bedeutende Rolle spielte, beladen, kehrte er mit allen seinen Leuten nach England zurück und erreichte dies wieder nach einer Passage von 5 Wochen, der kürzesten Zeit, in welcher bis dahin diese Fahrt gemacht worden.

Frankreich, durch den Krieg der Ligue geschwächt, hatte jetzt 50 Jahre lang alle seine Ansprüche auf die Territorien des westlichen Continents vernachlässigt. Nach dieser Zeit fühlte aber doch der unternehmende Geist Heinrich IV. die Wichtigkeit dieses Gegenstan= des und im Jahre 1601 gab er Sieur de Monts ein Patent, das ihm das Land Acadia, und zwar mit der ganzen Gerichtsbarkeit, zu= sprach, wie es sich vom 40—46 Grad nördlicher Breite erstreckte. Im nächsten Jahre segelte de Monts von Frankreich ab und nahm Samuel Champlain als seinen Lootsen mit; als er Cap Sable umschifft, lief er in eine weite Bay ein, die er damals La Baye Française, (Bay von Foundy) nannte und an deren östlicher Seite er Port=Royal gründete. Hiernach untersuchte er die Bay weiter, entdeckte und benannte die Flüsse St. John und St. Croix und se= gelte hierauf an der Küste bis zum Cap Cod hinauf.

Den Engländern wurde aber bei dieser Sache nicht wohl und James I., der Nachfolger Elisabeths, beschloß dagegen aufzutreten. Er theilte also 1606 den Theil Nordamerikas, der zwischen dem 34. und 45. Grad nördlicher Breite liegt, in zwei fast gleiche Distrikte, und übergab den südlichen Theil, oder die erste Colonie Virginia, zwischen dem 34. und 41. Grade, einer Compagnie von Kaufleuten, welche die Londoner Compagnie genannt wurde; den nördlichen Theil aber oder die zweite Colonie von Virginia, zwischen dem 38. und 45. Grade, einer andern Corporation, der Plymouth=Compag=

3

nie. Der König autorisirte diese Gesellschaften, dort Ansiedlungen zu gründen, vorausgesetzt jedoch, daß dieses nicht innerhalb 100 englischer Meilen von einander geschähe und gab ihnen ein Recht, auf das Land an der Küste hin 50 Meilen hinauf und hinunter und bis auf hundert Meilen von ihrer Ansiedelung aus in das Innere gehend.

Die London= und Plymouth=Compagnien säumten denn auch nicht lange, Besitz von dem ihnen anvertrauten Lande zu nehmen und rüsteten Schiffe aus. Das erste, von der letztern Compagnie be= mannte, wurde 1606 schon von den Spaniern genommen. Im dar= auf folgenden Jahr schickten sie jedoch den Admiral Raleigh Gilbert mit 100 Pflanzern, unter Capitän Georg Popham, ihrem Präsiden= ten, hinüber. Diese landeten glücklich an der Mündung des Kenne= becflusses, wo sie ein Waarenhaus erbauten und befestigten. Aber schon nach 2 oder 3 Monaten kehrten die Schiffe nach England zu= rück und ließen bloß 45 Mann im neuen Lande. Die Leiden dieser sogenannten Sagadahoc=Colonie unter Capitän Popham waren be= sonders im Winter fast unerträglich. Sie verloren ihr Waarenhaus durch Feuer und ihren Präsidenten durch den Tod, kehrten daher im nächsten Jahr nach England zurück und nannten das Land eine „kalte, dürre, gebirgige Wüste." Dieß war bis zum Jahr 1620 der erste und einzige Versuch, jenen Theil des Landes anzusiedeln. Also nach einer Periode von 110 Jahren, von der Zeit an gerechnet, daß Cabot Nord=Amerika entdeckte, und 24 Jahre, nachdem Raleigh dort die erste Colonie gegründet, lebte noch im Jahre 1607 nicht ein einziger englischer Ansiedler in Amerika.

1607 endlich schickte die London=Compagnie Capitän Christopher Newport mit drei Schiffen und 105 Mann hinüber, unter denen der Seefahrer Gosnold und Capitän John Smith, der Vater Virgi= niens, war. Dieser hatte sich schon durch seine kühnen Unterneh= mungen und Abenteuer einen Namen erworben; in seiner Jugend focht er für die Freiheit in Holland und durchreiste dann Frankreich, Egypten und Italien. In Ungarn bekämpfte er die Türken und wurde Offizier. Er war dabei ein schöner stattlicher Mann und be= sonders von Damen wohlgelitten, ja er soll sogar sowohl in der

Türkei, als in Rußland mehre Male gefangen genommen und nur
durch Frauengüte wieder gerettet sein.

Diese Flotte segelte nach den westindischen Inseln; durch einen
Sturm aber nördlich über Roanoke getrieben, entdeckte sie so zufällig
die Chesapeake Bay, deren Grenzen jetzt Cap Charles und Henry,
den Söhnen des Königs zu Ehren, benannt wurden. In diese Bay
einlaufend segelten die Abenteurer den Powhatanfluß hinauf, dem
sie den Namen James gaben und an dessen Ufer 50 Meilen von
seiner Mündung sie ihre Wohnung aufschlugen und einige Hütten
erbauten. Der Platz wurde Jamestown genannt, eine Benennung,
die er noch bis auf heutigen Tag behalten. Und wenn er auch nie
zu irgend einer Bedeutung gelangt ist, ja jetzt sogar nur noch durch
immer mehr verfallende Ruinen bezeichnet wird, so war er doch die
erste englische Ansiedelung in der neuen Welt und hat daher wenig=
stens auf den Ruhm des Alters Anspruch zu machen.

Diese Colonie befand sich jetzt im Besitze jener Männer; der pe=
dantische König James hatte aber selbst das Patent aufgesetzt und
die Regierungsgewalt gänzlich der Krone vorbehalten; den Colonien
war auch gar keine weitere Bürgschaft gegeben, als das etwas sehr
unbestimmte Versprechen, daß sie Engländer bleiben sollten. Die
Religion wurde ebenfalls nach den Formen und Doctrinen der eng=
lischen Kirche eingeführt; eine Theilung des Vermögens fand aber
für den Anfang nicht statt, und fünf Jahre lang sollte die Arbeit
der einzelnen Individuen der Gesammtheit zu Gute kommen. Sie
wählten nun ihren Rath und hatten im Anfang nicht übel Lust,
Smith, den Besten von ihnen, auszuschließen. Durch Robert Hunts,
eines wackern Mannes Bemühung, wurde aber dieser ungerechte
Beschluß zu Nichte gemacht, und Smith bekam die Stellung ange=
wiesen, die ihm als erstem Leiter der Gesellschaft auch gebührte, den
Oberbefehl über dieselbe.

Die benachbarten indianischen Stämme belästigten die Colonie
fortwährend und verwickelten sie in einzelne Kämpfe und Streitig=
keiten; dabei gingen ihnen die Vorräthe aus und Mangel an Le=
bensmitteln, wie ein Klima, an das sie nicht gewöhnt waren, brachte
bald eine Krankheit zum Ausbruch, die gar verderbliche Folgen für
sie hatte. Oft starben vier oder fünf an einem Tage und 50 gingen

zu Grunde ehe der Winter anbrach. Unter ihnen der wackre Gosnold. Smith war es hier allein, der die Ansiedlung vor gänzlichem
Verderben bewahrte; er wußte sowohl die Eingebornen in Furcht
zu halten, wie auch sogar Lebensmittel von ihnen geliefert zu bekommen. Dabei ermuthigte er die Furchtsamen und wies die Meuterer
in ihre Schranken zurück. Der Winter kam endlich und mit ihm
Erlösung von klimatischen Krankheiten, wie auch reichliche Nahrung
an Wild und Geflügel.

Die London-Gesellschaft hatte indeß mit einer Ungewißheit der
geographischen Lage des Landes, die selbst zu jener Zeit in Erstaunen
setzen muß, Befehl gegeben, daß einzelne der nordwest strömenden
Flüsse erforscht werden sollten, um eine Passage nach der Südsee zu
finden, und Smith, obgleich er einen solchen hoffnungslosen Versuch
wohl als das erkannte, was er wirklich war, unterwarf sich doch dem
Befehl und machte sich auf, die Quellen des Chickahominys zu untersuchen, deren Wasser etwa nach jener bezeichneten Richtung lagen.

Powhatan, der Häuptling oder König jener wilden Conföderationen, welche die Ufer des James und seines Stromgebietes bewohnte, war bald nach deren Ankunft von den Colonisten besucht
worden. Seine königliche Residenz bestand aus 12 Wigwams, nahe
der Stelle, wo jetzt Richmond steht. Ihm zunächst an Macht war
sein Bruder, Opechacanough, der Häuptling der Pamunkies und
Chickahominys. Smith schiffte sich in einer Barke auf den Fluß ein,
ging in dieser so weit hinauf, als möglich und verließ sie endlich,
wobei er seiner Gesellschaft befahl, daß sie bis zu seiner Rückkehr
nicht landen sollten; er ging dann mit vier Begleitern, seinen Zweck
verfolgend, am Strome weiter hinauf. Die Indianer hatten aber
seine Bewegungen beobachtet, und als die in der Barke Zurückgelassenen dem Befehle n i c h t gehorchten und ans Land stiegen, überfielen sie dieselben, nahmen sie gefangen und zwangen sie, ihnen zu
sagen, welchen Weg ihr Führer genommen. Natürlich konnte der in
ihren Wäldern unbekannte Weiße nicht lange den schlauen Söhnen
der Wildniß entgehen, sie fanden ihn, überwältigten ihn und schleppten ihn gefangen mit sich fort. Lange Zeit wußten sie nun aber
nicht, was sie mit ihm machen, ob sie ihn am Leben lassen, oder ihn
tödten sollten; endlich aber gaben ihre Medizinmänner oder Zau-

berer den Ausschlag und er wurde zum Tode verurtheilt. In Pow=
hatans Residenz sollte der Spruch vollzogen werden und in feierlicher
Versammlung brachte man einen Stein, auf dem man ihm mit
Kriegskeulen den Kopf zerschmettern wollte.

Das Leben des Europäers hing an einem Haar; schon war er
zum Richtplatze geschleppt, schon lag sein Kopf auf dem Stein, und
die beiden Krieger standen mit gehobenen Keulen neben ihm, als
Pokahontas, die Tochter Powhatans, vorsprang und mit Thränen
und Bitten das Leben des Weißen erbat. Man verweigerte es ihr,
da kniete das edle Mädchen neben das Opfer nieder und legte ihr
eigenes junges Haupt auf das des zum Tode Verdammten. Eine
solche Aufopferung rührte selbst die Wilden und Smith war geret=
tet. Er lebte jetzt eine Zeitlang mit ihnen; während seiner Abwesen=
heit aber riß Unordnung und Meuterei in seiner eigenen Colonie ein
und als er später nach Jamestown zurückkehrte, fand er nur noch 38
Personen am Leben und selbst diese verzweifelten und hatten nur
den einzigen Wunsch, ein so ungastliches Land sobald als möglich
verlassen zu können. Nichts desto weniger gelang es ihm, theilweise
durch Gewalt, theilweise durch Ueberredung sie zu bewegen, noch
bis zum nächsten Jahre auszuhalten, wo Newport auch wirklich mit
neuen Vorräthen und 120 Auswanderern aus England eintraf;
das erfüllte sie mit neuem Vertrauen und erweckte neue Hoffnungen.

Während des Jahres 1608 untersuchte Capitän Smith die Che=
sapeake Bay bis an ihre Mündung, entdeckte dort den herrlichen
Strom, und sammelte neue Erfahrungen über die Producte und
über die Eingebornen jenes Landes. Bei einer Excursion, die er den
Rappahannock hinauf machte, hatte er ein Scharmützel mit den
Mannahoacks, einer Nation, die von den Delawaren abstammte und
nahm einen Bruder eines ihrer Häuptlinge gefangen. Von diesem
hörte er zuerst die Irokesen erwähnen, die, wie ihm der Indianer
sagte, „an einem großen Wasser im Norden wohnten, viele große
Boote hatten und so viel Krieger in ihren Schaaren zählten, daß
sie mit der ganzen übrigen Welt in Krieg lebten.“

Bald nach seiner Rückkehr wurde er zum Präsidenten des Raths
ernannt, fand aber unter den neuen Emigranten weiter Nichts, als
Goldsucher und Faulenzer. Da er nun einsah, daß eine neue Colo=

3*

nie auf solche Art nicht bestehn konnte, so ließ er ihnen die Wahl,
entweder 6 Stunden jeden Tag zu arbeiten, oder Nichts zu Essen zu
bekommen. Zu gleicher Zeit schrieb er an den Rath in England,
daß sie ihm tüchtige Arbeiter schicken möchten, daß ferner der Be=
fehl gegeben würde, das Goldsuchen einzustellen, und Niemand Et=
was auf andere Art zu gewinnen suchen solle, als nur durch Arbeit.

Die London=Compagnie war aber auch indessen durch tüchtige und
einflußreiche Männer verstärkt worden; ohne jedoch die Wünsche der
Colonie zu berücksichtigen, ja sogar gegen die Interessen derselben,
löste sie ein neues Patent, durch das sie das Land in Pacht nahm und
alle bisher der Krone zustehende Macht auf sie selbst übertragen
wurde. Sie wählte auch dort aus ihrer Mitte einen Gouverneur,
der die Colonisten mit unbeschränkter Gewalt regieren sollte. Die
Compagnie sammelte nun 500 Abenteurer, unter denen sich meistens
Desperados, und förmliche Glücksritter befanden; der auf Lebenszeit
gewählte Gouverneur war übrigens der wackere Lord Delaware,
(1609) und 9 Schiffe wurden jetzt mit Emigranten befrachtet, über
die Capitän Newport den Oberbefehl übernehmen sollte. Da übri=
gens Lord Delaware noch nicht bereit war, sich einzuschiffen, so
wurde der Admiral, mit Sir Thomas Gates und Sir George So=
mers, mit der Vollmacht abgesandt, die Colonie bis zu jenes Ankunft
zu regieren. Newport nahm Gates und Somers in seine eignen
Schiffe. Die Flotte hatte aber Unglück. Als sie in die Bermudas
kam, zerstreute sie ein furchtbarer Sturm, das Admiralschiff strandete
an der felsigen Küste jener Insel und nur sieben von den Schiffen
erreichten Jamestown.

Die Einwanderer langten demnach allerdings ohne Befehlsha=
ber an; Smith aber hatte Kraft und Geist genug, ihnen zu impo=
niren, und zwang die wilde Schaar bald, sich seinen Befehlen zu
unterwerfen.

Pocahontas rettete jetzt mehrere Male Smiths Leben und war
dadurch auch die unbezweifelte Ursache, daß die Colonie, die jener
zusammenhielt, nicht zu Grunde ging. Endlich aber beraubte ein
Unglücksfall die junge Ansiedlung doch ihres Vaters. Eine zufällige
Explosion von Pulver beschädigte Smith nämlich so, daß keine dort
zu erlangende medizinische Hülfe ihn heilen konnte, und, seine Auto=

rität in die Hände George Percy's, des Bruders des Earl von
Northumberlands niederlegend, kehrte er nach England zurück. Nach
seiner Abreise hörte jedoch die Subordination und der Fleiß, der
bis jetzt einen so wohlthätigen Einfluß ausgeübt hatte, vollkommen
auf; die Leute wurden nachlässig und leichtsinnig und die Indianer,
fortwährend auf der Wacht, bedrängten sie mit feindseligen und un=
ermüdlichen Angriffen, und hielten sogar die sonst gewöhnlichen Zu=
fuhren zurück. Ihre Vorräthe mußten sich natürlich bald erschöpfen;
die Hausthiere, die sie zur Zucht frei laufen hatten, wurden einge=
fangen und verzehrt und die Hungersnoth erreichte endlich einen
solchen Grad, daß sie sogar in zwei Fällen Menschenfleisch verzehrt
haben sollen. Smith verließ 490 Personen und in sechs Monaten
hatte Anarchie und Laster ihre Zahl auf 60 vermindert und selbst
diese waren so geschwächt und elend, daß sie ebenfalls unfehlbar zu
Grunde gegangen wären, wenn dieser Zustand nur noch wenige
Tage länger gedauert hätte.

Unterdessen hatte Sir Thomas Gates und seine Gefährten, die
an den Felsen von Bermudas Schiffbruch gelitten, dort die Mittel
gefunden, ein Fahrzeug zu bauen und näherten sich Jamestown.
Sie freuten sich eines fröhlichen Zusammentreffens mit ihren Freun=
den. Aber wehe! welch Entsetzen erfaßte sie, als sie dort nur elende
Gerippe, ausgedörrte Leichname, denen man Hungersnoth und To=
desnähe ansah, trafen. An einen längern Aufenthalt dort war auch
gar nicht zu denken; sie mußten den allgemeinen Bitten nachgeben
und sich, die Ansiedlung verlassend, mit dem ganzen Ueberrest der
Colonisten einschiffen.

Sie fuhren Morgens ab, gingen mit der Strömung hinunter
und entdeckten gegen Abend nahe der Flußmündung drei Schiffe,
und auf diesen erschien Lord Delaware, ihr väterlicher Gouverneur,
brachte ihnen Provisionen und ließ ihre schon fast verzweifelten Her=
zen neue Hoffnung schöpfen. Dadurch wurden sie so ermuthigt, daß
sie zurückkehrten und nun, mit einem wackern Mann an der Spitze,
ein neues besseres Leben begannen. Die Colonie gedieh jetzt augen=
scheinlich; im März 1611 nahm aber des Gouverneurs Gesundheit
dermaßen ab, daß er sich gezwungen sah, das Land zu verlassen.
Nach Lord Delawares Abreise stand Percy wieder an der Spitze der

Regierung, bis im Mai Sir Thomas Dale eintraf. Er hatte von der
Compagnie die Macht erhalten, nach den Kriegsgesetzen zu regieren,
und er that das auch, übte dieselben aber mit solcher Mäßigung,
daß er gar bald eine vortreffliche Ordnung in die inneren Einrich=
tungen brachte, und seine Bemühungen mit dem besten Erfolge ge=
krönt sah. Dennoch konnte die Colonie mit der bis dahin geleisteten
Hülfe keineswegs eine blühende genannt werden; und Dale schrieb
deshalb nach England um Unterstützung, von wo in weniger als
vier Monaten Sir Thomas Gates mit 6 Schiffen und 300 Emi=
granten nachkam.

Nach Capitän Smiths Abreise hatte Capitän Argall an der
Spitze einer fouragirenden Partei erfahren, daß sich Pokahontas
auf kurze Zeit in der Familie eines Häuptlings der Potomacs, mit
Namen Japazaws, befand. Diesen bestach Argall mit einem glän=
zenden kupfernen Kessel, die indianische Prinzessin an ihn schändli=
cher Weise auszuliefern, da er sie seines eignen Interesses wegen
gefangen zu nehmen wünschte. Japazaws verabredete sich daher mit
seiner Frau, daß diese erklären sollte, sie verspüre eine unwidersteh=
liche Neugierde, Argalls im Flusse liegende Schiffe zu besuchen. Er
solle sich dann stellen, als ob er ärgerlich sei und sie bedrohe, zuletzt
aber so weit nachgeben, daß er ihr verspreche, mit ihr aufs Schiff zu
gehen, wenn ihre Freundin Pokahontas sie begleiten wolle. Der
Plan gelang und die Engländer nahmen die nur durch ihre Gut=
müthigkeit verleitete Prinzessin und noch dazu die Wohlthäterin der
englischen Colonisten gefangen.

Als sie nach Jamestown geführt worden, sandte man eine sehr
ceremoniöse Botschaft an Powhatan, daß er das junge Mädchen,
die er beschuldigt wurde, mit verschiedenen Männern und Artikeln,
an sich genommen zu haben, auslösen solle. Hierauf antwortete der
ehrwürdige alte Häuptling drei Monate nicht; indessen bewarb sich
aber ein junger Engländer aus der Colonie, John Rolfe, um das
indianische Mädchen und erhielt endlich ihre Einwilligung. Dadurch
wurden Alle zufrieden gestellt, und diese Heirath knüpfte auch, so
lange Powhatan lebte, einen Freundschaftsbund zwischen den Wei=
ßen und Indianern.

Pokahontas wurde unter dem Namen Rebecca in die christliche

Kirche aufgenommen und getauft und später ging sie mit ihrem Gatten nach England, wo sie vom König und der Königin sich gar freundlich aufgenommen sah. Dort fand sie auch ihren frühern Gatten Smith, von dem sie geglaubt hatte, daß er todt sei. Seine Freunde nämlich mußten ihr das auf seinen Befehl sagen. — Als sie ihn zuerst wieder erblickte, drehte sie sich ab von ihm und konnte oder wollte kein Wort mit ihm sprechen; erst nach und nach beruhigte er sie durch seine Schmeichelreden wieder und sie redete ihn jetzt als ihren Vater an, und rief sich die Scenen ihrer früheren Bekanntschaft ins Gedächtniß zurück. Nachdem sie in England einen Sohn geboren, wollte sie wieder in die Heimath gehen, wurde aber leider krank und starb in einem Alter von 22 Jahren. Ihr Sohn wuchs und gedieh dagegen und einige der stolzesten Familien Virginiens leiten jetzt ihren Ursprung von jener edlen indianischen Fürstentochter ab.

Im Jahre 1617 wurde Capitän Argall wirklicher Gouverneur von Virginien, da Lord Delaware, der noch einmal versucht hatte, dorthin zurückzukehren, unterwegs gestorben war. Argall regierte aber mit solcher Härte, daß er überall Unzufriedenheit erregte, und die erste Klage, die deshalb nach England hinübergesandt wurde, kam von einem Manne, den er ungerecht verdammt hatte. Er tyrannisirte nicht allein die Colonisten, sondern betrog sie auch, und der Mann, der nicht gezögert hatte, die unschuldige Pokahontas gefangen zu nehmen, um der Gesellschaft zu nützen, machte sich auch kein Gewissen daraus, die Gesellschaft seines eignen Nutzens wegen zu hintergehen. Die Kunde von seinen Bedrückungen aber wirkte sehr nachtheilig auf die Auswanderer, und der gutmüthige Yeardly wurde endlich durch den Einfluß Sir Edwin Sandy's hinübergesandt, seinen Platz einzunehmen. In demselben Jahre rief Gouverneur Yeardly die erste innere Versammlung, die in Virginien gehalten wurde, zusammen, und diese bestand aus von dem Volke selbst gewählten Repräsentanten, die mit dem Gouverneur und dem eingesetzten Rathe alle wichtigen Sachen zu ordnen und zu reguliren hatten. Die Colonisten, die bis dahin Nichts gewesen waren, als Diener der Compagnie, erlangten dadurch alle die Privilegien und Vortheile von freien Männern.

In dieser Gesellschaft, die in Jamestown zusammen kam, wurden 11 Districte, jeder von zwei Bürgern, vertreten. Das ermuthigte aber die Colonisten ungemein; sie sahen nun den Anfang eines blühenden Landes, und bauten und machten Land urbar nach Her= zenslust. Etwas fehlte jedoch den Colonisten noch, um ihnen ihre neue Heimath auch wohnlich zu machen. Es herrschte ein bedeuten= der Frauenmangel in Amerika, und auf Sandy's Rath wurde eine beträchtliche Anzahl von jungen, einfachen, aber höchst rechtschaffenen und anständigen Mädchen hinübergesandt, die man den jungen Pflanzern verkaufte. Der für sie bezahlte Preis bestand im Anfang aus 100, später aus 150 Pfund Tabak, und man hielt es für die größte Schande, eine in solcher Hinsicht gemachte Schuld nicht ehrlich zu bezahlen.

Zu jener Zeit wurden aber auch auf den Befehl des Königs James die ersten Sträflinge nach Amerika hinübergeführt und dort in die Colonie vertheilt und als Arbeiter verwandt. Auch die Sklaverei begann 1620, wo ein holländisches Schiff, von Afrika kommend, zuerst in Jamestown landete und dort einen Theil seiner Ladung, in Ne= gersklaven bestehend, absetzte.

Schon eine Zeit lang früher, und zwar 1609, war der Hudsonfluß entdeckt und als einer der schiffbarsten und trefflichsten Flüsse Ame= rikas befunden worden. Da sich aber zwei Nationen um das Recht auf sein Wasser und das benachbarte Land stritten, so entsprangen aus diesen verschiedenartigen Ansprüchen sehr häufige und oft blutige Kriege. Henry Hudson, der Entdecker, war ein geborner Engländer, jedoch im Dienste der holländischen ostindischen Compagnie. Im nächsten Jahre schickten die Holländer Schiffe in diesen Fluß, um einen Handel mit den Eingebornen zu eröffnen. Der Hof von Eng= land läugnete zwar ihren Anspruch an dieses Land, was aber die Holländer wenig kümmerte. Sie verfolgten ihr Glück und erbauten bald darauf das Fort Orange und Manhattan, nahe den jetzigen Stadttheilen von Albany und New York.

Im Jahre 1608 führte Champlain unter De Monts eine Colonie nach Amerika und gründete Quebec, und da er sich die Freundschaft der benachbarten Wilden zu erwerben wünschte, so willigte er ein, sie im nächsten Jahre auf einer Expedition gegen die Irokesen zu be=

gleiten, mit denen sie in offener Feindschaft waren. Sie liefen da=
mals auf den See ein, der seinem Entdecker zu Ehren den Namen
Champlain bis auf den heutigen Tag geführt, und durchsegelten
denselben, bis sie sich seiner Verbindung mit dem See St. Sacra=
ment, jetzt See Georg, näherten. Hier in der Nachbarschaft von
Ticonderoga fand ein gewaltiges Gefecht statt, in dem jedoch Cham=
plain und seine Verbündeten Sieger blieben.

Die Plymouth=Compagnie versuchte, nachdem die Sagadok=An=
siedlungen verlassen worden, nicht so bald wieder, eine zweite Colonie
zu gründen, und unternahm weiter nichts, als daß sie einige Fischer=
fahrzeuge nach dem Cap Cod und zu den Indianern schickte, um Oel
und Pelzwerk einzunehmen. Später aber schloß sich ihr Capitän
Smith, nachdem er von Virginia zurückkam und gern die nordöst=
liche Küste zu untersuchen wünschte, mit noch vier anderen Aben=
teurern als Theilnehmer an und sie statteten ein paar Handelsschiffe
aus. Smith segelte in dem größten und das andere wurde von dem
schon früher erwähnten Capitän Hunt befehligt. Während Smith
nun die Küste zu erforschen suchte, erblickte dieser am Land die Po=
kanokets und stahl über 20 von Massasoits Unterthanen. Smith
unterdessen erforschte nach besten Kräften das Ufer mit seinen Buch=
ten und Flüssen, und zwar von der Mündung des Penobscot bis
zum Cap Cod hinunter und zeichnete davon eine Karte. Diese legte
er nach seiner Rückkehr dem Prinzen Karl vor, und der nannte das
Land, da ihm Smith vorstellte, ein so wunderschöner Landstrich ver=
dient auch einen guten Namen, Neu=England.

Da sich die Franzosen indessen innerhalb der Grenzen der nörd=
lichen Colonie von Virginien niedergelassen hatten, so wurde Capitän
Argall von Jamestown ausgeschickt, sie zu vertreiben. Dies gelang
ihm auch; er zerstörte Port=Royal und all die französischen Ansiede=
lungen in Acadia. Bei seiner Rückkehr landete er im holländischen
Fort Manhattan und verlangte, daß ihm im Namen des englischen
Souverains das Land abgetreten würde. Die holländischen Händler
weigerten sich auch gar nicht besonders, die Oberherrschaft des Kö=
nigs James und unter ihm die des Gouverneurs von Virginien
anzuerkennen, und Manhattan wurde so englisch.

Dritte Periode.

Von der Landung der Pilger bis zur ersten Vereinigung der Conföderation der New-England-Colonieen.

(Von 1620 bis 1643.)

Im Jahre 1592 war in England ein Gesetz erlassen: daß alle dortigen Bewohner bei Strafe der Verbannung (und kehrten sie zu= rück, bei Todesstrafe) der bestehenden Religion angehören müßten. John Robinson und seine Gemeinde, von der Secte der Separatisten im Norden von England, konnten dieses aber mit dem, was sie für gerecht und billig hielten, nicht vereinigen, und beschlossen, einem solchen Lande, das ihnen keine Gewissensfreiheit böte, zu entsagen. Er hatte damals von Amerika gehört und glaubte, nicht mit Unrecht, in jenen Wildnissen mit den Seinigen Gott ungehindert nach der Art, die er für die allein richtige hielt, dienen zu können. Die Reise erschien ihnen aber Allen zu gefährlich und sie zogen vorerst nach Holland hinüber, um dort vielleicht in der Nähe zu erreichen, was ihnen das eigne Vaterland nicht mehr bieten konnte. Aber auch hier fanden sie nicht, was sie suchten und wünschten, nun den schon früher gehegten Plan zu realisiren. Allerdings wäre es jetzt den Holländern lieb gewesen, wenn sie sich in ihrem Lande niedergelassen hätten: sie aber schickten Agenten nach England, um durch den Ein= fluß Sir Edwin Sandy's ein Patent unter der virginischen Com= pagnie zu erhalten. Durch Sandy's Hülfe wurde den Bittenden das Patent wirklich ertheilt; aber das genügte ihnen nicht allein, sie brauchten auch Geld, und um dies herbeizuschaffen, errichteten ihre Agenten eine Art Actiengesellschaft, und zwar mit einigen Geschäfts= leuten in London, an deren Spitze Mr. Thomas Weston stand. Jene Kaufleute lieferten das Capital und die Emigranten verpfändeten auf sieben Jahre ihre Arbeit zu 10 Pfund Sterling den Mann. Der Nutzen des Unternehmens aber, alle Häuser, Ländereien, Gärten und Felder sollten nach Ablauf jener Zeit unter die Actien-Inhaber nach Verhältniß der Einlagen vertheilt werden.

Hiernach wurden zwei kleine Fahrzeuge, die May-Flower und der Speedwell, eingerichtet; diese konnten aber, wie sich bald erwies, nur einen Theil der Gesellschaft hinüberbringen, und es wurde deshalb beschlossen, daß die Jüngern und Kräftigen zuerst gehen sollten, während die Aelteren, und unter diesen der Prediger, zurückblieben; waren die Ersteren in ihrem Unternehmen glücklich, so wollten sie nach den Zurückgelassenen schicken, waren sie unglücklich, so sollten sie, wenn auch arm, selbst zu ihnen zurückkehren.

Unter den Führern dieser Partei war Elder Brewster, zu jener Zeit 56 Jahre alt, aber an Körper und Geist gesund und stark. John Carver mochte fast eben so alt sein; William Bradford war kühn, unerschrocken und ausdauernd, aber dabei fromm und ein demüthiger Christ. Nächst diesen stehen noch am bedeutendsten da: Eduard Winslow, zu jener Zeit 26 Jahre alt, Allerton und Hopkins und Miles Standish, ein Offizier, der früher von Elisabeth nach Holland gesandt war, um dieses gegen die Spanier zu unterstützen.

Die Pilger, nachdem sie sich in Southampton etwa 14 Tage auf= gehalten, gingen in See; ihre Reise schien aber nicht glücklich aus= fallen zu wollen, sie mußten zurückkehren, ließen den Speedwell ganz im Stich und schifften sich endlich sämmtlich und zwar in der Zahl von 100 blos auf dem May-Flower ein, mit dem sie am 6. September von Plymouth aus in See stachen. Nach einer stürmischen und ge= fährlichen Reise erreichten sie endlich am 9. November Cap Cod; die Mündung des Hudson war als der Platz ihrer Colonie ausgewählt worden und sie steuerten daher von dort aus südlich. Hier aber ka= men sie in so gefährliche und bösartige Brandung, daß sie, da sich besonders die Frauen fürchteten, weiter zu gehen, und ungeduldig wünschten, das Land zu betreten, zurückzukehren und sich an oder in der Nähe des Cap anzusiedeln beschlossen. Im nächsten Tag segelten sie um die Spitze jenes eigenthümlichen Vorgebirges, und liefen in den Hafen ein, der jetzt Provincetown genannt wird.

Gleich am Bord ihres Schiffes und schon im Hafen unterzeichne= ten sie jetzt ein Instrument, das zur nöthigen Gründung und Be= stätigung ihrer künftigen Einrichtungen unumgänglich nöthig war,

4

und hier in diesem einfachen Document wurde zum ersten Male das
große Princip einer freiwilligen Conföderation von unabhängigen
Männern ausgesprochen, die einen Staat gründeten, nicht der Re=
gierenden, sondern der Regierten wegen.

Am Bord des May=Flower befand sich dieselbe Anzahl von Per=
sonen, die England verlassen hatten.   Nur Einer, ein Diener, war
gestorben, dafür aber ein Knabe, Peregrine White, unterwegs ge=
boren.   Carver wurde augenblicklich zum Gouverneur und Standish
zum Capitän ernannt.

Keine behagliche Heimath, keine liebenden Freunde erwarteten die
Pilger hier an dieser unwirthlichen Küste.   Die, welche ans Ufer
gingen, mußten durch die kalte Brandung zu einer ungewohnten
Wildniß waten; aber es war nöthig, einen Platz zu finden, auf dem
sie ihre Ansiedlung gründen konnten und sie durften keine Zeit dabei
verlieren.   Die Schaluppe bedurfte unglücklicher Weise einer tüch=
tigen Reparatur, und indessen ging eine Gesellschaft aus, um das
Land in ihrer nächsten Umgebung etwas zu erforschen; sie fanden
ihren Aussagen nach „ein klein wenig Korn und viele Gräber",
und beim zweiten Ausflug wurden sie sogar von einem wilden No=
vemberschneesturm überrascht, der in Manchen von ihnen den Keim
zu einer tödtlichen Krankheit legte.   Das Land war mit Holz be=
wachsen und zugleich reich an Wild.   Als die Schaluppe hergestellt
worden, bemannten Carver, Bradford und Winslow mit einer Ge=
sellschaft von 18 Männern dies schwache Fahrzeug und gingen damit
auf Untersuchung aus.   Am westlichen Ufer des Cap Cod hinsteuernd,
umsegelten sie in drei Tagen den innern Kreis der Bay; dann und
wann landeten sie, um das Ufer zu untersuchen und schliefen Abends,
von Zweigen bedeckt, auf dem harten Boden.

Am zweiten Morgen, als sie eben ihre Gebete vollendet hatten,
fanden sie sich plötzlich von Indianern angegriffen; als sie aber gegen
diese Front machten und ihre Gewehre entluden, flohen die Wilden.
Hierauf setzten sie ihren Weg fort, aber ein furchtbarer Wintersturm
ließ sie fast Schiffbruch leiden, und erst nach unsäglichen Gefahren
gelang es ihnen, sich unter der Leeseite einer kleinen Insel zu schützen,
wo sie in Dunkelheit und Regen landen und ein Feuer entzünden
konnten.   Am nächsten Morgen fanden sie sich am Eingang eines

schönen Hafens; da aber dieser Tag ein Sonntag war, so hielten
sie ihn heilig und rasteten, obgleich vielleicht das Leben der ganzen
Colonie davon abhing, daß sie ihre Mission so schnell als möglich
vollendeten.

Am nächsten Montag, und zwar am 14. December, ein Tag, der
in den Annalen von Neu-England nie vergessen wird, erreichten die
Pilger zuerst den jetzigen Felsen von Plymouth; da sie hier den Hafen für gut, reiche Quellen und das Land auch fruchtbar fanden, so
entschlossen sie sich, ihre Ansiedelungen hier zu gründen und nannten
den Platz nach dem Ort, den sie in England zuletzt verlassen hatten.
Wenige Tage später brachten sie ihre Schiffe in diesen Hafen, und
am 25. December schon begannen sie ihre Bauten, nachdem sie zuvor
die ganze Compagnie in 19 Familien getheilt und jeder, je nachdem
sie Mitglieder zählte, ihren Bauplatz und ihren Grund und Boden
angewiesen hatten.

Ihre Hütten entstanden aber langsam, denn wenn auch ihre Herzen
stark waren, so hatten ihre Körper durch die ausgestandenen Mühseligkeiten und Strapazen doch zu viel gelitten, und Manche welkten
schon jetzt an Auszehrung dahin. Täglich erkrankten Einige, täglich
fast starben sogar ein oder zwei Personen, so daß vor Frühlingsan-
fang die Hälfte ihrer ganzen Zahl, und unter diesen ihr Gouverneur
und seine Frau, in dem fremden Lande begraben lagen. Dennoch
bereuten sie nie den Schritt, den sie gethan, und als die May-Flower
am 5. April sie verließ, sprach nicht ein Einziger davon, nach England zurückzukehren.

Eingeborne hatten sie bis jetzt nur erst Wenige gesehen; denn kurz
vor ihrer Ankunft, wie auch schon früher erwähnt, war ein großer
Theil derselben durch eine pestartige Krankheit zu Tausenden hinge-
rafft worden. Und das mag viel dazu beigetragen haben, daß ihre
Ansiedelung von dieser Seite so wenig Störung fand. Auch die wenigen Indianer, die sie fanden oder von denen sie aufgesucht wurden,
schienen nicht feindlich gegen sie gesinnt; denn sie nahmen sie freundlich auf und erwarben sich dadurch bald ihr Zutrauen. Unter diesen
war auch Samoset, ein Indianer, der in Penobscot ein wenig Englisch gelernt hatte, und der ihnen später als Dolmetscher gar wichtige
Dienste leistete.

Von dieſem hörten ſie, daß Maſſaſoit, der Sachem der Pokanokets, nicht weit entfernt von ihnen hauſe; dieſer ließ auch nicht lange auf ſich warten und erſchien bald darauf auf dem Gipfel eines Hügels, von einer Menge bewaffneter und buntbemalter Begleiter umge= ben und verlangte, daß Jemand zu ihm geſandt werde, um mit ihm zu verkehren. Hierzu ward Edward Winslow, ſeines freundlichen Temperaments wegen von den Anſiedlern am meiſten geliebt, kluger Weiſe gewählt, und Capitän Standiſh fand unterdeß Gelegenheit, eine Art militäriſcher Parade mit Trompeten und Trommeln zu veranſtalten, welche die Wilden ungemein ergötzte.

Der Sachem, als er hinauf ins Dorf kam, fand ſich durch die ihm erwieſene Aufmerkſamkeit ſo geſchmeichelt, daß er die Autorität des Königs von England anerkannte und mit den Coloniſten ein offenſives und defenſives Bündniß ſchloß, das durch einen Zeitraum von 50 Jahren nie gebrochen wurde.

Im Juli gingen Edward Winslow und Stephan Hopkins als Geſandte zu Maſſaſoit am Montaup, und zwar um einen Pelzhan= del zu eröffnen und die Freundſchaft mit den Eingebornen zu unter= halten. Dem Sachem machten ſie dabei mit einem rothen Rocke vom Gouverneur Bradford, der indeß Carver gefolgt war, eine ungeheure Freude, gaben ihm auch dabei zu verſtehen, daß ſeine Unterthanen ein klein wenig zu oft in die Colonie kämen, obgleich ſie ihn ſelbſt und ſeine beſondern Freunde ſtets gern ſehen und immer willkom= kommen heißen würden. Sie erwähnten auch, daß ſie bei ihrer er= ſten Ankunft dort eine kleine Quantität vergrabenen Maiſes gefun= den, und, durch die Nothwendigkeit gezwungen, verbraucht hätten; ſie wünſchten jetzt die Eigenthümer deſſelben zu erfahren, um ihnen den Verluſt zu vergüten, und baten zugleich, daß die Pokanokets ihre Felle und Pelze an die Coloniſten verkaufen wollten.

Maſſaſoit berief eine Rathsverſammlung zuſammen: „Bin ich,“ ſagte er, „nicht der Befehlshaber des Landes? iſt nicht die und die, und die Stadt — und er zählte ihrer etwa 30 auf — mein eigen? Und müſſen nicht Alle die, wenn ich es wünſche, ihre Beute zu mir zum Verkauf bringen?“ — Die Sache hatte etwas Wahres; die Sannops jubelten ihm bei jeder Frage eine unbedenkliche Bejahung zu und die Sache wurde dadurch ſehr glücklich entſchieden, während

der hiermit der Colonie zugesicherte Handel von bedeutender Wich=
tigkeit für sie wurde. Das Schiff Fortune langte im November an
und brachte 35 Personen, die sich den Colonisten anschlossen. Der
Mais aber, den sie bei ihrem Ausfluge von Cap Cod gefunden, be=
gründete auch ihre Existenz; denn sie hatten ihn gepflanzt und diese
Ernte mußte sie, obgleich sie spärlich genug ausfiel, den zweiten
Winter hindurch ernähren.

Massasoit fürchtete die Narragansetts und suchte wahrscheinlich
aus diesem Grunde die Freundschaft der Engländer zu bewahren.
Canonicus, der alte ehrliche Fürst jener Conföderationen, wurde
aber vielleicht durch dies Bündniß beleidigt, oder betrachtete sie auch
möglicher Weise als Eindringlinge und beschloß Krieg gegen sie zu
führen, den er jedoch ganz offen dadurch ankündigte, daß er dem
Gouverneur Bradford ein mit dem Felle einer Klapperschlange zu=
sammengebundenes Bündel Pfeile sandte; Bradford füllte das Fell
mit Pulver und Kugeln und schickte es zurück und auf lange Zeit
hörten sie Nichts wieder von den feindlichen Absichten.

Die Nachricht kam indessen nach Plymouth, daß Massasoit krank
wäre, und Winslow ging mit einem gewissen Mr. John Hampden
(von dem man glaubt, daß es der berühmte englische Hampden ge=
wesen sei, der zu jener Zeit Amerika besucht hatte) hinüber nach
Montaup. Er fand dort die Indianer in Jammern und Leid und
mit den wahnsinnigen Versuchen beschäftigt, ihren Häuptling durch
allerlei abergläubischen Hocuspocus zu heilen. Als sich der Euro=
päer ihm näherte, streckte der blinde Mann seine Hand aus und
sagte: Bist du Winsnow? (er konnte das l nicht aussprechen) bist
du Winsnow? o Winsnow, ich werde Dich wohl nie wiedersehn.
Winslow reichte ihm die Medizin, die er für nöthig hielt und der
Häuptling genaß; aus Dankbarkeit entdeckte dieser dem Engländer
dafür eine Verschwörung, welche die Indianer geschmiedet hatten
und der er, wie sie von ihm verlangten, sich anschließen sollte. „Aber
jetzt thue ich es nicht," sagte er, „denn jetzt weiß ich, daß mich die
Engländer lieben."

Massasoit schlug jetzt vor, daß ein kühner Streich ausgeführt wer=
den müsse, um die Häupter der Verschwörung zu vernichten, und der
unerschrockene Standish ging hierauf mit einem Trupp von nur

4*

acht Männern keck und kühn in das feindliche Land, griff ein Haus
an, wo sich die Hauptverschwörer versammelt hatten und erschlug sie
Alle. Es muß übrigens hier, um den Indianern Gerechtigkeit wi-
derfahren zu lassen, bemerkt werden, daß sie zu dieser Verschwörung
besonders durch die schurkischen Aufreizungen der Weston'schen Leute
bewogen waren. Diese „Westonmen" bestanden aus 60 Engländern,
die im Herbst 1621, von Thomas Weston, einem frühern Freund
der Pilger, nach Amerika geschickt worden waren. Von den Pilgern
freundlich aufgenommen, suchten sie ihnen ihre Güte solcher Art zu
lohnen, sahen aber glücklicher Weise ihren teuflischen Plan durch die
Unerschrockenheit der frommen Männer vereitelt.

Trotz all der Leiden nun, all der Entbehrungen, die sie ausstan-
den, und all des Fleißes, den sie auf ihre Colonie verwandten, schien
es doch, als wenn die Theilnehmer in London nicht recht mit dem
Erfolge zufrieden wären. Sie klagten über den geringen Nutzen
und entblödeten sich selbst nicht, ein anderes Fahrzeug hinüber zu
schicken, um mit ihnen in ihrem geringen Handel mit den Indianern
zu concurriren. Da ging Winslow nach England und es gelang
ihm mit sieben seiner Gefährten, eine Strecke Landes zu erkaufen,
wodurch ihm und zwar seiner eigenen Person der Boden übertragen
wurde. Hierdurch sah er sich in den Stand gesetzt, das Land der
Colonie im Ganzen wieder zu verkaufen und er that dies für ein
sechsjähriges Handelsmonopol mit den Indianern.

Neu-Plymouth begann jetzt zu blühen; denn da das Land vertheilt worden war, so konnte jede Familie für sich selbst arbeiten und
brauchte nicht für fremde Wucherer ihren sauern Schweiß zu ver-
gießen. Ihre Regierung war rein demokratisch. Jeder männliche
Einwohner hatte eine Stimme und nur der Gouverneur zwei; allerdings hatten sie im Anfang keinen Freibrief, da sie sich nördlich von
den Grenzen der virginischen Compagnie befanden; nichts desto weniger fuhren sie fort in der Ausübung ihrer Regierungsform und
erhielten endlich später, nach der Errichtung des großen Raths von
Plymouth, wie ich nachher erwähnen werde, eine Verfassung, nach
der sie dieselben Rechte unter britischem Schutze ausüben konnten.

Zahlreiche Mitglieder der Leyden'schen Kirche schlossen sich ihnen
jetzt nach den ersten Jahren an, und Winslow erzählte, daß das

Volk von Plymouth ihnen 1000 Pfund Sterlinge gab, um ihre Uebersiedelung damit zu bestreiten. Der gute alte Robinson sollte aber selbst das Land seiner Hoffnungen und Wünsche nicht errei= chen. Er starb in Leyden, 1625, und zwar zum großen Schmerz der Pilger, die ihre Kirche bis dahin ohne Prediger gehalten, da Elder Brewster nur einstweilen seinen Dienst versehen mußte.

Im November 1620 und zwar in demselben Monat, in welchem die Pilger an der amerikanischen Küste landeten, ertheilte James I. dem Herzog von Lenox, den Marquisen von Buckingham und Hamilton, den Earls von Arundel und Warwick, Sir Ferdinand Gorges und 34 Gefährten einen Freibrief, nannte sie „den großen Rath von Plymouth" und bestimmte, daß sie Neu=England in Ame= rika anpflanzen und regieren sollten. Dies Patent gab ihnen das Territorium zwischen dem 40. und 48. Grad nördlicher Breite und erstreckte sich durch das ganze feste Land von See zu See; dieser Strich, der früher Nordvirginien genannt worden, behielt jetzt, dem königlichen Willen nach den Namen von Neu=England.

Von diesem Patent entsprangen auch alle künftigen sogenannten Grants, unter denen die neue englische Colonie besiedelt wurde. Man betrieb aber die Geschäfte dieser Corporation, entweder aus bösem Willen, oder aus Unwissenheit, so nachlässig und rücksichtslos, daß endlose Streitigkeiten die einzige Folge davon waren. Sir Fer= dinand Gorges war ein Offizier in der Marine der Königin Elisa= beth und ein früherer Gefährte Sir Walter Raleighs; verschiedene Umstände hatten aber in ihm den Wunsch erweckt, eine Colonie in Amerika zu gründen. Wahrscheinlich mochte der Ehrgeiz viel zu diesem Plan beitragen, da er vielleicht hoffte, sich dadurch ein Herzog= thum zu erwerben. Er scheint auch die Haupttriebfeder dieses großen Raths von Plymouth gewesen zu sein, und wurde dessen Präsident. Aehnliche Motive bewegten Capitän Mason, der die Secretariats= stelle annahm.

Mason verlangte vom großen Rath den absurden Grant all des Landes „vom Fluß Naumkeag (Salem) um das Cap Ann herum" bis zur Mündung des Merrimack, und all des Landes, das zwischen beiden Flüssen liegt, wie all der Inseln, die sich innerhalb drei Mei=

len von der Küste befinden. Dieser District sollte Mariana genannt werden.

Im nächsten Jahre erhielten Gorges und Mason wiederum vom Rath ein anderes Patent, das ihnen alle die Ländereien „zwischen den Merrimack und Kennebec-Flüssen bis zur großen See und dem Fluß von Canada zurück" zusicherte. Diese Werke nannten sie Lacaonia. Unter diesem Grant wurden auch einige, aber sehr unbe- deutende Ansiedelungen und zwar an der Mündung des Piscataqua und soweit den Fluß hinauf, bis wo die jetzige Stadt Dover liegt, gemacht.

Die Verfolgung der Puritaner hatte indessen unter der Regierung James I., des Nachfolgers der Elisabeth, ihren steten Fortgang, und viele der vorzüglichsten Geistlichen Englands, die ihr Gewissen nicht einem solchen Zwange unterwerfen wollten, wanderten wirklich in ein fremdes Land oder beabsichtigten doch eine Auswanderung. Unter den letztern befand sich Mr. White, ein Prediger von Dorchester, im Süden von England, ein Puritaner, obgleich kein Separatist. Da er erfahren hatte, welches ungestörten Friedens sich seine Brüder in Neu-Plymouth erfreuten, wandte er seine Augen dorthin, und gedachte eine andere Colonie in Neu-England zu gründen. Durch ihn ermu- thigt, und zwar schon 1624, ließen sich einige Personen am Cap Ann und später an der jetzigen Stelle von Salem nieder.

Ihre Beschreibungen des Landes, wie auch die Bitten White's, bewogen mehrere Herrn von Dorchester, vom großen Rath zu Ply- mouth im Jahre 1628 ein Patent zu kaufen, und zwar den Theil Neu-Englands in sich schließend, der zwischen drei Meilen Nord vom Merrimack-Fluß und drei Meilen südlich vom Charles-Fluß liegt, und sich vom atlantischen Meer bis zur Südsee hinstreckt. Auf solche Art verkaufte der gewinnsüchtige Rath durch ein zweites Patent Ländereien, die er schon durch ein früheres an Mason übergeben hatte. John Endicot, ein Puritaner, war der Führer dieser Schaar, und in Salem begann „die Wildniß-Arbeit" für die Colonie von Massachusetts. Er brachte seine Familie mit und etwa 100 Emi- granten.

Im nächsten Jahre erhielten die Eigenthümer von König Charles einen Freibrief, der das Patent des Plymouther Raths bestätigte

und ihnen die Regierungsfähigkeit verlieh. Sie wurden unter dem
Namen des Gouverneur und der Gesellschaft der Massachusetts=Bay
in Neu=England incorporirt.

1629 segelten etwa 300 Personen nach Amerika, von denen sich
ein Theil Mr. Endicot in Salem anschloß, die übrigen aber die
Küste, nach einer besseren Lage suchend, bereisten, und endlich den
Grund von Charlestown legten.

Nach und nach fing man aber in England an einzusehen, daß
Amerika größere Freiheiten und eine bessere Aussicht auf eine Existenz bot, als das Mutterland, und die Auswanderung fing an, im
Großen betrieben zu werden. Die größte Uebersiedelung fand 1630
mit etwa 800 Personen statt, denen später noch 100 folgten.
17 Fahrzeuge wurden beschäftigt, die Ueberfahrt zu besorgen, und
John Winthrop war zum Gouverneur und Führer des Ganzen
ernannt. Er und seine Freunde fanden freilich keine gastlichen
Tische bereitet, als sie die Wildniß zuerst betraten. Was sie aber
mitgebracht hatten, theilten sie auch offen und frei Denen mit, die
sie krank und durch Entbehrungen geschwächt antrafen. In Sa=
lem mochten sie aber nicht bleiben, da sie dies für hinlänglich
besiedelt hielten, und zogen sich deshalb außer dessen Grenzen.
Dabei vergaßen sie aber keineswegs die erste Ursache ihrer Aus=
wanderung, den in England erlittenen Religionszwang, und sorg=
ten überall zuerst für die Erbauung von Kirchen. Im August des=
selben Jahres erhielt Charlestown eine Kirche, zu deren Vorsteher
der brave Wilson gewählt wurde. Bald darauf erhielt Dorchester
ebenfalls eine, Boston, Roxbury, Watertown folgten, so daß nach
dem Ende von zwei Jahren Massachusetts nicht weniger als sieben,
von guten Predigern besetzte Kirchen zählte.

Durch den königlichen Freibrief waren die Colonisten ermächtigt
worden, aus ihrer eigenen Mitte jährlich einen Gouverneur, einen
Vice=Gouverneur und 18 Assistenten zu wählen; jedes Jahr eine
General=Gerichtssitzung zu halten und alle solche nöthigen Gesetze
zu erlassen, die für ihr Land ihnen erforderlich schienen. Bei einer
in Boston gehaltenen Versammlung im October wurde Winthrop
wieder zum Gouverneur gewählt, Thomas Dudley dagegen zum
Vice=Gouverneur. Im Anfang gewährte man dabei allen freien

Männern eine Stimme; im Mai 1631 dagegen bestimmte der General-Gerichtshof, daß man, um wählen zu können, auch Mit-glied irgend einer Kirche sein müsse. Dies war etwas, was man später an Massachusetts besonders getadelt hat, und dennoch muß man bedenken, daß diese Männer ja gerade ihre Heimath und Alles verließen, blos um ihrem religiösen Drange zu folgen, und daß die, welche sich in ihrer Mitte ansiedelten, auch dadurch gewissermaßen bestätigten, daß sie ihren Meinungen oder Gesetzen beitreten wollten. Es läßt sich auf keinen Fall leugnen, daß sie ein gewisses Recht hat-ten, ein solches Gesetz zu geben; dennoch aber erwies es sich, als sie es später mit Gewalt bestätigt wissen wollten, als nicht gut ausführ-bar und es führte zu manchen Unannehmlichkeiten. Roger Williams war der Erste, der Religionsduldung dort predigte; dieser ließ sich schon 1631 in Salem nieder.

In diesem selben Jahre besuchten auch mehrere berühmte india-nische Häuptlinge Boston, um den Weißen eine Verbindung mit ihnen anzutragen. Vom Land der Narragansetts kam der große Krieger Miantonomoh, ein Neffe des Canonicus, und vom Flusse der Pequods erschien der weise Uncas, der den Autoritäten erklärte: „sein Herz gehöre nicht ihm, sondern den Weißen.“ —

Die nördlichen Colonien blieben stets in einer Freundschaftsver-bindung mit den südlichen, mit den Virginiern, und erhielten von die-sen Kornvorräthe. Auch betrieben sie einen freundschaftlichen Handel mit den Holländern, die sich am Hudsonfluß niedergelassen. Diese Zeichen wachsenden Wohlstandes wurden aber nach England hinüber gemeldet, wo die Verfolgung der Secten noch immer nachsichtslos betrieben ward, und die natürliche Folge mußten neue Auswande-rungen sein. Der Griffin brachte eine wacke Ladung von 300 Seelen, unter denen sich die Väter Connecticuts, Hooker, Haynes und Cotton, befanden. Der letztere siedelte sich in Boston an und übte dort vielen Einfluß auf die Organisation der Kirche aus.

Da die Ansiedlungen in Massachusetts nun zahlreich wurden, und sich schon mehr als 30 Meilen von Boston ausgedehnt hatten, so erwies es sich bald, daß nicht alle Freimänner der Versammlung beiwohnen konnten. Dies führte zu einer Neuerung und änderte die Constitution der Regierung von einer einfachen zu einer Reprä-

sentativ=Demokratie. Es wurde gesetzlich, daß die Freimänner jeder
Stadt zwei oder drei aus ihrer eigenen Zahl auswählten, welche alle
solche öffentliche Geschäfte, die sie für nöthig und dienlich hielten, in
der Generalversammlung vertreten und dabei sämmtliche Freimän=
ner ihres Districts repräsentiren sollten. Eine Ausnahme sollte
jedoch bei der Wahl von Stellen stattfinden, wo jeder der Freimän=
ner nach wie vor seine Stimme abgab. Zu diesem Zwecke versam=
melten sich also sämmtliche wählbare Männer einmal des Jahres,
um die Hauptwahl abzuhalten. Die mosaischen Gesetze wurden zur
Basis ihres Criminal=Gesetzbuches gemacht.

Karl I., der Sohn und Nachfolger James I., erwies sich eben so
starrsinnig in seinem religiösen, wie politischen Despotismus, daß er
immer nur mehr und mehr seiner Unterthanen nach fernen Ländern
trieb.

Im Jahre 1635 langten nicht weniger als 3000 in Neu=England
an; unter diesem Hugh Peters und der junge Henry Vane, der in
der spätern Geschichte Englands, seiner politischen Energie und
einer wackeren Vertheidigung der Principien der Freiheit wegen,
berühmt geworden ist und nach der Thronbesteigung Karls II. hin=
gerichtet wurde. Vane nahm die Ansiedler dort so für sich ein, daß
sie ihn, trotz seiner Jugend und schon das Jahr nach seiner Ankunft,
an Winthrop's Stelle zum Gouverneur erwählten.

Roger Williams, der wackere Mann, der zuerst gegen den Zwang
bei den Wahlen auftrat, besaß einen freien, kühnen Geist, der das
Licht der Wahrheit erkannte und das, was er einmal erkannt, mit
starkem Herzen vertheidigte und festhielt. Der Kampf aber, den er
in Amerika begann, war gegen die Bedrängung, gegen den Zwang
der Seelen. Früher selbst als ein puritanischer Prediger seiner Meinungen wegen von England vertrieben, kam Williams nach Massa=
chusetts, und es schmerzte ihn, hier wieder einen ähnlichen Zwang,
wenn auch diesmal von seinen eignen Freunden ausgeübt, zu finden.
Er behauptete, daß die Gedanken und Gefühle, in Allem was Reli=
gion beträfe, nur von Gott gerichtet werden könnten, und daß das
einzige menschliche Tribunal dafür eines Jeden eignes Gewissen
sein müsse.

Hiernach verdammte er als ungerecht jenes Gesetz, das nur denen eine Wahlstimme verstattete, die Mitglieder einer Kirche wären, und erregte dadurch nicht geringes Erstaunen. Wenn er aber auch viele Gegner fand, so gewann sein freies und offenes Wesen ihm doch auch wieder die Herzen der Bewohner von Salem, und sie luden ihn ein, sich unter ihnen als ihren Prediger niederzulassen. Die General= versammlung verbot dies. Williams zog sich hierauf nach Ply= mouth zurück, wo er zwei Jahre als Prediger blieb, dann aber nach Salem zurückkehrte und wieder freudig vom Volke aufgenommen wurde.

Der Gerichtshof bestrafte die Stadt für jene Ueberschreitungen dadurch, daß er einen gewissen Landstrich, auf den sie ein Recht hatte, zurückhielt. Williams schrieb hierauf an die Kirchen und suchte ihnen die Ungerechtigkeit dieses Verfahrens zu beweisen. Da befahl der Gerichtshof, daß Salem, wenn nicht eine genügende Entschul= digung und Abbitte für diesen Brief käme, seiner bürgerlichen Frei= heit beraubt werden solle. Hierauf traten Alle gegen Williams auf, selbst seine Frau; er aber erklärte dem Gerichtshof, vor den er beschieden worden, er sei Willens und freudig bereit, mit seinem Leben die Wahrheit seiner Grundsätze zu bekräftigen, und das Ge= richt verurtheilte ihn, durch Mr. Cotton dazu bewogen, zur Verban= nung. Da übrigens der Winter vor der Thür war, so erhielt er Erlaubniß, bis zum nächsten Frühjahr zu bleiben. Jetzt aber erwachte auch wieder die Liebe seiner frühern Anhänger zu ihm, und Schaa= ren versammelten sich, um die theure Stimme zu hören, die ihnen so bald entzogen werden sollte. Die Autoritäten geriethen dadurch in Angst und schickten eine Pinasse, die ihn nach England hinüber= schaffen sollte; aber — er konnte nirgends gefunden werden.

Jetzt, als ein Wanderer in der Wildniß, hatte er für manche stürmische Nacht weder Nahrung, noch Feuer, noch Gesellschaft; kein Lager, als den kalten Boden, kein Dach für sich, als vielleicht die Höhlungen eines Baumes. Endlich, als sich ihm noch einige wenige Begleiter anschlossen, ließ er sich in Seekonk, später Rehoboth, inner= halb der Grenzen der Colonie am Plymouth nieder. Doch auch da sollte er nicht ruhig bleiben; Winslow war damals Gouverneur daselbst und hielt sich für verpflichtet, Williams mitzutheilen, sein Aufenthalt könne zwischen den beiden Colonien Unfrieden stiften;

unter der Hand rieth er ihm jedoch, seine Richtung der Narra=
gansetts=Bay zu zu nehmen.

Williams vertraute sich jetzt der Großmuth des Canonicus. Die=
ser Sachem empfing ihn aber im Anfang nichts weniger, als günstig.
Die Engländer, sagte er, hätten versucht, ihn zu tödten, und die
Pest unter sein Volk gesandt. Williams wußte ihn trotzdem nach
und nach für sich zu gewinnen, und er gewährte zuletzt ihm und
seinen Begleitern Gastfreundschaft, erklärte aber, er wolle sein Land
nicht verkaufen; dagegen schenkte er dem Pilger, der sich auch
jetzt der Gunst Miantonomohs, seines Neffen, erfreute, den schmalen
Landstrich zwischen den Pawtucket= und Moshasuck=Flüssen, „daß sie
sich dort im Frieden niedersetzen und ihres Lebens freuen könnten.“
Dorthin gingen sie nun, und nannten mit frommer Dankbarkeit den
Platz Providence.

Die Bekanntschaft Williams mit den Narragansetts erwies sich
als höchst segensreich; denn dadurch erfuhr er, daß von den India=
nern eine Verschwörung beabsichtigt sei, die Engländer zu vernichten.
An der Spitze derselben stand Sassacus, der mächtige Häuptling der
Pequods; die Narragansetts waren durch die Beredsamkeit Mono=
nottos, eines verbündeten Häuptlings des Sassacus, schon sehr
gedrängt worden, sich dem Complot anzuschließen. Sie schwankten.
Williams aber, der eine gefährliche Reise in ihr Land unternahm,
bewog sie, sich lieber mit den Engländern gegen ihre frühern Feinde
zu verbinden. Er schrieb dies dem Gouverneur Winthrop, der
augenblicklich Miantonomoh einlud, ihn in Boston zu besuchen.
Dieser Häuptling ging und schloß dort einen Friedensvertrag und
eine Allianz mit den Engländern ab, wobei er sich verpflichtete, mit
seinen Narragansetts gegen die Pequods zu stehen, sollten diese in
ihrer Feindschaft gegen die Weißen verharren.

Roger Williams wurde ein Baptist und gründete in Providence
die erste Baptistenkirche Amerikas.

Was nun Connecticut betrifft, so wollen die Holländer sowohl,
als die Engländer, die ersten Entdecker des Connecticutflusses gewe=
sen sein; die Holländer haben aber wohl die meisten Ansprüche dar=
auf. Die in dessen Thal wohnenden Eingebornen wurden durch
die kriegerischen Pequods im Osten und die furchtbaren Mohawks

5

im Westen fortwährend in Angst erhalten und wünschten deshalb
die Gegenwart der Engländer, damit diese ihnen beistehen könnten.
Das ist auch die Ursache, daß Wahquimacut, einer ihrer Sachems,
von den Pequods bedrängt, schon 1631 nach Boston und später nach
Plymouth ging, und dringend bat, daß eine englische Colonie in sein
Land verlegt würde, welches er auf das Reizendste beschrieb. Gouverneur Winthrop lehnte den Vorschlag damals ab; Edward Winslow aber, zu jener Zeit Gouverneur von Plymouth, ging darauf
ein und besuchte zu diesem Zwecke das Thal.

Das Volk von Plymouth war schon früher durch die Holländer
dazu aufgefordert worden, sich am Connecticutflusse niederzulassen
und beschloß jetzt, den schon damals gehegten Plan auszuführen.
Der Platz, wo jetzt Windsor liegt, wurde von ihnen zur Errichtung
eines Handelshauses bestimmt, sie fanden aber mehr Schwierigkeiten, als sie erwartet und die Holländer, denen es jetzt Leid that, eine
andere Nation auf einen so vortheilhaften Platz aufmerksam gemacht
zu haben, suchten nun das Territorium für sich selbst in Besitz zu
nehmen, und errichteten ein kleines Fort dort, auf einer Landspitze
in Sukeag, jetzt Hartfort, am Zusammenfluß des Littleriver mit dem
Connecticut, das sie das „Haus der guten Hoffnung" nannten.

Die Materialien für das Plymouther Handelshaus waren an
Bord eines Fahrzeugs, das Capitän Holmer befehligte, geschafft und
dies erschien bald darauf, den Fluß hinaufsegelnd. Als es sich jedoch dem holländischen Fort gerade gegenüber befand, forderten es
die Insassen desselben auf zu halten, oder man würde darauf schießen. Es ließ sich aber dadurch nicht irre machen und das Windsor-
haus, das erste im jetzigen Staat Connecticut, wurde erbaut und
noch vor dem Einbruche des Winters befestigt.

Die Lage der Puritaner in England war so schlimm und die Colonien in Amerika genossen dagegen einen solchen guten Ruf, daß
selbst einige zu dieser Secte gehörige Edelleute eine Auswanderung
beschlossen. Für Connecticut erhielt der Carl von Warwick, ein
Freund und häufiger Zuhörer des Thomas Hooker ein Patent vom
Großen Rathe, das er später dem Lord Say und Seal und Lord
Brooke mit Anderen übergab. John Winthrop, ein Sohn des würdigen Gouverneur von Massachusetts, der in Geschäften für diesen

Staat nach England geschickt worden, nahm eine Agentur für die
Patente der beiden Lords und wurde von diesen angewiesen, ein
Fort an der Mündung des Connecticutflusses zu bauen und in dem=
selben ordentliche und bequeme Wohnhäuser, für sie selbst, wie für
ihre Arbeiter zu errichten.

Dies Patent umfaßte jenen Theil von Neu=England, der sich
vom Narraganfettsfluß 120 Meilen in einer geraden Richtung nahe
zum Ufer hin gen Südwesten, wie die Küste von Virginien zu liegt,
hinzog, die ganze Breite vom atlantischen Ocean bis zur Südsee mit
einbegriffen.   Ehe übrigens Mr. Winthrops Commission bekannt
worden, hatte schon Thomas Hooker mit seiner Gemeinde beschlossen,
Newtown, das spätere Cambridge, zu verlassen und sich am Connec=
ticutflusse anzusiedeln, wozu er auch eine, freilich nicht gern gegebene
Erlaubniß vom General=Congreß zu Maffachusetts erhalten hatte.
Andere Parteien von der Bay befanden sich ebenfalls in Bewegung.
Im August wählten einige Pioniere von Dorchester einen Platz in
Windsor, nahe dem Plymouther Handelshause, und andere von
Watertown ließen sich am Pyquag, jetzt Wethersfield nieder.

Winthrop langte indessen mit seiner Commission an Ort und
Stelle an und begann das beabsichtigte Fort zu bauen.   Wenige
Tage später kam ein holländisches Fahrzeug, das von den „neuen
Niederlanden" gesandt worden, unter dem Hafen an und zwar, um
Besitz von seinem Eingange zu nehmen.   Die Engländer hatten aber
indessen zwei Kanonen aufgestellt und verhinderten nicht allein die
Landung, sondern beendigten auch ihr Fort, das nach den beiden
Patentirten Say=Brook genannt wurde.

Thomas Hooker wird hiernach als der erste Gründer Connecticuts
betrachtet und nach und nach befestigte sich die kleine Colonie so be=
deutend, daß sie später sogar einer gewaltigen Gesahr begegnen,
und sie zurückweisen konnte.   Dieser Schlag sollte von den India=
nern gegen sie geführt werden, und die Pequods gaben sich die
größte Mühe, die übrigen indianischen Stämme zu vereinigen, um
die Engländer, besonders die am Connecticutfluß, zu vernichten, oder
wenigstens aus dem Lande zu treiben.   Wie wir schon früher ge=
sehen, hatten sie sogar die frühere Feindschaft gegen die Narragan=
fetts vergessen, und diese für die gemeinsame Sache zu gewinnen

gesucht. Doch der Einfluß Roger Williams machte sie abtrün=
nig und sie blieben den Weißen treu; auch Uncas, der Mohi=
kanische Sagamore, früher ein Vasall und sogar ein Verbündeter
des Saffacus, wurde jetzt sein bitterer Feind. Es war eine gute
Sache, für die die Pequods kämpften; sie setzten ihr Leben für ihr
Vaterland ein; sie wollten die verjagen, die ihrer Meinung nach
und wohl auch in der That, ein Land in Besitz genommen hatten,
das ihnen nicht gebührte. Doch zu lange schon mochten sie gezögert
haben; jetzt, wo die fremden Eindringlinge Freunde selbst unter den
wilden Stämmen zählten, schien es zu spät zu sein.

Trotz alledem aber, daß sich die Pequods von manchen Stämmen
zurückgewiesen sahen, beschlossen sie den Krieg auf eigene Faust zu
führen. Sie ermordeten zuerst und zwar im Juli 1636, John Old=
ham, nicht weit von Block Island und begannen damit die Feind=
seligkeiten. Hiernach machten sie andere Angriffe und schleppten
mehrere Gefangene mit sich fort. Sie schnitten von Saybrook ein=
zelne Jäger ab, die sich hinaus gewagt und wurden zuletzt so kühn,
daß sie sogar das Fort angriffen, und ihre bösen Absichten in wilden
Drohungen laut werden ließen. Hiermit eröffneten sie aber auch
einen ununterbrochenen indianischen Krieg. Sie schienen überall
zu sein und umlauerten im Busch und Hinterhalt die Ansiedlungen
der Weißen. Dadurch erhielten sie die Colonie in steter Angst und
Aufregung und brachten Männer, Frauen und Kinder der Ver=
zweiflung nahe. Die armen Leute durften weder essen, schlafen, ar=
beiten, ja nicht einmal in ihrer Kirche zu Gott beten, ohne ihre
Waffen und Munition bei sich zu haben.

Eine Generalversammlung wurde endlich am letzten Mai 1637
zu Hartford zusammenberufen; 30 Personen waren schon getödtet
worden und es ließ sich nicht mehr verkennen, daß die Indianer ein
allgemeines Blutbad beabsichtigten. Die Versammlung erklärte des=
halb und zwar mit Recht, wenigstens nicht ohne Grund, den Krieg
gegen diese Stämme.

Die Zahl der Truppen, welche jede Stadt zu liefern hatte, zeigt,
wie sehr sich die Bevölkerung der verschiedenen Orte gemehrt. Hart=
ford mußte 90 Mann stellen, Windsor 42 und Wethersfield 18, zu=
sammen 150. John Mason wurde zum Capitän erwählt; diese

Truppen schifften sich zu Hartford ein, segelten den Fluß hinunter und an der Küste hin zur Narraganſetts=Bay. Miantonomoh gab ihnen hier 200 Krieger, Uncas 60; durch einen Pequod=Deſerteur geführt, erreichten ſie nach langem beſchwerlichen Marſch mit Tages= anbruch Myſtik, eins der beiden Forte des Saſſacus. Hier aber ſchien es, als ob ihre indianiſchen Verbündeten ſich fürchteten, das Fort anzugreifen; Maſon ſtellte ſie daher in einer beſtimmten Ent= fernung um daſſelbe herum auf, und rückte allein mit ſeiner kleinen Armee vor. Fielen ſie, ſo war keine zweite Macht zurückgeblieben, ihre Weiber und hilfloſen Kinder zu vertheidigen; der Gedanke ſtählte aber auch ihre Arme, denn ſie wußten, ſie fochten jetzt nicht mehr nur für ſich ſelbſt, ſie fochten für das Heiligſte auf dieſer Welt, für den eignen Heerd.

Als ſie ſich näherten, bellte ein Hund und raſch folgte das india= niſche Geſchrei, Owannox, Owannox, die Engländer, die Engländer; aber raſch ſtürmten ſie ins Fort; dort fanden ſie einen raſenden Widerſtand und der Sieg blieb lange zweifelhaft. Da ergriff Maſon einen flammenden Brand und ſchrie: Wir müſſen ſie verbrennen. Das leichte Material ihrer Wigwams fing auch augenblicklich Feuer. Das entſchied den Sieg. Die Indianer konnten nicht entfliehen; vor ihnen drohten die furchtbaren Waffen der gewappneten Feinde; um ſie her wüthete die Flamme und 600 Seelen von jedem Alter und Geſchlecht verdarben in der einen Stunde.

300 Pequods, die aus dem andern königlichen Fort des Saſſacus hervordrangen, verfolgten Maſon jetzt, als ſich dieſer zum Pequod= fluß zurückzog, mit wilder Wuth; doch er ſchiffte ſich raſch auf ſeine Fahrzeuge wieder ein. Bei dieſer Affaire wurden nur zwei von den Engländern getödtet und 20 verwundet.

Saſſacus' Unterthanen machten ihm jetzt, als dem Urheber ihres Unglücks, die bitterſten Vorwürfe, und er ſah ſich zuletzt genöthigt, um dem Verderben zu entgehen, mit ſeinen Hauptleuten zu den Mohawks zu fliehen. Dennoch wurde er ſpäter von einem rache= dürſtenden Krieger erſchlagen. 300 ſeiner jungen Leute verbrannten dann das letzte Fort und flohen die Seeküſte hinunter. Indeſſen hatte ſich eine andere Partei von Weißen gebildet, um dem voran= gegangenen Maſon gegen die Indianer beizuſtehen. Dieſe vereinig=

5*

ten ſich auch ſpäter, unter Capitän Patrick und zwar 40 Mann
ſtark, mit Maſon, verfolgten die flüchtigen Wilden, ſpürten ſie in
einem Sumpf in Fairfield auf, und bekämpften und vernichteten ſie.
Faſt 1600 von den Pequods waren getödtet. Manche flohen und
200, ohne Frauen und Kinder, blieben als Gefangene. Von dieſen
wurden aber, zur Schande der damaligen frommen Leute ſei es
geſagt, viele nach Weſtindien geſchickt und in die Sklaverei verkauft
und die Uebrigen zwiſchen den Narraganſetts und Mohikanern ver=
theilt. Die beiden Sachems, Uncas und Miontonomoh, früher
bittere Feinde, beſchloſſen jetzt, in Frieden mit einander zu leben;
die Ländereien Pequod's betrachtete man als erobertes Eigenthum
und erklärte den Stamm für ausgerottet.

Die Macht der Engländer ſetzte auf ſolche Art die Eingebornen
in Furcht und Schrecken, und ein langer Friede folgte hierauf.
Nichtsdeſtoweniger mußte ein ſolcher Krieg doch für die Colonie gar
böſe Nachwirkungen haben. Ihre Verfaſſung und Finanzen kamen
in Unordnung, und es dauerte mehrere Jahre, bis ſie ſich ganz wie=
der erholen konnten. 1639 verbanden ſie ſich endlich wieder zu einem
einzigen Staate und zwar „die Reinheit des Evangeliums und die
Disciplin der Kirche aufrecht zu erhalten und in allen bürgerlichen
Geſchäften nach einer zu begründenden Conſtitution regiert zu
werden.‟

Dieſe Conſtitution ordnete zweijährliche Generalgerichtshöfe an,
von denen der eine im Mai abgehalten wurde, wo ſämmtliche Frei=
männer einen Gouverneur, einen Vice=Gouverneur, ſechs Magi=
ſtratsperſonen und andere nöthige Beamte wählen ſollten. Es
wurde nicht mehr für nöthig angeſehen, daß Jemand Mitglied einer
Kirche ſein müſſe, um die Qualification zu einer Wahlſtimme zu
haben. Ebenſo konnte Jeder ohne Unterſchied zu irgend einem
Amte gewählt werden. Nur der Gouverneur mußte zur Kirche
gehören. Die Städte ſollten Deputirte zum Generalcongreß ſchicken,
und zwar unter den früher feſtgeſtellten Bedingungen, daß ſie nur
zur Erwählung von Beamten ſämmtliche Bürger ſandten. Alle
Taxen wurden durch ein beſonderes Committee, das aus Abgeord=
neten der verſchiedenen Städte beſtand, feſtgeſtellt. So weiſe und
umſichtig bildeten ſie aber dieſe Regierung, daß ſpäter in Connecticut

weniger, als in irgend einem andern Staate, daran geändert wor=
den ist, und dessen Bewohner werden daher auch in der ganzen Union
„die Leute vom alten Herkommen" genannt.

So lange die puritanischen Väter nur aus wenigen Brüdern
bestanden, die in ihren religiösen Ansichten übereinstimmten, lebten
alle in schönster Harmonie; und Nichts störte den Frieden und die
Eintracht der jungen Colonie. Die Gefühle, die jetzt selbst zur
Unduldsamkeit führten, schlummerten noch ungekannt, vielleicht un=
geahnt. Die menschliche Meinung, der menschliche Wahn fließt aber
wie ein starker Strom dahin, und sein Lauf kann nicht durch Men=
schenmittel gehemmt werden. Schon hatte die Theologie von Genf,
dem Hauptsitz des Puritanismus, einen Wechsel erfahren; denn
Vane brachte neue Gedanken und Ideen. Zu dieser Zeit war es,
daß eine Frau, Anna Hutchinson von Boston, durch die Macht ihrer
Beredsamkeit und ihrer Vernunftgründe Meinungen und Behaup=
tungen aufstellte, die man bis dahin als entsetzlich und gottesläster=
lich gehalten. Sie fing damit an, Versammlungen ihres eigenen
Geschlechts zu veranlassen, und stellte darin den einfachen Satz auf:
„daß die Religion im Glauben und nicht in den Werken liege, daß
das göttliche Leben in der Seele und nicht in äußern Beobach=
tungen gebildet werde." Die Geistlichkeit, die darin einen heim=
lichen Vorwurf erkannte, warnte und tadelte sie, konnte sie aber
nicht zum Schweigen bringen. Endlich ging sie so weit, daß sie die
Nothwendigkeit, gute Werke zu thun, leugnete, sofern sie nur dazu
dienen sollten, ächten Glauben zu beweisen. Dies war Antinomi=
nianismus und wurde als gefährliche Ketzerei betrachtet. Es ver=
setzte aber die Puritaner dadurch besonders in große Noth, daß so
viele dieser Lehre anhingen und sie in die Gefahr kamen, die Rein=
heit ihrer Religion gefährdet zu sehen, für die sie bis dahin so viel
geopfert.

Gouverneur Vane, der glaubte, daß man Mrs. Hutchinson Un=
recht gethan, suchte sie zu vertheidigen, indem er die richtigen Prin=
cipien religiöser Toleranz aufstellte; auch Mr. Cotton, der, wie man
glaubte, seine Eitelkeit geschmeichelt fand, daß ihn die beredte Dame
vor seinen geistlichen Brüdern auszeichnete, schien sich auf ihre Seite
zu neigen. Auf jeden Fall übernahm er ihre Vertheidigung, wie

auch der Dame Schwager, Mr. Wheelright, der ein Prediger war,
mit ihm Mr. Coddington, eine achtbare Magistratsperson, und noch
viele andere. Der Grimm der Opposition richtete sich aber haupt=
sächlich gegen Mr. Vane, und obgleich ihr Götze von gestern, so
säumten sie doch jetzt nicht, ihn einen Ketzer und Hypokrit zu nen=
nen. Solche Aufregung bemächtigte sich auch bei der nächsten Wahl,
in welcher Winthrop wieder in seine Stelle als Gouverneur zurück=
verlangt wurde, der Gemüther, daß der feurige Wilson auf einen
Baum hinaufkletterte, um das Volk anzureden.

In der äußersten Noth wurde endlich eine Synode von Geistlichen
versammelt; Mr. Davenport war glücklicher Weise von London
eingetroffen, und Mr. Hooker, der so sehnlich wünschte, die Gemüther
nicht allein für politische, sondern auch für religiöse Einheit zu
gewinnen, eilte durch die Wildniß von Hartford her. Vane kehrte
indeß nach England zurück, um dort ein Führer und Vorkämpfer der
Freiheit im Parlament zu sein, und Cotton, wie er der Synode jetzt
seine Ansichten über die verschiedenen Religionsmeinungen vorlegte,
schien sich kaum noch darin von seinen Brüdern zu unterscheiden.
Der ganze Zorn richtete sich daher lediglich gegen die Frau, und sie,
wie die hartnäckigsten ihrer Anhänger, wurden verbannt.

Mrs. Hutchinson, excommunicirt, aus der Gesellschaft gestoßen,
die ihr bis jetzt gefolgt war und ihr geschmeichelt hatte, ging zuerst
nach Rhode=Island, um sich dort der Niederlassung anzuschließen,
welche ihre Anhänger gegründet. Von da zog sie aber mit ihrer
Familie in den Staat New=York, wo sie der Tod in seiner fürchter=
lichsten Gestalt traf, in der eines indianischen nächtlichen Ueberfalls.

Einige der ersten Väter von Neu=England, besonders die Geist=
lichen, waren Männer von ausgezeichneter Bildung, und die meisten
derselben auf der Universität von Cambridge erzogen; sie aber
sowohl, wie alle Uebrigen, wußten und erkannten, daß ein Volk nur
wirklich glücklich gemacht werden könne, wenn man auch gründlich
für seine Bildung sorge. Ihre frühesten Bemühungen gingen des=
halb dahin, für die Erziehung der Kinder zu sorgen, und bei der
Generalversammlung im September 1630 bestimmte man die Summe
von 400 Pfund, um ein Collegium zu bauen. Newtown, das man
zu dessen Sitz gewählt, erhielt den Namen Cambridge.

Im Jahre 1608 hinterließ nun Mr. John Harvard, ein frommer Geistlicher aus England, der in Charlestown starb, dem Collegium eine Summe von fast 800 Pfund, und Dankbarkeit verewigte seinen Namen in dieser Anstalt. Aber auch alle übrigen Colonien suchten das junge Seminarium durch freiwillige Beiträge zu unterstützen, indem sie es nicht mit Unrecht für eine Pflanzschule hielten, aus der Kirche wie Staat mit tüchtigen Männern versorgt werden könnten.

Rhode Island. Die geachtesten Anhänger der verbannten Mrs. Hutchinson gingen, von William Coddington und John Clarke angeführt, südlich und erhielten, durch den Einfluß Roger Williams, von Miantonomoh die herrliche Insel Aquetneck, jetzt Rhode Island, seiner Schönheit und Fruchtbarkeit wegen so genannt, zum Geschenk. Hier errichteten sie eine Regierung auf den Principien politischer und religiöser Gleichheit, und Coddington wurde erste Magistrats= person.

New=Hampshire. Eine andere Abtheilung von Mrs. Hutchin= son Schülern ging, von ihrem Schwager Mr. Wheelright ange= führt, nördlich und gründete im Thal des Piscataqua Exeter. Es geschah dies auf einer Landstrecke, die zwischen diesem Fluß und dem Merrimac lag und die Wheelright in Kraft eines Kaufes von dem berühmten indianischen Zauberer Passaconaway, dem Hauptsachem der Pennicooks, wie auch von verschiedenen andern Häuptlingen kleinerer Stämme beanspruchte. Dies aber kam mit einem Patent des Mason und Gorges in Collision, und wurde daher von der eng= lischen Regierung bestritten. Zu gleicher Zeit bildeten sich an den verschiedenen Wassercoursen von Massachusetts und den andern Co= lonien aus kleine unabhängige Ansiedelungen. Sie konnten aber nicht wohl gedeihen; denn die Colonisten vernachlässigten höchst un= kluger Weise den Anbau ihres Landes und erhielten sich nothdürftig durch Fischen und Jagen. Erst 1641 richteten diese Ansiedlungen eine Bitte an Massachusetts, sie unter ihre Jurisdiction zu nehmen, denn sie fühlten, daß sie sich nicht selbst erhalten konnten. Die Gene= ralversammlung erfüllte ihnen diesen Wunsch und sie wurden jener Colonie einverleibt.

New=Haven. Theophilus Eaton und John Davenport, wohl= bekannte Puritaner aus England, werden als der Moses und Aaron

der Colonie von New-Haven betrachtet. Diese beiden Freunde sammelten ihre Gefährten 1637 in England und langten am 26. Juli
in Boston an. Massachusetts wünschte nun allerdings solche Colonisten für sich zu gewinnen; sie zogen es aber vor, eine eigene Niederlassung zu gründen, untersuchten die Küste und bestimmten Quin-
nipiac zu diesem Zwecke, wo sie 1638 mit ihren Schiffen im Hafen
vor Anker gingen.

Als nun die Souveraine des westlichen Europas ihre Besitzungen
dadurch auszudehnen suchten, daß sie Amerika colonisirten; schickte
auch Gustav Adolph, der Held seines Zeitalters, eine Anzahl seiner
Unterthanen von Schweden und Finnland hinüber. Diese siedelten
sich an der östlichen Seite des Delaware an, nannten jenen Fluß
Schwedenlandsstrom und jene Gegend selbst Neu-Schweden.

Zwei Jahre später, 1629, kauften die Holländer eine Strecke Landes an der westlichen Seite desselben Flusses, nicht weit vom Cap
Henlopen. Da diese Nation aber, sowie die Schweden, das Territorium für sich beanspruchten, so entstanden später ziemlich ernste
Streitigkeiten zwischen den verschiedenen Landsleuten.

Maryland. 1631 erhielt William Clayborne von Charles I.
die Erlaubniß, in denjenigen Theilen Amerikas Handel zu treiben,
auf die er nicht schon Patente ausgegeben hatte. Clayborne stiftete
eine Colonie auf der Kent-Insel in der Chesapeake-Bay, gerade
dem Platz gegenüber, wo Annapolis jetzt steht.

George Calvert, später Lord Baltimore, hatte im englischen Parlament seinen Geburtsdistrikt von Yorkshire vertreten. Aber weder
die Gunst des Monarchen, noch die Aussicht, eine bedeutende Stellung zu erlangen, vermochten etwas über seinen religiösen Glauben
und er legte sein Amt nieder, um sich öffentlich zur römisch-katholischen Kirche zu bekennen. Dieser Religion aber ungestört folgen zu
können, wünschte er nach irgend einem noch unbesetzten Theile Amerikas auszuwandern. Hierzu wählte er sich Virginien und besuchte
zu diesem Zwecke die Colonie. Die Leute dort wollten sich jedoch
nicht darauf einlassen, ihm eine Ansiedlung zu gestatten, wenn er
nicht einen Eid leistete, den ihm sein Gewissen verbot. Da er also
fand, daß er sich irgend wo anders ein Asyl suchen müsse, wenn er
den Zweck erreichen wollte, der ihn nach Amerika getrieben, so er-

forschte er das im Norden liegende Land und kehrte dann nach Eng=
land zurück. Die Königin Henriette Maria, Tochter Heinrichs IV.
von Frankreich, gab diesem Territorium den Namen Maryland und
Lord Baltimore erhielt es durch ein königliches Patent. Er starb je=
doch in London 1632, ehe dasselbe eine rechtskräftige Form erhielt.
Sein Sohn aber, Cecil Calvert, der zweite Lord Baltimore, erhielt
durch den Einfluß Sir Robert Cecil's das für seinen Vater Be=
stimmte.

Durch diesen Freibrief wurde ihm das Land am Potomac bis zum
40. Grade nördlicher Breite zugesichert und also durch einen will=
kührlichen Act der Krone ein Land zum zweiten Mal vergeben und
weggenommen, das schon früher einmal Virginien übermacht wor=
den. Die englische Regierung ließ sich aber solche Sachen damals
sehr häufig zu Schulden kommen, gab sogar später dieselbe Strecke
noch einmal an William Penn, und es läßt sich denken, daß hier=
aus endlose und höchst gehässige und böse Streitigkeiten folgten.

Lord Baltimore bestimmte seinen Bruder Leonard Calvert zum
Gouverneur, der mit 200 Auswanderern gegen Ende des Jahres
1633 nach Amerika überschiffte, und in den ersten Monaten 1634
im Potomac anlangte. Hier kauften sie von den Eingebornen Ya=
maco, eine ihrer Ansiedelungen, der sie den Namen St. Mary ga=
ben. Calvert sicherte sich dadurch und mit friedlichen Mitteln be=
queme Wohnungen und die Freundschaft der Eingebornen, und an=
dere Umstände kamen noch hinzu, die Colonie zu fördern und zu he=
ben. Das Land war reizend, vollkommene religiöse Freiheit herrschte,
und ein liberaler Freibrief war gegeben, der dem Eigenthümer mit
Hülfe der Freimänner gestattete, Gesetze zu geben, ohne daß sie die
Krone hätte beschränken oder zurückweisen dürfen. Die natürliche
Folge blieb nicht aus, Emigranten zogen sich sowohl aus anderen
Colonien, als auch von England in Schaaren nach dieser Provinz
hin. Einige der Puritaner von Massachusetts lud Lord Baltimore
vergebens ein, nach Maryland auszuwandern, obgleich er ihnen
vollkommene Freiheit ihrer Religion zusicherte. Sie wiesen dies zu=
rück, wie sie einen ähnlichen Antrag Cromwells, nach Westindien zu
ziehen, zurückgewiesen hatten.

Der rastlose, intrigante Clayborne, der böse Genius Mary=

lands, war aber inzwischen fortwährend bemüht gewesen, irgend
einen Anspruch auf das Land festzustellen und es für sich zu gewin=
nen. Bei seinem Handel mit den Eingebornen hatte er deren
Stimmung bald kennen gelernt und sie zu eifersüchtiger Feindschaft
angehetzt. In England überstieg die Autorität des sogenannten
„langen Parlaments“ jetzt die des Königs und derer, die ihre Macht
von demselben erhalten hatten. Natürlich suchte nicht allein Clay=
borne, sondern auch andere schlechte Unterthanen des Lord Balti=
more, von solcher Gelegenheit den möglichsten Nutzen zu ziehen,
was den Frieden der jungen Colonie nur zu früh wieder störte.

Virginien. England war schon im Jahre 1562 bei dem Scla=
venhandel interessirt, wo Sir John Hawkins betrügerischer Weise
eine Ladung Neger in Africa aufnahm und diese in Hispaniola ver=
kaufte. So wenig sittliches und moralisches Gefühl herrschte aber
damals selbst unter den höchsten Classen, daß die bedeutendsten Leute
sich bei diesem Sklavenhandel betheiligten und sogar die Königin
sich nicht entblödete, die Hand mit dabei im Spiel zu haben. Im
August 1620 brachte ein holländisches Schiff 20 Neger in den Ja=
mesfluß und verkaufte sie als Sklaven; so klein begann ein Uebel,
das so ungeheuer in seinen Folgen wurde, und jetzt so schwer sein
wird, gänzlich wieder auszurotten.

Als 1621 Sir Thomas Wyatt als Gouverneur in Virginien
anlangte, brachte er von der Gesellschaft in England eine bessere
und bleibendere Constitution für die Colonie. Auch wurde der Ge=
neralversammlung die Macht gestattet, Gesetze zu geben. Diese
mußten aber nichtsdestoweniger, ehe sie in Kraft treten durften, von
der Gesellschaft in England sanctionirt und bestätigt werden. Ebenso,
und um das gewissermaßen wieder zu vergüten, sollte kein Befehl
der englischen Gesellschaft ohne die Zustimmung der Generalver=
sammlung in den Colonieen bindend sein. Diese liberalen Conces=
sionen genügten nicht allein den Ansiedlern, sondern ermunterten
auch zur Auswanderung, und eine große Anzahl begleitete schon
den Gouverneur Wyatt in die Provinz.

In diesem selben Jahre wurde in Virginien die erste Baumwolle
gepflanzt, und das kräftige Gedeihen der jungen Pflanzen erfüllte
die Colonisten mit freudigen Hoffnungen.

Opechancanough, der Bruder und Nachfolger Powhatans, hatte aber beschlossen, die Weißen auszurotten, um das Land seinen wilden Eigenthümern wieder zu gewinnen. Zu diesem Zwecke bildete er eine Verschwörung, alle Engländer zu ermorden, und hielt seinen Plan, immer dabei neue Anhänger werbend, vier Jahre lang voll= kommen geheim. Jeder Nation wurde jetzt der Platz angewiesen, den sie zu überfallen und wie sie sich dabei zu benehmen hätten, und am 22. März 1622 fielen sie plötzlich am hellen Tage und zu gleicher Zeit über alle dortige englische Ansiedlungen her und ermordeten Männer, Frauen und Kinder ohne Gnade und Barmherzigkeit. In einer Stunde wurde fast der vierte Theil der ganzen Colonie ver= nichtet; und es wäre ihnen wahrscheinlich gelungen, die sämmtliche Bevölkerung aufzureiben, hätte sich nicht ein bekehrter Indianer durch Mitleiden bewogen gefühlt, seinem Lehrer, bei dem er wohnte, das Geheimniß die Nacht vorher zu enthüllen. Dadurch konnte Jamestown und die benachbarte Gegend vor dem Verderben bewahrt werden.

Ein blutiger Krieg mußte hier die Folge sein, und die Engländer machten solch fürchterlichen Gebrauch von ihren, den Indianern überlegenen Waffen, und der Kunst ihrer Kriegsführung, daß sie die Wilden auf lange Zeit zurücktrieben und von sich abhielten. Nicht allein demüthigten sie dadurch den Feind, sondern gewannen auch größere Landstrecken für sich; da sie natürlich die Jagdgründe der besiegten Stämme für sich in Beschlag nahmen.

Im Jahre 1624 wurde die Londoner Gesellschaft, die Virginien besiedelt hatte, von König James aufgelöst, und ihre Rechte und Privilegien kehrten zur Krone zurück. Einen Vorwand für dies ungerechte Verfahren königlicher Autorität mußten die Leiden ab= geben, welche die Colonieen ausgestanden, und die Zwistigkeiten, die so oft in der Gesellschaft herrschten. James bestimmte nun Com= missäre, welche die virginischen Angelegenheiten untersuchen sollten, damit er nachher ordentliche Bestimmungen für eine bleibende Re= gierung der Colonieen treffen könne. Es schien ihm auch zu schmei= cheln, hier sein Talent als Gesetzgeber leuchten zu lassen, und er begann diese Aufgabe; der Tod aber verhinderte ihn an der Vollen= dung derselben. Die Virginier jedoch blieben unter der besondern

6

Macht seines Nachfolgers, Karls I., dessen eigenmächtige Handlungen
namentlich unter der Administration des Sir John Harvey gefühlt
wurden, den er 1636 hinüber sandte. So unerträglich wuchs der
Druck an, daß die Colonisten dagegen aufstanden und John West
zu ihrem Gouverneur erklärten. Das beleidigte aber den König
ungemein, und er setzte Harvey, mit noch viel größerer Macht als
vorher, in seine Stelle wieder ein.

Sir Francis Wyatt folgte Harvey 1639, und zwei Jahre später
wurde William Berkeley hinübergesandt; die Colonisten genossen
zu dieser Zeit größere Freiheit in ihren Wahlen, und es herrschte
vollkommene Uebereinstimmung in den Colonieen.

Während nun die ersten Ansiedelungen von Neu-England noch
um ihre Existenz kämpften, wurden sie von der gesetzgebenden Macht
des Mutterlands für zu schwach und unbedeutend gehalten, um sie
groß zu beachten; die verfolgten Opponenten der Regierung aber
sahen die Pilger, wie man sie kurzweg nannte, als christliche Helden und Märtyrer an, die Alles daran gesetzt, ihrer Religion treu
zu bleiben, und sobald sie gute Nachrichten aus den Colonieen erhielten, brannte ihnen das Herz in der Brust, und sie sehnten sich hinüber zu den Freunden. Briefe von dort wurden wie Reliquien von
Stadt zu Stadt getragen und als die prophetischen Verkündigungen
freudiger Hoffnungen betrachtet. Die natürliche Folge war, daß
Tausende, denen es nicht an den Mitteln dazu fehlte, ebenfalls das
Vaterland verließen. In solchen Bewegungen glaubte die Regierung, und nicht mit Unrecht, einen Tadel ihres Wirkens und eine
Begünstigung der Religion zu finden, die sie haßte. Zu gleicher
Zeit erhielt sie von einigen Unzufriedenen, die aus Amerika zurückkehrten, die Nachricht, daß in Massachusetts besonders die puritanische Religion nicht allein durch die Gesetze den Colonieen empfohlen, sondern sogar die englische Liturgie durch dieselben verboten
würde. Verschiedene andere Klagen gegen die Colonie tauchten
ebenfalls auf, und sie alle suchten darzuthun, daß diese ihre Abhängigkeit von der englischen Krone von sich zu werfen und selbst
eine souveräne Macht zu gründen suchten.

Der hierüber erzürnte König beschloß, daß die kecken Provinzen
bestraft und sowohl die Kirche als der Staat seinen eigenen Gesetzen

unterworfen sein sollten. Er ernannte deshalb den Erzbischof Laud
selbst zum Oberhaupte eines Raths, der bestimmt war, die Colonieen
in jeglicher Hinsicht und mit voller Gewalt zu regieren. Dieser
Rath beschloß, daß ein Generalgouverneur hinübergesandt werden
sollte, und hierzu wurde Sir Ferdinand Gorges gewählt, der jedoch,
durch unvorhergesehene Hindernisse abgehalten, England nicht verließ. Die eigenmächtigen Maßregeln Laud's und seiner Genossen
richteten sich nun mit besonderer Feindseligkeit gegen die Freiheiten
Massachusett's. Diese aber achtete das Volk höher als sein Leben,
und so gering seine Anzahl und so arm es auch war, so beschloß es
doch, den Bedrückungen mit aller ihm zu Gebote stehenden Macht
zu widerstreben. Die Generalversammlung bestimmte daher sogleich
600 Pfund, um Befestigungen zu errichten. Gorges und Mason
dagegen, welche früher ihr Patent von der Krone erhalten hatten,
und gewisse Ansprüche an Massachusetts zu erlangen wünschten,
gaben der englischen Regierung das damals Verliehene zurück, petitionirten aber, daß diese ihnen gegen die Colonie beistehen möchten,
indem sich diese ihren Freibrief vergeben hätte, weil sie die ihr verstattete Gewalt und ihre Territorialgrenzen überschritten habe. Der
königliche Gerichtshof schien ganz erfreut, eine solche Gelegenheit
gefunden zu haben, den ungezähmten Geist der Colonisten zu zügeln,
erließ eine Klage gegen die Individuen der Corporation der Massa-
chusetts-Bay, worin sie dieselbe mehrerer Thatsachen beschuldigte,
durch die sie ihren Freibrief verscherzt hätten, und forderte sie jetzt
auf, Rechenschaft von ihren Handlungen zu geben. Bei einem spätern Termine sprach der Gerichtshof das Urtheil über sie. Die rasche
Auswanderung nach den Colonieen hatte aber auch die Aufmerksamkeit des königlichen Raths erweckt, und es wurde daher ein Gesetz erlassen, das jedem Manne, der über dem Rang eines Dienenden
stand, verbot, das Königreich ohne besondere Erlaubniß zu verlassen.
Solche Maßregeln blieben aber ganz erfolglos; denn die Bedrückungen wurden immer lästiger, und in einem Jahre verließen
allein 3000 Personen England, um nach Amerika hinüberzuschiffen.

Unter anderen dachten sogar mehrere puritanische Edelleute daran, auszuwandern, besonders der Earl von Warwick, Lord Brook,
Lord Say und Seal. Diese aber suchten vorher die Colonieen zu

überreden, Bestimmungen zu treffen, daß ein erblicher Adel herge=
stellt und die Magistratswürde in gewissen Familien ebenfalls von
Vater auf Sohn vererben solle. Hierauf antwortete Mr. Cotton im
Namen des Gerichtshofs von Massachusetts: „Wenn Gott irgend
einen Zweig einer edeln und adeligen Familie mit dem Geist und
den Gaben segnet, die zur Regierung passen und gehören, so würde
es gegen Gottes Willen gehandelt sein, solches Talent unter den
Scheffel zu stellen; es würde sogar eine Sünde gegen die Ehre der
Magistratswürde sein, solches Talent bei unsern öffentlichen Wahlen
zu vernachlässigen. Sollte es aber Gott nicht gefallen, irgend einem
der adeligen Nachkommen eben solche für eine Magistratswürde
nöthigen Gaben zu verleihen, so müßten wir uns dem Vorwurf und
dem gerechten Tadel der Bürger aussetzen, wenn wir jenen eine
Ehre anvertrauten, die Gott gar nicht für sie bestimmt hatte."

Nach diesen vernünftigen Gegengründen ließen natürlich die Colonieen jeden Plan einer erblichen Würde, wenn sie ihn je gehegt,
fallen. Diese Edelleute blieben aber auch zu Hause, wo sie die Vor=
züge einer besonders begünstigten Kaste genießen konnten. Die
Lords des Großraths waren aber noch immer entschlossen, Massa=
chusetts zu demüthigen und sandten einen drohenden Brief an den
Gouverneur Winthrop, worin sie ihn aufforderten, den Freibrief
jener Provinz zurückzuschicken. Um Aufschub zu gewinnen, schrieb
ihnen der Gouverneur, daß ja noch gar kein ordentliches Verhör
gewesen, und suchte mit ungemeiner Demuth und anscheinender
Schüchternheit Entschuldigungen und Vorschläge auf, die aber in
der That sämmtlich nur eine Gegendrohung enthielten.

Die Gefahr der Colonieen war jetzt auf ihren höchsten Gipfel
gestiegen. Die Vorsehung aber, die sie schon so oft erhalten, rettete
sie auch hier vom Untergange, indem sie dem grausamen Laud und
seinem königlichen Herrn Dinge in den Weg warf, die ihre volle
Aufmerksamkeit in der Heimath in Anspruch nahmen. Der Druck
und vielleicht auch die glückliche Flucht und der Widerstand ihrer
amerikanischen Brüder hatte die öffentliche Meinung in England so
aufgeregt, daß gar nicht mehr viel an einem offenen Widerstande
fehlte. In Schottland versuchte Karl die Annahme der englischen
Liturgie zu erzwingen; das hatte Aufstände zur Folge, und das

schottische Volk verband sich, allen derartigen Zumuthungen mit
gewaffneter Hand zu begegnen. Der Strom der öffentlichen Mei=
nung warf jeden Widerstand nieder. Laud's Partei wurde unter=
drückt, und er selbst, während der König sich in einen blutigen
Bürgerkrieg mit seinen aufständischen Unterthanen verwickelt sah,
gefangen gesetzt.

Der Puritanismus regierte jetzt triumphirend in England, und
seine Anhänger brauchten nicht mehr auszuwandern; ja einige der=
selben, wie Vane und Hugh Peters, kehrten sogar ins Vaterland
zurück. Das lange Parlament hatte seine Herrschaft begonnen, und
die Führer desselben wünschten die Colonieen eher zu ehren, als sie
zu unterdrücken. So eifersüchtig waren aber eben diese Colonieen auf
ihre Freiheit, daß sie jede Einmischung eines britischen Parlaments
in ihre Geschäfte, selbst wenn diese zu ihrem Besten sein sollte, ver=
baten. Und als die Geistlichen Cotton, Hooker und Davenport zu
jener großen Westminster=Versammlung von Predigern berufen
wurden, lehnten es jene und besonders Hooker entschieden ab, da
sie keinen hinreichenden Grund sähen, ihre Gemeinden in solcher
Wildniß allein zurückzulassen. England galt ihnen nicht länger als
ihr Vaterland, und sie fühlten, daß fortan ihre Heimath in Amerika
sein müsse. Aber durch Gefahren von Außen belehrt, begriffen sie
auch, daß eine Vereinigung ihrer Kräfte nöthig sei, und eine Union
wurde vorgeschlagen, um diese kleinen Republiken zu gemeinsamen
Schutz zu verbinden. Innerlicher Friede wie äußerliche Sicherheit
sollten den Hauptbestandtheil dieses Vertrages ausmachen.

Zwei Commissäre wurden jetzt von jeder der vier Colonieen, von
Plymouth, Massachusetts, Connecticut und Newhaven, erwählt.
Sie trafen in Boston im Mai 1643 zusammen, wo sie die Artikel
der Conföderation aufsetzten, welche alle, die Plymouther Gesandt=
schaft ausgenommen, augenblicklich unterzeichneten. Den Letztern
war nämlich nicht gleich die Vollmacht mitgegeben, für den Staat
zu unterschreiben. Bald aber erhielten auch sie dieselbe, und der
Vertrag war vollendet. Rhode=Island erhielt aber nicht die Er=
laubniß, ein Glied der Conföderation zu werden, wenn es sich nicht
an Plymouth anschließen wolle, was diese Colonie jedoch und mit
Recht verweigerte. Der Name, den sie wählten, lautete: die ver=

6*

einigten Colonien von Neu-England, und ihr kleiner Congreß, der erste der neuen Welt, sollte aus acht Mitgliedern, zwei von jeder Colonie, bestehen. Sie wollten sich wechselsweise in den verschiede- nen Colonieen versammeln und Massachusetts hatte in dieser Hin- sicht ein doppeltes Vorrecht. Ihre Berathungen sollten sich besonders auf die Vertheidigung und Beschützung ihres Landes beschränken, aber auch nicht unbeachtet lassen, daß sie eine moralische wie eine religiöse Gemeinschaft gegründet hätten. Nur die Unabhängigkeit der verschiedenen Colonialversammlungen durften sie nicht beschränken.

Obgleich diese Conföderation dem Namen nach in etwa 40 Jah- ren aufhörte, so starb der Geist derselben doch nicht aus; die Colo- nieen hatten gelernt zusammenzuhalten, und als gemeinsame An- griffe und Gefahren auch gemeinsame Thaten erforderten, ließen sie damit nicht lange auf sich warten. Deßhalb können wir auch recht gut die Conföderation der vier Neu-England-Provinzen als den Keim betrachten, der zur jetzigen Union der Vereinigten Staaten von Amerika gelegt wurde.

Zweites Buch.

Erste Periode.

Von der Conföderation der vier Neu-England-Colonieen, bis zu dem neuen Patent des Staates Massachusetts.

(Von 1643 bis 1692.)

In den ersten Jahren der Administration des Cavaliers Sir William Berkeley erfreuten sich die Virginier großer politischer Frei- heit und ihre Colonie blühte und gedieh, auch wurde diese nicht etwa durch den Sieg des Puritanismus in England gehindert.

1644 aber versuchte der greise Opechancanough noch einmal, die Freiheit seiner Wilden zu erkämpfen und durch einen erneuten plötzlichen Ueberfall die zerstreute Bevölkerung der Colonien zu vernichten. Kaum aber hatte der Krieg begonnen und die Engländer sich zum Widerstand gerüstet, so ergriff die Indianer ein panischer Schrecken und sie flohen. Die Virginier verfolgten sie hitzig und tödteten 300, selbst der Häuptling wurde gefangen genommen; sein stolzer Geist konnte es aber nicht ertragen, der öffentlichen Neugier und Schau= lust zum Ziel zu dienen und er hieß den Tod willkommen, den ihm seine Wunden brachten.

Karl I. hatte auf dem Schaffot geendet und der mächtige Geist Cromwells leitete die englische Republik.   Um aber den Handel sei= nes Reichs zu befestigen und zu erweitern, setzte er ein System fort, oder vervollkommnete es vielmehr, das den Handel der Colonien un= terdrückte. Es war dies die berühmte Schifffahrtsacte. Nach dieser war es den Colonien nicht verstattet, ihren Producten einen Markt zu suchen und dieselben den Meistbietenden zu verkaufen, sondern sie sahen sich genöthigt, Alles dem Mutterlande zuzuführen. Zu der= selben Zeit verbot dasselbe Gesetz, auf irgend anderen als englischen Fahrzeugen Waaren in die Colonien zu bringen und zwang dadurch die Colonisten, dem englischen Kaufmann seine Waaren um jeden Preis abzukaufen, den er dafür verlangen würde; sogar der freie Verkehr unter ihnen selbst wurde verhindert.

1660 nahm Karl II. den Thron ein und Berkeley bekleidete nach mehrfachen Aenderungen die Stelle eines Gouverneurs und zwar unter der Autorität der Virginischen Gesellschaft, durch die er er= wählt worden. Freudenfeuer wurden in der Provinz entzündet und Berkeley, der sich der Aenderung fügte, erließ künftig seine Mandate im Namen Karls II.; der Monarch bestätigte ihn auch später in seiner Stellung. Aber die Aussichten verschlimmerten sich. Trotz der Loyalität Virginiens hatten auf keine der Colonien die Bedrückungen der Monarchie so fürchterlichen Einfluß gehabt, als gerade auf Vir= ginien, und keiner brachte daher die Wiedereinführung derselben auch so viel Nachtheil.   Die Virginier theilten sich in zwei Classen, die erste schloß wenige, sehr gebildete und besonders reiche Personen, in sich.   Diese sahen mit aristokratischem Stolz auf die zweite und natürlich zahlreichere Classe der Dienenden und Arbeiter herab, un= ter denen manche waren, die Verbrechen wegen von England nach

Amerika deportirt worden waren. Blinde Bewunderung zollte da=
bei die Aristokratie den englischen Gebräuchen und Sitten, und Ber=
keley fand sich so gewissermaßen zwischen zwei Feuern, wobei ihn
sein Verstand leider nicht den rechten Weg wählen ließ und er weit
von der Spur einer gesunden und gerechten Politik abgeführt wurde.
Die Folge blieb nicht aus, daß Volk sah seine Rechte geschmälert,
die bischöfliche Verfassung wurde ein Joch der Unterdrückung. Die
Geschäfte der Kirche geriethen in die Hände von Kirchenältesten. Cor=
porationen wurden gebildet und oft gemißbraucht, um die ganze
Gemeinde mit schweren Taxen zu belegen, die Gesellschaft bestand
aus Aristokraten, die sich als permament einsetzten und bedeutende
Gehalte zogen, während zugleich die Schifffahrtsacte den Handel be=
schwerte und den Landbau seines nöthigen Gewinnes beraubte. Das
Wahlrecht wurde allerdings nicht beschränkt, da aber die Macht,
Bürger zu wählen, genommen worden, so half es ihnen nichts mehr
und das Einzige, was ihnen blieb, war zu petitioniren.

Da traf die Colonieen ein Schlag, der selbst die Aristokratie aus
ihrer Lethargie empor rüttelte. Karl II. verpachtete Virginien für
den Zeitraum von 31 Jahren. Gleich nach seiner Thronbesteigung
nämlich patentirte er Sir William Berkeley, Lord Culpepper und
Andere mit jenem Theil der Colonie, der zwischen den Rapahannoc
und dem Potomac lag und jetzt gab er sogar dem habsüchtigen Lord
Culpepper und Lord Arlington, einem andern gierigen Favoriten,
die ganze Provinz und obgleich seine loyalen Unterthanen Agenten
hinüberschickten und ihn dringend bitten ließen, solchem Vorhaben
zu entsagen, so vermochte er nicht, das Patent zurückzunehmen.

Im Norden hatten die Susquehanna=Indianer, die von Senecas
vom obern Theil der Chesapeake zurückgetrieben worden, an den
Ufern des Potomac geraubt und geplündert. John Washington,
der Urgroßvater des Revolutionshelden, war damals mit einem
Bruder, Lorenz Washington, von England nach Amerika ausge=
wandert und lebte jetzt in dem County von Westmoreland. Zu ihm
kamen endlich sechs der indianischen Häuptlinge, um mit ihm, der
damals zum Obristen ernannt worden, den Frieden zu unterhandeln.

Er aber ließ sie ungerechter Weise tödten; „sie kamen in Frieden,
sagte Berkeley, und ich würde sie in Frieden wieder fortgeschickt ha=

ben, wenn sie auch meinen Vater und Mutter gemordet hätten."
Rache entflammte natürlich die Herzen der Wilden und der mitter-
nächtliche Kriegsschrei sandte oft, unter dem Tomahawk und Scalpirmesser, die vertheidigungslosen Familien der Grenzbewohner in
raschen Tod.

Diese Ueberfälle wurden aber bald so drückend, und drohten dem
Lande mit solchem Elende, daß sich das Volk endlich in seiner Macht
erhob und sich selbst zu vertheidigen verlangte. Es forderte dafür
als seinen Hauptmann und Führer einen jungen Advokaten, Nathaniel Bacon; Berkeley jedoch verweigerte demselben eine Offizierstelle.
Da fielen neun Mordthaten vor und Bacon stellte sich nun, auch
ohne erhaltenen Befehl, an die Spitze seiner Getreuen und zog in
den indianischen Krieg. Da erklärte Berkeley, durch die Aristokratie
aufgestachelt, ihn und seine Anhänger für Rebellen. Das Volk jedoch
des langen Druckes müde, verlangte vom Gouverneur die Wahl einer neuen Kammer von Bürgern und er sah sich gezwungen, ihnen
nachzugeben; ja Bacon wurde sogar, als er von seiner Expedition
zurückkehrte, trotz des gegen ihn ausgesprochenen Urtheils, zum Abgeordneten für Henrico County erwählt. Eine volksthümliche Freiheit herrschte jetzt und Gesetze wurden gegeben, die dem Gouverneur
Berkeley mißfielen; Bacon fürchtete Verrätherei und zog sich ins
Land zurück. Hier aber sammelte sich das Volk um ihn und er kehrte
bald darauf nach Jamestown an der Spitze von 500 Bewaffneten
zurück. Da glaubte Berkeley, daß es darauf abgesehen sei, ihn zu
stürzen, ging ihnen entgegen, bot ihnen die nackte Brust und rief:
„Hier ist ein gutes Ziel, schießt." Bacon erklärte ihm aber, daß er
nur gekommen sei, ihn um den Oberbefehl der Bewaffneten zu bitten, da ihr Land in Gefahr sei, von den Wilden angegriffen zu werden. Den erhielt er und rückte wieder gegen die Wilden aus. Berkeley zog sich aber nach dem Seeufer zurück, sammelte hier eine Anzahl von Seeleuten und loyalen Unterthanen, kam den Fluß mit einer Flotte herauf, landete seine Armee bei Jamestown und erklärte
Bacon und seine Partei noch einmal für Rebellen und Verräther.

Bacon, der indessen die Indianer besiegt hatte, behielt nur noch
eine kleine Anzahl seiner Begleiter unter Waffen. Mit diesen eilte
er nach Jamestown zurück und Berkeley floh vor seiner Ankunft.

Damit aber nun die wenigen Gebäude ihre Unterdrücker nicht mehr beschützen sollten, steckten die Bewohner derselben sie in Brand, ja die Eigenthümer der besten Häuser warfen selbst den Zündstoff hin= ein. Dann verließen sie den ihnen früher theueren, und jetzt verö= deten Ort und folgten den Royalisten bis zum Rapahannoc, wo die Virginier, die bisher zu Berkeleys Partei gehört, diesen verließen und sich der Fahne seines Gegners anschlossen. Bacon's Feinde waren jetzt in seiner Gewalt.

Die gewaltigen Anstrengungen aber, besonders daß er stets der Nachtluft ausgesetzt gewesen war, zogen ihm eine gefährliche Krank= heit zu und er starb. Seine Partei, ohne Führer, vereinzelte sich und die Royalisten athmeten wieder hoch auf. Ja sie sammelten so= gar aufs Neue ihre Macht und verfolgten die Hauptanhänger Ba= con's, die sie hetzten und gefangen nahmen, worauf einer nach dem andern vor Berkeley gebracht wurde, der sie dann mit beleidigenden Reden zum augenblicklichen und schmählichen Tode verdammte. So starben 20 der besten Bürger Virginiens. Karl II. aber, als er diese Handlungen erfuhr, sandte den Befehl, davon abzustehen und soll gesagt haben: „der alte Mann hat mehr Blut solcher Kleinigkeiten wegen vergossen, als ich selbst, um den Tod meines Vaters zu rä= chen."

Die englische Regierung fühlte aber jetzt doch, welchen Nachtheil Virginien gelitten und wollte einen neuen Freibrief mit ausgedehn= tern Privilegien geben. Als aber die Botschaft von Bacon's Empö= rung anlangte, hielten sie denselben noch zurück und gaben ihn erst später, wie die Ruhe wieder hergestellt war, jedoch in beschränkterer Weise aus. Der erste hätte nämlich das Volk von dem britischen Besteurungsrechte befreit, der zweite bestätigte dasselbe förmlich. Lord Culpepper wurde darin zum lebenslänglichen Gouverneur ge= wählt, aber seine Verwaltung erwies sich als ein unablässiger Druck und die einzige Triebfeder seiner Handlungen war die Liebe zum Gelde. Er hielt dabei die ganze Macht in Händen, da er mit dem Lord Arlington das Patent auf die ganze Provinz erhalten und sei= nem Gefährten dessen Rechte abgekauft hatte. Karl II. vernichtete aber, als er später fortwährend die begründetsten Klagen über ihn hörte, als er vernahm, wie unzufrieden das Volk von Virginien mit ihm sei, diesen Freibrief, und Virginien wurde wieder königliche Provinz.

Lord Howard, der nächste Gouverneur, wurde ebenfalls von solch' schmutzigen Motiven geleitet, wie all' die übrigen Glieder des eng= lischen hohen Adels, die sämmtlich nur eine einträgliche Stellung in Amerika suchten. Sie unterdrückten die Colonien und beraubten das Volk seiner Rechte, aber der Geist des Widerstandes blieb und starb nicht aus.

Eine gemeinsame Quelle der Furcht für die englischen Colonien ergab sich jetzt in der Stellung der fünf indianischen Nationen. Diese hatten sich die Huronen und die kleinern Stämme in ihrer Nachbarschaft unterworfen und ihre Besitzungen westlich sogar bis zum Mississippi ausgedehnt. Dabei griffen sie die Indianer der Alleghanies=Gebirge an und verbreiteten Furcht und Schrecken selbst an den Grenzen der englischen Ansiedelung, von Northampton am Connecticut bis zur westlichen Grenze von Maryland und Virgi= nien hinaus.

Dies war die Veranlassung einer großen Rathsversammlung zu Albany, in der Lord Howard und Colonel Dongan, damaliger Gouverneur von New York, mit den Abgeordneten der nördlichen Provinzen und den Sachems der fünf Nationen zusammentrafen. Diese Unterhandlungen erwiesen sich aber friedlicher Natur. Ein großer Friedensbaum wurde gepflanzt, dessen Zweige „bis zur Sonne reichen werden, und dessen breiter Schatten sich über den rothen und weißen Mann breiten soll."

Als der Bürgerkrieg zwischen König und Parlament ausbrach, schloß sich Clayborne der Sache des letztern an und kehrte im Jahre 1645 nach Maryland zurück, wo er hinlänglichen Einfluß besaß, eine Insurrection zu wagen und Gouverneur Calvert zu zwingen, daß er seiner Sicherheit wegen nach Virginien floh. Die Empörung wurde jedoch unterdrückt. Im nächsten Jahre kehrte Calvert zurück, und die Ruhe schien wieder hergestellt. Der Kampf zwischen dem König und Parlament, der die Regierung in England erschütterte, übte aber auch seinen Einfluß auf die Colonieen aus, und zwar so= wohl in religiöser, wie in politischer Hinsicht. Sobald das Parla= ment die Obergewalt an sich riß, wurden auch die neu=englischen

Colonieen, die für seine Sache gesprochen, begünstigt, während man die südlichen Provinzen unter strenger Aufsicht hielt. Daher kommt es, daß 1631 Commissäre ernannt wurden, um die Colonieen inner= halb der Bay von Chesapeake zum Gehorsam zurückzuführen und zu regieren. Dies gab die erste Veranlassung zu einem Bürger= kriege zwischen den Katholiken von Maryland, die zu den Eigen= thümern hielten, und zwischen den Protestanten, welche die Sache des Parlaments verfochten. Calvert, der Gouverneur der Regie= rung, durfte anfangs seine Stelle behalten, sobald er nämlich zuge= stand, daß er die Autorität des Parlaments anerkennen wollte. Er fand aber bald, daß es ihm unmöglich sei, den Frieden zu bewahren. Er und seine Partei mußten daher 1652 ihre Gewalt niederlegen, und eine Vereinigung der Sieger erklärte jetzt, daß von nun an kein Katholik mehr durch die Gesetze geschützt werden sollte. Auch verfolgte man die Quäker und die Episcopalen.

Cromwell achtete allerdings die Rechte der Eigenthümer von Maryland, wollte sich aber auch nicht gern mit den Gegnern, den Puritanern, verfeinden. Daher kommt es, daß Maryland während des ganzen Protectorats in einer unbestimmten, unruhigen Lage blieb. Clayborne besaß mit den Puritanern die wirkliche Macht, während Lord Baltimore, unter dem allerdings nur scheinbaren Schutze Cromwell's, Josias Fendall zu seinem Lieutenant und Ge= schäftsführer ernannte; obgleich dieser selbe Fendall erst im vorigen Jahre gerade eine Ursache mit gewesen war, die Unruhen in Mary= land hervorzurufen, von denen später wenig mehr bekannt wurde, als daß sie die Provinz in nicht unbedeutende Kosten verwickelten. Nach verschiedenen Weigerungen und Schwierigkeiten erkannte die Colonie endlich Fendall als Agenten Lord Baltimore's an, und ihre Repräsentanten bildeten, durch Fendall selbst ermuthigt, eine gesetz= liche Versammlung, worin sie keine andere Macht, als die des Sou= verains von England anerkannten.

Karl II. richtete die ursprüngliche Regierung wieder ein und machte George Calvert, den ältesten Sohn des Lord Baltimore, zum Gouverneur der Provinz. Nach dem Tode seines Vaters ging dieser nach England, und das Volk erweiterte während seiner Abwesenheit die Wahlgesetze um ein Bedeutendes, was er jedoch nach seiner

Rückkehr wieder aufhob. Dadurch machte er sich beim Volke unpo=
pulär. Die Geistlichkeit der englischen Kirche maß dabei die Schuld
dem Einflusse des Papstthums bei und verbot, daß irgend ein römi=
scher Katholik eine Beamtenstelle in der Colonie bekleiden solle;
selbst die Thronbesteigung des katholischen Königs verbesserte die
Lage des Lord Baltimore nicht; denn James hatte beschlossen, daß
alle Freibriefe rückgängig gemacht werden sollten, und ein quo war=
ranto wurde deshalb gegen Maryland erlassen. Diese Tyrannei
des Monarchen dauerte aber nur kurze Zeit; seine eigene Familie
vereinigte sich in einer Verschwörung gegen ihn, und „die Revolu=
tion" setzte seine Tochter und ihren Gemahl auf den Thron.

Der von Lord Baltimore ernannte Agent berief jetzt eine Raths=
versammlung, in der er feststellte, daß die Macht des Eigenthums
über sie dem König von Gott selbst verliehen worden, und forderte
sie auf, dem göttlichen Rechte der Könige und Lords durch einen
besondern Eid ihre Unterthanentreue zu bezeugen. Dies verweigerte
das Volk, und die natürlichen Folgen solcher Uneinigkeiten blieben
nicht aus.

Wir müssen jetzt jedoch wieder einige Jahre zurückgehen, um die
erste Bepflanzung eines Staates darzulegen, der jetzt in der Union
eine der ersten Stellen einnimmt. Er enthält den schönsten Fluß
für die Schifffahrt, besitzt die Hauptstädte des Handels und behauptet
überdies eine Stellung, die das ganze Neu=England mit dem Süd
und West verbindet. Es ist dies der Staat New York.

Holland ist eins der Königreiche, von denen die frühesten Väter
von Neu=England zu sagen pflegten: „der Herr hätte aus ihnen
guten Samen genommen, die Wildniß damit zu besäen." Es war
kurz nach der Zeit, wo jene Nation die blutige Tyrannei Philipp II.
von Spanien abgeschüttelt und eine unabhängige Regierung gegrün=
det hatte, als Henry Hudson, ein Engländer von Geburt, aber in
Diensten der holländisch=ostindischen Compagnie, von Texel aus
segelte, um eine Nordwest=Passage nach den Indien zu entdecken.
Da ihm dies aber nicht gelang, so fuhr er an den Ufern von New=
foundland hin, ging südlich bis zur Delaware und Chesapeake=Bay
und kehrte dann wieder gen Norden zurück, wo er der Entdecker
jenes herrlichen Flusses wurde, der noch heute seinen Namen trägt.

7

1640 rüstete eine Gesellschaft von Kaufleuten, die von den Generalstaaten Erlaubniß dazu erhalten, eine Flotte von mehreren Schiffen aus, und schickte sie nach Amerika hinüber, um auf dem Flusse
Handel zu treiben, den Hudson entdeckt hatte. Ein rohes Fort wurde
auf der Manhattan-Insel errichtet, und einer der Capitäne von der
Flotte, Adrian Block, segelte durch den East-River und erkannte
dadurch die inselartige Lage von Long-Island. Wahrscheinlich lief
er auch in den Connecticut-Fluß ein, und es ist kaum mehr zweifelhaft, daß er ebenso die Küste bis zum Cap Cod hinauf untersuchte.

Im nächsten Jahre segelten die Abenteurer den Hudson bis zu
einer kleinen Insel hinauf, gerade unterhalb der jetzigen Lage von
Albany, und bauten dort ein kleines Fort, das sie Orange nannten;
Familien waren aber noch nicht ausgewandert, und die Holländer
waren nur einfache Händler, die später ihren Wohnplatz veränderten
und sich dort niederließen, wo jetzt Albany steht.

Holland wurde indessen durch Parteiungen zerrissen, und Grotius,
der beste seiner Söhne, zu lebenslänglichem Gefängniß verurtheilt,
so daß sich seine Schüler gezwungen sahen, auszuwandern. Damals
bildete man, um den Handel zu befördern, die westindische Compagnie. Freiwillige Ansiedler wurden hinübergesandt, und bald
stiegen um das Manhattan-Fort Wohnungen auf, die man jetzt
Neu-Amsterdam nannte. Peter Minuets wurde der erste Gouverneur.

1627 ging ein Gesandter von den Neu-Niederlanden nach New-
Plymouth, trat mit dieser Colonie in ein freundliches Verhältniß
und schloß nun Friedens- und Handelsverträge ab. Hierauf bildeten die Generalstaaten eine neue Gesellschaft und nannten sie die
„Neunzehn." Diese bestimmten, daß der, welcher 50 Familien nach
den neuen Niederlanden hinüberführen würde, wie die Holländer
jetzt das ganze Land zwischen Cap Cod und Cap May nannten,
Patron oder Herr des Bodens werden sollte, ja, sprachen ihm sogar
das absolute Eigenthum in dem Lande zu, das er colonisiren würde,
und zwar in der Ausdehnung von 8 Meilen an jener Seite des
Flusses, an dem er sich niederließ, und so weit ins Innere, wie es
seine Lage erfordern würde. Der Boden mußte jedoch den Indianern abgekauft werden, und die Compagnie verpflichtete sich dabei,

wie besonders stipulirt ward, jenes Besitzthum mit Negern zu versehen, wenn sich der Handel dort als gewinnbringend erweisen
würde. Viele Ansiedlungen entstanden hierauf, und ein großer
Theil des besten Landes war bald in Besitz genommen. Die indianischen Häuptlinge überließen dem wackern Van Renselaer jene
Strecken um Fort Orange herum bis zur Mündung des Mohawk,
und das Collegium der Neunzehn gab ihm ein Patent darüber, das
sechs Jahre später bis zu 12 Meilen weiter südlich ausgedehnt wurde.

De Vries führte von Holland eine Colonie hinüber, die Lewistown, nahe am Delaware, besiedelte. Ein kleines Fort, Namens
Nassau, war schon früher dicht am Delaware von den Holländern
errichtet; in Folge von Uneinigkeiten in der Compagnie in Holland
trat jetzt Peter Minuets ab, dem Walter Van Twiller folgte. Jener
dagegen wurde der Führer einer Colonie von Schweden. Die Holländer sahen sich zu gleicher Zeit in den Territorien, die sie am
Connecticutfluß beanspruchten, durch die Ansiedlungen von Hooker
und Anderen, ja auch an den Ufern des Delaware durch die Unterthanen von Gustav Adolph beschränkt, die Minuets selbst anführte.
Auch geriethen sie zu gleicher Zeit in Streitigkeiten mit den Indianern. Gouverneur Keift, der an Van Twiller's Stelle trat, hatte
einen, aber ganz unbedeutenden Streit mit den Manhattanstämmen.
Trotzdem sammelten sich diese, als die Mohawks gegen sie anrückten,
um seine Niederlassung und baten ihn, sie zu schützen und ihnen
beizustehen. Statt dessen sandte der barbarische Keift seine Truppen
aus und ließ in der Nacht sie Alle, Männer, Frauen und Kinder,
eine Zahl von 100 Personen, förmlich morden. Die natürliche
Folge blieb jedoch nicht aus; der indianische Racheschrei stieg zum
Himmel empor und pflanzte sich von Stamm zu Stamm fort.

Keine englische Familie im Bereich der Algonquins war länger
sicher, die holländischen Dörfer standen in Flammen, und ihre Bewohner flohen in ihr Vaterland zurück. Nahe bei New York wurden
die Familien von Anna Hutchinson und manche Andre vernichtet,
und ganz Neu-England sah sich bedroht. Die holländischen Truppen
vertheidigten sich und wählten den Capitän Underhill, der von Massachusetts ausgestoßen worden, zu ihrem Hauptmann. Endlich
schlugen sich die Mohawks, die in Frieden mit den Holländern leb-

ten, ins Mittel. Die verbündeten indianischen Sachems kamen in
einer Reichsversammlung mit den Weißen auf der Stelle, wo jetzt
die Battery in New York steht, zusammen; „der Baum des Friedens wurde gepflanzt und der Tomahawk unter seinem Schatten
begraben!"

Keift, von den Colonieen verflucht und ausgestoßen, wollte nach
Holland zurückkehren, litt aber an der Küste von Wales Schiffbruch
und ging zu Grunde. Stuivesant war ihm schon vor seiner Abreise
in seinem Amte gefolgt. Dieser ging jetzt nach Hartfort, und schloß
dort Verbindungen ab. Die Holländer entsagten ihren Ansprüchen
auf Connecticut, und Long=Island wurde zwischen den beiden Parteien getheilt.

Die Holländer hatten aber indessen Fort Casimir an der jetzigen
Stelle von Newcastle in Delaware gebaut. Dies hielten die Schweden für ein Eindringen in ihre Territorien, und Rising, ihr Gouverneur, wußte durch eine unwürdige Kriegslist sich deren zu bemäch-
tigen. Da erhielt Stuivesant 1655 darauf bezüglichen Befehl von
Holland, schiffte sich in Neu=Amsterdam mit 200 Mann ein, segelte
den Delaware hinauf und besiegte die Schweden. Der Name Neu=
Schweden wurde nicht mehr gehört, den Eigenthümern aber ihr
Recht gesichert, und ihre Nachkommen sind jetzt mit unter den Besten
der amerikanischen Bürger.

Viele Auswanderer zogen sich nach den neuen Niederlanden, von
allen unzufriedenen Nationen, und wie sie wuchsen und stark wurden, so wünschten sie auch Theil an politischer Macht zu besitzen.
Sie versammelten sich und verlangten durch Abgeordnete, daß keine
Gesetze mehr ohne die Beistimmung des Volks gegeben werden durften. Stuivesant dagegen machte ihnen sehr unumwunden bekannt,
daß er keineswegs gesonnen sei, sich durch „ein paar unwissende
Subjecte" Vorschriften machen zu lassen, und löste augenblicklich
die Versammlung auf. Die Neunzehn belobten ihn deshalb ungemein und trugen ihm auf, dem Volk ja nicht zu gestatten, sich solchen
Träumen hinzugeben, daß man es fragen würde, wenn man ihm
Steuern auflegen wolle. Die Freiheit des Volks wurde allerdings
hier im Zaume gehalten, gedieh aber desto mehr in den benachbarten
Colonieen. Das war denn auch die Ursache, daß diese mehr und

mehr anwuchsen und die Holländer enger einschlossen. In dieser
Zeit bedrängten die Indianer einige ihrer Dörfer, besonders Esopus,
jetzt Kingston, und die neuen Niederlande konnten von Holland
keine Hülfe bekommen. Die Generalstaaten hatten die ganze Sache
in die Hände der Neunzehn gegeben, welche sämmtliche Ausgaben
bestreiten sollten. Der Rath weigerte sich aber, die nöthigen Vor-
schüsse zu liefern.

In der nämlichen Zeit hatte Karl II. seinen Bruder Jacob, damals Herzog von York und Albany, das Territorium von den Ufern
des Connecticut bis zu denen des Delaware durch ein Patent zugesichert, und Sir Robert Nichols, ein vertrauter Diener desselben,
wurde mit einer Flotte abgesandt, um Besitz davon zu nehmen.
Nichols brachte 1664 Commissäre nach Neu-England hinüber und
landete diese in Boston; dann nahm er von Long-Island den
jüngern Winthrop mit sich, segelte nach Neu-Amsterdam und verlangte plötzlich von dem auf's Aeußerste erstaunten Stuivesant, sein
Land ihm zu übergeben. Winthrop rieth ihm ebenfalls, dies zu
thun. Der treue Holländer erwiederte aber, daß er sich nicht so
feige einer einfachen Aufforderung unterwerfen könne und wolle,
und würde seinen Posten wohl bis auf's Aeußerste vertheidigt haben;
das Volk selbst aber, dem die weit bedeutendern Privilegien der
Engländer versprochen worden, zog es vor, unter deren Schutz zu
stehen. Nichols konnte deshalb ungehindert einlaufen, nahm im
Namen seines Herrn Besitz von dem Orte, und nannte ihn New
York.

Ein Theil der englischen Flotte segelte dann, unter Sir Georg
Carteret, den Hudson hinauf, zum Fort Orange, das sich ebenfalls
ergab und Albany genannt wurde. Eben so nahm man das hollän-
dische Fort am Delaware, achtete aber das Recht des Eigenthums
der Privaten und schloß einen Vertrag mit den fünf Nationen ab.
Die ganze Küstenlinie von Acadia bis Florida war jetzt im Besitz
der Engländer.

Noch bleibt uns ein eben so wichtiger Staat des nördlichen Lan-
des zu erwähnen, nämlich Pennsylvanien, das seinen Ursprung dem
Sohn des Vice-Admiral Sir William Penn verdankt, der 1644 in
London geboren wurde. Der Knabe soll schon als Kind bedeutende

Eigenschaften entwickelt haben und betrat mit dem 15. Jahre die
Universität Oxford. Dort aber wurde zuerst durch Thomas Loe, ei=
nen Quäker, sein sich immer etwas zur Schwärmerei hinneigender
Geist dieser Sekte gewonnen, der er sich mit jedem Jahre mehr und
mehr hingab. Sein Vater versuchte nun zwar Alles, selbst körper=
liche Züchtigung nicht ausgenommen, ihn von diesem „albernen
Starrsinn", für den er es hielt, zurückzubringen, und verbot ihm so=
gar, als dies Alles nichts nützte, sein Haus. Auch das blieb ohne
Erfolg, und da er den Sohn liebte, auch die Mutter für ihn sprach,
nahm er ihn wieder auf. Er schickte ihn nun zwei Jahre lang nach
Frankreich und Italien, um ihn dort auf andere Gedanken zu brin=
gen. Der Zweck aber, den sein Vater dabei im Auge gehabt, schien
nicht erfüllt; denn er hatte seine religiösen Ideen keineswegs ver=
gessen. Der Admiral schickte ihn hierauf nach Irland, in der Hoff=
nung, daß der glänzende Hof seines Freundes, des Earl von Or=
mond, einen Weltmann aus ihm machen würde. Er übergab ihm
dabei die Agentur seiner großen Güter in Irland und William gab
sich seinen dortigen Geschäften mit solchem Eifer hin, daß er seinen
Vater in jeder Hinsicht entzückte. Aber wiederum hörte er den Pfar=
rer Thomas Loe und wurde jetzt ein entschiedenes Mitglied der
Quäkergesellschaft, ja sogar als solches verfolgt und gefangen gesetzt.
Da sein Vater hiervon hörte, rief er ihn nach England zurück
und bat ihn, betrübt über seine Wunderlichkeiten, aber auch stolz
auf seine Talente, mit Thränen, jenen religiösen Wahn fahren zu
lassen, und der treue Sohn kämpfte lange und schwer mit sich. End=
lich aber siegte das, was er für seine Pflicht gegen Gott hielt, und
er behauptete, nur das thun zu müssen, was ihm der heilige Geist
geboten habe. Der Admiral fügte sich endlich in Alles und beschloß
sogar, ihm auch in der Ausübung seiner Religion völlige Freiheit
zu lassen, wenn er nur in einigen Kleinigkeiten die Sitten der Quä=
ker unbeachtet lassen, nämlich den Hut nicht in jedes Menschen Ge=
genwart tragen, sondern vor dem König, dem Herzog von York und
ihm selbst sein Haupt entblößen wolle. William Penn meinte aber,
sein christlicher Glaube lehre ihn, daß eine äußere Handlung nie
das Herz belügen müsse und daß eine Hutverehrung, wie es die
Quäker nannten, auf keine Weise mehr geduldet werden könne. Er

schlug deshalb seines Vaters Anerbieten aus und wurde noch ein=
mal aus seines Vaters Hause verbannt.

William, so auf sich selbst verwiesen, fing an zu predigen und zu
schreiben und litt in Ausübung seines Glaubens viel, bis ihn der
Admiral, sein Vater endlich, als dessen Kränklichkeit einen sehr be=
denklichen Charakter annahm, zurückrief, und ihn noch auf dem
Todtenbette seinem Freunde, dem Herzoge von York, empfahl, der
auch versprach, für ihn zu sorgen und ihn so viel als möglich vor
den Gefahren zu schützen, denen ihn sein ganz eigenthümlicher
Starrsinn aussetzen mußte. Bald nach seines Vaters Tode sah sich
Penn auch wirklich wieder im Gefängniß. Nichts desto weniger hei=
rathete er bald darauf ein junges Mädchen aus sehr hochgestellter
Familie und besaß auch in jeder Hinsicht das Vertrauen seiner Mit=
bürger. Der ewigen Verfolgungen aber müde, wendeten sich seine
Gedanken nach Amerika und er machte Pläne, dort für sich und seine
Freunde Ansiedelungen zu gründen, die er auch später wirklich ins
Werk setzte. Sein Vater hatte an die Krone Forderungen von etwa
16,000 Pfund Sterling hinterlassen und da William Penn nun
fand, daß in Nordamerica, und zwar nördlich von Lord Baltimores
Patent, Strecken lagen, die noch nicht vergeben worden, so erbat
und erhielt er von Karl II. einen Freibrief, der ihm einen Strich
zusicherte, welcher im Osten vom Delaware begrenzt wurde, sich west=
lich 5 Längengrade ausdehnte und 12 Meilen nördlich von New=
castle bis zum 43. Breitegrade reichte, während er im Süden von
einem 12 Meilen langen Zirkel umschnitten ward, der, um Newcastle
gezogen, bis zum 40. Grade nördlicher Breite lief. Der König nannte
diesen Landstrich Pennsylvanien. Bald, nachdem er dies Patent er=
halten, übergab ihm der Herzog von York ein andres, das den jetzi=
gen Staat Delaware in sich schloß und damals die „Territoria" ge=
nannt wurde. In einer andern Schrift entsagte der Herzog allen
Ansprüchen, die er auf einen Theil von Pennsylvanien hatte.

Penns nächste Sorge war jetzt, eine liberale Constitution für die
Menschen auszuarbeiten, die seine künftigen Colonisten werden soll=
ten. Nachdem er dann drei Schiffe mit Auswanderern beladen, und
der Sorge seines Neffen, Colonel Markham anvertraut hatte, ver=
ließ er Chester am Bord des Welcome, und ging mit 100 Colonisten

nach seiner Provinz hinüber. Er landete in Newcastle und wurde dort von den Schweden und Holländern, die jetzt bis auf 2 oder 3000 angewachsen waren, freundlich bewillkommnet. Seinem Freunde, dem Herzog zu Ehren, besuchte er dann zuerst New York, kehrte aber gleich darauf nach Upland zurück, das er Chester nannte, und wo ein Theil der Pioniere, mit Markham an der Spitze, ihre Ansied= lung schon begonnen hatten, während Penn hier seinen ersten Con= greß zusammenberief.

Dieser bestand aus einer gleichen Anzahl Deputirter der Provinz und der Territorien und sein erster Act war der, daß er alle Einwoh= ner, welcher Herkunft sie auch waren, naturalisirte. Religiöse Frei= heit wurde dann dem Volke zugesichert, nur sollten alle Beamten und Wähler Christen sein. Penn war auch der erste Gesetzgeber, dessen Criminalgesetzbuch das menschliche Princip aufstellte: die Strafe solle nicht blos dazu dienen, ein Verbrechen zu hindern, son= dern auch den Verbrecher zu bessern. Daher verbannte er die Todes= strafe fast gänzlich. Der Congreß saß 3 Tage und erließ 59 Ge= setze; das mag zum Beweis dienen, wie die Zeit dieser Männer nicht mit persönlichen Beleidigungen oder wortschwallreichen Decla= mationen verschwendet ward, was in neuerer Zeit allerdings nur zu oft der Fall gewesen.

William Penn hatte schon vorher dem Colonel Markham den strengen Befehl gegeben, die Indianer freundlich zu behandeln und deshalb war kein Land ohne ihre Erlaubniß in Besitz genommen worden; es wurde ihnen auch mitgetheilt, daß Penn, den sie Onas nannten, zu einer gewissen Zeit ein Berathungsfeuer entzünden wollte, um mit ihnen einen Vertrag zu ewigem Frieden, zu unver= brüchlicher Freundschaft zu schließen. Am Morgen des bestimmten Tages kam William Penn unter den Bäumen des Waldes mit den bemalten und federgeschmückten Kindern der Wildniß zusammen. Die trotzigen Häuptlinge bildeten einen Halbkreis um ihn und die Hauptsachems der Nationen schmückten seinen Kopf mit einem Kranz, dem Symbol seiner Macht. Da legte jeder Krieger seinen Bogen und Tomahawk nieder und setzte sich auf die Erde; während der erste Häuptling dem Onas verkündigte, daß die Nationen bereit wä= ren, seinen Worten zu lauschen; denn sie hielten ihn für einen Engel, den der große Geist ihnen gesandt habe. Penn sprach nun zu ihnen und rief den Allmächtigen, der seine innersten Gedanken kenne, an, indem er versicherte, es sei sein heißester Herzenswunsch, ihnen Gutes zu thun. Er wolle sie nicht Brüder oder Kinder nennen, aber sie sollten ihm und den Seinigen wie zu ihren eignen Körpern gehörend sein. Die Häuptlinge gaben dann auch ihrerseits, für sich und ihre Stämme, die Versicherung: „künftig mit ihm und seinen Kindern in Freundschaft zu leben, so lange Sonne und Mond dauern würden." Der Vertrag wurde dann aufgesetzt, die Häuptlinge unterzeichneten mit den Sinnbildern ihrer verschiedenen Stämme und Penn bestätigte nicht allein die Käufe, die Markham gemacht, sondern ging auch noch neue ein. Hiernach bezog er ein Haus, das ihm sein Neffe erbaut hatte und nannte es Pensbury; traf auch Anordnungen, Städte anzulegen und Counties abzutheilen. Holme zeichnete, in Verbindung mit dem Landvermesser, den Plan der Hauptstadt, die er im Geist brüderlicher Liebe Philadelphia nannte.

Es kamen jetzt viele Fahrzeuge mit neuen Ansiedlern, und so rasch drängten sich die Einwanderer in diese Colonie, daß sie, besonders wenn sie spät im Herbst eintrafen, nicht mehr mit Wohnungen in den rohen Gebäuden der neuen Stadt versehen werden konnten; es mußten Höhlen in die Uferbänke gegraben werden, um sie nur aufzunehmen. Sie lebten damals von den Tauben, die in ungeheuren Zügen über sie hinstrichen, von den Fischen des Flusses, oder vom Wilde, das ihnen die Indianer brachten.

Die Grenzen zwischen Philadelphia und Maryland waren aber von den beiden Eigenthümern noch nicht fest bestimmt worden und Lord Baltimore suchte sich in den Besitz der Territorien zu setzen, indem er die Ansiedler, welche sich weigerten, Renten zu bezahlen, austrieb. Penn protestirte dagegen, der Generalgerichtshof von Pennsylvanien bestätigte seine Ansprüche und die Territorien blieben unter seiner Jurisdiction. Als er aber im August 1684 von den Bedrückungen der Quäker in England hörte, wo er noch seine ganze Familie hatte, und durch seine Gegenwart dazu beizutragen hoffte, die Lage seiner christlichen Brüder im Vaterlande zu verbessern, schiffte er sich nach England ein.

Vor der Uebergabe der Holländer hatte der Herzog von York an

Lord Berkeley und Sir George Carteret einen Grant über den=
jenigen Theil des in seinem Patente bezeichneten Landes gegeben,
der zwischen dem Hudson und Delaware liegt. Dieser Landstrich
wurde, Sir George zu Ehren, welcher Gouverneur der Insel Jersey
gewesen war, New Jersey genannt. Ehe diese Schenkung aber
bekannt worden, hatten neun Personen von Long=Island im Jahre
1664 den Eingebornen eine Strecke Landes abgekauft, wo sie eine
Ansiedlung begannen, die sie Elisabethtown nannten. Andre Städte
wurden ebenfalls durch Auswanderer aus den Colonieen und
Europa bevölkert, und so entstanden feindliche Ansprüche, die zwi=
schen den Eigenthümern oder Bewohnern nur Unfrieden erregten
und böses Blut machten. Im nächsten Jahre gaben Berkeley und
Carteret deshalb der Colonie eine Constitution und bestimmten
Philipp Carteret zum Gouverneur, der hierauf Elisabethtown zum
Sitz der Regierung machte. Einige Jahre vergingen so in Ruhe.
1672 aber brachen die Streitigkeiten der Ansiedler in offene Feind=
schaft aus; die Bewohner von Elisabethtown, die ihren Grund und
Boden von den Wilden selbst gekauft hatten, weigerten sich, dem
jetzigen Oberherrn desselben Renten zu bezahlen, und trieben die
Opposition so weit, daß sie den Gouverneur verjagten und dessen
Sohn an seiner Statt einsetzten. Der Vater kehrte hierauf nach
England zurück, erlangte aber dort von den jetzigen Eigenthümern
solche Bedingungen für die Colonisten, daß sich diese damit beruhig=
ten und nicht wieder feindlich auftraten. Berkeley und Carteret
konnten übrigens die Provinz nicht lange behaupten. Der erste,
der es müde war, nur Sorge und Noth mit einem Besitz zu haben,
der ihm weder Ehre noch Nutzen brachte, verkaufte seinen Theil an
Edward Byllinge, und dieser Gentleman, der sich bald in Schulden
verwickelte, sah sich genöthigt, seinen Besitzungen zu Gunsten seiner
Gläubiger zu entsagen; William Penn wurde einer seiner Geschäfts=
träger.

New Jersey ward Jahre lang theils durch Sir George Carteret,
theils durch Penn, als Byllinge's Agent, verwaltet. Da der letzte
aber in kurzer Zeit fand, wie schwierig es sei, ein von zwei verschie=
denen Parteien gemeinsam besessenes Gut zu verwalten, so traf er
mit Sir Carteret ein Uebereinkommen, daß sie das Land in Ost= und

Weſt-Jerſey theilten, wobei dieſer das alleinige Eigenthumsrecht auf
den öſtlichen, Penn dagegen und ſeine Machtgeber das auf den
weſtlichen Theil erhielten. Aber auch Oſt-Jerſey, Carteret's Eigenthum, wurde 1682 zum Verkauf ausgeboten und von 12 Quäkern
unter dem Schutze Penn's erſtanden. 1683 verdoppelten die damaligen Eigenthümer ihre Anzahl und erhielten ein neues Patent vom
Herzog von York.

Oſt-Jerſey hatte jetzt Religionsfreiheit, und in dieſe Zeit fielen
jene inneren Wirren Großbritanniens, in denen Graham von
Claverhouſe und andere königliche Offiziere die ſchottiſchen Anhänger
Cameron's wie wilde Thiere hetzten. Hunderte dieſer Unglücklichen
zogen ſich damals nach Oſt-Jerſey hinüber und fanden dort Sicherheit, Ueberfluß und Zufriedenheit. Edward Byllinge wurde ſpäter
zum Gouverneur der beiden Jerſey ernannt, und 1685 der erſte
Generalcongreß in Weſt-Jerſey gehalten.

Wir dürfen aber auch beſonders in dieſer Zeit die indianiſchen
Stämme nicht aus den Augen verlieren, die zu ſehr mit dem Leben
und Treiben der jungen Colonieen verſchmolzen waren.

Miantonomoh trachtete nach dem Leben des Häuptlings Uncas,
weil er fand, daß er dieſen nicht zu einer Verſchwörung gegen die
Weißen gewinnen konnte. Ein Pequod, den er erkaufte, verwundete
den Mohikanerhäuptling, und floh nachher zu dem Anſtifter zurück,
um ſich unter ſeinen Schutz zu ſtellen. Dieſer weigerte ſich auch,
den Meuchelmörder dem Gerichtshof von Hartford auszuliefern,
erſchlug ihn aber ſpäter mit eigner Hand. Dennoch gab er den
Verſuch nicht auf, den wackern Häuptling und Freund der Weißen zu
ermorden. Es wollte ihm aber nicht gelingen. Darüber ergrimmt,
zog er ſeine Krieger zuſammen und begann offenen Krieg, indem er
einen Vertrag brach, an dem die Autoritäten von Connecticut Theil
hatten. Uncas ſtellte ſich ihm entgegen, beſiegte ihn durch eine
Kriegsliſt, nahm ihn gefangen und lieferte ihn an die Weißen aus.
Dieſe ſaßen über ihn zu Gericht, gaben aber den edlen Krieger in
die Macht deſſen zurück, der ihn gefangen hatte. Uncas tödtete ihn,
und ſchützte dadurch vielleicht mehr, als durch irgend eine andere
That, die Anſiedelungen ſeiner Freunde.

Roger Williams wurde in demſelben Jahre, 1643, nach England

als Agent für Rhode-Island und die Providence-Plantagen gesandt,
um einen Freibrief für eine selbstständige Regierung zu verlangen.
Er fand die Angelegenheiten der Colonieen in den Händen des Earl
von Warwick und 17 Commissären, die vom Parlament mit ziemlich
derselben Gewalt ernannt worden waren, welche sie 1643 vom Kö=
nige erhalten hatten. Glücklicher Weise war Vane jetzt selbst einer
derselben, und durch dessen Beistand erhielt er Alles, was er wünschte.
Dennoch herrschte keine Einigkeit in den Colonieen, und Williams
mußte später noch einmal mit John Clarke nach England, wo er
die Regierung der Provinz, zu welcher Providence und Rhode-Island
vereinigt wurden, festgestellt und die Grenzen des Staates so bestimmt
erhielt, wie sie noch jetzt bestehen. Wenn Rhode-Island auch kei=
nen großen Flächenraum hat, so genießt es doch den Ruhm, den
späteren Nationen das Beispiel gänzlicher Glaubensfreiheit gegeben
zu haben.

Um diese Zeit etwa war es, daß John Elliot, der früher eine
Schule in England gehalten, als Apostel der Indianer auftrat. Er
kam in seinem 27. Jahre nach Boston, nachdem er sich vorher mit
einer jungen und liebenswürdigen Dame, die seinen Ansichten und
Gefühlen ganz beistimmte, verheirathet hatte.

Elliot sah mitleidig auf die Unwissenheit der Wilden herab, ja
fürchtete sogar für ihr einstiges Seelenheil, wenn ihnen nicht das
Licht der christlichen Kirche leuchten würde und sie in geistiger Dun=
kelheit untergehen müßten. Er beschloß, wo möglich, eine Aenderung
ihrer Lage herbeizuführen, beschloß, sie zu retten, wenn das in sei=
nen Kräften stände, und warf sich nun mit allem Eifer auf das
Studium ihrer Sprache, das er einige Jahre mit unermüdlichem
Fleiß betrieb. Die Generalversammlung der Provinz hatte indessen
1646 bei der Geistlichkeit anfragen lassen, wie man die Bibel am
besten unter die Eingebornen verbreiten könnte, und Elliot benützte
diese Zeit, um mit den Indianern zu Nonantum, wenige Meilen
westlich von Boston, zusammenzukommen. Er gab sich bei solchen
Gelegenheiten die größte Mühe, die Eingebornen mit den Künsten
und Gebräuchen civilisirten Lebens bekannt zu machen. Es gelang
ihm auch bei Vielen so weit, daß ihr Charakter, wie ihre Lebens=
weise, eine bedeutende Veränderung erfuhr. Einige aus ihrer Zahl

wurden sogar selbst Lehrer und unterstützten ihn in seinen Be=
mühungen.

Im Jahre 1654 wurde eine indianische Kirche zu Natick, einem
ganz neu angelegten Städtchen, erbaut.

Im nächsten Jahre hatte Elliot die Uebersetzung des neuen Testa=
ments in die indianische Sprache beendet. Zwei Jahre später fügte
er auch die des Alten hinzu, und brachte das ihm früher so riesen=
haft erschienene Unternehmen zu Ende, nicht allein die indianische
Sprache zu erlernen, sondern auch aus derselben eine Schriftsprache
zu bilden und in diese die ganze heilige Schrift zu übertragen. Dies
war die erste in Amerika gedruckte Bibel; aber diese Stämme, wie
ihre Sprache, sind jetzt ausgestorben, und Elliott's Buch ist in
unserer Zeit nur noch ein literarisches Curiosum. Was übrigens
die Kosten desselben betrifft, so wurde er dabei von einer englischen
Gesellschaft, die sich zur Bibelverbreitung gebildet hatte, sehr un=
terstützt.

1674 gab es 14 Städte „betender Indianer" und 6 gemischte
Kirchen. Solche bekehrte Eingebornen hatten aber mit tausend
Schwierigkeiten und Gefahren zu kämpfen; ihre großen Häuptlinge
haßten das Christenthum; denn, wenn ihre Unterthanen auch da=
durch brav und ehrlich wurden, d. h. die, welche durch die anwach=
sende Civilisation schon verdorben waren, so lehrte es sie doch auch
wieder, daß sie auf Manches ein Recht hätten, was ihnen die
Häuptlinge nicht gern zugestehen mochten. Außerdem war es aber
auch die Religion eines Volkes, gegen das der wilde Sohn der
Wälder tödtliche Feindschaft hegte, weil es ihn aus seinen recht=
mäßigen Jagdgründen und Besitzthümern zu vertreiben drohte, und
was er deshalb nicht in seiner Mitte dulden wollte.

Von diesen Häuptlingen war besonders Einer, Philipp von Poka=
noket, der besondere Gegner der christlichen Religion.

Philipp war der jüngste von zwei Söhnen Massasoit's und der
bittre Feind der Engländer geworden, weil er diesen den Tod seines
ältern Bruders zuschreiben mußte. Allerdings setzte ihn eben dieser
Tod in den alleinigen Besitz der Häuptlingswürde; nichtsdesto=
weniger fühlte er aber den Verlust des Geliebten und zürnte den
Thätern.

8

Die Ausbreitung der Weißen fing an, die Besorgniß der wilden Nationen zu erregen; sie erinnerten sich, daß ihre Vorväter die einzigen Herren und Gebieter der Wildniß gewesen, während jetzt ihre Jagdgründe beschränkt wurden. Der Hirsch, der Bär und andere Thiere, auf die sie ihres Unterhaltes wegen angewiesen waren, flohen vor dem geschäftigen Geräusch der Civilisation; die neue Race, die ihre Väter gastfreundlich aufgenommen, als sie nackt und arm an ihre Küsten kam, dehnte sich immer weiter aus, drängte sie immer mehr zurück und fing an, der Herr des Landes zu werden. Nichts blieb den Wilden übrig, als sich nach und nach aufreiben zu lassen oder auf einmal und mit einem Schlage selber aufzustehen und die Eindringlinge zu vernichten und auszurotten. Dies war der Geist, der, von Philipp ausgehend, wie ein zünden= der Strahl durch die Herzen der Stämme zuckte. Die Narragan= setts, so lange den Europäern freundlich gesinnt, befanden sich jetzt unter der Herrschaft Conanchets, des Sohns von Miantonomoh, der sich ohne Zweifel der Wohlthaten noch erinnerte, die sein Vater den Europäern erwiesen, während diese doch seine letzte Bitte um Gnade verweigerten. Noch hatte Philipp weiter nichts gethan, als daß er auf die Gesinnungen der verschiedenen Stämme heimlich einzuwirken suchte. Da gab Sausaman, einer der Indianer, welche Elliot unterrichtet hatte, den Engländern Nachricht von den gegen sie vorbereiteten Plänen. Sausaman wurde bald nachher ermordet, und der Plymouther Gerichtshof fand, daß die That von drei Indianern, vertrauten Freunden des König Philipp, ausgeführt worden. Sie ließen diese ohne Weiteres hinrichten.

Jetzt hielten es die Wilden nicht gerathen, länger zu zögern. Am 20. Juni 1675 begann Philipp's Angriff damit, Swansey in New Plymouth zu überfallen. Die Colonisten sammelten sich aber zur Vertheidigung ihrer Städte, und die Indianer flohen. Da jene bald darauf frische Truppen von Boston zu ihrer Unterstützung erhielten, so marschirte die vereinigte englische Macht gegen die indianischen Städte, die jedoch bei ihrer Annäherung von den Be= wohnern verlassen wurden. Aber der Weg, den die Wilden nahmen, wurde durch die Ruinen der Ansiedelungen bezeichnet, die sie auf ihrer Flucht gefunden, und Köpfe und Hände der Erschlagenen fand

man auf Pfählen daneben aufgesteckt. Als die Truppen sahen, daß
sie die flüchtigen Feinde doch nicht einholen konnten, kehrten sie nach
Swansey zurück. Hiermit begnügten sich aber die in Boston zusam=
menkommenden Commissäre der Colonien nicht, und beschlossen, daß
der Krieg mit Eifer betrieben werde und jede Colonie nach ihren
Kräften die Mittel dazu schaffen müsse. Von den 1000 Männern,
die man gleich anfangs ins Feld schicken wollte, sollte Massachusetts
527, Connecticut 315 und Plymouth 158 stellen; die Commissäre
bestimmten jedoch für die gegenwärtige Noth die doppelte Zahl.

Die Armee wurde von Swansey aus in das Land der Narragan=
setts geschickt, und dort mit jener Conföderation, das Schwert in
der Hand, unterhandelnd, brachten sie am 15. Juli einen Friedens=
vertrag zu Stande, worin sich die Commissäre unter anderen Stipu=
lationen erboten, 40 Röcke irgend einem der Narragansetts geben zu
wollen, der den sogenannten König Philipp lebendig einlieferte.
20 wurden nur für seinen Kopf bestimmt, und 2 für jeden seiner
Unterthanen, den man gefangen brächte. Der indianische Häuptling
erfuhr dies und zog sich mit seinen Kriegern in einen Sumpf nach
Pocasset, nicht weit von Montaup, zurück. Dort griffen ihn am
18. die Colonisten an, konnten aber keinen entscheidenden Sieg über
ihn gewinnen. Philipp schlug dann sein Hauptquartier bei den
Nipmuacks auf, schien bei seinen steten zerstörenden Angriffen fast
überall zu sein und that den Weißen unendlichen Schaden. Capitän
Hutchinson wurde jetzt mit einer Compagnie Cavallerie ausgesandt,
um diesen Indianern eine Unterhandlung anzutragen, bald darauf
aber in einen Hinterhalt gelockt und tödtlich verwundet.

Um ein Magazin und eine Garnison zu Hadley anzulegen, sandte
man jetzt Capitän Lathrop mit einem Corps ausgewählter junger
Leute aus Bostons Nachbarschaft ab, von Deerfield aus eine Quan=
tität Mais nach jenem Orte hinzuschaffen. Auch diese wurden plötz=
lich von Indianern angegriffen, und obgleich sie mit großer Tapfer=
keit fochten, doch fast sämmtlich getödtet. Die Quelle, neben der sie
kämpften, färbte sich roth, und wird noch bis auf den heutigen Tag
der blutige Bach genannt. Auch die Springfield=Indianer, die
früher freundlich gegen die Engländer gesinnt gewesen, verbündeten
sich im October desselben Jahres (1675) mit den feindlichen Stäm=

men und zündeten die Stadt an. Während die Flammen wütheten,
griffen sie Hadley an.

Die Lage der Colonisten war jetzt furchtbar. Denn die Absicht
der Indianer ließ sich nicht verkennen; sie wollten sie von der Erde
vertilgen und wütheten gegen Bewaffnete wie Unbewaffnete. Ihre
Religion legte ihnen dabei keine Fesseln an, und die Sitten ihres
Volkes geboten ihnen sogar die fürchterlichsten Graufamkeiten. Noch
gefährlicher ward ihre Lage dadurch, daß sie sich, in den langen
Jahren friedlichen Zusammenlebens mit den Indianern, in einzel=
nen Ansiedelungen über das Land verbreitet hatten. Die Wilden
kannten dabei ihre Wege und Stege, legten sich überall in den Hin=
terhalt und warfen sich, mit dem fürchterlichen Schlachtschrei auf
den Lippen, nicht allein über die betende Versammlung, sondern
auch über die Schlafenden in stiller Mitternacht, entzündeten die
einfam liegende Hütte, und scalpirten und tödteten, was ihnen unter
die Hände kam. Wenn der Familienvater Morgens aufstand, so
wußte er nicht, ob er die Thüre öffnen könne, ohne daß ihn die
Kugel des verborgenen Feindes traf, oder er ging aus und mußte
erwarten, daß er bei seiner Rückkehr Weib und Kinder erschlagen
fand. Legte sich die Mutter Abends zur Ruh und drückte den Säug=
ling an die Brust, so nagte schon die Furcht in ihrem Herzen, daß
er vielleicht am Morgen von ihrer Seite gerissen und sein kleiner
Kopf vor ihren Augen am Balken der Hütte zerschmettert werde.

Das sind nun zwar stets die Folgen eines Kriegs mit den Wilden
gewesen, nie aber wurden sie so gefühlt, als gerade in dem Jahre,
in dem die rothen Feinde, mit dem wilden Philipp an der Spitze,
gegen die Colonisten aufstanden.

Auch Conanchet zeigte sich um diese Zeit wieder feindselig; trotz
des eingegangenen Vertrags nahm er nicht allein Philipp's Krieger
auf, sondern unterstützte auch die Operationen gegen die Engländer.
Am 18. Dec. wurden daher 1000 Mann Soldaten von den ver=
schiedenen Colonieen gesammelt. Capitän Church befehligte die
Division von Massachusetts, Major Treat die von Connecticut, und
Josiah Winslow von Plymouth hatte den Oberbefehl. Nach einer
stürmischen, unter freiem Himmel verbrachten Nacht wadeten sie

16 Meilen durch den Schnee und erreichten Nachmittag um 1 Uhr
am 19. Dec. 1675 das Fort des Feindes.

Es stand auf einem kleinen Hügel inmitten eines Sumpfes und
war so mit Pallisaden und dichten Hecken befestigt, daß man sich nur
auf einem umgehauenen Baumstamme, der über einer Schlucht lag,
ihm nähern konnte. Der Schnee war sehr tief, aber die Weißen
fanden glücklicher Weise den Eingang, und obgleich er durch ein
wohlbefestigtes und stark besetztes Blockhaus vertheidigt wurde, so
führten die Offiziere ihre Leute doch mit keckem Muthe über die enge
und gefährliche Brücke. Die Ersten fielen allerdings, Andere dräng=
ten aber nach, und das Fort wurde genommen. Conanchet und
seine Krieger fochten wie Verzweifelte und zwangen die Engländer
zweimal, sich zurückzuziehen. Diese aber ließen nicht ab, schlugen
die Wilden und setzten die indianischen Wohnungen in Brand.
1000 Krieger wurden erschlagen, über 300 Frauen und Kinder
gefangen genommen, etwa 600 ihrer Wigwams verbrannt, und viele
Unglückliche kamen in den Flammen um.

Die elenden Ueberreste dieses Stammes flüchteten in einen Ceder=
sumpf, bedeckten sich hier mit Zweigen, oder wühlten sich in die Erde
und lebten von Eicheln oder Nüssen, die sie sich mit ihren Händen
aus dem Schnee graben mußten. Viele, die dem Tode auf dem
Schlachtfelde entgangen waren, verkamen hier auf eine weit elendere
und fürchterlichere Weise. Conanchet wurde erst im April gefangen
genommen, und man bot ihm seine Freiheit an, wenn er einen Frie=
densvertrag schließen wolle. Der Häuptling wies dies aber mit Un=
willen zurück und man tödtete ihn.

Die Engländer setzten jetzt den Krieg mit vieler Energie fort. Im
Frühjahr 1676 siegten die Colonialtruppen fast überall. Dabei bra=
chen zu ihrem Glücke noch unter den indianischen Truppen Streitig=
keiten aus und Viele verließen die gemeinsame Sache. Da suchte
Philipp die Mohawks gegen die Engländer aufzuwiegeln und tödtete
zu diesem Zweck eine Anzahl ihres Stammes, um diese That nach=
her auf die Weißen zu schieben. Das wurde aber entdeckt und er
mußte nach Montaup fliehen, wohin ihn Capitän Church verfolgte.

Inmitten dieser Unglücksfälle blieb Philipp unerschütterlich in
seinem Haß. Seine besten Häuptlinge, ja sein Weib und seine Fa=

8 *

milie wurden erschlagen, oder gefangen genommen und er weinte
wie ein Kind über die Zerstörung seines häuslichen Glücks. Aber
sein stolzer Geist empörte sich gegen den Gedanken an Unterwerfung.
Ja er schoß sogar nach einem seiner Leute, der es nur wagte, ihm
diesen Vorschlag zu machen. Nachdem er von Sumpf zu Sumpf ge=
trieben worden, erschoß ihn endlich bei Montaup ein verrätherischer
Indianer aus seinem eignen Stamme und die Weißen nahmen die
Meisten seiner Anhänger gefangen, während andere im Norden
Schutz suchten. Grade diese Flüchtlinge thaten freilich in spätern
Jahren den Colonien wieder großen Schaden, indem sie den Par=
teien der feindlichen Franzosen und Indianer zu Führern dienten,
die herunter kamen, die Provinzen zu verwüsten.

Jn diesem entsetzlichen Kampfe verlor Neu=England 600 Bewoh=
ner; 14 Städte waren zerstört und schwere Schulden aufgeladen
worden. Dennoch empfingen die Colonien keine Unterstützung von
England, verlangten auch keine; nur die menschlichen Jrländer
sandten den Leidenden einige Unterstützung.

Wenn Philipps Krieg aber den Weißen vielen Schaden zugefügt,
so brachte er den indianischen Stämmen völligen Untergang. Die
Pokanoketts und Narraganfetts verschwanden von diesem Augenblick
an aus der Geschichte. Aber auch die betenden Indianer, die meist zur
Massachusetts=Conföderation gehörten, litten viel; denn von den
rothen Männern wurden sie als Christen verachtet, von den Weißen
als Indianer mit Mißtrauen angesehen, und Elliot, obgleich er seine
Heerden in der Wildniß mit aller Mühe und Aufopferung bewachte
und sich ihretwegen selbst vielen Gefahren aussetzte, mußte doch se=
hen, wie von den 14 Städten, welche die Bekehrten vor dem Krieg
inne gehabt hatten, nur 4 übrig geblieben waren.

Ein Jahr vorher, ehe König Philipp ermordet worden, kamen
drei Männer nach America, die mit der Geschichte von Newhampshire
und Maine in genauer Verbindung stehen, und zwar die sogenann=
ten Königsmörder. Es ist dies ein Ausdruck, der sich in der
englischen und amerikanischen Geschichte besonders auf jene Män=
ner bezieht, welche das Todesurtheil Karl I. unterzeichneten, und
später, als dessen Sohn an die Regierung kam, geächtet wurden.
Drei von diesen, Goffe, Whalley und Dirwell, erreichten America

und zwar Boston und Cambridge, wo sie unter höchst romantischen
Umständen zu Newhaven von ihren Verfolgern geschützt wurden.
Endlich fanden Walley und Goffe im Hause eines Mr. Russel, eines
Predigers von Hadley, Schutz, wo sie in gänzlicher Zurückgezogen=
heit lebten. Goffe war aber Offizier bei der Armee gewesen, und
als er eines Tages aus dem Fenster seines Verstecks den kleinen Platz
überschaute, sah er — die sonntägliche Versammlung der frommen
Christen hatten eben ihre Gebete begonnen — wie sich eine Anzahl
bewaffneter Indianer an sie heranschlich. Hier war kein Augenblick
Zeit zu verlieren; rasch ergriff er seine Waffen und erschien plötzlich,
mit dem schneeweißen, flatternden Haupthaar und Bart und den
loose im Winde flatternden Kleidern, unter den Betenden. Er gibt
das Allarmzeichen und ruft die Leute zu den Waffen. Die Män=
ner, die zu jenen Zeiten ihre Wehr nie ablegten, rücken, rasch for=
mirt, gegen den Feind an und als sie ihn besiegt und in die Flucht
getrieben, sehen sie sich vergebens nach ihrem Führer um. Während
des Kampfes mußte er verschwunden sein und sie glaubten jetzt fest,
daß ihnen der Himmel einen Engel gesandt habe, sie vom Verderben
zu retten.

Von jenen drei Richtern, die sich den Amerikanern anvertrauten,
wurde nicht ein einziger verrathen. Der Geringste des Volks konnte
nicht durch den auf ihren Kopf gesetzten Preis bewogen werden, sie
aufzugeben, und jetzt ruhen sie in ihren stillen Gräbern in freiem
Grund und Boden. 1677 wurde eine Streitigkeit, die bis jetzt und
schon seit einiger Zeit zwischen der Regierung von Massachusetts
und den Erben des Sir Ferdinand Gorges, die Provinz Maine be=
treffend, geherrscht hatte, in England beseitigt und diese Provinz
dem letztern zugesprochen. Hierauf kaufte Massachusetts das Anrecht
dazu und Maine wurde eine Provinz jener Colonie.

1675 frischte man die Ansprüche Masons in Newhampshire wieder
auf, die von jener Zeit an, wo die Ansiedlungen der Regierung von
Massachusetts förmlich unterworfen worden, geschlafen hatten. Nach=
dem man aber die Parteien verhört, gaben die Richter in England
ihr Urtheil dahin ab, daß die Städte am Piscataqua n i c h t in die
Grenzen von Massachusetts gehörten. Mason wurde jetzt autorisirt,
einen Gouverneur zu wählen und er fiel unglücklicherweise auf Ed=

ward Cranfield, einen gemeinen Speculanten, den er von England
aus nach Newhampſhire ſchickte. Cranfield's Hoffnungen auf glän=
zende Reichthümer dauerten übrigens nur kurze Zeit. Das Volk dieſes
Staates war zu klug und derb, um ſich von einem ſolchen Manne
überliſten, oder einſchüchtern zu laſſen.   Auch konnte es Maſon,
mit all den Vortheilen, die ihm das Geſetz bot, nicht aus dem ein=
mal angetretenen Beſitze vertreiben, obgleich ſich ſein Agent viele
Jahre hindurch große Mühe zu dieſem Zwecke gab.

Trotzdem nun, daß die nördlichen Colonieen durch König Phi=
lipp's Krieg ſo unendlich viel gelitten und doch nie das Mutterland
um irgend eine Gabe angegangen hatten, ja ſelbſt in der Zeit noch,
wo ſie ihre erſchlagenen Söhne betrauerten und aus den Trümmern
ihrer niedergebrannten Wohnungen neue erbauten, wurden in Eng=
land Pläne geſchmiedet, ſie zu demüthigen. Das Volk von Maſſachu=
ſetts nämlich fuhr fort, die ſogenannte Schifffahrtsacte zu misachten
und weigerte ſich, obgleich oft dazu aufgefordert, Agenten nach Eng=
land zu ſchicken, um ſich dort gegen die erhobenen Klagen zu verant=
worten.   Edward Randolph wurde deshalb 1679 von Grosbritan=
nien als Steuerinſpector nach Neu=England geſandt.   Da er aber
bald ſah, daß er in der Ausübung ſeiner ihm übertragenen Pflich=
ten an allen Orten und Enden geſtört und gehindert wurde, ſo
kehrte er nach England zurück und reizte dieſes dadurch noch zu
größerer Feindſeligkeit gegen die Colonieen auf.   Drei Jahre ſpäter
kam er nach Boſton und brachte ein Schreiben von der Plantagen=
Comittee in England, worin dem Volk von Maſſachuſſetts nochmals
aufgegeben ward, Agenten nach London zu ſchicken, die mit Voll=
machten verſehen wären, für die Colonieen zu handeln. Man glaubte,
daß es die Abſicht des Königs ſei, von dieſen Agenten die Uebergabe
des Maſſachuſetts=Freibriefs zu erzwingen, oder ihn doch durch eine
Klage vor ſeinem Gerichtshof zu annulliren; ſpäter hätte er dann
Beamte hinüberſchicken können, die ſich ſeinen Abſichten und Plänen
fügten.   Agenten gingen auch wirklich nach England, aber nur um
ihre Rechte zu vertheidigen und der König beſchloß, jenen Freibrief
mit Hülfe ſeiner Geſetze aufzuheben, ließ jedoch Maſſachuſetts wiſ=
ſen, daß ſeine Regierung zu ſeinem eignen Beſten geordnet werden
ſolle, wenn es ſich friedlich unterwerfen wolle.

Da meinten aber die Repräsentanten des Volks in der General=
versammlung, daß es doch wohl „besser sei dem Herrn zu ver=
trauen, als Fürsten." Der Gouverneur und seine Gefährten
dagegen stimmten zur Unterwerfung in den königlichen Willen, und
daraus entstanden zwei Parteien in der Provinz: die Patrioten,
welche die Rechte der Colonieen vertheidigten und die Loyalgesinn=
ten, die sich der königlichen Autorität vollkommen unterwerfen woll=
ten. Die ersten sandten jetzt noch einmal Agenten nach England,
um dort ihre Rechte zu beweisen; ehe sie aber Großbritannien er=
reichten, war ihr Freibrief schon annullirt worden.

Karl II. starb 1687 und ihm folgte Jakob II. Dieser erklärte,
daß in seinen Ländern keine freien Regierungen bestehen sollten, und
erließ augenblicklich einen Writ gegen die Freibriefe von Connec=
ticut und Rhode=Island. Diese Colonieen übergaben dafür der Re=
gierung Briefe und Adbressen, welche Erklärungen ihrer Loyalität
enthielten und der König, der das gerade so gelten ließ, als ob sie
damit ihren Rechten entsagten, zögerte nicht lange, eine provisorische
Regierung für Neu=England zu bilden. Sir Joseph Dudley wurde
1686 zum Präsidenten ernannt. Schon im December desselben Jah=
res folgte ihm aber Sir Edmund Andros als Generalgouverneur,
der mit dem Congreß die ganze Macht der Regierung in sich ver=
einigte.

Sir Edmund begann nun seine politische Laufbahn mit den, für
das Volk schmeichelhaftesten Erklärungen, daß es sein Hauptwunsch
und Zweck sei, das öffentliche Glück, den öffentlichen Wohlstand zu
befördern. Es dauerte aber gar nicht lange, so wurde es den guten
Leuten klar, was für einen Mann sie an Sir Edmund wirklich hat=
ten, und das Erste, was ihnen die Augen öffnete, war, daß er die
Presse unterdrückte.

Bald nach Andros Ankunft sandte er nach Connecticut hinüber
und verlangte die Auslieferung des Freibriefs. Dieser wurde ihm
verweigert und 1687 ging er selbst mit einer Wache nach Hartford
und zwar während der Sitzung der Generalversammlung und ver=
langte in eigener Person jene Auslieferung. Nachdem diese Ver=
handlungen bis Abend gedauert hatten, brachte man endlich den
Freibrief und legte ihn auf den Tisch, an dem der Congreß seine

Sitzung hielt. Da wurden plötzlich alle Lichter ausgelöscht und eins der Glieder entführte das Patent und verbarg es in einen hohlen Eichbaum. Allerdings zündete man augenblicklich die ausgelöschten Kerzen wieder an, das Papier blieb aber verschwunden und Nie= mand wußte zu jener Zeit, wer es entführt habe und wo es verborgen sei. Die Regierung der Colonie übergab man übrigens an Andros.

Massachusetts, wo Sir Edmund residirte, wurde jetzt der Haupt= sitz des Despotismus und Leidens. 1688 fügte er dann auch noch New York und New Jersey seiner Jurisdiction bei und über zwei Jahre lang wurden sämmtliche Freibriefe der Colonieen misachtet und die tyrannischsten Maßregeln in Anwendung gebracht. Die Vergeltung konnte aber nicht ausbleiben. Der Monarch machte sich im Mutterlande verhaßt und der Gouverneur, der seine Befehle in Amerika vollstreckte, zog sich dessen Feindschaft ebenfalls zu. Jacobs Unterthanen, ja seine eigne Familie verschworen sich gegen ihn, und die britische Nation, die einmal den alten Glauben bei Seite setzte, daß die Erblichkeit der Souverainwürde ein göttliches Gesetz sei, er= klärte: „ein unterdrücktes Volk könne seine Herrscher wechseln." Sie zwangen den König, abzudanken und endeten die Revolution damit, daß sie seine Tochter Maria mit ihrem Gatten Wilhelm, dem trefflichsten Staatsmanne Europas, als souveräne Gebieter auf den englischen Thron setzten.

Dieser Regierungswechsel, welcher Andros Absetzung herbeiführte, ließ aber Newhampshire in einem unbestimmten, schwankenden Zu= stande. Mason war 1685 gestorben, und hatte seinen zwei Söhnen seine Ansprüche als Erbschaft hinterlassen. Das Volk petitionirte jetzt allerdings, wieder mit Massachusetts vereinigt zu werden; diese Versuche wurden jedoch durch Samuel Allen zu nichte gemacht, der von Masons Erben den Titel Newhampshires gekauft hatte. Allen erhielt auch wirklich eine Commission als Gouverneur der Colonie und trat die Regierung 1692 an. Sobald die Nachricht bestätigt worden, daß Wilhelm und Maria auf dem englischen Throne sä= ßen, nahmen Rhode-Island und Connecticut ihre Freibriefe wieder auf. Der König weigerte sich aber hartnäckig, Massachusetts die vorige Regierung zurückzugeben. Doch wurden Andros, Randolph und andere nach England zu ihrem Verhöre geholt.

Wir dürfen indeſſen New York nicht zu lange aus den Augen
laſſen, das nach der Uebergabe der Holländer von Obriſt Nichols
mit großer Klugheit, Mäßigung und Gerechtigkeit regiert wurde.
Das Volk blieb jedoch immer noch ohne ſeine bürgerlichen Rechte,
da die ganze Macht in den Händen des königlichen Gouverneurs
und ſeines Raths lag. Nichols kehrte nach England zurück, und
ihm folgte Lord Lovelace. 1673 wurden England und Holland wie=
der in Krieg verwickelt, und Holland ſandte eine kleine Flotte nach
Amerika, um ſeine dortigen Beſitzungen wieder zu nehmen. Dieſe
Flotte kam in New York an, verlangte die Uebergabe der Stadt und
fand nicht den geringſten Widerſtand. Die Holländer nahmen des=
halb augenblicklich Beſitz von dem Fort und der Stadt ſelbſt, und
kurze Zeit ſpäter von der ganzen Provinz. Im nächſten Jahre aber
ſchon endete der Krieg, und New York kam wieder in die Hände der
Engländer zurück, während der Herzog von York, um Streitigkeiten
über ſein Territorium zu vermeiden, ein neues Patent nahm und in
demſelben Jahre Sir Edmund Andros zum Gouverneur ernannte.

In demſelben Jahre, in welchem Philipp im Krieg fiel, leitete
Andros auch eine Expedition gegen Connecticut und machte Anſprüche
auf die Gerichtsbarkeit über den Theil der Colonie, der weſtlich
vom Fluſſe lag, indem er vorſchützte, daß er in das Patent des Her=
zogs von York mit eingeſchloſſen ſei. Dies Territorium war jedoch
ſchon lange vorher durch die Beſitzer des Originalpatents der Colo=
nie Connecticut abgetreten worden. Andros rückte mit einer bewaff=
neten Macht gegen Saybrook vor; die Truppen des Staats mar=
ſchirten ihm aber unter Capitän Bull entgegen, und dieſer bewies
ſich ſo tapfer und klug, daß Andros ſpäter ſcherzhaft äußerte: „ſeine
Hörner ſollten in Gold gefaßt werden," und keine weiteren Verſuche,
jene Landſtrecken zu unterwerfen, machte.

1682 wurde Andros der Regierung von New York enthoben, und
das darauf folgende Jahr bildete eine glückliche Aera in der Ge=
ſchichte dieſer Colonieen. Der vortreffliche Oberſt Dongan langte
hier nämlich als Gouverneur an, und die Wünſche des Volks, eine
populäre Regierung zu haben, ſahen ſich jetzt vollkommen befriedigt.
Der erſte Generalcongreß wurde zuſammenberufen und beſtand aus
einem Rath und 18 Repräſentanten. Nach der Erklärung des Gou=

verneurs war ihnen die alleinige Macht übertragen, Gesetze zu geben
und Steuern zu erheben. Diese Gesetze hatten aber keine Kraft, bis
sie der Eigenthümer bestätigte. Gouverneur Dongan übertraf auch
alle seine Vorgänger in der Aufmerksamkeit, mit der er die indiani=
schen Angelegenheiten betrieb, und er stand bei den wilden Stämmen
in hoher Achtung.

Als der Herzog von York den Thron von England bestieg, hätte
man wohl erwarten können, daß er seine eigene Provinz begünstigen
würde. Seine Regierung scheint aber nirgends unpopulärer und
tyrannischer gewesen zu sein, als eben da. Die Nachrichten von
Europa, daß die Bewohner von England beschlossen hätten, ihn zu
entthronen und die Krone dem Wilhelm von Oranien anzubieten,
erweckten die Hoffnungen der Unzufriedenen wieder; doch wurden
keine thätigen Maßregeln ergriffen bis nach der Versammlung in
Boston, wo mehrere Capitäne der Miliz zusammentraten, um zu
Gunsten des Prinzen von Oranien Schritte zu thun. Darunter
befand sich Jacob Leisler, ein thätiger Führer und Liebling des
Volks; persönlich zwar nicht besonders begabt, aber von der weit
überlegenen Energie seines Schwiegersohns, Jacob Milborne, be=
stimmt und geleitet. Auf den Rath dieses ränkevollen Engländers
nahm Leisler, an der Spitze von 49 Männern, Besitz vom Fort
New York und erklärte, daß er es zu Gunsten Wilhelms thue. Zwar
widersetzte sich die Stadtbehörde anfänglich, und er gewann nur
wenige Anhänger, bis ein Gerücht in Umlauf kam, daß sich drei
Schiffe näherten, welche Befehle von König Wilhelm brächten. Nun
ward seine Partei durch 6 Capitäne und 400 Mann von New York
und 70 von Ost=Chester vermehrt. Gouverneur Dongan, der im
Begriff war, die Provinz zu verlassen, lag damals schon im Hafen,
um sich einzuschiffen, nachdem er kurze Zeit vorher die Regierung
an Francis Nicholson, den General=Gouverneur, abgetreten hatte.
Dieser aber, der Leisler's Partei zu mächtig fand, als daß er ihr
hätte Widerstand leisten mögen, gesellte sich gleichfalls dem Ex=Gou=
verneur Dongan bei, und Leisler, jetzt im Besitz des Forts, schickte
an Wilhelm und Marie, sobald er die Nachricht von ihrer Thron=
besteigung erhielt, eine Adresse.

Der Magistrat, an dessen Spitze Oberst Bayard und Mr. Courtand standen, leistete dem Leisler zwar Widerstand, erkannte aber zugleich die Unmöglichkeit, in New York eine Partei gegen ihn zu gewinnen, und zog sich nach Albany zurück.

Im Monat December gelangte ein Packet nach Amerika, unter folgender Adresse: „An Francis Nicholson, Esq., oder in seiner Ab= wesenheit an den, welcher für diese Zeit den Frieden und die Gesetze in seiner Majestät Provinz New York in Amerika aufrecht erhält."

Leisler betrachtete dieses Packet als an ihn selbst gerichtet, und gab von diesem Augenblicke seine Befehle als General = Gouver= neur aus.

Das Volk von Albany war indessen entschlossen, die Stadt für den König Wilhelm, aber unabhängig von Leisler zu halten, und trat zu diesem Zweck am 26. Oct. 1690 in eine Convention zusammen. Milborne aber, der Schwiegersohn Leislers, unternahm ihre Unterwerfung und ein indianischer Ueberfall, der zu jener Zeit das Land gerade in Schrecken setzte, sicherte ihm den gewünschten Erfolg.

König Wilhelm, der seine Aufmerksamkeit auch den Colonieen zuwendete, schickte Sir Henry Sloughter als Gouverneur nach New York. Nie wurde allerdings ein Gouverneur nöthiger gebraucht, nie hat aber auch einer weniger Kräfte zur Ausübung eines solchen Amtes besessen. Er weigerte sich, mit Leisler zu unterhandeln, ja warf ihn sogar, und mehrere seiner Anhänger, ins Gefängniß. Der unglückliche Mann mußte auch bald darauf mit seinem Schwieger= sohn am Galgen enden. Das Volk mißbilligte diese Execution und das confiscirte Eigenthum der Hingerichteten ward später ihren Erben ausgeliefert. Im Laufe des von König Wilhelm geführten Krieges litt New York mit andern Provinzen bedeutend. Im Mai 1691 hielt man aber in New York einen Generalcongreß, und dieser erweiterte nun das von den vier Neu=England=Colonieen begonnene System und bahnte der großen amerikanischen Conföderation den Weg.

Die Puritaner von Neu=England hatten sich in der Wildniß eine Heimath gegründet und glaubten, daß sie auch das Recht eines ein= zelnen Hausherrn beanspruchen und Jeden, der dem Frieden gefähr= lich schien, von ihrer Gesellschaft ausschließen dürften. Ein Vater

9

aber, der seine Kinder bloßer Meinungsverschiedenheit wegen von sich stoßen wollte, würde schwere Verantwortung auf sich laden, und die Folge hat auch bewiesen, wie unrecht jene Leute gethan. Inzwischen war in England eine christliche Secte entstanden, die sich ihren Verfolgern zum Trotz Quäker nannten, dabei glaubte, daß sie allein vom heiligen Geist beseelt würde, und ihren Stolz, oder wie sie es nannte, ihre christliche Bescheidenheit besonders darein setzte, die Moden und Gewohnheiten der Welt zu verachten. George Fox wird als ihr Stifter angegeben, und man vermuthet, daß im Jahre 1649 die erste Quäkergemeinde zusammengetreten sei. Da aber die Regierung von diesem Auflehnen gegen das Bestehende gefährliche Folgen fürchtete, unterdrückte sie, soviel es in ihren Kräften stand, diese religiöse Gemeinschaft, und Georg Fox sowohl, wie viele seiner Mitgenossen, wurden gefangen genommen und gar hart behandelt.

Die Gründer von Neu=England kannten die Quäker nur den Gerüchten nach, welche durch deren Feinde hinübergekommen waren; nie hatten sie erfahren, wie viel gute und rechtschaffene Leute auch unter ihnen lebten, und als 1656 zwei Quäkerfrauen, mit Namen Anna Austin und Maria Fischer, in Boston ankamen, und dort ihre Absicht erklärten, ihre Meinungen zu verbreiten, wurden sie vom Magistrat ins Gefängniß geworfen und ihre Bücher verbrannt. Acht oder neun Quäker, die bald nach ihnen eintrafen, behandelte man ebenso, und die Commissäre, die ihren Sitz in Boston hatten, empfahlen sogar den verschiedenen vereinigten Colonieen, ein Gesetz zu erlassen, was den Quäkern und andern „berüchtigten Ketzersecten" die Einwanderung verbot und zugleich feststellte, daß Alle, die sich gleichwohl einzuschleichen wüßten, verhaftet und wieder fortgeschafft werden sollten. Die vier Colonieen folgten auch diesem Rath.

Die Quäker ließen sich aber nicht so bald abweisen; gerade ihre Religion war es, die sie zu einer Opposition trieb, und sie wandten sich besonders nach Massachusetts, weil sie glaubten, daß der sie verfolgende Geist von dort her am schärfsten ausgehe und sie ihn daher auch dort angreifen müßten. Aber auch die Puritaner hatten ihrer Religion wegen Alles geopfert und hielten dieselbe für ein Ideal des Edelsten — sie war ihrem Herzen theurer als ihr Leben geworden, und da sie dieselbe jetzt bedroht sahen und trotz aller Wachsamkeit die Quäker nicht entfernt halten konnten, so begann bald ein ernster Kampf.

William Robinson und Marmaduke Stevenson waren die ersten Opfer, die in diesem entsetzlichen Religionsstreit fielen. Sie wurden hingerichtet; Mary Dyer stand mit ihnen unter dem Galgen und erwartete freudig den Augenblick, der sie zu Märtyrern machen würde. Man schenkte ihr die Freiheit; bald darauf aber, als sie sich vom heiligen Geist erfaßt glaubte, trat sie auf's Neue gegen den Puritanismus auf, und ward nun auch gehängt.

Hiernach eilte Wenlock Christison in die Schranken, und man verurtheilte ihn ebenfalls zum Tode; er aber sagte dem Tribunal, über welches Gouverneur Endicot präsidirte, daß es kein Recht hätte, ihn zu verurtheilen, daß es die englischen Gesetze bräche und deren Rache fürchten müßte, daß es aber auch eine ewige Sünde auf seine Häupter lüde und dennoch ein nutzloses Werk versuche. „Es ist umsonst," sagte er, „daß ihr uns mordet wie die Thiere des Waldes; für jeden Einzelnen, den ihr erschlagt, stehen wieder fünf auf, ja zehn werden an meiner Statt erwachen und euch quälen und quälen; denn die Lasterhaften haben keine Ruhe."

Ob der Rath sich hierdurch getroffen fühlte, oder vielleicht auch das viele Blutvergießen fürchtete, ist nicht bekannt, soviel aber gewiß, daß er bald darauf die Gefängnißthüren öffnete und Christison mit noch sieben und zwanzig Andern entließ; eine Frau und einen Mann aber, die besondern Haß auf sich gezogen, ließ man durch die Straßen von Boston peitschen. Karl II. nahm sich bald darauf der Quäker an und verbot, durch ein Schreiben an den Gouverneur, jede weiteren Verfolgungen.

Außer den Puritanern und Quäkern trat aber auch noch eine andere Secte mit entschiedenem Erfolg in Amerika auf: die Jesuitenmissionäre Frankreichs. Sie wollten den Heiden die christliche Religion bringen, verbanden jedoch leider auch weltliche Absichten mit diesem frommen Wunsche und suchten nicht allein Seelen für den Himmel, sondern ebensowohl Unterthanen für den König von Frankreich zu werben. Die damals schon in Canada befindlichen Katho-

liſen unterſtützten dieſe Verſuche, und im Jahre 1634 verließen
zwei Miſſionäre, Brebeuf und Daniel, Quebeck in Geſellſchaft einer
Partei wilder Huronen, und beſtanden auf einem mehrere hundert
Meilen weiten Marſch, am Ottawas und ſeinen Waſſern hinauf,
unendliche Drangſale. Die Wildniß öſtlich vom Huron=See gehörte
damals dieſen Indianern, und dort errichteten ſie die Capelle
St. Joſeph. Schaaren der eingebornen Huronen drängten ſich
dahin, um ſich unterrichten zu laſſen, und wurden zum Chriſten=
thum bekehrt, ſo daß bald mehrere chriſtliche Städte, unter ihnen
St. Louis und St. Ignatius, mitten aus dem Walde emporſtiegen.

1640 gründete man Montreal, um den Miſſionären einen Sitz
zu geben, wo ſie dem Schauplatze ihrer Thätigkeit näher waren, und
innerhalb 13 Jahren beſuchten 60 verſchiedene Miſſionäre, meiſten=
theils Jeſuiten, die Jagdgründe der Huronen, benützten die Nieder=
laſſung derſelben zu ihrer Centraliſation, trugen die heilige Schrift
von hier aus zu den benachbarten Stämmen und wurden ſo die
erſten europäiſchen Entdecker des ſüdlichen Theils von Ober=Canada,
von dem ſie für den König von Frankreich Beſitz nahmen.

Einer dieſer Miſſionäre, Iſaak Jouges, den das Entſetzen, welches
ſchon der Name Mohawks verbreitete, nicht zurückſchrecken konnte,
ging, von einem der frommen Häuptlinge begleitet, in ihr Land und
gerieth in ihre Gefangenſchaft. Der edle Hurone hätte jetzt aller=
dings entfliehen können, aber er wollte es nicht. „Mein Bruder,“
ſagte er, „ich habe einen Eid geſchworen, daß ich Dein Schickſal in
Tod oder Leben theilen wolle; hier bin ich, um meinen Schwur zu
halten.“ Er ſtarb wie ein chriſtlicher Märtyrer in den Flammen;
Jouges dagegen, obgleich fürchterlich gemartert, überlebte die Be=
handlung und wurde ſpäter von den Holländern ausgelöſt.

An den drei Flüſſen ſchloſſen endlich 1645 die Franzoſen und
die „fünf Nationen“ einen Friedensvertrag, wobei die Redner der
letztern erklärten, „ſie hätten den Tomahawk ſo hoch in die Luft
geworfen, daß kein Arm lang genug wäre, ihn wieder zu erreichen
und zurückzubringen.“ Die Wilden befeſtigten zu gleicher Zeit auch
den Frieden unter ſich ſelbſt. Im nächſten Jahre verſuchte Vater
Jouges, der indeß wieder hergeſtellt worden, eine permanente Miſ=
ſion unter eben dieſen fünf Nationen zu gründen; als er aber das

Mohawk-Fort erreichte, wurde er beschuldigt, den Mais der Indianer durch Zauberei verdorren gemacht zu haben; man verurtheilte ihn, und er starb wie ein Held unter ihren Martern. Seinen Kopf hingen sie auf die Pallisaden des Forts, und seinen Körper warfen sie in den Strom.

Von diesem Augenblick an begann der Krieg wieder; die wilden Mohawks zerstreuten die Wyandotts, triumphirten über die Huronen und ersahen sich die Häuser der Jesuitenmissionäre zur Vernichtung aus. Die schlichte Capelle St. Joseph wurde von ihnen überfallen und während sie das Dorf in Brand steckten, erschlugen sie, was ihnen an lebendigen Wesen, welchen Alters, welchen Geschlechts sie auch sein mochten, begegnete.

Im nächsten Winter wiederholte sich dieses Blutbad in St. Ignatius; 1000 Krieger der Irokesen machten einen nächtlichen Angriff auf diese Station, überwältigten und erschlugen 400 der Unglücklichen. Auch St. Louis erfuhr ein gleiches Schicksal, die Missionäre Brebeuf und Lallemand wurden gefangen genommen und gemartert, der erste drei, der letzte siebzehn Stunden lang. Sie starben, doch der Eifer ihrer Brüder blieb ungeschwächt. Aber auch der Stolz der Mohawks stieg mit ihren erfolgreichen Siegen; sie drohten den Franzosen und beleidigten sie auf jede Art, schleppten sogar den Gouverneur der drei Flüsse und einen Priester von Quebec fort.

Der indianischen Sitte gemäß waren Einige der von den Huronen Gefangenen in die Familien ihrer Sieger aufgenommen worden, und als die Irokesen, des Krieges endlich müde, einen Friedensboten bei sich annahmen, so war dies der Jesuit, Le Moyne, der früher unter den Huronen gelebt hatte. Dieser fand dort eine nicht unbedeutende Anzahl seiner treuen Bekehrten und gab sich jetzt der schönen Hoffnung hin, daß er bald den ganzen Westen zur christlichen Religion bekehren und das Land seinem Monarchen gewinnen könne. Le Moyne ließ sich am Mohawkfluß nieder; auch andere Missionaire, Chaumont und Dablon, folgten ihm und wurden freundlich von den Onondagas aufgenommen. Eine einfache Capelle stieg im Walde empor und die Messen der römisch-katholischen Kirche tönten von den Lippen der Eingebornen. So viele eilten zu

9*

diesen Gebeten, daß die zu solchem Zwecke errichteten Gebäude die
Zahl der Frommen nicht zu fassen vermochte. Die Cayugas verlang=
ten ebenfalls einen Missionär und erhielten den furchtlosen Mes=
nard; auch die Oneidas und Senecas lauschten den Worten des
Friedens.

Ihre Naturen, ihre ganzen Sitten und Gebräuche widersprachen
aber zu sehr den Lehren, die sie hier hörten und bald schüttelten sie
den ungewohnten Zwang wieder ab. Ihre Krieger suchten den be=
nachbarten Stamm der Eries auszurotten und brachten nicht selten
Gefangene in ihr Dorf, die sie, auch wenn sie vom zartesten Alter
waren, marterten und töbteten. Die Missionäre wiedersetzten sich
dieser Grausamkeit und zogen sich die Unzufriedenheit der Herren
der Wälder zu. Umsonst verlangten sie Hülfe von Canada. Sie
erhielten keine und verließen ihre Mission. Ihre Rückkehr wurde das
Signal eines erneuten Krieges zwischen den Franzosen und den
fünf Nationen und so endeten die Versuche der erstern, den Staat
New York zu colonisiren.

Der Vater Claude Alouez passirte auf einer Entdeckungsreise, im
Anfang September 1665, Makinaw und lief in den obern See ein,
segelte an den hohen Ufern und malerischen Flüssen seines südlichen
Ufers hin und kam zum großen Dorf der Chippewas. Hier war ge=
rade ein großer Rath von 10 oder 12 Stämmen versammelt, um
die jungen Krieger der Chippewas und Sioux zu verhindern, den
Tomahawk gegen einander aufzuheben. In diese Versammlung trat
der Missionär und gebot im Namen seines himmlischen, wie irdischen
Herrn Frieden. Die Indianer aber horchten mit Ehrfurcht den wun=
derbaren Worten. Sie hatten nie vorher einen weißen Mann ge=
sehen und er erschien ihnen von einem höhern Geiste beseelt. Bald
bauten sie eine Capelle, bekehrten sich zu seinem Glauben und grün=
deten dadurch die Mission von St. Esprit. Auch die zerstreuten
Huronen und Ottawas sammelten sich hier; er predigte den Pot=
tawotamies, den Sacs und Foxes, den Illinois und den Sioux.
Zugleich wußte er sich dabei von den verschiedenen Stämmen die
Beschreibung ihrer verschiedenen Länder zu verschaffen, wie ihre
Seen und Flüsse lagen und liefen, und das Alles berichtete er nach=
her seiner Regierung. Besonders aber forschte er nach dem großen

Fluß „Mesipi" und drang darauf, daß kleine Colonieen französischer Emigranten westlich ziehen sollten, um dort bleibende Ansiedelungen zu errichten. 1668 gründete eine kleine Gesellschaft, von zwei Missionären, Claude Dablon und James Marquette geführt, die erste französische Ansiedelung innerhalb der Vereinigten Staaten und zwar in St. Mary, an den Fällen zwischen dem obern und Huronsee. Allouez gründete eine Mission an der grünen Bay.

Marquette wählte einen jungen Illinoisindianer zu seinem Begleiter und lernte von ihm die Sprache seiner Nation. Hierauf sammelte er an der Landspitze St. Ignaz, nördlich von Makinaw, die Ueberreste der Huronen, baute eine Capelle und errichtete eine Mission, von der aus er die benachbarten Stämme besuchte. Diese hörten aber erstaunt, daß er den kecken Plan gefaßt hatte, den großen Fluß des Westens, trotz ihrer Versicherungen, daß Ungeheuer die Menschen und ihre Canoes verschlängen, daß die dort lebenden Krieger nie einen Fremden verschonten und daß das Klima den Tod hauche, zu erforschen.

Marquette ließ sich nicht irre machen, er wanderte von der grünen Bay aus, folgte dem Forfluß, kreuzte den Trageplatz von seinen Quellen, nach denen des Wisconsin hinüber, und schiffte sich dort, nur in Begleitung eines einzigen Gefährten, des Missionär Joliet, auf diesem Flusse ein, dessen Lauf er, ohne zu wissen wohin er ihn führen würde, folgte. Einsam ruderten sie dahin, bis sie nach sieben Tagen mit unaussprechlicher Freude den breiten, majestätischen Mississippi erreichten. Sie gingen auch mit seiner Strömung, bis sie nahe an der Mündung des Moingona Zeichen von Bevölkerung vorfanden; hier stiegen sie ans Land und fanden und entdeckten vierzehn Meilen vom Fluß eine Stadt der Eingebornen.

Alte Männer begegneten ihnen mit dem Calumet, der Friedenspfeife, sagten ihnen daß man sie erwartet hätte und baten sie, ihre Wohnungen in Frieden zu betreten. Die Missionäre dagegen erklärten am Berathungsfeuer die Macht der christlichen Religion, und beanspruchten das Recht des Königs von Frankreich auf ihre Territorien. Die Indianer bewirtheten sie aufs Gastlichste und entließen sie endlich wieder mit dem Geschenke der Friedenspfeife, die mit verschiedenen buntfarbigen Köpfen wunderschöner Vögel ver-

ziert war. Ihren einsamen Weg nun weiter verfolgend, erreichten
die Entdecker endlich die gewaltige Mündung des stürmischen Mis=
souri, der seine schmutzigen Wasser dem reinen Mississippi zuführt,
sie sahen und passirten die Mündung des Ohio und hielten nicht an,
bis sie endlich an der Mündung des Arkansas vorüber waren. Dort
fanden sie Wilde, die eine neue Sprache redeten, und Gewehre tru=
gen, ein Beweis, daß sie entweder mit den Spaniern oder mit den
Engländern in Virginien Handel getrieben. Allerdings zeigten diese
im Anfang einen feindlichen Geist, achteten aber die Friedenspfeife,
die weiße Flagge der Wüste.

Marquette ruderte jetzt zum Illinois zurück, lief in diesen Fluß
ein, sah die wunderbare Fruchtbarkeit seiner Prairieen mit ihrem
Ueberfluß an Wild, besuchte Chicago, und kehrte im September
1674 wieder heim nach der grünen Bay.

Im nächsten Jahr verließ Marquette eines Tags, an dem kleinen
Fluß, der jetzt seinen Namen trägt, auf kurze Zeit die Gesellschaft,
mit der er wanderte, um bei einem roh errichteten Altar von Stei=
nen, in dem schweigenden Schatten der Wälder, zu beten. Eine
halbe Stunde später fand man dort seine Leiche. Er wurde am Ufer
des Sees begraben und der Indianer glaubt, daß sein Geist noch
immer im Sturme jener Wälder spreche.

Als Joliet, der Gefährte Marquettes, aus dem Westen zurück=
kehrte, Nachricht von ihren Entdeckungen den Franzosen zu über=
bringen, traf er zu Frontenac, jetzt Kingston, den Gouverneur des
Platzes, den energischen La Salle. Der Geist dieses Mannes erfaßte
freudig die Nachricht des Missionärs; in allem Enthusiasmus einer
neuen Entdeckung eilte er nach Frankreich zurück, und wurde dort
beauftragt, die Untersuchung des großen Flusses vorzunehmen.
Bald war er wieder in Frontenac, baute dort eine Canoe von 10
Tonnen, und führte einen Theil seiner Gesellschaft zur Mündung
des Tonnewantaflusses. Hier baute er das erste Segelschiff, das je
den Eriesee befahren. Auf seinem Wege durch die Seen bezeichnete
er Detroit als einen passenden Platz für eine Colonie, gab dem See
St. Clair den Namen, errichtete ein Handelshaus zu Makinaw und
warf endlich in der grünen Bay Anker. Hier — und es war dies
im Jahre 1679 — sammelte er, um seine Vermögensumstände etwas

zu verbessern, eine tüchtige Ladung von Pelzen und sandte sein
Fahrzeug zurück, um sie nach Niagara zu schaffen; dann ging er in
Rinden-Canoes mit den Seinigen südlich, und erreichte nach manchen Gefahren und Beschwerden den Illinoisfluß, dessen Wasser er
vier Tagereisen, unterhalb dem Peoriasee, folgte. Mit solchen
Schwierigkeiten hatte er aber zu kämpfen gehabt, daß er, durch Verrath, Krankheit und Widerstand entmuthigt, dem an seinem Rastorte
erbauten Fort in aller Bitterkeit seines Herzens den Namen Creve-
coeur gab, und von hier aus unter Henepin eine Abtheilung hin-
weg sandte, die Quellen des Mississippi zu entdecken, selbst aber nach
Frontenac zurückkehrte, ohne den großen Fluß gesehen zu haben.

Hennepin folgte dem Illinoisfluß bis zu seiner Vereinigung mit
dem obern Strome, ruderte diesen Fluß bis zu den Fällen hinauf
und gab ihm den Namen St. Anthony. Später berichtete er aber
fälschlich, daß er die Quellen des Mississippi entdeckt habe. La Salle
kehrte indessen zu seinem Fort am Illinois zurück, baute ein kleines
Fahrzeug und segelte im nächsten Jahre mit seiner Gesellschaft diesen
Strom hinunter, bis er den Vater der Wasser, den mächtigen Mississippi, erreichte. Diesen ging er hinunter bis zur Mündung, errichtete hie und da eine Hütte oder ein Kreuz, und nahm das Land im
Namen des Königs von Frankreich in Besitz, wie er es denn seinem
Souverän, Ludwig XIV., zu Ehren Louisiana nannte.

Er kehrte darauf nach Frankreich zurück, und die Regierung beorderte ihn, jene Strecken, die er besucht hatte, auch zu colonisiren.
Seine Flotte nahm aber eine falsche Richtung, und er wurde nach
Texas hinübergeführt, wo er die Ansiedelung von St. Louis gründete. Von dort aus suchte er 1685 zu Fuß nach Louisiana hinüber-
zugehen; ein unzufriedener Soldat seiner Partei aber erschoß ihn.
Texas wurde jedoch von der Zeit an als zu Louisiana gehörig
betrachtet.

Nachdem Karl II. in England wieder den Thron bestiegen, such-
ten seine gierigen Höflinge Vortheile von der Gutmüthigkeit des
Königs zu ziehen, um ihm, der weiter nichts Anderes zu geben hatte,
für wirklich geleistete oder blos vorgeschützte Dienste, amerikanische
Territorien abzuschwatzen. Dieser Monarch machte sich auch kein
Gewissen daraus, einem Freunde zu Liebe das, was er schon einmal

früher vergeben, noch einmal wegzuschenken, ohne je zu fragen, ob
es irgend einer andern Nation gehöre. Auf diese Art ertheilte er
1663 das Patent von Carolina, welches Land doch von Spanien
beansprucht wurde, dem Historiker Lord Clarendon, Lord Ashley
Cooper, Earl von Shaftsbury, dem General Monk, spätern Herzog
von Albemarle, dem Lord Craven, den beiden Berkeleys, Sir John
Colleton und Sir George Carteret.

Die Ersten erhielten einen Strich Landes, der 1630 schon an Sir
Robert Heath vergeben worden, und ihr dadurch geweckter Ehrgeiz
trieb sie zu dem Plane, eine souveräne Regierung zu gründen, aus der
sie nicht allein Geld ziehen, sondern in der sie ebensowohl als Gesetz=
geber glänzen konnten. Im Jahre 1667 überwies ihnen Karl II.
auch das ganze Land von der Mündung des St. Johnflusses bis
zum 36. Grade 33 Minuten nördlicher Breite und vom atlantischen
bis zum stillen Ocean. Dem aristokratischen Philosophen Shafts=
bury wurde aber von der Gesellschaft der Auftrag gegeben, eine Ver=
fassung zu entwerfen, und der wohlbekannte John Locke sollte ihn
bei dieser wichtigen Arbeit unterstützen. Zu gleicher Zeit wußte der
jüngere Berkeley, welcher Gouverneur von Virginien war, seine
Gewalt über das ganze Territorium auszudehnen.

Hier aber fehlten Ansiedler, und die Gesellschaft suchte diese durch
mancherlei Versprechungen herbeizuziehen. Zwei Colonieen waren
schon innerhalb ihrer Grenzen angelegt. Eine von diesen, unfern
des Sundes, wurde nach dem General, welchem Karl II. seine
Wiedereinsetzung verdankte, Albemarle genannt und von den unter=
nehmenden Pflanzern Virginiens begonnen. So sehr hatte sie sich
aber von andern Colonieen aus verstärkt, daß schon in der Zeit, wo
das große Patent erschien, die Bewohner eine einfache demokratische
Regierung für nöthig hielten und annahmen. Die andere Colonie
lag südlich von dieser, am Cap Fear oder Clarendonfluß, und ver=
dankte ihren Ursprung einer kleinen Gesellschaft neu=englischer Aben=
teurer. Diese sowohl, wie die frühere Colonie, hatte ihr Land den
Indianern abgekauft, dasselbe bebaut und glaubte nun auch, dem
natürlichsten Menschenrechte nach, sich selbst regieren zu dürfen. Zu
gleicher Zeit zog sich eine Anzahl von Pflanzern von Barbadoes
dorthin, kaufte den Sachems das Land ab und ließ sich am Cap

Fearfluß, nicht weit vom Territorium dieser Neu-Engländer, nieder. Sie verlangten von den Eigenthümern, in dem Kauf ihres Landes bestätigt zu werden und sich selbst regieren zu dürfen, und da ein Staat nicht gut ohne Einwohner bestehen kann, so bewilligte man theilweise ihre Forderungen. Einer aus ihrer Anzahl, Sir John Yeamans, wurde hierauf zum Gouverneur ernannt, und die An= siedelung zählte 1666 an 800 Personen.

Solcher Art hatte die Saat der Freiheit mächtige Wurzeln in den Carolinen geschlagen, und als die große, aristokratische Consti= tution von Locke und Shaftsbury, die nicht weniger als drei Classen von Edelleuten anerkannte, 1670 herübergesandt wurde, fand sie den Grund und Boden schon vorher eingenommen. Diese Bewoh= ner zerstreuter Blockhäuser konnten nicht Edelleute und wollten nicht Sklaven sein. Die folgenden Jahre vergingen in einem fruchtlosen Kampfe, indem sich die Agenten der Eigenthümer umsonst bemüh= ten, ein System einzuführen, das der Lage und den Wünschen der Ansiedler keineswegs entsprach und alle anderen Colonisten abgehal= ten haben würde. Da fanden die Herren denn doch, daß sie ihren Stolz ihrem Nutzen opfern mußten. Sie überließen es den Colo= nisten, sich selbst ihre Regierung zu geben, und warfen sogar 1693 ihre Constitution ganz bei Seite, deren unpraktisches Wesen später zum Sprichwort wurde. — 1670 brachte William Sayle, der erste auf Eigenthumsrecht gestützte Gouverneur in Carolina, eine Colonie dorthin, mit der er das alte Charleston gründete. Da er im näch= sten Jahre starb, so wurde diese Colonie der benachbarten des Gou= verneur Yeamans angeschlossen. 1680 verlegten sie die Stadt aber nach der Landspitze zwischen den beiden Flüssen, die sie, dem Lord Shaftsbury zu Ehren, Ashley und Cooper nannten. Der Grund der gegenwärtigen Hauptstadt des Südens war damit gelegt und der Name des Königs in dem von Charleston verewigt.

Während des Jahres 1690 schickte der König Wilhelm eine große Anzahl von französischen Protestanten hinüber, die durch die be= drückenden Maßregeln Ludwigs XIV. gezwungen worden waren, ihr Vaterland zu verlassen. Einem Theile derselben wurden am Jamesflusse, in Virginien, Ländereien gegeben, Andere siedelten sich in Carolina, an den Ufern des Santee, an, Andere wieder in

Charleston. Diese führten den Weinbau ein. und erwiesen sich später als die nützlichsten Ansiedler der Provinz.

Im Jahre 1688 wurde die englische Revolution, welche Jacob II. vom Throne stieß, die Ursache eines Krieges mit dem damals vor Ludwig XIV. regierten Frankreich, den die Colonieen König=Wilhelms=Krieg nannten.

Schon zu jener Zeit schrieb man den Fischereien an der Küste des atlantischen Oceans große Wichtigkeit zu und legte deshalb auf Acadia hohen Werth. Um diese Fischereien zu beschützen, sammelten die beiden Jesuiten Vincent und Bigot den wilden Stamm der Abenakies und Penobscot, und der Baron de St. Castine, ein französischer Edelmann, dessen Charakter eine Mischung von Ehrgeiz, Intrigue und Bigotterie gewesen zu sein scheint, begründete hier einen Handelsposten. Auch ein am Pemaquid gebautes Fort wurde in demselben Jahre von Castine genommen, und die Franzosen beanspruchten jetzt, als Acadia, das ganze Maine östlich vom Kennebec, und wußten kluger Weise großen Einfluß auf die Indianer zu erlangen.

Im August 1689 vereinigten sich, um erlittenes Unrecht zu rächen, 1500 Irokesen, überrumpelten Montreal und richteten dort fürchterliche Verwüstungen an, 1000 Franzosen wurden getödtet und 26 gefangen genommen, die fünf Nationen waren in jener Zeit zu mächtig; Canada und das Fort Frontenac mußte deshalb, mit all' seinen kriegerischen Vorräthen, in ängstlicher Flucht geräumt werden. Die Irokesen nahmen augenblicklich Besitz davon.

Der Stamm der Pennicooks, in New Hampshire, hatte auch mehrere seiner Krieger durch den Verrath der Weißen verloren, die sie nämlich gefangen nahmen und in die Sklaverei verkauften. Die Gesandten Castine's reizten sie deshalb zur Rache auf.

Um die Weißen zu überraschen, nahmen die Indianer Zuflucht zu einer List. Im Städtchen Dover, im Staate New Hampshire, kamen eines Abends zum ehrwürdigen Major Waldron, einem Richter und Händler unter den Indianern, zwei indianische Frauen und baten ihn, die Nacht bei seinem Feuer liegen zu dürfen. Er gewährte ihnen die Bitte; um Mitternacht aber öffneten sie die Thür und ließen einen Kriegszug der Ihren ein. Der Veteran vertheidigte sich wie ein Held, bis er von der Uebermacht niedergeworfen und gefangen wurde. Da setzten sie ihn auf einen langen Tisch, ver= höhnten den Unglücklichen und forderten ihn auf, die Indianer zu richten. Die, welche sich dabei noch für Waaren in seiner Schuld wußten, schnitten ihm mit ihren Messern über die Brust und sagten: „so streiche ich meine Rechnung aus." Außer ihm wurden noch 22 Andere getödtet, 29 gefangen genommen und die Häuser des kleinen Orts verbrannt.

Gouverneur Frontenac zu Quebec sandte jetzt, durch den Schnee, drei Parteien gegen seine Feinde, die Engländer, aus. Die erste erreichte, nach einem schwierigen Marsche von 22 Tagen, am 18. Fe= bruar 1690, Schenectady, theilte sich in kleine Haufen und überfiel so jedes Haus in einem und demselben Augenblicke. Die Schlafen= den wurden überrascht, die Thüren erbrochen, und sie selbst aus den Betten geschleppt, ihre Gebäude niedergebrannt, Männer und Frauen förmlich geschlachtet und scalpirt und den Kindern das Gehirn zer= schmettert. 60 Personen gingen durch die Hände der Franzosen und Wilden zu Grunde, 27 schleppten die Letztern als Gefangene mit fort, und die Wenigen, denen es gelang zu entfliehen, erreich= ten nur mit erfrorenen Gliedern das schützende Albany. Einer der Führer dieser Expedition war d'Iberville, der später eine Colonie von Canada nach der Mündung des Mississippi führte und dort der eigentliche Gründer Louisiana's wurde.

Die zweite Partei von Franzosen und Indianern, die zu solch mitternächtigem Mord ausgesandt worden, überfiel die freundliche Ansiedelung der Lachsfälle am Piscataqua, wo sie mit Tagesanbruch am 18. März die unglücklichen Einwohner ebenfalls erschlugen; die dritte zerstörte in gleicher Weise die Ansiedelung an der Casco=Bai in Maine.

Furcht und Schrecken herrschten jetzt überall; der Generalcongreß von Massachusetts sandte Briefe an die verschiedenen Gouverneure der Provinzen, und in New York beriefen sie den Congreß zusammen, in Folge dessen bald kräftige Maßregeln getroffen wurden. Connec= ticut sandte den General Winthrop mit Truppen ab, um durch Albany zu marschiren, dort seine Vorräthe aufzunehmen und sich mit den Truppen von New York zu vereinigen. Die Expedition sollte den Champlain=See hinaufgehen und Montreal angreifen. Leisler und Milborne verfehlten aber, die nöthigen Vorräthe zu lie= fern und vereitelten so das Unternehmen.

Massachusetts machte bessere Fortschritte. Eine Flotte von 34 Segeln nahm unter Wilhelm Phipps Port Royal, unterwarf Aca= bia und ging von hier den St. Lorenz hinauf, um Quebec zu stür= men. Der Graf Frontenac wußte aber den Gesandten, der ihn zur Uebergabe aufforderte, irre zu führen, und da Phipps jetzt auch noch hörte, daß Winthrops Partei, die er von Montreal erwartet hatte, ihren Plan aufgegeben hätte, kehrte er mit einem Theil seiner Flotte, die ein Sturm noch sehr beschädigt hatte, nach Massachusetts zurück.

Durch diesen Zug erwuchsen gewaltige Kosten, die den Schatz so erschöpften, daß der Generalcongreß zum ersten Male die Aus= gabe von Papiergeld gestattete. Einen gar traurigen Einfluß übte aber dieser zweifelhafte Erfolg des Kriegs auf die Colonieen aus. Die fünf Nationen tadelten die Engländer ihrer Unthätigkeit wegen, und schienen nicht übel Lust zu haben, mit den Franzosen Frieden zu schließen, während sich die Grenzbewohner immer gewaltigern Ge= fahren ausgesetzt sahen. Um sich die Achtung der kriegerischen Iro= kesen zu erhalten, zog deshalb Major Schuyler von Albany, im Sommer 1691, aufs Neue aus, passirte mit Hülfe von 300 Mohawks den Champlain=See und griff bei La Prairie 800 französische Trup= pen an, die er nach einem heftigen Kampfe schlug und einen großen Theil derselben tödtete.

In keiner der Colonieen hatte dabei die englische Revolution einen so großen Wechsel hervorgebracht, als in Massachusetts. 1692 ge= währte der König Wilhelm, der sich geweigert ihre frühere Regierung wieder einzusetzen, einen neuen Freibrief, der die Grenzen des Staats allerdings ausdehnte, seine Privilegien aber beschränkte, und eine neue Aera in der Geschichte der Colonieen begann. Massachusetts schloß nun, außer seinen frühern Territorien, Plymouth, Maine und Nova Scotia in sich, dehnte sich nördlich bis zum St. Lorenzfluß, westlich bis zum Südsee, New Hampshire und New York ausgenom= men, und umfaßte auch Nantucket, Martha's Weingarten und die Elisabeth=Inseln. Das einzige politische Recht aber, das der neue Freibrief dem Volke gewährte, war, daß es seine Repräsentanten wählen durfte. Der König behielt ſich jedoch ſelbſt das Recht vor, einen Generalgouverneur, Gouverneur und Secretär zu ernennen und alle Geſetze während der erſten drei Jahre, nachdem ſie gegeben waren, ungültig machen zu können.

Zweite Periode.

Von dem neuen Freibriefe des Staates Massachusetts bis zu der ersten Ansiedelung Georgiens durch Oglethorpe.

(Von 1692 bis 1733.)

Dies neue Patent erhielt Boſton am 14. Mai 1692, und die für daſſelbe zu verwendenden Beamten ſollte Increaſe Mather, ein Pre=diger in Boſton, beſtimmen, der nach England als Agent für die Colonieen geſandt wurde. Er ernannte Sir William Philipps zum Gouverneur. Phipps war in Permaquid, in Maine, geboren und hatte in früheſter Jugend Schaafe gehütet. Später als Lehrling in einem Gewerbe aufgenommen, ging er bald darauf nach Eng=land, und wußte ſich einige Jahre nachher dadurch Reichthum und einen Titel zu erwerben, daß er mit Hülfe einer Taucherglocke, die Schätze eines ſpaniſchen Wracks ans Ufer brachte. Er übrigens ſo=wohl, als der Generalgouverneur und die 28 jetzt für Maſſachuſetts erwählten Aſſiſtenten ließen ſich gern und willig von der Geiſtlich=keit, wenn auch nicht leiten doch berathen.

In dieſe Zeit fällt es nun, daß die nördlichen Colonieen nicht allein viel durch jenen Krieg mit den Franzoſen und Indianern lei=den mußten, ſondern auch noch in ihrem Innern einen Geiſt zu be=kämpfen hatten, der für ihren häuslichen Frieden die ſchlimmſten und nachtheiligſten Folgen hatte und ihnen noch nach langen Jah=ren Schmach und Schande brachte.

Das Volk glaubte nämlich damals in blindem Wahn an Here=rei. Die erſten Anſiedler hatten ſolche tolle Gedanken ſchon aus

dem Mutterlande mitgebracht. Gesetze, welche ein förmliches Haupt=
verbrechen aus der sogenannten Hexerei machten, bestanden in Eng=
land und traten sogar in Massachusetts in Kraft. Diese Manie be=
gann in Springfield 1654, wo einige Individuen angeklagt und
verhört, aber freigesprochen wurden. Einige Jahre nachher verhaftete
man aufs Neue in Boston, Charleston, Dorchester und Cambridge,
unter derselben Anklage, Personen, und enthauptete sogar Einige
auf solchen Verdacht hin. Salem war aber der Platz, wo dieser
Aberglaube in eine förmliche Raserei ausartete. Ein paar junge
Frauen, theilweise durch ihre eigne Einbildungskraft betrogen, klag=
ten, auf wunderbare Weise afficirt zu sein. Dies schrieb man über=
irdischen Ursachen zu, und die Opfer derselben wurden endlich in der
abergläubischen Nachbarschaft zu förmlichen Heldinnen. Dies er=
muthigte Andere, die nach derselben Auszeichnung strebten, und
Hexen entstanden natürlich im Verhältniß zu den Behexten.

Zuerst waren es nur alte Frauen, von denen man glaubte, daß
sie mit dem Teufel in einem Bündniß ständen und denen, die sie sich
zum Opfer ausersehen, alle die Qualen anzuthun vermöchten, die
jene zu empfinden behaupteten, und in Betreff deren sie den Zu=
schauern auch wirklich die Ueberzeugung aufzubringen wußten, daß
sie das Alles ausstehen müßten. Die Richter, welche das Volk ge=
wählt, hatten vor Phipp's Ankunft mit ihrem Gouverneur Bradstreet
diese Verfolgungen nichtig zu machen gewußt. Die neuen Autori=
täten aber folgten — unter dem Einflusse der Geistlichkeit, bei welcher
besonders Cotton Mather eine bedeutende Rolle spielte — einem an=
dern Plan und brachten die Angeschuldigten in Lagen, in denen sie
wirklich Hexenmeister hätten sein müssen, um der Hexerei n i c h t be=
schuldigt zu werden. Sie wurden mit ihren Anklägern confrontirt
und dann gefragt: Weshalb peinigt ihr diese Kinder? Antworteten
sie: ich peinige sie nicht, so gebot man ihnen, die O p f e r anzusehen.
Diese fielen dann in Krämpfe und erklärten, sie würden von den
angeklagten Personen gequält, und auf solches Zeugniß hin führte
man die unglücklichen Wesen zur Schlachtbank.

Bosheit und Rache führten das Werk fort, das der Aberglaube
begonnen; Privathaß zeigte sich nie feindseliger in seinen Mitteln
und Wirkungen, als gerade in diesen Beschuldigungen, denen Sa=

muel Parris, Paſtor von Salem, Unterſtützung und Folge gab.
Er hegte bittere Feindſchaft gegen Verſchiedene ſeiner Gemeindemit=
glieder. Rebecca Nurſe, eine liebenswürdige und geſcheidte Frau,
opponirte dieſem Tyrannen der Kirche. Zwei Kinder, ſeine Tochter
und ſeine Nichte, klagten ſie darauf an und ſie wurde ins Gefäng=
niß geworfen. Parris ſelbſt erklärte ſie öffentlich für einen Teufel.
Sara Cloyce, ihre Schweſter, ſtand bei dieſen Worten auf und ver=
ließ die Verſammlung: die Folge davon war, daß ſie ſelbſt ins Ge=
fängniß geworfen wurde. Noch ein anderes Opfer forderte er von
derſelben Familie: Mary Caſty, die den Werth und die Unſchuld
der beiden gefangenen Schweſtern kannte, ſprach, obgleich mit Milde
und in bittendem Tone, gegen die Ungerechtigkeit ihrer Einkerkerung;
auch ſie wurde bald darauf von ihren Kindern und aus ihrer Hei=
math geriſſen, ſelbſt des Einverſtändniſſes mit böſen Geiſtern ange=
klagt und mit der fürchterlichen Ausſicht in Ketten geworfen, daß ſie
ein tugendhaftes Leben bald mit einem Verbrechertode beenden ſollte.
Und was war ihr Verbrechen? Daß ſie den Mord Unſchuldiger,
und obendrein ihrer eignen Schweſtern, nicht billigen konnte. Außer
dieſen Armen wurden noch 17 Andere in Salem gehängt, unter
ihnen Mr. Burroughs, ein würdiger Geiſtlicher, und die Gefäng=
niſſe waren voll von Angeſchuldigten.

Der Generalcongreß nahm endlich nach ſeinem Zuſammentritte
Maßregeln gegen dieſe Verhandlungen; er fand, daß ſelbſt die Be=
ſten im Staate nicht mehr ſicher wären, ſondern von den Schlimmſten
dem Gericht überliefert werden könnten. Der beſondere Gerichtshof,
den Phipps organiſirt und welchem Stoughton, der Generalgouver=
neur, durch den dieſe Maßregel ſanctionirt worden war, präſidirt
hatte, wurde aufgehoben. Zugleich wirkte man durch die Preſſe,
und zwar durch den unabhängigen Kalef von Boſton, ſo daß ſich die
Augen des Volkes endlich öffneten. Man ließ die Gefangenen frei,
und das Gedächtniß an jene Strafen mußte bald zu dem werden,
was es noch jetzt iſt, zu einer Quelle des Schmerzes und der Be=
ſchämung für die ganze Nation.

Schon früher haben wir geſehen, daß Maſſachuſetts darin vor=
anging, eine Univerſität zu gründen, und dazu wurden auch Geſetze
gegeben, die deutlich genug zeigten, daß die Regierungen die volle

    10*

Wichtigkeit der Aufgabe fühlten, die Jugend in aller wissenswer=
then Kenntniß zu unterrichten und zu bilden.

Keine Colonie erfreute sich einer so ununterbrochenen Ruhe, als
Connecticut; keine bekam aber auch dadurch so treffliche Gelegenheit,
den puritanischen Geist — in seiner eifrigen Sorge für die Ausbil=
dung der Jugend — so kräftig zu zeigen. Schon 1646 beorderte der
Generalgerichtshof den Mr. Ludlow, Gesetze für die Erziehung der
Kinder zu entwerfen; dies that er und übte dadurch einen höchst
segensreichen Einfluß auf die heranwachsende Generation aus.

New Haven bestimmte ebenfalls gesetzlich die Gründung von Ele=
mentarschulen, und 1654 schlug Mr. Davenport die Errichtung
eines Collegiums vor, zu welchem Zwecke die Stadt auch sofort den
Grund und Boden hergab. Gouverneur Hopkins von Connecticut,
der mehrere Jahre lang mit Haynes, dem obersten Vorsteher jener
Collegien, zusammen gelebt hatte, hinterließ, als er später in London
starb, 4 bis 500 Pfund Sterling zum Besten der Hochschule, die
später in Saybrook angelegt wurde.

Die Geistlichkeit von Connecticut, die das Bedürfniß eines Col=
legiums, um gelehrte Prediger zu ziehen, mehr empfand, als die zu
Cambridge, suchte vom Generalcongreß einen Freibrief dafür zu er=
halten, was ihr auch gelang, und zwar mit einer jährlichen Bewil=
ligung von 120 Pfund Sterling. So als Bevollmächtigte constituirt,
hielt sie ihre erste Versammlung in Saybrook, wählte Beamte und
gab der jungen Universität Gesetze. Die Lage erwies sich aber un=
bequem, und als später mehr Geld zusammenkam, so verlegte man
die Anstalt 1717 nach New Haven, wo sie auch einen bedeuten=
den Zuwachs an Büchern bekam. Der freigebigste ihrer Gönner
war Elihu Yale, ein Eingeborner von New Haven, der sich in Indien
Vermögen erworben hatte, und sein Namen hat in diesem Institut
ein edleres Denkmal, als die schweigende Säule, die auf dem Grabe
eines Kriegers oder Fürsten steht; hier sind die sie schmückenden Fi=
guren von Marmor, dort ist es die lebendige, fröhlich keimende und
gedeihende Jugend.

Merkwürdig ist es hierbei, daß die zwei ältesten Universitäten der
Vereinigten Staaten, Harvard und Yale, noch jetzt den höchsten Ruf
genießen, obgleich seit jener Zeit viele andere entstanden sind.

1706 gründete man die erste episkopalische Kirche Connecticuts zu Stratford.

König Wilhelms Krieg wurde in Amerika nur schwach betrieben. Allerdings zerstörten die Franzosen und Indianer am Oysterflusse einzelne Ansiedelungen, und das Fort von Pemaquid, welches Sir William Phipps auf besondere Vorschrift seines Machtgebers wieder gebaut, ward genommen; der 1697 geschlossene Frieden bestimmte aber, daß alle eroberten Plätze an ihre rechtmäßigen Eigenthümer zurückgegeben werden sollten, und wieder einmal war der barbarische Ruf: „zu den Waffen!" der Tausende von Menschenleben gekostet, fruchtlos geblieben. Die Parteien nahmen sich aber keineswegs ein Beispiel an dieser Lection und der Krieg wurde bald wieder erneuert. Ludwig XIV. von Frankreich hatte nämlich frühere Verträge ge= brochen, indem er seinen Enkel, den Herzog von Anjou, auf den spanischen Thron setzte und Jakob II. als König von England aner= kannte.

In Amerika hatte er Villeborne, seinem Gouverneur, Befehl ge= geben, Acadia bis zum Kennebec auszudehnen, und dabei das aus= schließliche Recht der Küstenfischereien zu beanspruchen, ja sogar alle englischen Fahrzeuge mit Beschlag zu belegen, die er dort mit dem Fischfang beschäftigt finden sollte. Im Mai 1702 nun erklärte Eng= land, damals unter Königin Anna, sowohl Frankreich wie Spanien den Krieg, und in die Streitigkeiten der Mutterländer wurden aber= mals die gar nicht dabei betheiligten Colonieen verwickelt.

Obgleich damals die östlichen Indianer Neu=England feierliche Friedensversicherungen gegeben hatten, so verwüsteten sie doch jetzt Maine von Casco bis Wells. Deerfield in Massachusetts wurde im Februar 1704, um Mitternacht, von einer Partei Franzosen und Indianer, unter Heurtel de Ronville, angegriffen. Die Schildwache im Fort schlief und der Schnee lag so tief, daß sie über die Pallisa= den steigen konnten. Unter dem Schutze der Nacht überraschten sie das Fort und scalpirten und erschlugen die unglücklichen Bewohner oder schleppten sie als Gefangene mit fort. Nur eine kleine Anzahl entkam durch die Flucht, 47 wurden getödtet und 120 nach Canada geschleppt.

Gleich im Anfange des Angriffs wurde das Haus des ehrwürdi=

gen John Williams, des Predigers des Platzes, von etwa 20 Wil=
den angegriffen, die zuerst zwei seiner Kinder erschlugen und dann
ihn, sein Weib und seine übrigen fünf Kleinen gefangen nahmen.
Mrs. Williams erlag am zweiten Tage den Mühseligkeiten des
Marsches und fühlte sich zu schwach, ihn fortzusetzen; der indiani=
schen Sitte nach wurde sie grausam getödtet.

Da stand der alte Veteran und Krieger Benjamin Church, durch
diese Unmenschlichkeiten empört, auf und ritt 70 Meilen, um Dudley,
dem damaligen Gouverneur von Massachusetts, seine Dienste anzu=
bieten, die unglücklichen Leute zu retten oder zu rächen. Er wurde
mit fünfhundert Soldaten an die östliche Küste Neu=Englands ge=
schickt, um den Feind in seinen eignen Ansiedelungen anzugreifen.
Er ging den Penobscot= und den St. Croixfluß hinauf, zerstörte
mehrere ihrer Städte und nahm eine große Anzahl gefangen.

1705 schlug Gouverneur Vandreuil von Canada dem Gouver=
neur Dudley einen Neutralitätsvertrag vor; es wurden dann au=
genblicklich Anstalten getroffen, die Gefangenen auszutauschen, und
auf diese Art kehrten viele der in Deerfield Gefangenen in die An=
siedelungen der Weißen zurück. Unter ihnen war auch Mr. Williams
mit einigen seiner Kinder. Eine junge Tochter desselben blieb aber
bei jenem Stamme zurück, heirathete und erzog eine Familie. Trotz
dieser Neutralitätserklärung lauerten dennoch in den zwei darauf fol=
genden Jahren, 1706 und 1707, kleine Parteien von Franzosen und
Indianern um die Grenzen herum, brannten Ansiedelungen nieder
und machten die unglücklichen Einwohner zu Gefangenen.

1710 segelte endlich Oberst Nicholson von Boston mit einer Flotte
aus, deren einen Theil er aus England mitgebracht hatte, blockirte
Port Royal und zwang es, sich einige Tage darauf zu ergeben.
Sein Name wurde nachher, der Königin zu Ehren, in Annapolis
umgewandelt.

New York, durch die fünf Nationen beschützt, trieb einen sehr ein=
träglichen Handel mit diesen Indianern und die holländischen Kauf=
leute von Albany und Schenectady erlaubten sogar manchmal ein=
zelnen Parteien von Canada, am nördlichen Theile der Provinz die
Grenzen Neu=Englands anzugreifen, damit sie aus der Beute ihren
Nutzen ziehen könnten. Oberst Schuyler, den die Irokesen Quider

nannten, übte großen Einfluß auf sie aus. Dadurch erfuhr er aber
auch häufig ihre Absichten und konnte die Bewohner von Massachu=
setts warnen und ihnen anzeigen, welchen Theil ihres Gebietes man
sich zum Angriff ausersehen.

Königin Anna's Krieg schloß mit dem Vertrage von Utrecht, 1713,
durch den Acadia an die Engländer abgetreten wurde. Ueber zehn
Jahre lang hatte dieser Krieg die Grenzen der Colonieen von Neu=
England den unaufhörlichen Angriffen eines wilden Feindes preis=
gegeben, das Wachsthum und das Gedeihen der Niederlassung
gehindert und Auswanderungen dorthin fast ganz unmöglich ge=
macht. Ja die Einwohner waren fortwährend mit Aufforderungen
zu Kriegszügen gequält worden, mußten ihre Arbeit liegen lassen
und Tag und Nacht auf der Hut sein, um nicht einmal vom schlauen
und erbarmungslosen Feinde plötzlich überfallen und dann jedenfalls
vernichtet zu werden. Der Ackerbau ging dabei, in natürlicher Folge
dieses Treibens, ganz zu Grunde, eine große Staatsschuld entstand
und die Colonisten sahen höchst niedergeschlagen einer traurigen
Zukunft entgegen.

Zu jener Zeit, 1710, waren viele deutsche Grafen und Herren
durch die ewigen Kriege jenes Landes so heruntergekommen, daß sie
sich nach England an die Königin Anna wandten. Diese ertheilte
ihnen Patente nach Amerika und in demselben Jahre gingen etwa
6000 bis 7000 Deutsche hinüber und ließen sich in den Provinzen
von New York, Pennsylvanien, Virginien und Carolina nieder.

Vier Jahre später starb die Königin Anna und Georg I., aus
dem braunschweigischen Hause, bestieg den Thron von England.

Nach dem Frieden von Utrecht, dem zufolge Frankreich ganz
Acadia an England abtrat, dehnte der Gerichtshof von Massachu=
setts seine Gewalt bis an die äußersten Grenzen der Provinz Maine
aus, und unternehmende Fischer und Händler belebten nicht allein
wieder die verlassenen Dörfer, sondern errichteten auch am östlichen
Ufer des Kennebec neue Forts und Ansiedelungen.

Vater Rasles, ein französischer Jesuitenmissionär, hatte seit vie=
len Jahren in einer schlichten Capelle von Norridgewock, am Kenne=
bec, auch unter den Abenakies Viele zur christlichen Religion bekehrt.
Einige von diesen durchschritten jetzt die Wüste bis Quebec und be=

riethen sich mit Vaudreuil, dem Gouverneur von Canada. Als sie
zurückkehrten, waren sie entschlossen, sich der englischen Besitznahme
dieses Landes zu widersetzen und ihr Recht mit den Waffen zu behaupten. Sie hofften dabei natürlich, die Franzosen würden ihnen
endlich doch beistehen, und es ist auch möglich, ja sogar wahrscheinlich,
daß ihnen der Gouverneur etwas Derartiges zugesagt. Sie begannen
ihre Feindseligkeiten damit, Brunswick niederzubrennen, und zu jener Zeit war es, daß die Generalversammlung von Massachusetts
einen Preis auf indianische Scalpe setzte. Zugleich hatte sie aus
den Papieren des Vaters Rasles erfahren, daß dieser und der Gouverneur von Canada mit den Indianern gemeinsame Sache gemacht, ja sogar die Wilden von allem Anfang an aufgereizt hatte.
Eine Abtheilung ging daher im August 1724 von Neu-England
nach Norridgewock hinüber und übte gar blutige Rache an dem alten Jesuiten. Er war der Letzte jener Secte, die in den Wildnissen
Amerika's zu gleicher Zeit zwei ganz verschiedenen Zwecken gehul-
digt und ein geistiges wie ein irdisches Königthum zu gründen gestrebt
hatte.

Die Indianer fanden jetzt, daß sie von den Franzosen zwar aufgereizt, aber nicht unterstützt wurden, und ihre Sachems schlossen
endlich zu St. Johns einen Frieden mit den Colonisten, der sich, da
die französischen Missionen überhaupt zu Ende waren auch als dau-
ernd erwies. Englische Handelshäuser blühten jetzt auf und die
östliche Grenze Neu-Englands blieb unbestritten.

1691 starb Oberst Sloughter von New York und im nächsten
Jahre traf Oberst Fletcher mit seinem Gouverneurspatent an dessen
Stelle ein. Fletcher war ein guter Soldat, und da er sich glücklicherweise die Freundschaft des Mayors Schuyler sicherte, so sah er sich
auch durch dessen Rath in den Stand gesetzt, die indianischen Angelegenheiten der Colonie zur Zufriedenheit des Volkes zu besorgen;
er war jedoch geizig, rachsüchtig und in seinem Glauben, dem der
englischen Kirche, bigott.

Unter dem Vorwande, Einheit in die Sprache, Literatur und Religion der Colonie zu bringen, deren Bewohner eine heterogene Mischung von Holländern und Engländern waren, legte er dem Congreß
ein Ansiedelungsgesetz vor, nach welchem episkopalische Prediger, die

er selbst erwählen würde, durch die ganze Provinz verbreitet werden sollten. Die Versammlung vereinigte sich nach langer Debatte da= hin, daß diese Prediger allerdings in einigen Distrikten einen Platz erhalten sollten, überließ jedoch die Wahl derselben dem Volke. Dies beleidigte aber den Gouverneur so, daß er nach einer heftigen Rede die Versammlung auflöste. Episkopalische Prediger wurden jedoch wirklich in verschiedene Distrikte gebracht und dadurch leistete er einer Secte Vorschub, die bis zu diesem Tage einen sehr achtbaren Theil der Bevölkerung jenes Staates ausmacht.

Richard, Earl of Bellamont, ein irischer Pair, folgte 1698 dem Gouverneur Fletcher. Während der letzten Kriege und zu jener Zeit waren aber die Meere von englischen Piraten fast übersäet, von denen einige sogar aus New York kamen, und man hatte Fletcher in nicht geringem Verdachte, sie begünstigt zu haben. Bellamont be= kam besondere Instructionen, dieser Zunahme des Piratenthums entgegenzuarbeiten, und zu diesem Zwecke erhielt er nicht allein den Befehl über New York, sondern auch den über die Massachusetts= Bay und Newhampshire. Da aber die Colonialregierungen in der Sache noch keine näheren Bestimmungen getroffen hatten, so beschloß man, eine Privatunternehmung gegen die Piraten auszuschicken, und ein gewisser William Kid war dem Earl als ein Mann von Schlauheit und Muth empfohlen, der die Piraten sowohl, als ihre Sammelplätze kenne. Kid unternahm auch die Expedition und se= gelte von New York aus; es dauerte aber gar nicht lange, so wurde er selbst Pirat. Nach einiger Zeit verbrannte er jedoch sein Schiff und kehrte nach den Colonieen zurück, und es besteht noch bis auf den heutigen Tag eine Tradition, daß er Massen von Gold mit heimgebracht und in die Erde vergraben habe. In Boston griff man ihn auf und schickte ihn nach England, wo ihm der Prozeß gemacht, er verurtheilt und hingerichtet wurde.

In West Jersey herrschte indessen eine große Verwirrung. Denn die Zahl der Eigenthümer jenes Landes hatte sich so vermehrt, daß häufige Streitigkeiten nicht allein unter den Ansiedlern, sondern so= gar unter den Besitzern der Patente selbst vorfielen, und man kann wohl sagen, daß drei volle Jahre, von 1689 bis 1692, West=Jersey nicht eine einzige regelmäßige Autorität gehabt. Aus diesem Grunde

überließen die Eigenthümer auch 1698 ihr Eigenthumsrecht der
Krone. Königin Anna vereinigte es dann mit der Oſtprovinz, und
New Jerſey, wie man das Ganze jeßt nannte, ſollte zugleich mit
New York von einem königlichen Gouverneur regiert werden, der
einen beſondern Rath und Congreß von Repräſentanten hätte.

Die Königin ernannte zum Gouverneur dieſer beiden Provinzen
den unwürdigen Lord Cornbury, einen Enkel des Lords Clarendon.
Dieſer machte ſich aber nur zu bald dem Volke verhaßt, namentlich
weil er große Summen Geldes, die zu öffentlichen Zwecken beſtimmt
und ihm, als Gouverneur zur Diſpoſition geſtellt waren, in ſeinem
Privatintereſſe verwendete. 1708 ſeßten die Verſammlungen von
New York und New Jerſey, nicht länger gewillt, ſich ſeiner Gewalt
zu fügen, eine Klage gegen ihn auf und überſchickten dieſelbe der
Königin. Dieſe rief ihn zurück und ernannte Lord Lovelace an ſeine
Stelle. Dieſem folgte nach kurzer Zeit, 1710, Sir Robert Hunter,
ein Freund des Dechanten Swift, und an deſſen Stelle kam 1719
wiederum Peter Schuyler, als der Vermittler zwiſchen den Weißen
und Indianern ſowohl bekannt, wie er denn auch das älteſte Glied
des Rathes war. Commiſſäre wurden ernannt, um die Grenz=Li=
nien zwiſchen New York, New Jerſey und Connecticut zu ziehen.

Mr. Burnet folgte 1720 Schuyler und traf, um den Franzoſen
ihre Transporte zu den Indianern abzuſchneiden, Maßregeln, den
Handel zwiſchen New York und Connecticut zu hemmen. Dies miß=
fiel aber den Kaufleuten entſeßlich. Dieſe, dadurch verhindert, einen
directen Handel mit Canada zu treiben, bauten ein Haus in Oswego,
das man 1727 in ein Fort umwandelte, und Burnet zog ſich den
Haß der kaufmänniſchen Bevölkerung dergeſtalt zu, daß er, obgleich
ſonſt vom Volke gern geſehen, abtreten und ſeine Stelle dem Ober=
ſten Montgomery überlaſſen mußte. Nach ſeinem Tode fiel der
Befehl an Rip van Dam, das älteſte Rathsmitglied und ein ausge=
zeichneter Kaufmann. Rip van Dam duldete übrigens das immer
nähere Heranrücken der Franzoſen und dieſe erbauten während ſei=
ner Verwaltung ein Fort an der Kronenſpiße, die den Champlainſee
beherrſcht und ſich innerhalb der anerkannten Grenzen des Staates
New York befand.

Georg I. ſtarb 1727 und ihm folgte ſein Sohn, Georg II.

Wir müssen jedoch jetzt wieder zu William Penn zurückkehren, den wir damals verließen, als er nach England hinüberfuhr. Er wurde dort eine der einflußreichsten Personen des Königreichs; denn der Herzog von York, den man unter dem Namen Jakob II. zum König krönte, bewies ihm viel Vertrauen und Zuneigung. Diesen Einfluß benutzte er jedoch nie zu selbstsüchtigen Zwecken, sondern einzig und allein, um nothleidenden Quäkern zu helfen und die Gesetze überhaupt zu einer größern religiösen Duldsamkeit zu stimmen. Als Jakob II. später, 1692, nach Frankreich exilirt worden war, hatte dessen Nach= folger Penn im Verdachte, eine verrätherische Correspondenz mit jenem zu unterhalten, und auf ganz unbegründete Anklagen hin warf man ihn mehrere Male ins Gefängniß. Ja man nahm ihm sogar die Regierung von Pennsylvanien und bestimmte, daß Fletcher, der Gouverneur von New York, jene Provinz regieren solle. Durch genauere Nachforschungen erwies sich aber das Verfahren Penn's als untadelhaft und 1694 erfreute er sich nicht allein der vollen Gunst des Königs wieder, sondern sah sich auch aufs Neue in seinem Rang, als Gouverneur von Pennsylvanien, eingesetzt, kehrte jedoch nicht gleich dorthin zurück, sondern ernannte vorher den würdigen Thomas Lloyd zu seinem Vice=Gouverneur. Erst 1699 besuchte Penn die Colonie wieder und gewährte, da er das Volk mit der Re= gierung höchst unzufrieden fand, 1701 einen neuen und sehr libera= len Freibrief. Der Rathsversammlung gab er das Recht, Gesetze zu erlassen, dem Gouverneur dagegen das Veto gegen solche Gesetze, wenn sie ihm nicht als passend erscheinen sollten, so wie das Recht, einen eignen Rath zu bilden und die ganze executive Macht auszu= üben. Die Rathsversammlungen nahmen dies an, obgleich es das Volk noch nicht befriedigte, die Territorien aber verwarfen es ganz und gar so daß schon 1703 gestattet wurde, einen besondern Congreß zu wählen, wiewohl Penn denselben Gouverneur über beide Pro= vinzen stellte. Gleich nach diesem dritten Freibriefe, durch den sich Penn als einen der vorzüglichsten Gesetzgeber bewiesen, kehrte er für immmer nach England zurück und die vollziehende Gewalt wurde von da an durch ihn selbst zu erwählenden Vice=Gouverneuren über= tragen.

Die Regierung Marylands, die seit der Thronbesteigung von Wil=

11

helm und Maria von der Krone ausgeübt war, wurde 1716 dem Eigenthümer, Lord Baltimore, wieder zugetheilt und blieb in dessen und seiner Nachfolger Hände bis zur amerikanischen Revolution.

Indessen war in Carolina zwischen den, das Eigenthum besitzen-den Gouverneuren und den Ansiedlern Streitigkeiten entstanden; denn die englischen Episkopalen wollten nicht dulden, daß den fran-zösischen Protestanten, die sich in der Colonie niedergelassen, Sitz und Stimme in der Rathsversammlung gegeben würde. Sie be-trachteten diese fortwährend als Fremde und wollten die englischen Gesetze auch gegen sie als solche angewendet sehen, ja sie erklärten sogar, daß die von französischen Predigern eingesegneten Trauungen null und nichtig seien und die Güter solcher Verheiratheten nicht auf ihre Kinder erben sollten. Die Hugenotten unterwarfen sich eine Zeit lang dem Drückenden einer solchen Lage und blieben in der Provinz, indem sie auf eine günstige Veränderung hofften.

Da das Volk sich dennoch immer beklagte, so wurde John Arch-dale, einer der Eigenthümer, 1695 als Gouverneur von Nord- und Süd-Carolina hinübergesandt, um allen Uebelständen abzuhelfen. Er stellte die Ordnung her und verließ das Land im nächsten Jahre, ohne jedoch den Franzosen ihre Bürgerrechte verschafft zu haben. Das rechtliche Betragen derselben besiegte aber endlich jene Vorur-theile und man räumte ihnen die Privilegien der Bürger und freien Männer von selbst ein.

Als 1702 unter der Königin Anna Krieg ausbrach, wurde vom Gouverneur Moore, von Süd-Carolina, ein Versuch gegen die spa-nische Provinz St. Augustin gemacht; die Expedition erwies sich jedoch als erfolglos und so bedeutend waren die dadurch aufgelau-fenen Kosten, daß die Generalversammlung zum ersten Male Pa-piergeld ausgeben mußte. Die Spanier dagegen, dadurch erbittert, reizten die Apallachian-Indianer gegen die Amerikaner auf, und 1703 rückte Gouverneur Moore gegen dieselben aus. Er marschirte bis an die Grenze ihrer Ansiedelungen und legte ihre Städte zwi-schen dem Altamaha und Savannah in Asche. Der geizige Gouver-neur suchte aber von Denen, die er gefangen nahm, nur Nutzen für sich selbst zu ziehen, ließ Einige in seinen eignen Feldern arbeiten und verkaufte Andere, indem er das Geld dafür gleichfalls für sich behielt.

Die Spanier ließen die Sache natürlich nicht auf sich sitzen und suchten, von den Franzosen unterstützt, in Carolina einzubrechen. Charleston gerieth in nicht geringe Unruhe, als sich plötzlich fünf feindliche Schiffe (vom Commandeur Le Feboure befehligt) der Stadt näherten, während zugleich eine Anzahl von Truppen zu Lande herbeizog. Die Aufforderung, sich zu ergeben, wurde aber, wie der spätere Angriff selbst, vom Volke mit kräftiger Hand zurückgewiesen und Le Feboure mußte sich mit den Seinigen, nach nicht unbedeutendem Verluste zurückziehen.

1707 siedelte sich eine zweite Colonie französischer Protestanten an einem Arme des Neuseflusses an. Fünf Jahre später, 1712, schmiedeten die Tuscaroren und andere Indianer von Nord-Carolina, mit der grausamen List jener Stämme, eine Verschwörung, um nach Art der nördlichen Nationen die ganze weiße Bevölkerung mit e i n e m Schlage zu vernichten. Diesen Plan wußten sie dabei bis zu der Nacht seiner Ausführung ganz geheim zu halten. Dann überfielen sie zuerst die Häuser der armen deutschen Adeligen, die sich kürzlich in Roanoke niedergelassen hatten, und ermordeten Männer, Frauen und Kinder. Ein Paar von diesen entkam, gab das Allarmzeichen und die übrigen Einwohner, die sich in einem schnell errichteten Lager versammelten, hielten Tag und Nacht Wache, bis Hülfe von Süd-Carolina herbeigeholt werden konnte. Diese Provinz ließ denn auch die Unglücklichen nicht lange warten; sie sandte 600 Milizsoldaten und 300 Indianer, unter Capitän Barnwell, zu Hülfe. Dieser, obgleich damals eine gewaltige Wildniß die nördlichen und südlichen Ansiedelungen von einander trennte, drang doch hindurch, griff die Indianer mit keckem Muthe an, erschlug 300 und nahm 100 gefangen. Die Ueberlebenden flohen der Hauptstadt der Tuscaroren zu, wo sie eine hölzerne Brustwehr zu ihrer Sicherheit errichteten. Barnwell's Truppen schlossen sie aber bald ein und zuletzt mußten sie um Frieden bitten. Die Tuscaroren verloren im Laufe dieses Kriegs 1000 Mann und bald darauf verließen sie ihr Land, vereinigten sich mit den Irokesen und bildeten so die sechste Nation jener Conföderation.

Hierdurch waren jedoch die heißblütigen Stämme jenes Landes keineswegs beruhigt; 1715 schon knüpften die Yemassees, die nord-östlich vom Savannahfluß hausten, Verbindungen mit allen Indianern, von Florida bis zum Cap Fear, gegen Süd-Carolina an; die Creeks, Apalachians, Cherokesen, Catawbas und Congarees schlossen sich diesem Unternehmen an und man glaubte, daß ihre ganze Macht über 9000 streitbare Männer betrug. Die südlichen Stämme fielen plötzlich über die unter ihnen ansässigen Händler her und in wenig Stunden wurden 90·Personen erschlagen. Einige der Einwohner eilten nun in voller Flucht nach Charleston und gaben den Allarm. Die Indianer ließen übrigens gar nicht lange auf sich warten; starke Abtheilungen drangen sogar in die nördlichen Theile vor und näherten sich Charleston. Allerdings wurden sie von der Miliz zurückgeschlagen, ihre Marschroute aber war durch Zerstörung und Verderben bezeichnet. Hier mußten ernsthafte Maßregeln ergriffen werden und Gouverneur Craven, der das recht gut einsah, stellte sich an die Spitze von 1200 Mann, marschirte rasch gegen die südlichen Grenzen und überholte den stärksten Theil des Feindes auf einer Stelle (salt catchers genannt), wo sich ein hitziges und blutiges Gefecht entspann. Die Indianer wurden gänzlich besiegt und der Gouverneur, der ihnen nachdrängte, trieb sie aus ihrem Territorium und verfolgte sie bis über den Savannahfluß. Hier wurden sie gastfreundlich von den Spaniern in Florida aufgenommen und noch lange nachher machten sie Einfälle nach Carolina. Fast 400 der Caroliner wurden getödtet.

Alle diese Vorfälle vermehrten in ihren Folgen nur noch den Unfrieden, der schon jetzt zwischen dem Volke der Provinz und den Eigenthümern bestand. Die Gesetzgebung hatte sich an die Compagnie um Unterstützung gewendet, und diese war ihr verweigert worden. Um nur eine augenblickliche Linderung ihrer Lage herbeizuführen, mußten sie ihre Zuflucht zu Papiergeld nehmen; da aber das Volk bald einsah, daß ihm alle die Mittel, durch die es sich selbst helfen konnte, abgeschnitten wurden, so setzte man eine Beschwerde gegen den Oberrichter Trott und dessen Obereinnehmer Rhett auf, die sich Beide, ihrer tyrannischen Maßregeln wegen, in der Colonie ungemein verhaßt gemacht hatten, und verlangte darin, daß diese ihrer

Stellung enthoben würden. Dies geschah aber nicht allein nicht, sondern man dankte jenen Leuten sogar noch für ihre Dienste.

Mit Güte war, so viel sahen die Colonisten ein, nichts mehr aus= zurichten, und sie schlossen daher jetzt eine allgemeine Verbindung gegen die Regierung der Eigenthümer, in welcher sich die Bewohner des ganzen Landes verpflichteten, fest und treu bei einander zu ste= hen. So geheim hielten sie das, daß der Gouverneur Johnson selbst nicht eher ein Wort davon erfuhr, bis schon fast jeder einzelne Bür= ger dem Vertrage beigetreten war. Man bot ihm übrigens die Gou= verneurstelle wieder an, jedoch mit der Bedingung, sie nicht im Namen der Eigenthümer, sondern unter des Königs Befehl zu ver= walten. Johnson weigerte sich und suchte den revolutionären Geist zu unterdrücken, doch zu spät — das Volk war e i n i g und wählte jetzt Moore zu seinem Gouverneur.

Der König, dem das vielleicht gelegen genug kam, erklärte, daß die Eigenthümer ihre Freibriefe verscherzt hätten. Im Jahre 1720 wurde Nicholson zum Gouverneur der Carolina's ernannt und in Charleston, wo er im nächsten Jahre eintraf, mit großer Freude em= pfangen. Seine Regierung war auch für die Colonieen von segens= reicher Wirkung; er sorgte für die innere Einrichtung derselben, schloß Verträge mit den benachbarten indianischen Stämmen ab, deren Grenzen er dadurch bestimmte, und sicherte dem Lande den Frieden. Im Jahre 1729 traten sieben der Eigenthümer ihre Rechte auf die Colonieen vollständig an die Krone ab, und man theilte zu gleicher Zeit Nord= und Süd=Carolina in zwei verschie= bene Regierungen.

Einige Worte möchten aber hier nöthig sein, um das Vorrücken der Franzosen in Amerika und ihre dort angelegten Colonieen, die sie Neu=Frankreich nannten, im Auge zu behalten.

Im Jahr 1699 wurde Pensacola durch 300 Spanier von Vera= cruz aus besiedelt; ganz kurze Zeit darauf folgte ihnen aber schon eine Flotte, die unter Le Moine d'Jberville, einem canadischen Fran= zosen und nicht unberühmten Entdecker und Krieger, mehrere hundert Personen, meistens von Canada, herbrachte. Diese Partei errichtete zuerst auf Ship Island, nicht weit vom Borgne=See, ihre Hütten und drei Tage später, am 3. Februar, lief d'Jberville in eine der

11*

Mississippimündungen ein und segelte den Strom, wahrscheinlich bis zum Red River, hinauf. Hierauf kehrte er durch die Bay, die jetzt seinen Namen trägt, und die Seeen, die er Maurepas und Pontchartrain nannte, nach der Bay von St. Louis zurück und gründete an der kleinen Bay von Bilori und am Mobilflusse die erste europäische Ansiedelung, die 1702 über den Fluß hinüber auf dieselbe Stelle verlegt wurde, wo Mobile jetzt noch steht. Im Jahre 1716 ging er den Mississippi hinauf und erbaute, auf der jetzigen Stelle von Natchez, das Fort Rosalie; erst zwei Jahre später aber kamen drei Schiffe mit etwa 800 Auswanderern von Frankreich herüber, denen man die glänzendsten Vorspiegelungen von dem neuen Reiche gemacht, und diese gründeten, etwa 80 englische Meilen stromaufwärts, eine Stadt, die sie, ihrem Regenten zu Ehren, New Orleans nannten. Von dieser Niederlassung schreibt Frankreich sein Anrecht auf Louisiana her.

Die Franzosen beanspruchten auch, der Entdeckung Champlain's nach, die Ufer des Sees, der dessen Namen trägt, und errichteten dort, 1713, das Fort Crown Point. Bald nach dem Frieden von Utrecht erbauten sie das Fort Niagara und legten in den zunächst darauf folgenden Jahren den Grund zu dem jetzigen Detroit und Lewistown. Seit den Entdeckungen der Jesuiten hatten sich die Franzosen auch im Besitz aller westlichen Wassercurse befunden, die vom St. Lorenz in den Mississippi führen, und Chicago, Vincennes und Kaskaskia wurden blühende Niederlassungen. De Lisle, des Königs Geograph, beschrieb „Neu=Frankreichs" Ausdehnung als „bis zu den entferntesten Wassern reichend, die westlich in den Mississippi, südlich in den Mobile und nördlich in den St. Lorenz fließen," und die Regierung suchte dies ungeheure Territorium durch eine Linie militärischer Posten zu schützen und zu verbinden. Die Engländer in Amerika hatten indessen mit keineswegs freundlichen Augen die Ausbreitung jenes Volkes angesehen; noch trennte freilich ein oder Landstrich ihre Ländereien von denen der fremden Nachbarn, die Zeit rückte aber mehr und mehr heran, wo die beiderseitigen Ansprüche durch Waffengewalt entschieden werden sollten.

Die Furcht in England, daß die amerikanischen Colonieen einmal ihr Joch abwerfen und eine unabhängige Regierung gründen würben, ſtieg mit der wachſenden Stärke derſelben. Es wurde ſogar 1701 dem Unterhaus eine Bill vorgelegt, alle gegebenen Freibriefe zu verſchmelzen und der Krone zuzuwenden; Agenten der Colonieen befanden ſich aber im Hauſe der Lords und der Antrag ging nicht durch. Hierauf ſuchte England einen andern Plan zu verfolgen; die Gouverneure waren nämlich bis dahin nach dem freien Willen der Colonial=Congreßverſammlungen beſoldet worden und man fürch= tete, vielleicht nicht mit Unrecht, daß dieſe Art von Abhängigkeit einen den Colonieen günſtigen Einfluß auf die Gouverneure aus= üben könnte. Die engliſche Regierung verlangte deshalb — zuerſt in Maſſachuſetts durch Sir Joſeph Dudley — einen bleibenden und beſtimmten Gehalt für die Gouverneure, drang aber damit weder hier, noch in den andern Provinzen durch, ja ſie legte ſogar mit dieſer Maßregel, beſonders in Maſſachuſetts, den Grund zu ſpäteren, Jahre langen Streitigkeiten.

Maſſachuſetts hatte nämlich, um die ſchweren Koſten des letzten Krieges zu tragen, ſeine Zuflucht zu Papiergeld genommen, was, in Maſſe ausgegeben, die Lage der Colonieen eher verſchlimmerte, als verbeſſerte. Gouverneur Shute, der an Dudley's Stelle kam und die öffentliche Bank protegirte, wurde unpopulär und lud den Haß des Volkes in ſolchem Maße auf ſich, daß er ſich endlich, der ewigen Anfeindungen müde, nach England zurückzog und eine Klage gegen die Colonieen anhängig machte, die in mancher Hinſicht Beſchrän= kungen ihrer Freibriefe zur Folge hatte.

Ihm folgte 1728 Mr. Burnet, der von New York nach Maſſachu= ſetts und New Hampſhire verſetzt wurde; aber auch er kämpfte ver= gebens gegen die jetzige beſonnene Ruhe der Colonieen, die feſt und unerſchrocken auf ihrem Sinne beharrten, an, und ſah ſich endlich durch die ewigen Streitigkeiten ſo aufgerieben, daß er in ein hitziges Fieber fiel und 1729 ſtarb. Sein Nachfolger, Mr. Belcher, verſuchte ebenfalls die Colonieen wieder zu bewegen, einen feſten Gehalt zu beſtimmen. Doch fanden ſie ſich mit ihm, was ſie mit Mr. Burnet umſonſt verſucht, dahin ab, ihm jetzt eine ziemlich bedeutende Summe auszuzahlen, ohne ſich jedoch für die Zukunft zu binden.

Im Jahre 1723 wurde das ſogenannte Fort Drummer am Con= necticutfluß angelegt und damit die erſte Anſiedelung in Vermont begründet. In dieser Zeit etwa beabsichtigte man auch in England eine neue Colonie nach der Landstrecke, die zwischen den Savannah= und Altamahaflüssen gelegen und, wenn auch schon in den Carolina=Freibriefen begriffen, doch noch nicht von Europäern besiedelt worden war. Man wollte dadurch zugleich eine Niederlassung der Spanier oder Franzosen vorbeugen und dann auch einer Menge von Proletariern eine Stätte bereiten, wo sie ihrem Vaterlande nicht mehr zur Last und sich selber von Nutzen sein könnten. James Ogle= thorpe stellte sich bei diesem Unternehmen besonders an die Spitze, und König Georg verlieh der Gesellschaft einen Freibrief, welcher ihr, 1732, das Land, das ihm zu Ehren Georgien genannt wurde, zusprach. Dies war der letzte der dreizehn Staaten, die später unter amerikanischer Flagge den Kampf um ihre Unabhängigkeit fochten und gewannen.

———◆———

Dritte Periode.

Von der ersten Besiedelung Georgiens durch Oglethorpe bis zum Frieden von Paris, der Beendigung des französischen Krieges.

(Von 1733 bis 1763.)

Oglethorpe schiffte sich im November 1732 mit 116 Auswande= rern nach Amerika ein, und erreichte, in England mit allem Mögli= chen ausgestattet, Charleston am 15. Januar des nächsten Jahres. Gouverneur Johnson, der wohl einsah, welchen Vortheil es seiner Colonie bringen mußte, wenn er eine so frische und tüchtige Kraft zwischen sie und die feindlichen indianischen Stämme brachte, leistete ihnen allen Vorschub und führte sie selbst auf den Platz ihrer Be= stimmung, auf den sogenannten Yamacraw Bluff, jetzt Savannah, den sie am 1. Februar erreichten und augenblicklich ein Fort zu bauen begannen.

Oglethorpe war aber ein zu einsichtsvoller Mann, um nicht zu begreifen, daß, ohne die Freundschaft der benachbarten Stämme der Eingebornen, tausend Forts kaum hinreichend sein würden, das Ge=

deihen einer so jungen Colonie zu befördern; die Creeks zählten
nämlich damals 2500 Krieger, die Cherokesen 6000, die Chocktaws
5000 und die Chickasaws 700, also zusammen 14,200 streitbare
Männer, die ihn und die Seinen mit leichter Mühe hätten vernichten
können. Er berief deshalb die Häuptlinge zu einer großen Raths=
versammlung, erklärte ihnen durch einen Dolmetscher seine freund=
schaftlichen Gesinnungen und schloß mit ihnen ein feierliches Frie=
densbündniß.

Die Colonie gedieh hiernach, durch vortheilhafte Bedingungen, die
man den Auswanderern stellte, auf das Beste, und den Trustees von
Georgien wurde von der englischen Regierung die gesetzgebende Ge=
walt auf einundzwanzig Jahre verliehen.

In dieser Zeit aber, 1736, war es, wo die Spanier Einspruch
gegen diese Niederlassungen erhoben, indem sie von den Engländern
Räumung der südlichen Ländereien, bis zum 33. Grade nördlicher
Breite, verlangten. Oglethorpe ging nach England, kehrte bald mit
einem Regiment von 600 Soldaten zurück und erklärte, nachdem er
schon vorher noch an den Grenzen mehrere Forts errichtet hatte,
Spanien den Krieg. Hierauf empörten sich, wahrscheinlich von den
Spaniern gereizt, die Sklaven, nahmen ein Waffenmagazin ein und
bewaffneten sich daraus, tödteten alle Weißen, welche sie trafen, und
zwangen die Afrikaner, sich ihnen anzuschließen. Diese wurden jedoch
bald überwältigt und Oglethorpe rückte jetzt in Florida ein. Sein
Erfolg hier war indeß nur ein geringer, und 1742 sandten die Spa=
nier eine Flotte von Havanna aus gegen ihn, welcher er jedoch
tapfern Widerstand leistete, bis ihm endlich, glücklich genug, einige
von Süd=Carolina abgesandte Schiffe zu Hülfe kamen und die Spa=
nier nun in solcher Hast und Eile flohen, daß ihre Artillerie, ihre
Provisionen und sonstiges Kriegsgepäck sämmtlich in die Hände der
Georgier fiel.

Georgia zeichnete sich in seinem frühesten Entstehen durch die Hu=
manität aus, mit welcher es von dem uneigennützigen und wackern
Oglethorpe gegründet und regiert wurde; alle Unglücklichen fanden
in ihm einen Vater und selbst auf die elenden, ihrer Heimath entris=
senen afrikanischen Sklaven dehnte sich seine Sorge aus — er dul=
dete im Anfang keine Sklaverei in seiner Colonie. Vor der ameri=

kanischen Revolution waren nämlich schon wenigstens 9 Millionen
Seelen aus Afrika geraubt und jedenfalls mehrere Hunderttausend
nach den noch kleinen Colonieen Nordamerika's geschafft worden.
Dadurch hatten sich fast sämmtliche Provinzen mit denselben ver=
sehen, um ihre Felder mit billiger Arbeit bestellen zu lassen, und als
sich nun Georgia freiwillig davon ausschloß, war es natürlich, daß
es jedenfalls bedeutenden pecuniären Nachtheil haben mußte.

Wie jetzt die Sklaven einführen und doch den frommen Schein
retten? Oglethorpe blieb dagegen; die von Deutschland eingewan=
derten Herrnhuter aber und andere fromme Secten, unter ihnen die
Methodisten, erklärten: „daß man recht gut Sklaven halten könne,
wenn man nur auf ihr Seelenheil, das in Africa doch zu Grunde
gehe, Rücksicht nehme." Der liebe Gott mußte den Vorwand abge=
ben, und um dessen Himmel zu bevölkern, lud auch Georgia endlich
den Fluch der Sklaverei auf sich.

Im Jahre 1752 legten die bis dahin Bevollmächtigten für
Georgien ihr uneinträgliches und mühseliges Amt nieder und
Georgia wurde eine königliche Provinz.

Schon vorher, und zwar 1732, fiel Louisiana, das vierzehn Jahre
hindurch unter einer in Paris bestehenden Gesellschaft geldgieriger
Spekulanten geschmachtet hatte, an die Krone zurück und Bienville
wurde zum Gouverneur ernannt. In dieser Zeit, und besonders
1735, belästigten die Chikasaws die französischen Colonieen auf das
Aergste. Schon früher hatten sie die Natchez verleitet, die Weißen zu
überfallen und zu morden, was mit der Niederlage dieser ganzen
Nation endete, denn die „große Sonne" selber wurde mit 400 ihrer
Unterthanen in die Sklaverei verkauft. Die Chikasaws bewohnten
einen herrlichen Landstrich, östlich vom Mississippi und an den Quel=
len des Tombicbie gelegen; hieran wollten sie den Franzosen nicht
das mindeste Recht zugestehen und begünstigten, wenn sie ja mit
Weißen verkehrten, eher noch die Engländer, als jene Nation.

Die Franzosen fürchteten das Schlimmste von ihren tapferen feind=
lichen Nachbarn und beschlossen, sie zu unterwerfen oder zu vernich=
ten. Der junge und wackere d'Artaguette mußte deshalb einen
Kriegszug von Illinois aus gegen sie führen, und von Louisiana
aus sollten sich die südlichen Truppen mit ihm vereinigen. Diese

waren aber läſſig und die ſchlauen Wilden, von engliſchen Handels-
leuten unterſtützt, ſchlugen erſt die eine Partei und warfen dann die
Artillerie der andern in den Fluß, ſo daß ſich die Franzoſen raſch
und gedemüthigt zurückziehen mußten. Die Indianer zwangen dann
den braven d'Artaguette, Zeuge von dem Martertode ſeiner Gefährten
zu ſein (unter dieſen war der unglückliche Vincennes, der die Stadt
dieſes Namens am Wabaſch angelegt), und ſchickten ihn dann zurück,
um den Weißen die Thaten der Chikaſaws zu erzählen. Vier Jahre
ſpäter machten die Franzoſen, von canadiſchen Truppen und Indianern unterſtützt, einen zweiten Verſuch, jedoch mit nicht beſſerem
Erfolg, als den erſten; ſie mußten endlich noch mit den Chikaſaws
unterhandeln und ließen ſie im Beſitz ihres Landes.

Da Frankreich und Spanien um dieſe Zeit von verſchiedenen
Zweigen des Hauſes Bourbon regiert wurden, ſo ließ es ſich erwarten, daß die erſte Nation nicht lange Frieden halten würde, ſobald
die zweite mit England in Feindſchaft kam; der Krieg wurde denn
auch 1744 zwiſchen Frankreich und England erklärt.

Die Colonieen betheiligten ſich natürlich ebenſo raſch dabei, und
der erſte Streich ſollte gegen eine ungemein befeſtigte Inſel des Caps
Breton mit der Hauptſtadt Louisburg geführt werden, welche die
Mündung des St. Lorenzſtromes und die benachbarten Fiſchereien
beherrſchte.   Gouverneur Shirley von Maſſachuſetts beabſichtigte
einen Angriff und wandte ſich deshalb um Unterſtützung zuerſt an
das britiſche Miniſterium; zu gleicher Zeit aber, und ohne erſt eine
Antwort abzuwarten, legte er dem Generalcongreß der Colonieen
den gleichen Plan vor, der zuerſt geheim gehalten und abgeworfen,
dann aber ins Volk gebracht, angenommen und nun mit größtem
Eifer betrieben wurde. Connecticut, Rhode-Island und New Hampſhire ſtellten ihre Truppen, die am 25. März 1745 abſegelten, unter
Oberſt William Pepperell, und griffen mit einer Hülfsflotte von
Weſtindien, unter Commodore Warren, das ungemein befeſtigte
Louisburg mit ſolchem Erfolg an, daß ſie die franzöſiſche Garniſon,
durch innerlichen Zwieſpalt derſelben begünſtigt, nach kaum 14 Tagen Belagerung am 16. Juni ſich zu ergeben zwangen. Die Franzoſen ſandten freilich ſpäter, 1746, durch dieſen Verluſt empört, eine
mächtige Flotte nach Amerika, um die ganze nordweſtliche engliſche

Küste zu verwüsten; Stürme und Krankheiten nöthigten sie aber,
ohne irgend einen Erfolg wieder nach Frankreich zurückzukehren, und
die Colonisten litten weiter keinen Schaden, als die Angst vor dem
gedachten Ueberfalle.

1748 wurde in Aachen von den drei Mächten, Spanien, Frank=
reich und England, Frieden geschlossen, demzufolge alle eroberten
Plätze wieder herausgegeben werden mußten. Die Amerikaner ver=
droß die Räumung Louisburgs natürlich nicht wenig, doch hatten sie
durch dessen Einnahme wenigstens einen dauernden militärischen Ruf
gewonnen, denn es war die hervorragendste That des ganzen Krieges
gewesen. Ueberhaupt brachte dieser Krieg gar kein Resultat, der
Frieden später keine Beruhigung und Abstellung der Uebelstände;
das Blut und der saure Schweiß des Volkes war nur vergeudet
worden, um dem Willen der Einzelnen zu fröhnen, und jetzt, gewalt=
sam gedämpft, drohte der noch keineswegs beseitigte Haß jeden Augen=
blick wieder in offenen Kampf auszubrechen, was sich besonders deut=
lich in den Colonieen zeigte.

Die Franzosen beanspruchten, nach den Entdeckungen Cham=
plain's, Marquette's, La Salle's und Anderer, alle die Ländereien,
die sich an den in den St. Lorenz mündenden Flüssen befinden, wie
auch die Seeen und westlich den Boden, der durch den Mississippi
und dessen Zwischenflüsse bewässert wurde — also fast die ganzen
jetzigen Vereinigten Staaten von Nordamerika, mit Ausnahme des
Theils von den großen Gebirgen der Alleghanies, dessen Ströme sich
in den atlantischen Ocean ergossen, von diesem Theil aber nur die
Bucht des Kennebeck und ganz Maine.

Die Engländer dagegen behaupteten ebenfalls, den Entdeckungen
Cabot's und ihrer Petenten nach, ein Recht auf dieselben Länder zu
haben, und suchten dieses noch dadurch zu kräftigen, daß sie den
Häuptlingen der verbündeten Irokesen die Ansprüche abkauften,
welche diese durch Eroberungen auf das Mississippithal zu besitzen
vorgaben. Jedenfalls waren die Indianer die einzigen rechtmäßi=
gen Eigenthümer; nichts desto weniger bestanden beide Nationen
hartnäckig auf ihren sogenannten Ansprüchen, und es war natürlich,
daß das endliche Resultat eine Entscheidung durch die Gewalt der
Waffen sein mußte.

Die Franzoſen entwarfen um dieſe Zeit den ungeheuren Plan, ihre Anſiedelungen von der Mündung des Miſſiſſippi bis zu dem St. Lorenz hinauf durch eine Kette militäriſcher Forts zu verbinden, und hatten ihn auch ſchon ſo weit ausgeführt, daß ſie an den ſüdlichen Ufern des Erieſee's, wie am Miſſiſſippi und Ohio, einzelne feſte Punkte anlegten.

1750 verſchaffte ſich eine Anzahl von größtentheils virginiſchen Pflanzern, unter ihnen Lawrence Waſhington, der Großvater des Helden der Revolution, vom britiſchen Parlamente den Contract der „Ohio-Geſellſchaft", der ihnen am Ohioſtrom oder in der Nähe deſſelben 6000 Acker Land zuſprach. Kaum erfuhr dies der Gouverneur von Canada, als er ſich bei den Autoritäten von New York und Pennſylvanien deshalb beklagte und diejenigen Händler zu ergreifen drohte, welche nicht augenblicklich ſein Territorium räumten; er führte dieſe Drohung auch wirklich an Einzelnen aus und ſchaffte ſie in das Fort von Presque Jsle.

Der Gouverneur von Virginien, Dinwiddie, ſandte, durch die unbeſtimmten Nachrichten, die er erhielt geängſtigt, einen Spion ab, um zu erfahren, was er eigentlich zu erwarten oder zu fürchten habe. Dieſer hob jedoch nach ſeiner Rückkehr mit ſeinen verworrenen und unbeſtimmten Berichten nicht einen einzigen aller dieſer Zweifel, und Dinwiddie ſah ſich endlich, trotz der ſchon ſehr vorgerückten Jahreszeit, genöthigt, einen ſichern Geſandten abzuſchicken, auf deſſen Ausſagen er ſich ſpäter verlaſſen konnte. Er wählte hierzu einen jungen, zweiundzwanzigjährigen Mann — Georg Waſhington.

Georg Waſhington's Großeltern und Eltern hatten ihren Familienſitz in Weſtmoreland, in Virginien, gehabt, wo Georg am 22. Februar 1732 geboren wurde. Zwei Jahre ſpäter zog ſein Vater mit ſeiner Familie nach Stafford County an den Rappahannock, Fredericksburg gegenüber. Georg hatte noch einen älteren Bruder, Lawrence; dieſem hinterließ ſein Vater Auguſtin, als er 1743 ſtarb, einen ſchönen Landſtrich am Potomac, und Georg das Haus und die Grundſtücke, die er zuletzt bewohnt.

Georg verſprach übrigens ſchon in früheſter Jugend Bedeutendes; er ſtudirte ungemein fleißig und warf ſich mit beſonderer Vorliebe auf die Mathematik, deren Kenntniß ihm auch für ſeinen erwähl-

12

ten Lebenszweck, den eines Landvermessers, das Nöthigste war. Law=
rence, der als Offizier in der britischen Marine diente und die mili=
tärischen Anlagen seines jüngeren Bruders erkennen mochte, erbot
sich, ihm eine Seecadettenstelle zu verschaffen; seine Mutter wies
aber diesen Vorschlag ab, und verhinderte ihn, die Stelle anzuneh=
men. Lawrence Washington hatte eine Verwandte des Lord Fairfax
geheirathet, und Georg begann sein praktisches Wirken damit, daß
er, schon in einem Alter von 16 Jahren, die großen Güter des da=
mals in Virginien residirenden Lords Fairfax vermaß und abtheilte.
In den wilden Gebirgsschluchten der Alleghanies lag er da manche
Nacht, und bereitete sich so, noch unbewußt, auf ein Leben vor, das
so reich an Ehre, aber auch an Mühen und Beschwerden sein sollte.
Neunzehn Jahre alt wurde er General=Adjutant der virginischen
Miliz, mit Majorsrang. Damals begleitete er seinen kränkelnden
Bruder Lawrence nach Westindien, der auch dort, 1752, starb und
ihm sein Gut „Mount Vernon" hinterließ.

Eine der vier Divisionen, in welche Dinwiddie die Miliz Virgi=
niens (oder der „Dominion", wie man Virginien schon damals
nannte) eingetheilt, wurde jetzt dem Major Washington übergeben;
er entsprach auch diesem Vertrauen vollkommen und theilte der
Schaar seinen eigenen militärischen Geist mit. In welcher Achtung
er übrigens bei dem Gouverneur stand, geht aus dem schon früher
erwähnten so wichtigen Auftrage hervor, den er, um diese Zeit etwa,
auszuführen bekam. In Williamsburg, wo der Regierungssitz Vir=
giniens war, erhielt Washington seine Instructionen und Depeschen:
das wichtigste Document derselben war aber ein Brief Dinwiddie's
an den französischen Commandanten St. Pierre, worin dieser mit
drohenden Worten aufgefordert wurde, das dem englischen Monar=
chen gehörende Territorium zu räumen.

Washington brach am 31. October 1753 auf, um eine Strecke
von 500 englischen Meilen, und zwar größtentheils noch bahnlose
Wildniß, zu durchmessen. Mit einem Dolmetscher und Führer legte
die kleine, im Ganzen aus acht Personen bestehende Schaar den
Weg, die entsetzlichsten Mühseligkeiten und Hindernisse bekämpfend,
zurück, erreichte den jetzigen Ohiostrom, ging diesen etwa zwanzig
Meilen hinunter bis nach Logstown und traf hier, am 24. Novem=

ber, den großen Häuptling der südlichen Huronen, Tanacharifon oder
den Halbkönig, um dessen Freundschaft sowohl Franzosen wie
Engländer buhlten. Der Häuptling empfing Washington mit großer Freundlichkeit, hielt ihm eine lange Rede und erzählte ihm darin,
„daß er auch schon beim französischen Commandanten gewesen wäre
und diesem gesagt habe, das Land gehöre weder den Franzosen noch
den Engländern, sondern der große Geist habe es den Indianern
gegeben, und er ersuche sie, es zu verlassen, wie er es von seinen
Brüdern, den Engländern, verlangt habe, denn er wolle sie
Beide in Armeslänge von sich halten.
    Dieser Häuptling begleitete Washington nach St. Pierre's Fort.
Obgleich sie aber von den höflichen Franzosen auf das Gastlichste
empfangen wurden, verweigerte der Commandant, den Anforderungen Dinwiddie's zu gehorchen, und verwies ihn an den General-
Gouverneur Duquesne. Washington fand bald, daß sein directer
Auftrag ganz erfolglos bleiben würde; desto eifriger suchte er sich
dagegen mit den ganzen Verhältnissen und Vertheidigungswerken
der französischen Garnison bekannt zu machen, und kehrte dann auf
derselben gefährlichen Bahn nach Williamsburg zurück, das er am
16. Januar wirklich wieder erreichte.
    Sein Verfahren bei diesem ganzen, schwierigen Unternehmen war
so unerschrocken und umsichtig gewesen, daß sich sein Lob nicht allein
über die Colonieen, sondern bis nach England verbreitete und er
zum Anführer der Truppen ernannt wurde, die jetzt Dinwiddie gegen die Franzosen aussandte, um seinen bis dahin verachteten Befehlen Nachdruck zu geben. Mit nicht ganz 400 Mann zog Washington aus, um Fort Duquesne zu nehmen. Die Franzosen hatten
aber in dieser Zeit Verstärkung von Canada bekommen; er mußte
sich zurückziehen, verschanzte sich in Fort Necessity, und sah sich
endlich gezwungen, zu capituliren und nach Virginien zurückzukehren.
    Das britische Cabinet hatte indeß schon lange die Unvermeidlich-
keit des Krieges vorausgesehen, und deshalb den Colonieen, in den
1753 gegebenen Instructionen, besonders angerathen, sich um die
Freundschaft der sechs Nationen zu bewerben, wie auch eine Union
unter sich, zu gegenseitigem Schutze gegen die Feinde, zu gründen.
Am 14. Juni 1754 wurde hiernach in Albany ein Congreß gehalten,

zu welchem Abgeordnete von Massachusetts, New Hampshire, Rhode Island, Connecticut, New York, Pennsylvania und Maryland kamen. Etwa 150 Indianer der sechs Nationen waren ebenfalls gegenwärtig, mit denen vorher ein friedlicher Vertrag geschlossen und dann berathen wurde, auf welche Weise die Colonieen nicht allein fest und innig zusammenhalten, sondern auch ihren Feinden am Besten die Spitze bieten könnten. Jede Colonie, die von einem Repräsentanten ver= treten war, mußte zu diesem Zwecke den Plan einer Vereinigung aufsetzen, wobei der von Benjamin Franklin von Pennsyl= vania angenommen und am 4. Juli 1754 unterzeichnet wurde. Zweiundzwanzig Jahre später half derselbe Staatsmann ein wichti= geres Document, nämlich die Unabhängigkeitserklärung der Verei= nigten Staaten, zusammenstellen, die an demselben Monatstag un= terschrieben ward. Diesen Plan nahmen Alle an; nur die Abge= sandten von Connecticut verweigerten ihre Unterschrift, weil sie vor= sichtig genug einsahen, es würde dem von der Krone selbst erwählten General=Gouverneur dadurch zu viel Macht eingeräumt. Der eng= lischen Regierung dagegen schien selbst diese Union, so hingestellt wie sie war, zu gefährlich; sie wollte in dem Congreß auch ihre Interes= sen vertreten haben, und wenn sie sich erbot, zu dem bevorstehenden Kriege das Geld zu leihen, so verlangte sie dagegen Sicherung der Rückzahlung durch eine später zu erhebende Taxe. Die Colonieen dachten aber gar nicht daran, England das Recht zuzugestehen, sie zu besteuern, und es blieb jetzt nichts weiter übrig, als daß der Krieg mit englischen Truppen geführt wurde, die von den verschiedenen Provinzen nach besten Kräften unterstützt werden sollten. Damit zeigten sich die Amerikaner vollkommen einverstanden.

Der Angriff der Franzosen auf Georg Washington wurde nun von der englischen Regierung als Kriegserklärung angesehen und General Braddock aus England mit 1500 Mann nach den Colonieen gesandt, wo er zuerst eine Versammlung der Gouverneure in Virginien einberief und dort die verschiedenen Angriffspunkte be= stimmte.

Die Franzosen sandten dagegen im Frühjahr eine starke Flotte nach Canada, die mit bedeutender Truppenmacht, unter Baron Dieskau, die canadische Armee verstärken sollte.

Die eine englische Expedition, unter den Generalen Monckton und Winslow, besetzte mit leichter Mühe und nach fast unblutigem Angriff ganz Nova Scotia. Eine schwierigere Aufgabe war aber die, durch die Wildniß gegen Fort Duquesne vorzudringen, und sie wurde dadurch noch weit gefährlicher, daß General Braddock selber anführte, der weder Land noch Sitten kannte und, keinen Rath annehmend, blind und stolz seinem eignen Scharfsinn und Ueberblick allein vertraute. Georg Washington, der unter seinen Befehl getreten war, bat ihn, als sie schon der unzugänglichen Passage wegen ihr Gepäck unter Dunbar hatten zurücklassen müssen, die wirklich angebotene Hülfe des indianischen Halbkönigs zu benutzen, da sie die Wilden als Tirailleurs und Kundschafter nicht allein sehr gut gebrauchen könnten, sondern sie eigentlich sehr dringend bedürften. Braddock wies dies und sogar auf solche rauhe, unfreundliche Art von sich daß er die Indianer auf das Tiefste beleidigte, und die ihn umgebenden Gefahren nicht kennend, rückte er rasch und muthig vor. Er sollte nur zu bald erfahren, wie man mit einem indianischen Feind zu kämpfen habe.

Am 9. Juni marschirte er mit 1200 Mann ausgewählter Truppen, die in ihren prachtvollen rothen Uniformen, den blitzenden Waffen, mit klingendem Spiel und wehenden Fahnen einen gar imposanten Anblick boten, von den Anhöhen des rechten Monongahela-Ufers hinunter; kaum aber hatten sie den Wald betreten, da schallte ihnen das wilde Kriegsgeschrei der Indianer entgegen und aus dem Hinterhalte schlugen die Kugeln in seine Schaar. Viele stürzten wohlgetroffen, und die Soldaten wären geflohen, aber Braddock hielt sie zusammen, und mit seinem thörichten Starrkopfe und das alte wahnsinnige System europäischer Taktik im Sinne, welches er gar nicht bedacht war, Zeit und Umständen anzupassen, zwang er sie, wie eingepferchte Schaafe dort auszuhalten, während die Wilden — die im Anfange gar nicht an die Besiegung einer solchen Armee gedacht hatten, sondern sie nur durch Plänkeln belästigen und aufhalten wollten — sämmtliche berittene Offiziere von den Pferden schossen. Nur Georg Washington, obgleich er über das Schlachtfeld hin und her sprengte, blieb unversehrt. Vier Kugeln fanden sich später in seiner Uniform, zwei Pferde wurden unter ihm erschossen, aber immer unermüdet bestieg er ein drittes, und die Indianer schossen gar nicht mehr auf ihn, weil sie ihn von einer höheren Macht beschützt hielten.

Auch Braddock, der unerschrocken dem wildesten Kugelregen getrotzt, erhielt endlich seinen Todesschuß. Nach seinem Falle flohen die regulären Truppen unaufhaltsam, und Washington deckte jetzt ihren Rückzug mit der Miliz, die Braddock verächtlicher Weise hatte den Nachtrab bilden lassen. Die Niederlage war vollkommen; fast die Hälfte der gemeinen Soldaten und über zwei Drittel der Offiziere — 64 von 85 — waren getödtet. Obrist Dunbar zog jetzt die Armee nach Philadelphia zurück und ließ sämmtliche Grenzländer den Ueberfällen der wilden Stämme frei und offen.

Weit glücklicher waren dagegen die englischen Waffen im Norden. Die Truppen, unter General William Johnson und General Lymann — von einer Schaar der Mohawks, unter ihrem Führer Hendrick, unterstützt — zogen den Hudson hinauf, dem Südufer des Sees Georg zu, wo sie Baron Dieskau angriff, und erst einen kleinen Theil der Truppen, unter Williams und Hendricks, vor sich her trieb, dann aber auf die Hauptmacht, unter Johnson, stieß und von diesem total geschlagen wurde. Dieskau selber blieb, und eine Partei schnitt sogar den Ueberrest seiner Armee von Fort Edmund ab und rieb ihn gänzlich auf.

Johnson scheint im Bericht dieses Kampfes seine Mitgeneräle übergangen zu haben, denn er allein erhielt eine Belohnung von 5000 Pfund Sterling und den Titel „Sir William".

Der errungene Sieg am See Georg ermuthigte die Truppen; Sir William Johnson aber, anstatt diese gute Stimmung zu benutzen und vorzudringen, vergeudete seine Zeit damit, Fort Edmund zu befestigen und ein neues — Fort Henry — zu errichten. Am letzten November ließ er dann die nöthigen Garnisonen in diesen Plätzen und die übrige Mannschaft kehrte in ihre Heimath zurück.

Das Unternehmen gegen Niagara wurde vom Gouverneur Shirley selbst geleitet; diesem fehlten aber die Vorräthe und trafen auch erst so spät ein, daß er den See nicht mehr überschiffen konnte, 700 Mann unter Obrist Mercer am Ontáriosee zurückließ und mit den Uebrigen nach Albany heimkehrte.

Erst im Jahre 1756, nachdem der Krieg factisch schon zwei Jahre gewüthet, wurde er, am 17. Mai, zwischen Frankreich und England förmlich erklärt.

Shirley war nun von der englischen Regierung zum Oberbefehls= haber der Truppen ernannt worden; Winslow dagegen hatte sich durch seine Siege in Nova Scotia das weit größere Vertrauen der Colonieen gewonnen, und der großmüthige Shirley trat diesem, so= bald er das erkannte, das Commando ab. Im Frühjahre 1756 sandte man aus England den General Abercrombie nach Amerika, um den obersten Befehl über sämmtliche Truppen zu übernehmen, und nach ihm, am 29. Juli, kam Lord Loudon, als General=Com= mandant und Gouverneur von Virginien; immer aber herrschte ein keineswegs freundlicher Ton zwischen den wirklich englischen Offizie= ren der regelmäßigen Truppen und denen der Miliz, ja Washington besonders hatte dadurch zu leiden gehabt. Uneinigkeit ist denn auch stets das größte Hinderniß im Feld, und der Krig wurde das ganze Jahr hindurch, obgleich Tausende von Colonisten dazugezogen und beträchtliche Truppenmassen von England herübergesandt worden, doch nur lau und lässig und ohne irgend bedeutenden Erfolg be= trieben.

Lord Loudon's Unfähigkeit und seine unpraktischen Pläne und Unternehmungen machten auch das nächste Jahr, 1757, zu einem den englischen Waffen eben so ungünstigen, und besonders fiel in diesem Jahre jene berüchtigte Metzelei von Fort William Henry vor — dem deutschen Leser sicherlich am besten durch Cooper's „Letzten der Mohikaner" bekannt — wo Montcalm das Fort mit überlegener Macht eingeschlossen hielt, den englischen Befehlshaber, Obrist Monroe, nach langem Widerstande zur Uebergabe zwang und dann, als er ihm freien Abzug mit klingendem Spiel und seinen Schutz zugesagt, nicht im Stande war, sein Wort zu hálten, und nun ruhig zusah oder zusehen mußte, wie die wilden Mingos zuerst die Abzie= henden plünderten und dann mit Tomahawks und Messer über die fast Wehrlosen herfielen. Die Kranken, die Verwundeten, die Frauen und Kinder, kurz Alle fielen, die nicht im Stande waren, das elende, nackte Leben durch wilde Flucht zu retten, bis endlich die vom Gene= ral Webb in Fort Eduard ausgesandten Truppen herbeikamen, die Flüchtigen zu beschützen.

Besonders trug auch das noch dazu bei, den ganzen Krieg in die Länge zu ziehen und ziemlich erfolglos zu machen, daß die englische Regierung sehr behutsam war, die amerikanischen Colonieen ja durch Nichts zu beleidigen, und diese ihrerseits, eifersüchtig auf ihre Frei= heiten, kräftige Maßregeln vom General=Commandanten aus fast unmöglich machten.

Glücklicherweise trat bald hernach ein Mann in England auf, der durch seine energischen Maßregeln neues Leben in die trüben und trostlos dahinschleichenden Angelegenheiten brachte. Dies war der erste Minister Englands und der größte Staatsmann seiner Zeit, William Pitt, der spätere Earl of Chatham. Seinem Scharfsinn und Muth gelang es in kurzer Zeit, die lässigen und falschen Beamten zu erkennen und kräftig gegen sie aufzutreten; dabei wußte er zugleich die Fähigen ans Licht zu ziehen und wandte sich nun, im Vertrauen auf die Stärke der Colonieen, an diese selbst, versicherte ihnen, daß sie selber das Recht haben sollten, ihre eignen Anführer zu wählen, und daß kein Offizier der regulären Truppen wieder über sie gesetzt werden würde; bat sie auch dafür, noch einmal recht wacker in das Feld zu rücken, und sah bald sein Vertrauen von so guten Folgen gekrönt, daß die amerikanische Armee in kurzer Zeit zu zwanzigtau= send anwuchs.

General Abercrombie trat dabei an die Stelle des Earls of Loudon, als Oberbefehlshaber alles britischen Militärs in Amerika, und zu gleicher Zeit wurde, unter Admiral Boscawen, eine Flotte ausge= sandt, welche 12,000 von General Amherst befehligte Truppen hin= überführte und dadurch eine Armee herstellte, wie sie Amerika noch nicht gesehen.

Früh im Jahre waren die Truppen zum Aufbruche bereit, und durch keine unschlüssigen, zaghaften Befehlshaber mehr zurückge= halten, begannen sie ihre Operationen bald und mit dem besten Erfolge, indem sie zu gleicher Zeit Expeditionen nach Louisburg, Crownpoint und Fort Duquesne aussandten.

Für besonders wichtig wurde der Besitz von Louisburg gehalten, denn dieses beherrschte nicht allein den St. Lorenzgolf, sondern konnte auch, da die Engländer natürlich wünschten, die Macht der Fran= zosen in Amerika ganz zu brechen, die Einnahme der canadischen

Hauptstadt erleichtern. Eine Flotte wurde also vor allen Dingen dorthin abgesandt und das starke Fort mußte sich, nach vortrefflich geleiteter Belagerung, am 6. Juli 1758 ergeben, wobei noch zugleich mit ihm die ganze Insel des Cap Breton und die von St. John in die Hände der Britten fielen. 6000 Gefangene wurden nach Eng= land gesandt.

Hier war es auch, wo James Wolfe seine glänzende, aber leider so kurze militärische Laufbahn begann.

General Abercrombie ging indessen, an der Spitze von 16,000 Mann, gegen Ticonderoga und Crownpoint, leitete aber das Unter= nehmen nicht einsichtsvoll und glücklich genug und wurde mit ziem= lich bedeutendem Verluste zurückgeschlagen. Bessern Erfolg hatte der hierauf von ihm abgesandte Oberst Bradstreet, der mit 3000 Mann Fort Frontenac, das jetzige Kingston, nahm und mit diesem alle die militärischen Vorräthe erbeutete, welche für die Indianer und süd= westlichen Truppen bestimmt waren, so daß dieser Sieg viel zu der spätern Unterwerfung des Forts Duquesne beitrug.

General Forbes bekam, mit einer Armee von 8000 Mann, den Auftrag, dieses wichtige Fort zu nehmen; zögerte aber, troß Georg Washington's Vorstellungen, so lange auf die unnützeste Art, indem er eine neue Straße durch den Wald schlug, daß indessen die Fran= zosen, die durch ihre Spione wahrscheinlich von der gegen sie anrük= kenden Macht gehört hatten, einen Vortrab unter Major Grant schlugen und diesen, wie achtzehn seiner Offiziere gefangen nahmen, ihr Fort dann niederbrannten und auf Booten den Ohiostrom hin= untergingen.

An der Stelle, wo bis dahin Duquesne gestanden, wurde ein neues Fort, Pitt genannt, errichtet, und es ist dies derselbe Platz, wo jetzt die bedeutende Fabrikstadt, das Manchester Amerika's, wo Pittsburg liegt — auf der Landspitze, die der Monongahela und Alleghanny bilden, welche beiden Flüsse von dort aus auch den Namen Ohio annehmen. General Forbes starb auf seiner Rückreise nach Philadelphia. Nach der Räumung des französischen Forts und der Besißnahme der Engländer fanden es aber die bis dahin den Engländern freundlich gesinnten indianischen Stämme für nöthig, einen Vertrag abzuschließen. Die Deputirten der sechs Nationen

kamen deshalb mit denen Neu-Englands und des Mutterlandes zu=
sammen und die Friedenspfeife sandte, den Bund heiligend, ihren
Rauch empor.

Der Feldzug des nächsten Jahres hatte die gänzliche Unterwer=
fung Canada's zum Ziel. Nach dem verfehlten Angriff auf Ticon=
deroga wurde der Oberbefehl der britischen Streitkräfte dem General
Amherst übergeben, und dieser theilte nun seine Armee in drei
verschiedene Divisionen. Die erste von diesen sollte, unter Wolfe,
geradezu gegen die Hauptstadt Quebec rücken, die zweite, unter
Amherst, gegen Ticonderoga und Crownspoint und von dort aus
weiter nördlich ziehen, und die dritte, unter General Prideaux, welche
hauptsächlich die Miliz und die indianischen Hülfstruppen in sich
vereinigte, Niagara angreifen, nachher den St. Lorenz hinunter=
gehen, sich der zweiten Division anschließen und mit dieser dann
Montreal berennen.

Prideaux belagerte und nahm Niagara im Juli dieses Jahres,
wurde aber durch eine Granate getödtet und der Befehl kam an Sir
William Johnson; die Garnison, etwa 600 Mann stark, fiel in die
Hände der Engländer, und dadurch war den Franzosen jede Verbin=
dung zwischen ihren im Norden und Süden Canada's liegenden
Besitzungen abgeschnitten.

Wolfe, der indessen, nachdem er Louisburg genommen, in Eng=
land gewesen war, brachte von dort besonders tüchtige Offiziere mit
und landete spät im Juni auf der im St. Lorenz und Quebec gerade
gegenüberliegenden Insel Orleans. Seine Armee bestand aus 8000
Mann, mit vortrefflicher Artillerie und von den besten Seeleuten,
den Admiralen Saunders und Holmes, welche die Flotte befehligten,
unterstützt. Von hier aus konnte er aber auch vollkommen alle die
Schwierigkeiten übersehen, die sich ihm in der natürlichen und künst=
lichen Befestigung der Stadt entgegenstellten. Quebec stieg vor ihm,
am nördlichen Ufer des St. Lorenz, auf starrem Felsen ruhend, steil
empor, so daß ein Erklimmen dieser schroffen und wohlbesetzten Höhe
fast unmöglich schien. Von Nordwesten kam der St. Charles herun=
ter und mündete dicht unter der Stadt, zwischen hohen, zerrissenen
Ufern, in den St. Lorenz, während Kanonenboote und schwimmende
Batterieen seinen Einlauf deckten. Einige Meilen unterhalb sprang

der Katarakt des Montmorency in den St. Lorenz, und zwischen diesen beiden Zweigflüssen stand, wohlverschanzt und unter dem Befehle des tapfern Montcalm, die französische Armee.

Wolfe setzte sich vor allen Dingen in Besitz der Quebec gerade gegenüber gelegenen Bastion „Point Levi" und errichtete und eröffnete von hier aus seine Batterieen gegen die untere Stadt und die Befestigungswerke, welche am Flusse selber lagen, konnte aber natürlich den auf dem starren Tafelfels gelegenen keinen Schaden thun. Sobald er dies bemerkte, suchte er den Feind aus seiner guten Position zu ziehen und zu einem Kampfe zu locken. Er landete deshalb seine Armee unter dem Montmorency; der vorsichtige Montcalm dachte aber gar nicht daran, in irgend eine Falle zu gehen, und Wolfe mußte endlich mit einem Theil seiner Leute den Fluß überschiffen und ihn im eignen Lager angreifen. Dort fand er aber tapferen Widerstand und mußte sich, da seine Schlachtlinie in Unordnung kam, mit einem Verluste von 400 Mann rasch zurückziehen.

Bald darauf erfuhr er auch noch, daß seine erwarteten Hülfstruppen ausbleiben würden. Amherst hatte das südwestlich liegende Ticonderoga und Crownspoint verlassen gefunden und bereitete sich nun vor, die von da aus nach der Isle aux Noir gezogenen französischen Truppen anzugreifen; von ihm also durfte er auf keinen Beistand rechnen und es blieb ihm zuletzt weiter gar kein Ausweg, als der fast verzweifelte Plan, die steilen Felsen oberhalb Quebec in dunkler Nacht zu erklimmen und so die sogenannten „Höhen Abraham's" welche die Befestigungswerke enthielten, zu gewinnen.

Montcalm, der wohl bemerkte, daß von den Feinden irgend ein entscheidender Schritt gethan werden sollte, sandte einen Theil seiner Truppen den St. Lorenz etwas höher hinauf; Wolfe dagegen brach sein Lager am Montmorency ab, kehrte nach Orleans zurück und schiffte sich hier mit seiner Armee ein, ließ aber Admiral Holmes, der die Flotte befehligte, einige Meilen weiter, als er zu landen beabsichtigte, stromauf segeln. Diese Kriegslist täuschte den französischen Heerführer De Bourgainville, und gab Wolfe Gelegenheit, mit der Strömung seine Fahrzeuge unter dem Schutze der Nacht dorthin zu führen, wo er seine Truppen ans Ufer zu setzen wünschte.

Dies geschah etwa eine Stunde vor Tagesanbruch. Wolfe war

der Erste, der ans Land sprang; als er aber die Schwierigkeiten sah, welche sich ihm überall entgegenstellten, sagte er zu einem der neben ihm stehenden Offiziere:

„Ich glaube nicht, daß es möglich ist hinaufzukommen; doch unsere Pflicht müssen wir thun."

Mit unendlichen Mühseligkeiten hatten sie auch wirklich zu kämpfen; die Fluth war hier so reißend, daß sie mehrere Fahrzeuge von dem einzig möglichen Landungsplatze hinwegführte, und der Felsen oben war mit französischen Schildwachen besetzt. Eine von diesen rief die Herankletternden an, aber ein der französischen Sprache vollkommen mächtiger Offizier täuschte sie; rasch an Wurzeln und Vorsprüngen emporklimmend, erreichten sie endlich den höchsten Punkt, bemächtigten sich hier einer kleinen Batterie und konnten nun den übrigen Theil der Ihrigen in besserer Ruhe und Sicherheit folgen lassen. Der dämmernde Morgen enthüllte den keineswegs freudig überraschten Franzosen die günstige Stellung, welche die Feinde in der Nacht gewonnen, und Montcalm sah sich genöthigt, seine feste Position zu verlassen.

Er setzte über den St. Charles, formirte seine Schlachtlinie und griff den Feind unerschrocken an. Da er den linken Flügel der Franzosen befehligte, so wurde er der Gegner Wolfe's, welcher den rechten Flügel der Briten führte, und beide Befehlshaber wurden in der Hitze des Gefechtes tödtlich getroffen.

Die Wunde, an welcher Wolfe fiel, war die dritte, die er im Kampfe erhalten; man trug ihn vom Schlachtfelde; mit fieberhafter Angst beobachtete er aber den Erfolg der Streitenden. Von Blutverlust erschöpft, seinen Kopf durch den Arm eines Offiziers unterstützt, drang plötzlich der Ruf zu ihm: „sie fliehen — sie fliehen!"

„Wer flieht?" rief er erschrocken; als aber die Antwort lautete: „Der Feind!" da fiel er zurück, sagte leise: „nun sterb' ich zufrieden", und verschied.

Nicht weniger heldenmüthig war das Ende Montcalm's — er freute sich, als man ihm sagte, daß seine Wunde tödtlich sei.

„Desto besser," stöhnte er — „so werde ich den Fall Quebecs nicht erleben."

Dieser Sieg entmuthigte die Franzosen so sehr, daß sie schon fünf

Tage später die ihnen vom General Townshend mild genug gestell=
ten Bedingungen annahmen und die Schlüssel von Quebec auslie=
ferten. Im nächsten Frühjahre rückte nun allerdings Mr. de Levi,
der Nachfolger Montcalm's, mit einem neuen, von Canadiern und
Indianern verstärkten Heere vor Quebec und zwang den englischen
General (Murray, da Townshend nach England gegangen war) zu
einer Schlacht, nach welcher sich die Engländer flüchtend in die Fe=
stung zurückziehen mußten; bald darauf erhielten aber die Briten
Verstärkung und Mr. de Levi, Quebec aufgebend, zog sich nach
Montreal zurück. Doch auch hier sammelte General Amherst schon
zwei Tage später alle an den Seeen Ontario und Champlain statio=
nirten Truppen und zwang die Franzosen, Montreal, Detroit, Mak=
kinaw, wie alle ihre in Canada gelegenen Besitzungen zu räumen.

Die Besatzung von Fort Duquesne nun, die sich, wie früher er=
wähnt, auf dem Ohio eingeschifft hatte zog nach Louisiana hinunter;
unterwegs aber knüpfte sie Verbindungen mit den Cherokesen an,
von denen die Bewohner der Carolina's ohnedies schon viel gelitten
hatten. General Amherst sandte ihnen, sobald er dies erfuhr, den
Oberst Montgomery mit regulären Truppen zu Hilfe, und von den
Carolinern unterstützt rückte dieser auch in das Territorium der
Cherokesen ein und richtete große Verwüstungen an; nahe dem
Hauptfort derselben wurde er aber, gerade in einem Sumpfe, von
einer starken Abtheilung der Wilden überfallen und mit solchem
Erfolge bekämpft, daß er, froh das Leben zu retten, nach bedeutendem
Verlust das indianische Land verlassen mußte.

Erst im nächsten Jahre, 1761, als General Amherst neue Trup=
pen unter Oberst Grant absandte, gelang es diesem, so nachdrücklich
gegen die Feinde aufzutreten, daß er sie zu einem günstigen Frieden
nöthigte.

Die Engländer hatten nun, allem Anschein nach, das ganze nörd=
liche Land ihrem Scepter unterworfen und sich selbst mit den Einge=
bornen auf freundlichen Fuß gestellt; diese aber sahen nur zu gut
ein, wie sie, ob unter Franzosen, ob unter Briten, um nichts gebes=
sert und fortwährend der Gefahr ausgesetzt waren, aus ihren alten,
liebgewonnenen Jagdgründen vertrieben zu werden. Die Unter=
werfung der Franzosen gab ihnen jedoch eine neue Hoffnung; sie

13

mußten beide weiße Nationen als ihren Feind betrachten; wie nun
aber, wenn sie die Uneinigkeit derselben benußten und sich gemein=
schaftlich auf den Sieger warfen? Hier winkte ihnen noch eine
mögliche Aussicht, die schon verlornen Ländereien wiederzugewinnen
und die verhaßten „Bleichgesichter" gänzlich zu vernichten oder wenig=
stens von „rothem" Grund und Boden zu verjagen.

Pontiac, der kühne und weise Häuptling der Ottowas, nahm,
wie vor ihm „König Philipp", diesen Gedanken mit Feuereifer auf,
und seiner begeisternden Rede gelang es, alle nordwestlichen Stämme
seinem Plane zu gewinnen. Unentdeckt beriethen und beschlossen sie
den mit einem Schlag zu führenden Ueberfall, und schon am 7.
Juni 1763 wurden neun englische Forts von den Indianern über=
rumpelt und genommen. Einzelne derselben mußten sie dabei mit List
zu gewinnen: so sammelten sie sich um Fort Mackinaw zu einem ihrer
beliebten Ballspiele und trieben dieses mit solcher Lebhaftigkeit, mit
solchem lauten, fröhlichen Jubel, daß sie bald jeden Verdacht der
Soldaten beschwichtigten, die sich neugierig hinter ihren Palissaden
sammelten, dem Treiben zuzuschauen. Die Wilden jagten aber den
Ball dem Fort näher und näher, und als sie den rechten Zeitpunkt
gekommen glaubten, warfen sie ihn über die Verschanzungen und
sprangen und kletterten in wilder Hast nach, so daß die überraschten
Truppen, ehe sie sich nur sammeln oder besinnen konnten, über=
mannt, niedergemacht und scalpirt waren.

Nur Pontiac's eigne List, der das wichtigste Fort, Detroit, zu
nehmen wünschte, wurde verrathen und mißlang; er belagerte jeßt
allerdings die Veste und schnitt ihr mehrere Monate lang jede Zu=
fuhr ab, seine Verbündeten mochten aber nicht so lange geduldig
aushalten und er sah sich endlich gezwungen, wieder Frieden mit den
Engländern zu schließen. Drei Jahre später starb er.　　　·

Während dieser Zeit war es, daß sich die „Vereinigten Brüder"
oder Herrnhuter in Amerika niederließen. Ein Theil von ihnen
ging zuerst nach Georgia, wo er bis zum Kriege mit den Spaniern
blieb; als man aber dann von der neuen Secte verlangte, daß sie
die Waffen eben sowohl, wie die übrigen Colonisten ergreifen sollte,
da erklärte sie, daß dies nicht in Uebereinstimmung mit ihrer Reli=
gion sei, verließ Georgia und schloß sich den Brüdern an, die indeß

in Bethlehem und Nazareth (Pennsylvanien) ansässig geworden waren. Hier breiteten sie sich bald nach allen Richtungen aus und wirkten auch in mancher Beziehung segensreich auf die wilden Stämme. In den Neu-England-Staaten betrachtete man aber, nach den Bestrebungen der Jesuiten, sämmtliche Missionen mit miß=trauischen Augen, und so geschah es denn auch, daß die Herrnhuter den Staat New York verlassen und sich wieder nach Pennsylvanien zurückziehen mußten. Dort gediehen sie trefflich; zwei Niederlas=sungen mit deutschen Namen, „Frieden= und Gnadenhütten", wurden gegründet und mancher Stamm der Eingebornen ihrer Religion gewonnen.

Der Ausbruch des französischen Kriegs brachte übrigens den Herrnhutern vieles Leid und Ungemach. Da sie mit allen Na=tionen Frieden wünschten, zogen sie sich auch das Mißtrauen Aller, der Engländer, Franzosen und Indianer zu, und im November 1755 wurde sogar einer ihrer Posten, „Mahony", von den Shawanesen überfallen und aufgerieben. Sobald aber der Krieg beendet und Friede geschlossen war, begannen sie auch ihre Arbeiten wieder und trugen das Christenthum am Susquehannah hinauf und bis über die Gebirge, in die wilden Regionen des Ohio.

Georg III. bestieg bald nach der Einnahme von Quebec den eng=lischen Thron und Pitt, der jetzt einsah, daß ihm nicht mehr eine so unbedingte Gewalt zu Gebote stand, als er zur Ausführung seiner Maßregeln, und um die Verantwortlichkeit dafür tragen zu können, bedurfte, dankte im October 1761 ab. Im folgenden Jahre wurde der Earl of Bute Premierminister. Die neue Regierung schloß augenblicklich und den Wünschen des Volkes keineswegs entspre=chend Friedensverträge, und gleich hiernach dankte auch Bute wieder ab, wo dann George Grenville dessen Stelle erhielt.

Der wirkliche Friedensvertrag wurde im Februar 1763 in Paris unterzeichnet, wobei Frankreich alle seine Besitzungen in Amerika — die Insel New Orleans ausgenommen — an England abtrat und sich nur die Schifffahrt auf dem Mississippi gemeinschaftlich mit den Engländern vorbehielt. Von Spanien erhielten diese als Tausch, gegen Havanna, das sie im Kriege genommen, Florida, und Frank=reich trat zu gleicher Zeit Louisiana an Spanien ab.

Drittes Buch.

Von 1763 bis 1789.

Erste Periode.

Vom Pariser Frieden bis zur Unabhängigkeits-Erklärung der Vereinigten Staaten.

(Von 1763 bis 1776.)

Wir kommen jetzt zu den Ursachen, durch welche England seine Colonieen verlor und diese ihre Unabhängigkeit gewannen.

Es läßt sich wohl leicht erklären, daß in zwei durch den Ocean getrennten Ländern, wenn sie auch unter einem und demselben Herr=scher stehen, doch verschiedene Sympathieen herrschen. Besonders hervortretend mußten diese aber da sein, wo das eine Land, welches sich das Mutterland nannte, auch alle die Rechte beanspruchte, die eine Mutter von einem Kinde zu fordern hat. Die natürliche Folge blieb nicht aus: der eine Theil forderte wirklich, der andere weigerte sich, und es kam nun darauf an, zur Geltung zu bringen, ob der erstere auch die Macht hatte, seine Forderung zu behaupten und durchzusetzen, oder der zweite im andern Fall im Stande war, seine Weigerung zu vertreten und durchzuführen.

England glaubte z. B., daß es ein Recht habe, trotz der könig=lichen Freibriefe, die Regierungen der Colonieen wechseln zu können; diese leugneten es. England beanspruchte, den Handel und Verkehr der Colonieen zu leiten, und wenn sich dieselben dies auch in gewis=sen Verhältnissen gefallen ließen, so glaubten sie doch, die englische Regierung sei in vielen einzelnen Fällen zu weit gegangen. Das aber, was sie am Meisten erzürnte und auch endlich den Ausschlag zu offenen Feindseligkeiten gab, war die Absicht des Mutterlandes, ein jährliches, gewisses Einkommen aus Amerika zu ziehen, indem es die Colonieen indirect durch Handelszölle und direct durch eine Taxe auf ihre eigenen Bedürfnisse besteuerte. Die ersteren hätten sie sich gern gefallen lassen, wenn sie nur nicht, wie einmal bei dem Zucker= zoll zu extravagant würden; inneren Steuern aber beschlossen sie, nach reiflicher Erwägung, auf das Bestimmteste entgegenzutreten, indem sie sich fest und entschlossen weigerten, sich irgend einer Steuer zu unterwerfen, die ihnen nicht von selbstgewählten Repräsentanten aufgelegt wäre.

Die englische Regierung sah dabei recht gut den Geist der Opposi= tion, welcher sich immer mehr und mehr in den Colonieen zu zeigen begann, ja sein Dasein schon seit langen Jahren und in tausend und tausend kleineren und größeren Zügen dargethan hatte. Diesem auf einmal zu begegnen und ihn zu vernichten, beschloß sie, Amerika zu demüthigen und zu unterwerfen.

So standen mit Ausbruch des damaligen französischen Krieges die Sachen, und so lange dieser dauerte, hatten sowohl Colonieen wie Mutterland beiderseitig die Hände voll genug, um nicht an Streitigkeiten und Kämpfe unter einander denken zu können. Kaum aber war derselbe beendet, als England die alte, nur aufgeschobene, keineswegs aufgehobene Sache erneute und die trotzigen Colonieen sowohl niederzuhalten, als auch einen Theil der, durch den Krieg aufgelaufenen Kosten zu decken wünschte.

Schon 1760 zeigte sich der nationale Zwiespalt durch einen Ver= such, fremden Zucker und Syrup zu besteuern, wobei den Mauthbe= amten auch noch die Vollmacht ertheilt wurde, in ihnen verdächtigen Gebäuden nach geschmuggelten Gegenständen oder Waaren zu for= schen, so daß sich Niemand mehr vor einer willkührlichen Haussuchung gesichert sah.

Das Volk von Boston zeigte sich namentlich fest entschlossen, keinem Beschlagsbefehl auf unverzollte Waaren Vorschub zu leisten. Die beiden Advokaten Oxenbridge Thatcher und James Otis sprachen besonders feurig dagegen und entflammten das Volk zu kräftigem Widerstande, so daß diese „Writs" später, obgleich wirklich geneh= migt, doch ihrer Unpopularität wegen fast gar nicht in Anwendung gebracht wurden.

Im Jahre 1762 waren Pläne im Werke, die amerikanische Regie= rung zu wechseln, ein Vorschlag, der, wie man durch aufgefangene Briefe fand, von Sir Francis Bernard, königlichem Gouverneur in

13*

Maſſachuſetts, ausgegangen war und wobei dieſer die feindliche
Stimmung der Colonieen gegen die britiſche Regierung und das
Mutterland überhaupt geſchildert hatte. Er erklärte auch dabei, wie
England das volle Recht habe, ſeine Provinzen zu beſteuern und
deren Regierungen, trotz der durch die Freibriefe beſtimmten Gren=
zen, zu wechſeln, verlangte auch die Verſchmelzung einzelner, kleiner
Colonieen zu einer größeren. Ferner empfahl er einen erblichen
Adel, ſchlug jedoch auch vor, daß Amerika ſeine Repräſentanten in
das engliſche Parlament ſenden dürfe.

Die Veröffentlichung dieſer Briefe erweckte, wie man ſich leicht
denken kann, den größten Unwillen gegen den Mann, welcher ſich
auf ſolche Art als der bitterſte Feind amerikaniſcher Intereſſen ge=
zeigt hatte.

Im Jahre 1764 benachrichtigte Lord Grenville die amerikaniſchen
Agenten in London, daß er beabſichtige, eine Revenue aus den Colo=
nieen zu ziehen, und deshalb der nächſten Parlamentsſitzung eine
Stempeltaxe vorlegen werde. Er erſuchte ſie, ihre Conſtituenten da=
von zu benachrichtigen und anzufragen, ob ſie vielleicht andere, eben
ſo einträgliche Steuern vorzögen, oder ſich mit dieſer einverſtehen
wollten. Bald nachher wurde im Hauſe der Gemeinen der Beſchluß
gefaßt, die Steuern auf dem den Colonieen zugeführten Zucker,
Kaffee und einige andere Gegenſtände permanent zu machen, und die
dagegen Handelnden nicht durch ihre Geſchworenen, ſondern durch
Admiralitäts=Gerichte richten zu laſſen, die ſie weit von ihrer Hei=
math fortführen konnten.

Die Londoner Colonial=Agenten theilten ihren Provinzen dieſe
Beſteuerungspläne mit und ein Schrei der Empörung zuckte durch
ganz Amerika. Maſſachuſetts trug ſeinem Agenten augenblicklich auf,
das Recht des Parlaments, die Colonieen zu beſteuern, in Abrede zu
ſtellen; das Haus der Bürger in Virginia beſchloß eine Abdreſſe an
den König und das Parlament, um dieſen die böſen Folgen ſolcher
Maßregeln auseinander zu ſetzen, und der Congreß von New York
reichte einen ganz beſtimmten und entſchiedenen Proteſt gegen jedes
derartige Verfahren ein, wobei er die Rechte Amerika's hervorhob
und die Macht Englands beſchränkt wiſſen wollte. Zu gleicher Zeit
bildeten ſich Vereine, welche die Erzeugung der eigenen Bedürfniſſe

auch im eigenen Lande betreiben sollten, wobei man nicht mit Un=
recht hoffte, die auf solche Art am meisten gefährdeten englischen
Kaufleute selbst gegen ein solches Gesetz aufzureizen.

Die englische Regierung sah bald, daß sie es mit einem hartnäcki=
gen Volke zu thun habe; nichtsdestoweniger war sie blind gegen den
Beweis vollständiger Unabhängigkeit des amerikanischen Charakters.
Besser hatte diesen, unter Georg II., Sir Robert Walpole ver=
standen, der denen, welche von ihm verlangten, daß er Amerika
besteuern solle, antwortete: „er überlasse das seinen Nachfolgern, die
es, wenn sie mehr Mittel hätten, als er selbst, ausführen möchten."
Auch Pitt erwiederte auf ähnliche Vorschläge: „er gedächte nicht,
sich die Finger mit einer amerikanischen Tare zu verbrennen."

1765 legte das Ministerium, trotz aller dieser Anzeichen von übri=
gens keineswegs unerwarteter Widersetzlichkeit, dem Parlamente den
Plan zu einer Stempelacte für Amerika vor, welche jedoch auch im
Hause der Gemeinen manchen Widerstand fand. Oberst Barré zeigte
sich dort besonders als ein Freund der Amerikaner. In einer Erwie=
derung auf die eben beendete Rede des Lords Townshend, worin
dieser für die Tare gesprochen und die Amerikaner die von „Eng=
lands Sorgfalt dorthin gepflanzten Kinder" genannt hatte, trat er
auf und rief, die letzten Worte des Lords zurückwerfend:

„Nein — nicht Eure Sorgfalt, Eure Bedrückung hat Jene nach
Amerika verpflanzt. Sie flohen vor Eurer Tyrannei nach einem un=
cultivirten Lande, wo sie allen Mühseligkeiten, wie allen Gefahren
ausgesetzt waren, welche der menschliche Körper und Geist nur er=
tragen können, und wo sie mit dem wildesten und schlimmsten Feinde
zu kämpfen hatten, der je irgend einen Theil von Gottes Erdboden
bewohnte. Nicht durch Eure Nachsicht sind sie gediehen, sondern
durch Eure Nachlässigkeit, den als Ihr Euch zuerst um sie küm=
mertet, geschah es nur, um Leute hinüberzusenden, die sie beherrschen
sollten und die dann durch ihre Grausamkeit und Willkühr das Blut
der Freigebornen gegen sich empörten. Was? — Jene durch Eure
Waffen geschützt? Nein, sie haben die Waffen zu Eurer Verthei=
digung ergriffen. Das amerikanische Volk besteht aus so loyalen
Unterthanen, als sie der König hier in seinem eignen Lande hat;
aber es ist eifersüchtig auf seine Freiheiten und wird sie behaupten."

Aber weder die Beredsamkeit des Obersten Barré, noch die Petitionen der Londoner Kaufleute, oder die Protestationen der Colonieen
konnten die Annahme der Stempelacte verhindern. Von Dreihun-
derten, welche im Hause der Gemeinen stimmten, waren nur Funfzig
dagegen; im Oberhause erhob sich nicht eine ablehnende Stimme
und die Einwilligung des Königs war leicht erlangt.

Kraft dieses Gesetzes war kein geschriebenes Dokument rechtsgül-
tig, wenn das Papier, auf dem es stand, nicht den Stempel trug,
und solches Papier konnte nur zu enormen Preisen von den Agenten
der englischen Regierung gekauft werden. Gegen die Uebertreter
dieses Gesetzes wurde zugleich der Admiralitäts-Gerichtshof in Anwendung gebracht und die Amerikaner dadurch einer der Freiheiten
beraubt, auf die sie am stolzesten waren, der Freiheit ihrer Ge-
schwornengerichte. Die englische Regierung mochte denn auch wohl
fühlen, daß sich die Amerikaner nicht ganz gutwillig einer solchen
Beschränkung unterwerfen würden, und um etwaigen Unruhen vorzubeugen, beschloß das Parlament zugleich, daß Truppen in die
Colonieen geschickt werden sollten, welche dort von den Bewohnern
derselben aufzunehmen und mit allem Nöthigen zu versehen wären.

Die Stempeltaxe sollte am 1. November in Kraft treten, und
dieser Tag wurde in den ganzen Colonieen mit Trauergeläute eröffnet. In New York trug man das Stempelgesetz, mit einem Todten-
kopf darüber und mit der Unterschrift: „Englands Thorheit und
Amerika's Untergang," umher. In Portsmouth, New Hampshire,
trug man, wie Doctor Holmes erzählt, einen Sarg zu Grabe, welcher
die Aufschrift führte: „Freiheit, CXLV. Jahr alt." Mit diesem
zogen sie, unter gedämpften Trommelwirbeln und während jede
Minute Kanonen abgefeuert wurden, vom Rathshaus aus, bis sie
das Grab erreichten. Dort, nach gehaltener Rede, entdeckte man
aber plötzlich noch einige Lebenszeichen; die vermeintliche Leiche
wurde wieder aufgenommen, die Inschrift veränderte sich und lautete
jetzt: „Die wiedererwachte Freiheit." Die Glocken fingen
plötzlich an fröhlich zu läuten und jedes Antlitz heiterte sich auf.

Der Widerstand gegen das Gesetz war allgemein, selbst die Frauen
schlossen sich ihm an und die englische Regierung mußte gar bald erkennen, welchen Fehlgriff sie gethan, in welches Wespennest sie ge-

griffen hatte. Um diese Zeit trat auch ein Wechsel im englischen
Ministerium ein; die Urheber des Stempelgesetzes wurden entlassen
und ihre Plätze von Männern eingenommen, die den Interessen der
Colonieen nicht so feindselig gegenüber standen. Der Marquis von
Rockingham wurde Schatzmeister und der Herzog von Grafton und
der General Conway Staatsminister.

Im Januar 1766 wurden dem Parlament die Petitionen des
Congresses und alle anderen Papiere vorgelegt, welche auf die ame=
rikanischen Angelegenheiten Bezug hatten. General Conway stellte
nun hier zwar einen Antrag, welcher auch durchging: „daß das
Parlament volles Recht habe, die Colonieen und das amerikanische
Volk in jeder Hinsicht zu beherrschen;" am nächsten Tag aber be=
schäftigte sich das Ministerium schon mit einer Zurücknahme der
Stempeltaxe, und unter den zu diesem Zwecke vor das Haus der
Gemeinen Berufenen befand sich auch Doctor Benjamin Franklin,
welcher es als seine Ueberzeugung behauptete und versicherte: „das
Parlamentsgesetz, Amerika auf solche Art zu besteuern, habe die
Provinzen dem Mutterlande entfremdet und sie würden sich der
Stempeltaxe nie, außer durch Waffengewalt dazu gezwungen, unter=
werfen."

Lord Grenville und seine Anhänger opponirten allerdings der
Widerrufung dieser Taxe; Mr. Pitt aber nahm sie in Schutz, erhielt
auch wirklich im Hause der Gemeinen die Majorität, fand jedoch dafür
im Oberhause desto mehr Gegner und verdankte den endlichen Sieg
vielleicht nur der feurigen Verwendung Lord Camden's, welcher das
Parlament mit der ganzen Gluth seiner Beredsamkeit darauf auf=
merksam machte, wie es nicht allein eine Ungerechtigkeit, sondern ein
förmlicher Raub wäre, Jemanden zu besteuern, der nicht einmal
seine Einwilligung dazu gegeben, und daß diese Taxe zurückgenom=
men werden müsse, wenn man nicht dem amerikanischen Volke ge=
statte, seine Repräsentanten in das Parlament zu senden.

Die Bill des Widerrufs passirte endlich das Haus der Lords, doch
nur in Gemeinschaft mit einer andern, „die erklärende" genannt,
worin sie sich noch einmal verwahrten, daß „das Parlament aller=
dings und unter jeder Bedingung das Recht habe, die Colonieen in
jeder Hinsicht zu beherrschen und ihnen Gesetze zu geben."

Obgleich nun dieser Widerruf große Freude in Amerika erregte, so sahen sich doch die Colonieen durch den Nachsatz zu neuer Wach= samkeit veranlaßt, da ja hiernach jedes nachfolgende Ministerium das alte Gesetz ohne Weiteres wieder aufnehmen konnte. General Conway verlangte zugleich von dem amerikanischen Volke, daß es diejenigen entschädigen solle, denen es im ersten Ausbruche seines Unwillens wirklichen Schaden zugefügt. In Boston hatten sie näm= lich nicht allein das Bild Mr. Andrew Oliver's, des muthmaßlichen Stempelfactors öffentlich verbrannt, sondern auch sein ganzes Haus, wie seine Einrichtung demolirt, noch mehrere andere Beamte der englischen Krone auf ähnliche Art behandelt und dem General=Gou= verneur Hutchinson so großen Schaden durch Vernichtung und Zer= störung seines sämmtlichen Eigenthums zugefügt, daß dessen Klage später einen Hauptpunkt in den englischen Forderungen bildete, die an Massachusetts gestellt wurden.

Im Anfang weigerten sich die Colonieen, ähnlichen Zumuthungen zu genügen; endlich aber genehmigten sie es, jedoch auf eine der Regierung höchst mißliebige Weise, indem sie nämlich Schadenersatz Denen zusicherten, welche die Rache des Volkes getroffen, denselben aber auch in dem nämlichen Instrumente „Vergebung des Vorher= gegangenen" ertheilten.

Im Juli 1766 fand wiederum ein Wechsel im englischen Ministe= rium statt, indem ein Cabinet unter dem Vorsitze des Mr. Pitt, jetzt Lord Chatam, gebildet wurde. Das Verfahren der Amerikaner hatte indessen die Briten höchlich erzürnt und ihnen sogar manche ihrer früheren Freunde abgeneigt gemacht. Schon im nächsten Jahre, im Mai 1767, legte Charles Townshend, damaliger Schatzkämmerer, dem Parlament einen neuen Plan vor, Amerika zu besteuern, indem ein Zoll auf Thee, Glas, Papier und Malerfarben, welche in die Colonieen importirt würden, bestimmt werden sollte. Diese Bill ging ohne große Opposition durch beide Häuser und in derselben Session wurde noch ein Gesetz genehmigt, welches die Autorität der New York=Versammlung suspendirte, bis sie sich dem Verlangen fügen würde, Truppen, die sie bis jetzt zurückgewiesen, einzunehmen. Zugleich ertheilte man den Marine=Offizieren und Steuerbeamten die Vollmacht, die Schiffahrts= und Handelsgesetze in Kraft zu setzen.

Diese drei Gesetze folgten rasch hintereinander und durch Amerika zog wieder dieselbe Entrüstung, welche die Bewohner bei dem Aus=schreiben der Stempeltaxe erfaßt hatte.   Im Januar 1768 bereitete die Versammlung von Massachusetts eine Petition vor, die sowohl an den König, als an alle jene mächtigen Männer gesandt wurde, welche sich in England der amerikanischen Sache angenommen, und in welcher das amerikanische Volk noch einmal ernst und dringend bat, von solchen Handlungen der Willkür abzustehen.

Das britische Ministerium nahm diese Note allerdings sehr un=gnädig auf und ließ die Amerikaner wissen, sie hätten diese Petition zu widerrufen oder ihre Versammlung würde aufgelöst; auch er=hielten die übrigen Gouverneure zugleich die Anweisung, ein wach=sames Auge auf derlei Vereinigungen zu haben. Natürlich weigerten sich die Abgeordneten, ihren Schritt zurückzunehmen, und der Gou=verneur erfüllte den Befehl der Regierung, was aber, anstatt sie einzuschüchtern, nur Oel ins Feuer goß.   Im Juni wollten die Mauthbeamten die Schaluppe eines sehr geachteten und patrioti=schen Kaufmanns, John Hancock, confisciren; das Volk von Boston versammelte sich aber, beleidigte und schlug die Beamten und zwang sie, die Stadt zu verlassen.   Man vereinigte sich auch jetzt vollstän=dig darüber, unter keiner Bedingung Waaren einzuführen, die auf irgend eine Weise besteuert wären.

Die Rathsversammlung von Massachusetts war aber, seit sie Gouverneur Bernard aufgelöst, nicht wieder einberufen worden, ja die Bürger petitionirten vergebens deshalb; der Gouverneur er=klärte, es in diesem Jahre nicht ohne besondern Befehl des Königs thun zu können.   Da hielten sie am 22. Sep. eine Convention, wandten sich noch einmal bittend an den Gouverneur, der sie jedoch Rebellen nannte, und gingen nach einer fünftägigen Sitzung wieder auseinander.

General Gage, der Oberbefehlshaber der britischen Truppen in Amerika, erhielt die Ordre, eine Militärmacht nach Boston zu legen, um die Bürger der Stadt im Zaume zu halten, so wie die Mauth und deren Beamte zu schützen.   Zwei Regimenter wurden hierauf von Halifax nach Boston gezogen, die von sieben Kriegsschiffen gedeckt wurden, welche am 28. September vor Boston ankerten, und unter

den Kanonen derselben ans Land gingen. Man ließ sie ungehindert
in die Stadt, doch weigerten sich die Bürger, sie in ihre Häuser zu
nehmen, und der General ließ das „Staatshaus" für sie einrichten.
Allerdings zügelte nun die Gegenwart der Soldaten den Ausbruch
von Thätlichkeiten; aber der innere Grimm gegen den nur unge=
duldig ertragenen Zwang wuchs mehr und mehr.

Im Anfange des nächsten Jahres nahm England eine noch dro=
hendere Stellung an; es erklärte die Vorgänge in Massachusetts
für ungesetzlich und den Rechten der britischen Krone gefährlich,
und beide Häuser gingen den König dringend an, nicht allein ernst=
lich einzuschreiten, sondern auch Alle, welche sich seit dem Jahre
1767 irgend einen Verrath hätten zu Schulden kommenlassen, in Haft
nehmen und zur Verbüßung ihrer Strafe nach England zu liefern.

Das Haus der virginischen Bürger trat wenige Tage nach der
Bekanntmachung dieser Adresse zusammen, bestritt das Recht des
Königs, einen Strafbaren aus den Colonieen zu entfernen, und er=
ließ eine Gegenadresse an die Krone, die, obschon loyal, dennoch
unumwunden genug erklärte, wie alle ihre bis dahin geführten Be=
schwerden gegründet genug gewesen seien. Der Gouverneur Lord
Botetourt löste allerdings diese Versammlung auf, der Damm war
aber einmal gebrochen und er nicht mehr im Stande, den Strom zu
hemmen. Man kam in einem Privathause zusammen, erwählte
Peyton Randolph, zum Sprecher und erließ einige ganz bestimmte
Beschlüsse gegen die Einfuhr britischer Waaren. Diesem Beispiel
folgten bald die übrigen Colonieen.

Im Mai 1770 wurde endlich die Massachusetts=Versammlung
wieder einberufen, weigerte sich aber, ihre Sitzung zu beginnen, so
lange das „Statehouse" von Truppen umlagert sei. Der Gouver=
neur, welcher die Soldaten nicht abrufen wollte, verlegte die Ver=
sammlung nach Cambridge, und dort erklärte sie feierlich: „daß eine
stehende Armee in Friedenszeiten in den Colonieen nicht anders als
für eine Beschränkung ihrer Rechte angesehen werden könne." Sie
weigerte sich auch aus diesem Grunde, irgend eine der Geldforderun=
gen des Gouverneurs zu bewilligen. Im August wurde Gouverneur
Bernard wieder abberufen und das Gouvernement in den Händen
des General=Gouverneurs Hutchinson gelassen.

Am 5. März insultirten einige Bürger von Boston das unter Waffen stehende Militär und ein Kampf war die Folge, bei welchem vier Personen getödtet wurden; augenblicklich läuteten die Sturm= glocken, das Landvolk schwärmte in die Stadt und die Soldaten mußten sich in das feste Castell zurückziehen.

In England wurde indessen, im Januar 1771, Lord North in das Ministerium berufen; dieser legte dem Parlament eine Bill vor, in welcher er alle 1767 beschlossenen amerikanischen Steuern, die auf Thee ausgenommen, rückgängig machte; wie aber von Denen, welche diese theilweise Erleichterung mißbilligten, ganz richtig bemerkt ward, begnügte sich das amerikanische Volk nicht damit, nur weni= ger besteuert zu sein, sondern kämpfte jetzt gegen das Prinzip an, indem es dem Parlamente das Recht absprach, den Colonieen irgend eine solche Steuer aufzulegen.

Die Vereine nahmen jetzt immer mehr überhand, und während sie England die „Treibhäuser von Verrath und Rebellion" nannte, hegten und pflegten sie die junge, erwachende Freiheit. Besonders kräftigen Widerstand leisteten die Bürger in Rhode=Island, wo sie auf das Bestimmteste gegen die Steuerbeamten auftraten und sogar einen bewaffneten Schooner, den Gaspee, welcher dort kreuzte, um das Gesetz aufrecht zu halten, vernichteten.

Da die Colonieen indessen wacker zusammenhielten und besonders den zu besteuernden Thee fast gar nicht mehr consumirten, so fühlte England bald, wie sehr sein Handel dadurch litt. Die ostindische Compagnie erhielt deshalb freie Ausfuhr des Thees nach den Colo= nieen, was den Preis desselben bedeutend ermäßigte. Natürlich ver= schiffte die Compagnie ungeheure Quantitäten nach Amerika, und da die Colonisten leicht einsahen, wie er auch verkauft werden würde, sobald die Capitäne nur im Stande wären, ihn zu landen, so trafen sie alle möglichen Vorkehrungen dagegen, indem sie zugleich beschlos= sen, den Thee ganz nach England zurückzusenden.

In Philadelphia durften die Lootsen die mit Thee beladenen Schiffe nicht in den Fluß führen. In New York ließ der Gouver= neur hierauf einen Theil desselben unter bewaffneter Bedeckung ans Ufer bringen; das Volk aber schaffte die Kisten auf die Mauth und duldete den Verkauf nicht. In Boston geschah indessen der entschei=

14

dendste Streich; die beladenen Fahrzeuge lagen nämlich dort im
Hafen, und da man wohl fürchten konnte, daß sie ihren Thee in
kleinen Quantitäten in Sicherheit bringen würden, so enterte eine
Anzahl von als Indianer verkleideten Männern Nachts die Schiffe
und warf 342 Kisten Thee aufgebrochen über Bord.

Das Parlament glaubte jetzt energisch einschreiten zu müssen und
sperrte, 1774, um vor Allem Boston zu bestrafen, den Hafen dieser
Stadt gänzlich, bis es den angerichteten Schaden bis zum letzten
Penny vergütet hätte. Ebenso verbot es die Wahlversammlungen
und befahl sogar, daß Hauptverbrecher nicht allein in eine andere
Colonie, sondern nach England geschafft und dort verhört und
bestraft werden sollten. Ebenso erließ das Parlament ein Gesetz,
nach welchem es die Provinz Quebec bis zum Ohiofluß ausdehnte,
einen gesetzgebenden Rath für sie bestellte und Verhöre ohne Geschwo=
rene gestattete.

Hutchinson war indessen abberufen worden, da er durch seine
gehässigen Berichte nicht wenig dazu beigetragen hatte, den schon
entstandenen Riß zwischen den Colonieen und dem Mutterlande nur
immer mehr zu erweitern. General Gage rückte in seine Stellung ein.

Der Befehl, den Bostoner Hafen zu schließen, empörte die Colo=
nisten auf das Aeußerste; sie beriefen augenblicklich einen General=
Congreß und beschlossen, die übrigen Colonieen sofort von diesem
Acte der Gewaltthätigkeit in Kenntniß zu setzen. Der Gouverneur
hörte von dieser Versammlung und sandte einen Beamten dorthin,
der sie „im Namen des Königs" auflösen sollte; man beachtete
diesen aber gar nicht, und gehorchte ihm nicht eher, bis die wich=
tigsten Geschäfte alle beendet waren.

Vortrefflich bewiesen sich in dieser Zeit die Bewohner von Salem,
welche durch die Schließung des Bostoner Hafens nur gewinnen
konnten, weshalb auch Gouverneur Gage geglaubt hatte, dieser Be=
fehl würde sie freundlicher gegen die englische Krone stimmen. Sie
erklärten sich jedes Gefühles für Recht und Billigkeit baar, wenn sie
von solcher Lage Vortheil ziehen könnten, und während sich alle
Provinzen der Sache Bostons annahmen, bot ihnen sogar das Volk
von Marblehead, seinen Hafen, wie seine Werfte und Waarenhäuser,
frei von jeden Unkosten, an.

Dem von der Versammlung zu Massachusetts gefaßten Beschlusse, einen Generalcongreß zu bilden, schlossen sich alle übrigen Colonieen an, und am 4. September 1774 trat dieser in Philadelphia zum ersten Mal zusammen. Alle Provinzen, Georgia ausgenommen, waren hier vertreten, und während diese feste Einigung die Herzen der Patrioten und freien Männer mit freudiger Hoffnung erfüllte, bebten die Fürstendiener vor dem Hauche der neuerwachenden Volks= souveränetät ängstlich und scheu zurück.

Das erste Geschäft dieses ersten Hauptcongresses war, Peyton Randolph von Virginia einstimmig zum Präsidenten zu wählen. Die Abgeordneten beschlossen dann, als sie sich nicht genau von der relativen Bedeutung jeder einzelnen Colonie überzeugen konnten, daß jede von diesen Eine Stimme haben sollte, und daß ihre Be= rathungen bei verschlossenen Thüren gehalten würden. Hierauf wählten sie ein Committee von Zweien aus jeder Provinz, um die Rechte der Colonieen im Allgemeinen zu bekunden, die verschiede= nen Fälle anzugeben, wo diese verletzt worden, und die Mittel der Abhülfe zu besprechen. Sie drückten zugleich den Bewohnern Massachusetts ihre volle Beistimmung aus, forderten sie auf, in der Sache der Freiheit mit Mäßigung, aber auch mit Entschlossenheit vorwärts zu schreiten, und bestimmten fortdauernde Beiträge zur Erleichterung jener Colonieen. Da sie hörten, daß General Gage Befestigungswerke um Boston aufwarf, um den freien Verkehr der Bürger zu hemmen, so sandten sie diesem Offizier einen Brief, in welchem sie ihn baten, von allen solchen kriegerischen Operationen abzustehen, damit nicht ein unheilbarer Bruch die Colonieen und das Mutterland für immer trenne.

Hierauf setzten sie eine vollständige Erklärung ihrer Rechte auf und beschlossen, um sich diese zu wahren und ferneren Bedrückungen zu begegnen:

Erstens: einen Verein gegen die Einführung englischer Waaren zu bilden;

Zweitens: eine Adresse an das englische Volk und an die Be= wohner des britischen Amerika's zu richten, und

Drittens: eine loyale Petition dem König von England zu überreichen.

Nach der Nicht-Importationsacte vereinigten sie sich dahin, daß sie sich für sich und ihre Wähler „bei den heiligen Banden der Tugend, Ehre und Freiheitsliebe" verpflichteten, keine britischen Waaren und Produkte, besonders aber keinen Thee und Syrup, nach dem 1. December 1774 weder einzuführen noch zu gebrauchen. Zu gleicher Zeit erklärten sie, den Ackerbau, wie die Künste und Wissenschaften in Amerika, unterstützen zu wollen, und Committees wurden für jeden Platz ernannt, um auch die Ausführung dieser Beschlüsse zu überwachen; Diejenigen, welche ihnen entgegenhandeln würden, sollten für Feinde der Rechte ihres Landes erklärt werden.

Noch verdient hier bemerkt zu werden, daß diese edlen Männer, trotz der sie selbst bedrängenden Noth, doch auch ihrer leidenden Mitbrüder gedachten und sich gegenseitig verbindlich machten, sich auf keinerlei Weise am Sklavenhandel zu betheiligen.

Zum Schluß erklärten sie noch, diese Vereinigung der Colonieen beibehalten zu wollen, bis die sie drückenden Gesetze und Anordnungen Englands vom Parlamente zurückgenommen wären. Fest und bestimmt, aber auch gemäßigt und bedacht, handelten hierbei diese ersten Vertreter amerikanischer Freiheit: nicht wie weinende Kinder, welche über erlittene Strafe klagen und winseln, sondern wie beleidigte, schwergekränkte Männer standen sie da, die wohl bereit sind, um ihr Recht zu bitten, im Falle der Noth aber auch nicht säumen werden, es sich zu nehmen.

Der Congreß ging am 6. October wieder auseinander, und obgleich er nur provisorisch gewesen war, so erhielt er doch die Beistimmung sämmtlicher Colonieen.

Vollkommene Einigkeit herrschte freilich nicht in Amerika, wie sich dies auch wohl leicht erklären läßt. Viele der später eingewanderten Colonisten, welche theils Aemter bekleideten, theils auch die Macht der englischen Regierung fürchteten, schmiegten sich unter ihr Joch und erklärten sich zu ihren Anhängern. Whigs und Tories waren die unterscheidenden Namen dieser Parteien. Die Erstern hielten zu den Colonieen, die Letztern zu dem König und der Regierung.

Indessen wurden auf Befehl des Generals Gage die Pulvermagazine und sonstigen militärischen Vorräthe in Charlestown und Cambridge mit Beschlag belegt.

Das Volk von Massachusetts rief jetzt einen Congreß zusammen, der Gouverneur verbot aber dessen Eröffnung; die Abgeordneten trafen sich hierauf in Salem, constituirten sich zu einem „Provinzial-Congreß," zogen dann nach Concord und wählten John Hancock zu ihrem Präsidenten. Der Gouverneur warnte sie und erklärte dies für eine ungesetzliche Handlung; sie kehrten sich aber nicht an ihn, ja sie rüsteten sich sogar, im schlimmsten Falle der Gewalt mit Gewalt zu begegnen, und sandten, als sie im November wieder zusammen-kamen, Abgeordnete nach New Hampshire, Rhode-Island und Con-necticut, um diese Colonieen von ihren Maßregeln in Kenntniß zu setzen und im Nothfall eine Armee von 20,000 Mann aufbringen zu können. Dieselbe Gesinnung herrschte übrigens in den andern Colonieen; auch in Pennsylvanien, Virginien und Maryland wur-den Versammlungen gehalten und kräftige Beschlüsse gefaßt.

Am 20. November 1774 kam das britische Parlament wieder zu-sammen und es zeigte sich bald, wie fest die Majorität, in ihrem blinden Glauben an ihre Macht entschlossen war, die rebellischen Provinzen unter jeder Bedingung zu demüthigen. Vergebens trat hier wieder Lord Chatham auf und erklärte mit seiner feurigen Bered-samkeit, „wie sie es nicht mehr mit einem Volke zu thun hätten, welches seine Rechte nur erbitte, nein, wie das wackere Volk Amerika's fest entschlossen sei, was es für Recht halte, sich im schlimmsten Falle zu nehmen. England habe aber kein Recht, ihnen Taxen aufzu-legen, und eine bloße Zurücknahme derselben genüge jetzt nicht mehr; man müsse, wolle man überhaupt den Bruch wieder heilen, das Recht der Colonieen frei und offen anerkennen."

Doch Alles vergebens — Lord Chatham wurde überstimmt; selbst die Bittschriften der Londoner Kaufleute wurden einer Commission übergeben, welche sie ruhig bei Seite legte; den Abgeordneten der Colonieen ward ein Gehör unter dem Vorwande verweigert, daß sie von einer ungesetzlichen Versammlung ernanntwären, und so wurde die Stimme von drei Millionen Menschen gemisachtet und zurückgestoßen.

Beide Häuser des Parlaments vereinigten sich mit großer Majo-rität zu einer Adresse an den König, in welcher sie erklärten: „daß die Amerikaner schon lange gewünscht hätten unabhängig zu werden,

14*

und nur auf ihre wachsende Macht und die Gelegenheit warteten, ihre Pläne auszuführen. Dies aber zu verhindern," sagten sie, „und das Ungeheuer der Rebellion in seiner Geburt zu ersticken, sei die Aufgabe und Pflicht jedes Briten und müsse um jeden Preis, auf jede Gefahr hin geschehen."

Das Parlament beschloß jetzt ein Gesetz, welches, an und für sich klug genug, die Absicht hatte, die Colonieen untereinander zu entzweien, indem es die einen bedrückte, die anderen begünstigte. New York und die Carolina's ausgenommen, beschränkte nämlich England den Handel der übrigen Provinzen und verweigerte ihnen sogar das Recht, an den Bänken von New Foundland zu fischen. Zugleich wurde die Land= und Seemacht Britanniens verstärkt, um die sogenannte Rebellion zu unterdrücken, und Lord North ver= suchte sogar einen neuen Plan, indem er den Colonieen den schlauen Vorschlag machte: „England wolle die Taren zurücknehmen, Ame= rika solle sich aber dafür selbst besteuern und das auf solche Art ein= gekommene Capital zu englischer Disposition stellen." Die Ameri= kaner waren aber klug genug, nicht in diese Falle zu gehen, und alle Friedensvorschläge zerschlugen sich.

In der That war die Kluft unausfüllbar geworden, welche beide Länder jetzt von einander schied, und die Verhältnisse näherten sich mit jedem Tage mehr einer nicht mehr abzuwendenden Krisis. General Gage hatte indessen erfahren, daß in Salem eine Anzahl von Feld= stücken und überhaupt Kriegsvorräthe aufbewahrt würden; er sandte deshalb eine Abtheilung Soldaten dorthin, um sie im Namen des Kö= nigs in Beschlag zu nehmen. Das Volk von Salem versammelte sich aber, zog die Brücke in die Höhe und vereitelte dadurch die Ausführung.

Eine große Quantität von Kriegsvorräthen war indessen in Con= cord, etwa zwanzig Meilen von Boston, aufgehäuft. Diese beschloß General Gage zu confisciren oder zu vernichten, und sandte zu die= sem Zweck eine Abtheilung von 800 Mann unter dem Befehle des Obersten Smith und des Majors Pitcairn aus, denen noch beson= ders Schnelle und Geheimhaltung ihrer Absicht empfohlen wurde*). Die Bewohner der Provinzen hatten aber dennoch Nach=

---

*) Fennimore Cooper hat diesen Zug und seine Folgen besonders trefflich in seinem „Lionel Lincoln" beschrieben.

richt erhalten, und als die britischen Truppen Lexington, etwa fünf
Meilen von Concord gelegen, erreichten, stand die Miliz des kleinen
Platzes aufmarschirt da und bereit, sie zu empfangen. Der Vortrab
der Regulären rückte bis in Schußweite heran; Pitcairn ritt dann
vor und rief den Amerikanern, die er „Rebellen" nannte, zu, die
Waffen abzuwerfen und sich zu zerstreuen. Als diesem Befehle nicht
augenblicklich gehorcht wurde, schoß er sein Pistol ab und comman=
dirte Feuer. Acht Amerikaner fielen und der Rest wurde zersprengt
— der Kampf war aber damit keineswegs beendet.

Allerdings rückten die Soldaten gegen Concord vor und zerstör=
ten die Vorräthe oder bemächtigten sich derselben; die Landbewohner
umschwärmten sie aber auf dem gleich darauf folgenden Rückzuge so
unermüdlich und schossen so erfolgreich aus dem Hinterhalte, zu
welchem sie jeden Busch, jede Hecke benutzten, daß vielleicht kein
Mann Boston wieder gesehen hätte, wäre nicht Lord Percy mit einer
Verstärkung von 900 Mann zu ihnen gestoßen, mit deren Hülfe sie
am nächsten Morgen, aber mehr todt als lebendig wieder Boston
erreichten.

Blut war jetzt geflossen und keine Sprache konnte die Auf=
regung beschreiben, welche hierauf in den Colonieen entstand. Cou=
riere flogen nach allen Richtungen hin, und während sie ritten, eilten
von den Plätzen, welche sie berührt, andere wieder mit derselben
Schreckenskunde links und rechts ab, und wie ein elektrischer Schlag
traf die Botschaft ganz Nordamerika. Erreichten diese Boten irgend
einen Platz an einem Sonntage, so eilten sie augenblicklich in die
Kirche und der Ruf: „der Krieg hat begonnen!" pflanzte sich von
Mund zu Mund—aber wie lautete die Antwort?

„Zu den Waffen denn! Freiheit oder Tod!"

Die Gesetzgebungen der verschiedenen Provinzen traten augen=
blicklich zusammen, ernannten Führer und gaben Befehle, Truppen
auszuheben. Ueberall verließen die Väter ihre Kinder und Mütter
sandten die Söhne fort, der heiligen Sache Arm und Herz zu wei=
hen, so daß gar bald eine Armee von 20,000 Mann in der Nähe
von Boston versammelt war.

Hierdurch wurde General Gage fest in Boston eingeschlossen ge=
halten; er hatte sich aber so befestigt, daß die Milizen keinen Angriff

darauf machten, was sie auch schon deshalb nicht gethan haben
würden, um die Bewohner der Stadt nicht zu großer Gefahr aus=
zusetzen. Die Soldaten fingen aber an, obgleich sie die Verbindung
mit der See freibehalten, großen Mangel an Lebensmitteln zu
fühlen, und die Küstenbewohner, welche genaue Kunde davon er=
hielten, trieben ihr Vieh nicht selten tiefer ins Land hinein, damit
sich der Feind nicht etwa dadurch eine Erleichterung verschaffe.

Jetzt schien den Amerikanern der Besitz von Ticonderoga und
Crownspoint, welche die Seen George und Champlain beherrschen,
von besonderer Wichtigkeit. Ohne deshalb auf einen festen Beschluß
des Congresses zu warten, entschlossen sich einige Männer von Con=
necticut, unter ihnen Dean, Wooster und Parsons, die Sache auf
eigene Verantwortung zu übernehmen, borgten vom Staat 1800
Dollars und rückten gegen Bennington vor. Sie wußten recht gut,
daß sie sich auf die wackeren und muthigen Bewohner jener Gegend,
auf die sogenannten „Grünen=Berge=Männer," verlassen konnten.
An der Spitze derselben standen die Obersten Ethan Allen und Seth
Warner, welche sich auch augenblicklich dem Zuge anschlossen; Trup=
pen wurden ausgehoben und der Befehl an Allen übertragen.

Indessen hatte der tapfere Benedict Arnold in Boston denselben
Plan gefaßt und genährt, und war schon auf dem Marsche, um ihn
auszuführen, als er zu seinem nicht geringen Erstaunen sah, wie
Andere ihm zuvorgekommen seien. Er schloß sich übrigens dem Zuge
als zweiter Commandant an, und sie marschirten zusammen an der
Spitze von 300 Mann, mit denen sie am 9. Mai 1775 den See
Champlain, Ticonderoga gegenüber, erreichten. Am nächsten Mor=
gen schifften sie sich mit 83 Mann ein, erreichten mit dem däm=
mernden Tage das Fort und überraschten dort den Befehlshaber
desselben, De la Place, der gar nicht wußte, von welcher Nation er
angegriffen wurde, dermaßen, daß er nur frug, in welcher Autorität
Namen man seine Unterwerfung verlange, und auf Allen's Antwort:
„im Namen Jehovah's und des Continental=Congresses," die Feste
den Händen der Amerikaner übergab. Crownspoint wurde ebenfalls
auf friedlichstem Wege genommen und Arnold, welcher einen kleinen,
in der Südbay gefundenen Schooner bemannte und bewaffnete,
nahm mit diesem eine Kriegsschaluppe, welche bei St. Johns lag.

Zu gleicher Zeit wurde der Paß von Skeensborough durch Freiwil=
lige von Connecticut besetzt, und so verschafften sich die Amerikaner
ohne Blutvergießen die Gewalt über die Seen und gewannen zu=
gleich durch den glücklichen Erfolg dieser Unternehmungen Muth
und Hoffnung.

Der Continental=Congreß versammelte sich wieder am 10. Mai
in Philadelphia und ernannte Mr. Hancock zum Präsidenten. Credit=
briefe bis zur Summe von drei Millionen Thaler wurden ebenfalls
ausgegeben, um die Kriegskosten zu bestreiten, und die „zwölf
Vereinigten Colonieen" sagten gut dafür.

Lord Dunmore, Gouverneur von Virginia, war indessen so ver=
haßt geworden, daß er sich auf ein bei Yorktown liegendes Kriegs=
schiff flüchten mußte. Gouverneur Martin von Nord=Carolina hielt
dasselbe für rathsam, und Lord William Campbell von Süd=Carolina
zog sich ebenfalls von den öffentlichen Geschäften zurück.

Im Mai 1775 erhielt die britische Armee in Boston mit den Ge=
neralen Howe, Clinton und Bourgoyne gewaltige Verstärkung von
England, und General Gage trat augenblicklich entschiedener auf.
Er erklärte das Kriegsgesetz für Massachusetts, versprach jedoch denen
der Rebellen Verzeihung, welche augenblicklich zu ihrer Pflicht zu=
rückkehren würden. Nur Samuel Adams und John Hancock waren
davon ausgenommen.

Da die Amerikaner indeß erfuhren, daß die Engländer beabsich=
tigten, ins Land zu bringen, wurde Oberst Prescott beordert, in der
Nacht des 16. Juni auf Bunkershill, nahe bei Charlestown, eine
Brustwehr aufzuwerfen, und hiezu gab man ihm 1000 Mann.
Durch ein Mißverständniß aber verschanzten sich die Truppen näher
zu Boston, auf dem Breedshügel, und arbeiteten hier die ganze
Nacht hindurch mit solcher Anstrengung, daß sie, unbemerkt von den
Engländern, bis Tagesanbruch ihre Werke fast beendet hatten. Die
Schiffe eröffneten jetzt allerdings eine scharfe Kanonade auf die toll=
kühnen Feinde; da es diese aber gar nicht zu stören schien, so wurden
etwa 30,000 Mann, unter Pigot und Howe, gegen sie abgesandt.
Diese verließen Boston in Booten und landeten unter dem Schutz
der Kriegsschiffe an der äußersten Spitze der Halbinsel, von wo aus
sie gegen die Amerikaner vorrückten. Die Generale Clinton und

Bourgoyne stationirten sich indeß auf einer Höhe in Boston, auf welcher sie den fernen Hügel übersehen konnten, und alle Fenster, ja die Dächer der Häuser, wie die Thürme, wo sich nur irgend ein Blick nach dem nicht allzufernen Schlachtfelde gewinnen ließ, waren mit Zuschauern bedeckt, welche das lebhafteste Interesse für die Kämpfenden nahmen.

Die Engländer steckten Charlestown in Brand, und beim Lodern der Flammen rückten sie gegen die Brustwehr vor. Hier aber erwarteten sie die amerikanischen Büchsenschützen bis in fürchterliche Nähe und empfingen die Feinde mit einem vernichtenden Feuer. Zweimal wurden diese so zurückgeworfen — viele ihrer Offiziere stürzten, und erst nach Clinton's Ankunft, welcher die Befestigungen von drei verschiedenen Seiten zugleich angreifen ließ, zog sich Oberst Prescott, dessen Leute indessen auch ihre sämmtliche Munition verschossen hatten, zurück. Die Engländer verloren in diesem Kampfe 1054, die Amerikaner 453 Mann.

Am 15. Juni, und noch in der Sitzung des Congresses, erwählte dieser einstimmig George Washington, welcher sich übrigens gleich von Anfang an als Abgeordneter Virginia's in demselben befand, zum General und Oberbefehlshaber der Armee der Vereinigten Colonieen, und mit bescheidenem Dank nahm er diesen ehrenvollen Posten an, wobei er jedoch jeden Gehalt ausschlug und nur bat, ihm die baaren Auslagen, über welche er genaue Rechnung führen würde, zurückzuerstatten. Artemas Ward von Massachusetts, Oberst Lee, ein früherer englischer Offizier, Philipp Shuyler von New York und Israel Putnam von Connecticut wurden zu derselben Zeit zu dem Range von General-Majors befördert, während man Horatio Gates zum General-Adjutanten ernannte.

Bald nach dieser Wahl ging Washington zur Armee nach Cambridge und fand hier das britische Heer wohlbefestigt auf Bunkers- und Breedshügel und der Boston-Landenge; die Amerikaner dagegen hatten, 14,000 Mann stark, die Höhen um Boston besetzt und hielten die Engländer in einer höchst unangenehmen Stellung eingeschlossen. Obgleich aber die Soldaten, vom besten Muthe beseelt, jedem, auch dem schwierigsten und gefährlichsten Unternehmen freudig die Hand geboten hätten, so fehlte es ihnen doch an Disciplin, und die Offi-

ziere, welche größtentheils aus der Mitte der Schaar gewählt wur=
den, wußten sich nicht die nöthige Achtung zu verschaffen. Auch an
Waffen und Munition gebrach es, und Washington bekam Arbeit
genug, um in diesen rohen Haufen einen soldatischen Geist zu
bringen. Freudig ging er aber ans Werk, und seinem unermüdlichen
Eifer gelang es, in fast unglaublich kurzer Zeit ein feldtüchtiges
Heer zu bilden.

Georgia schloß sich jetzt ebenfalls der Opposition gegen das Recht
Englands, Amerika zu besteuern, an, wählte seine Abgeordneten zum
Congreß und vervollständigte damit die ursprünglichen „dreizehn
Vereinigten Colonieen."

Während dieser Sitzung des Congresses errichtete man auch die
erste Postverbindung durch Amerika und ernannte Benjamin Frank=
lin zum Oberpostdirector.

Indeß aber nun die britische Armee ziemlich dicht in Boston ein=
geschlossen lag, fürchteten die Amerikaner nicht mit Unrecht einen
Einfall von Norden her, durch Sir Guy Carleton, den Gouverneur
der Provinz Canada. Diesem beschloß man zu begegnen, und zwei
Expeditionen wurden zu gleicher Zeit, die eine unter den Generalen
Schuyler und Montgomery über den Champlain, die andere unter
Arnold auf dem Kennebeck, ausgesandt. General Lee ward indeß
beordert, sich mit 1200 Connecticut=Freiwilligen nach New York zu
begeben und dort, mit Hülfe der Einwohner, die Stadt und die
benachbarten Höhen des Hudson zu befestigen.

General Schuyler erließ, als er die canadische Grenze betrat, eine
Proclamation an das Volk, worin er erklärte: „er komme keines=
wegs als der Feind, sondern als der Bundesgenosse der Canadier,
ihre Freiheit zu erringen und zu bewahren. Oberst Allen, welcher
eine Offizierstelle unter Montgomery bekleidete, wurde inmittelst von
diesem abgesandt, einen Trupp feindlicher Indianer einzufangen;
als er dies aber ausgeführt hatte, begegnete er auf dem Rückmarsche
Freunden unter Major Brown, und warf sich nun ohne weiteren
Befehl und in keckem Uebermuth auf Montreal, wo er, von den
Seinen abgeschnitten, gefangen genommen und in Ketten nach
England geschafft wurde.

Die amerikanischen Waffen waren indessen siegreich — sie nahmen

das kleine Fort Chamblé, wo ihnen viel Pulver in die Hände fiel,
zwangen St. Johns zur Uebergabe, jagten Carleton in die Flucht
und besetzten Montreal. Arnold rückte dabei mit 1000 Mann gegen
Quebec vor, wo er, nach unglaublichen Mühen in den pfadlosen
Wäldern Maine's, am 13. November das gegenüberliegende Point
Levi erreichte. Obgleich er aber in nächtlicher Zeit, wie vor ihm
Wolfe, dieselbe Höhe erstieg und die Abrahamshöhe besetzte, so hatte
die Besatzung seine Annäherung doch bemerkt, und sich zu schwach
fühlend, die feste Stadt allein anzugreifen, erwartete er Montgo=
mery's Ankunft, welcher am 1. December eintraf. Die Besatzung
von Quebec war jedoch unter der Zeit durch Carleton's Armee ver=
stärkt worden und verweigerte die Uebergabe; der harte, jetzt mit
aller Macht hereinbrechende Winter drohte dabei den Soldaten mit
immer größeren Gefahren.

Da beschloß Montgomery, einstimmig von seinen Offizieren dabei
unterstützt, diesen Platz mit Sturm zu nehmen, und mit dämmerndem
Morgen am letzten Tage des Jahres 1775 begannen die wackeren
Männer den fast verzweifelten Angriff auf die Festung. Umsonst
— Montgomery stürzte, gleich im Anfange des Gefechts von einer
Kanonenkugel getroffen — mit ihm viele seiner besten Offiziere, Ar=
nold traf eine Musketenkugel in das Bein, und die Amerikaner
sahen sich, nach dreistündigem rasendem Kampfe und mit einem Ver=
luste von 400 Mann, gezwungen, zurückzuweichen. Ein Theil von
ihnen wurde abgeschnitten und gefangen genommen, und nur Arnold
verschanzte sich, verwundet wie er war, etwa drei Meilen unterhalb
Quebec mit dem Ueberreste der Seinen und hielt die Stadt, obgleich
ihm die Besatzung an Zahl überlegen war, so nachdrücklich einge=
schlossen, daß die Bewohner den Winter hindurch bedeutenden
Mangel an Lebensmitteln litten.

Während dies im Norden geschah, richtete sich die königliche Land=
und Seemacht gegen Neu=England. Der Befehl war gegeben, alle
solche Seehäfen zu zerstören, die gegen England aufgetreten seien,
und demzufolge wurde Falmouth in Massachusetts durch Capitän
Mowatt von der britischen Marine niedergebrannt, und die Ameri=
kaner sahen jetzt ein, daß sie selbst darauf denken müßten, eine See=
macht einzurichten. Vor allen Dingen verschafften sie sich von allen

nur erreichbaren Orten her Munition und Kriegsvorräthe, und Massachusetts besonders erließ Caperbriefe. Der Congreß beschloß ferner, dreizehn Schiffe auszurüsten und zwei Bataillone Marine= soldaten zu stellen, und es dauerte gar nicht lange, so schwärmten amerikanische Privateere oder Caper nach allen Weltgegenden aus und belästigten den englischen Handel selbst in den Gewässern seiner eigenen Insel.

Lord Dunmore versuchte indessen mehrere Male, Virginien wieder zu unterwerfen, wurde aber jedesmal zurückgeschlagen und mußte sich endlich am 1. Januar 1776, nachdem er Norfolk ohne weiteren Vortheil verbrannt hatte, mit seinen Anhängern nach Westindien zurückziehen.

Die letzte Hoffnung der Colonieen beruhte jetzt noch auf der Peti= tion, welche der Congreß an den König gesandt hatte und die er sehr bezeichnend den Oelzweig nannte; Derjenige aber, welcher sie trug—Penn, ein Nachfolger des alten William Penn—kehrte nicht mit fröhlicher Friedensbotschaft zurück; die englische Regierung for= derte nur Unterwerfung, und da diese verweigert wurde, so erließ sie die strengsten, unerbittlichsten Gesetze, nach denen alle amerikani= schen Fahrzeuge als feindliche und die Mannschaften derselben, wenn eingebracht, nicht als Kriegsgefangene, sondern als Sklaven betrach= tet werden sollten.

Im Winter 1775—1776 beschäftigten sich viele amerikanische Schriftsteller mit der Verfassung von Denkschriften, worin sie die Nothwendigkeit und Schicklichkeit der Trennung vom Mutterlande und der Einrichtung einer freien Regierungsverfassung in den Colo= nieen zu beweisen suchten. Der bekannteste dieser Schriftsteller war Thomas Paine*), ein Engländer, der kurz vorher nach Amerika ge=

---

*) Thomas Paine's sämmtliche politische Werke sind bei den Verlegern dieses Buches (Maaß und Cursch in Philadelphia) in 2 Bänden erschienen und kosten, schön und dauerhaft gebunden, nur $2. Dieselben enthalten: Paine's Biographie (39 Seiten umfassend); der gesunde Menschenverstand; Sendschreiben an die Quäker; die vollständige Krisis, bestehend in 16 Nummern; Gemeingut; Brief an den Abbé Raynal; die Rechte des Menschen, und sämmtliche kleine Schriften und Briefe

„Nichts konnte zeitgemäßer kommen, als die Erscheinung des gesunden Menschen= verstandes. Dieses Pamphlet von 47 Octavseiten brachte Hülfe, indem es einem unter= drückten und verzweifelten Volke die Unabhängigkeit vor Augen hielt; es wurde im Januar 1776 ausgegeben, und redete eine Sprache, welche die Colonisten wohl fühlten, an die sie aber nicht gedacht hatten. Seine Popularität, furchtbar in ihren Erfolgen für's Mutterland. war

kommen war, unb eine Broschüre mit dem Titel „der gesunde Men=
schenverstand" herausgegeben hatte, deren Wirkung ungeheuer war.
Das kleine Werkchen zeigte die Nothwendigkeit, den Vortheil und
die Thunlichkeit einer Unabhängigkeits=Erklärung, während der Ver=
fasser die monarchische Staatsverfassung mit Schmach und Vorwür=
fen überhäufte und den Erbadel lächerlich machte. Das Schriftchen
rief eine ernstliche und allseitige Erwägung hervor und fast jeder
Abgeordnete zum Congreß hatte die diesfälligen Instruktionen seiner
Committenten erhalten.

Etwa in dieser Zeit, also im December 1775 und Januar 1776,
schloß England mit dem Landgrafen von Hessen=Cassel und einigen
andern deutschen Provinzen Verträge ab, nach denen es 17,000
Mann in Sold nahm, um sie mit noch 25,000 andern Truppen
gegen die Amerikaner zu führen. Weiter hatte es nichts bedurft als
dies, um den letzten entscheidenden Streich zu führen, welcher die
Colonieen auf immer von dem Mutterlande trennen mußte.

Während aber England eine so gewaltige Macht sammelte, lich=
teten sich die Reihen der amerikanischen Armee immer mehr und
mehr. Die Truppen waren größtentheils nur bis zum 31. December
angeworben, und am 1. Januar standen blos noch 9650 Mann
einrollirt, obgleich man alles Mögliche gethan, sie unter Waffen zu
halten. General Washington schlug jetzt dem Congresse vor, einen
Versuch mit Handgeld zu machen, aber erst Ende Januar willfahrte
man seinen Wünschen und bis Mitte Februar dauerte es, ehe das
Heer wieder 14,000 Mann zählte. Zugleich forderte er 6000 Mann
Miliz von Massachusetts, die er ebenfalls erhielt.

ohne Beispiel in der Geschichte der Presse. Zuerst las man die Schrift mit Unwillen und mit
Schrecken; denn man dachte, sie müsse die Colonisten zur Empörung reizen und geradewegs in
unvermeidliches Verderben führen; kaum hatte sich aber der Leser (und alle Welt las sie) von
dem ersten Schrecken erholt und sie zum zweiten Male gelesen, so weckten die Gründe, welche zu
seinem Gefühl sprachen und seinen Stolz angriffen, seine Hoffnungen, und sein eigenes Urtheil
sagte ihm, daß der gesunde Menschenverstand, unterstützt durch die Hülfsmittel und die Kraft
der Colonieen, so schwach und arm sie auch waren, das Land allein von der ungerechten Unter=
drückung, welche ihm drohte, retten konnte. Der darauf folgende Enthusiasmus begrüßte den
unbekannten Verfasser als einen Engel vom Himmel, um durch seinen zeitgemäßen, kräftigen
und untrüglichen Rath ein treues und wackeres, aber mißhandeltes und verläumdetes Volk vor
den Greueln der Sklaverei zu retten." So schrieb selbst Paine's ärgster Feind, Cheetham.
Daraus geht zur Genüge hervor, wie gierig der amerikanische Geist den Inhalt dieses Pam=
phlets erfaßte. „Ich gab," sagt Verfasser, „jedem Staate der Union das Verlagsrecht
und es wurden nicht weniger als hunderttausend Exemplare abgesetzt." Anm. der Verleger.

Washington hatte indeſſen den Winter hindurch die Blokade von Boston begonnen und fortgeſetzt, und zwang endlich am 17. März die Engländer, nachdem General Thomas in der Nacht des 4. März die Dorcheſterhöhen heimlich beſetzt und befeſtigt hatte, die Stadt zu verlaſſen, in welche er mit klingendem Spiele einzog. Die Briten ſchifften ſich mit ſolchen Königlichgeſinnten, die ſie zu begleiten wünſchten, nach Halifax ein.

Das britiſche Cabinet ſuchte im Feldzuge von 1775 Canada wieder zu gewinnen und concentrirte dort unter Admiral Howe und deſſen Bruder, General Howe, welcher dem General Gage im Oberbefehl folgte, eine bedeutende Truppenmacht. Arnold's Truppen, welche indeß die Belagerung Quebec's fortgeſetzt, hatten von dem rauhen Winter und den unter ihnen ausgebrochenen Blattern unendlich gelitten und zählten, obgleich von der Montrealer Garniſon verſtärkt, kaum tauſend kriegsfähige Männer. Thomas langte endlich mit neuer Mannſchaft an und übernahm den Oberbefehl; ehe er aber Quebec unterwerfen konnte, lief die engliſche Flotte in den jetzt vom Eis befreiten St. Lorenz ein, und er mußte ſo raſch fliehen, daß er ſich gezwungen ſah, ſelbſt ſeine Bagage und Kriegsvorräthe zurückzulaſſen, welche mit vielen der Kranken in Gouverneur Carleton's Hände fielen. Carleton behandelte übrigens die Kranken und Gefangenen mit edler Menſchlichkeit.

So kamen die früher von den Amerkanern genommenen Poſten einer nach dem andern in die Gewalt der Engländer, und noch vor Ende Juni hatten ſie ganz Canada wieder erobert. Die Amerikaner verloren durch dieſen unglücklichen Rückzug etwa 1000 Mann, von denen die meiſten gefangen genommen wurden.

Die zur Unterwerfung der ſüdlichen Provinzen beſtimmte engliſche Flotte ſegelte indeſſen unter Sir Peter Parker aus, um Charleston anzugreifen, welches ſie Anfangs Juni 1776 erreichten. Die Marineſoldaten befehligte General Clinton. Die Bewohner hatten aber die Ankunft des Feindes erfahren und konnten ſich darauf vorbereiten. Im Eingange des Charleſtonhafens errichteten ſie auf Sullivansinſel ein Fort aus Palmettobäumen, deren Holz dem Korke gleicht. Dieſes Fort wurde von etwa 400 Mann beſetzt gehalten und durch Oberſt Moultrie befehligt.

Am Morgen des 28. Juni eröffneten die britischen Fahrzeuge ihre Flankensalven auf dasselbe; das Palmettoholz begrub aber die Kugeln, als ob sie in die Erde gefahren wären, und Moultrie erwie= derte mit seiner wackern Garnison das Feuer so nachdrücklich, daß die Bewohner von Charleston dem Platze seit der Zeit den Namen Moultrie gegeben haben. Noch an demselben Abend sahen die feindlichen Schiffe, daß sie nicht im Stande sein würden, hier einzu= dringen, und zogen sich nach einem Verluste von mehreren hundert Mann, wieder nach New York zurück, wo die ganze britische Flotte Befehl hatte, sich zu versammeln.

Washington hatte aber ebenfalls vorhergesehen, welcher wichtige Punkt New York für die Engländer werden müsse, wenn sie sich in Besitz der Stadt setzen könnten. Ehe der Feind daher Boston verließ, war General Lee schon von Cambridge aus dorthin gesandt, um Long=Island und New York in Vertheidigungsstand zu setzen. Bald nach der Besitznahme von Boston folgte ihm dann der Oberbefehls= haber selber und schlug sein Hauptquartier in der Stadt New York auf.

Am 7. Juni stellte Richard Henry Lee von Virginien im Congreß den Antrag, die Colonieen für f r e i e u n d u n a b h ä n g i g e S t a a = t e n zu erklären.

Noch vor zwei Jahren waren die Bewohner der Colonieen die loyalen Unterthanen der englischen Krone gewesen und hatten gar nicht nach Unabhängigkeit verlangt, zu starker Druck aber erweckt den Gegendruck; müde, sich länger wie unmündige Kinder oder Sklaven behandeln zu lassen, zuckte der Schrei, „wir wollen frei sein!" durchs ganze Land und hallte von Küste zu Küste. Der Congreß überzeugte sich auch bald genug, daß es nicht ein wilder Plan einzelner Indivi= duen, sondern der Wille des gesammten Volkes sei, und säumte nun nicht länger, es der Welt offen zu erklären. Die U n a b h ä n g i g = k e i t s = E r k l ä r u n g d e r V e r e i n i g t e n S t a a t e n v o n N o r d = a m e r i k a ward deshalb am 4. Juli 1776 *) im Congreß beschlos= sen und festgestellt.

---

*) Thomas Jefferson, John Adams, Benjamin Franklin, Roger Sherman und R. R. Livingston waren am 11. Juni gewählt worden, um Jeder von ihnen, wie es ihm sein Gefühl eingebe, eine Unabhängigkeits-Erklärung auf=

In dieser Schrift, welche die amerikanischen Colonieen vom Mutterlande losriß, zählten sie die lange Liste der von England erlittenen Bedrückungen und Ungerechtigkeiten auf, bestätigten, wie sie wieder und immer wieder vergebens um Nachsicht und Milde gebeten, und schlossen mit den Worten:

„Wir deshalb, die Abgeordneten der Vereinigten Staaten von Nordamerika, die wir hier, im Generalcongreß versammelt, den höchsten Richter zum Zeugen aufrufen, daß unsere Absichten rein und gut sind, erklären hiermit im Namen und durch die Autorität des guten Volkes dieser Colonieen feierlich und öffentlich, daß diese vereinigten Colonieen freie und unabhängige Staaten sind und dem Rechte nach sein sollen — daß sie sich lossagen von jeder Unterthanenpflicht gegen die brütische Krone, und das jede politische Verbindung zwischen ihnen und dem Königreiche Großbritanien hiermit völlig gelöst sei und auch gelöst sein solle. Daß sie ferner als freie und unabhängige Staaten volle Macht haben Krieg zu erklären, Frieden zu schließen, Verbindungen anzuknüpfen, Handel zu eröffnen und alle solche Dinge zu thun, welche unabhängigen Staaten zukommen. Mit völligem Vertrauen auf den Schutz der göttlichen Vorsehung machen wir uns gegenseitig verbindlich, unsere Leben, Güter und unsere Ehre der Aufrechthaltung dieser Erklärung zu weihen. John Hancock, Präsident."

---◆---

Zweite Periode.

Von der Unabhängigkeits-Erklärung bis zum Beginn der Bundesregierung.
(Von 1776 bis 1789.)

Mit dieser Unabhängigkeits=Erklärung waren die Würfel für Amerika gefallen, ein Rücktritt nicht mehr möglich, und blutiger

---

zusetzen, damit später, wenn man sie mit einander vergleiche, diejenige gewählt werden könne, welche man für die beste halten würde. Mr. Jefferson's Ausarbeitung wurde zuerst verlesen, kaum hatten aber die übrigen Mitglieder des Committee's diese gehört, als sie einstimmig beschlossen, ihre eigenen Schriften zurückzuhalten, da sie einen Vergleich mit der eben vorgetragenen gar nicht bestehen könnten. Thomas Jefferson's Erklärung wurde angenommen.

Kampf mußte nun entscheiden, ob Freiheit, ob Sklaverei der Lohn ihrer kühnen That sein werde. John Hancock, welcher das Gefähr= liche ihrer Lage übersah, sagte ganz richtig: „wir müssen jetzt Alle fest zusammenhängen, oder—wir hängen Alle zusammen," und dem selbst heraufbeschworenen Feinde traten sie mit heroischem Muthe entgegen.

Lord Howe zog indessen auf Staaten=Island und in der Nähe dieses Ortes alle seine Truppen zusammen, welche mit den bald er= warteten Hessen eine Armee von 35,000 Mann bilden sollten. Hier= durch schon glaubte er die Amerikaner eingeschüchtert und bot noch einmal Denen, welche sich ihm freiwillig unterwerfen wollten, Ver= zeihung an; die bald darauf veröffentlichte Unabhängigkeits=Erklä= rung belehrte ihn aber, was er zu hoffen habe. Allerdings wandte er sich hierauf noch zweimal an Washington selbst, doch vergeblich; England bot nichts, als Vergebung der Beleidigungen; Amerika war sich nichts bewußt, was einer Vergebung bedurfte, und Ver= einigung wurde deshalb zur Unmöglichkeit.

Die Befehlshaber der englischen Armee sahen dies endlich selbst ein, und zögerten nun nicht länger ihren Angriff auf New York zu richten, dessen Besitznahme ihnen festen Fuß in Amerika verschaffen mußte und sie zugleich in Stand setzte, die nördlichen von den süd= lichen Staaten zu trennen. Von New York aus ließen sich auch am leichtesten Operationen nach allen Richtungen hin unternehmen.

Diesen Plan, den Norden vom Süden zu trennen, mußten sie aber, durch manche Hindernisse aufgehalten, bis zum nächsten Jahr verschieben und ihr Hauptaugenmerk ging jetzt dahin, New York zu besetzen. Der amerikanische Congreß hatte indessen die Errichtung von Kanonenböten, Galeeren und schwimmenden Batterieen ange= ordnet, um New York und die Mündung des Hudson zu vertheidi= gen. 13,000 Mann Miliz wurden zugleich beordert, sich Washing= ton's Truppen anzuschließen, dessen Armee dadurch zu 27,000 Mann anwuchs. Ein Viertel von diesen waren aber Invaliden, ein an= deres schlecht und unvollständig bewaffnet, und man konnte wohl an= nehmen, daß sie an wirklich kampffähigen Männern kaum 10,000 zählte, während selbst von dieser Zahl ein großer Theil völlig un= disciplinirt genannt werden mußte. Dieses kam aber größtentheils daher, daß der Congreß kein Geld hatte, reguläre Truppen zu bezahlen, und die Amerikaner wohl gern und willig bereit sind, in augenblicklichen, wenn auch noch so gefährlichen Kampf zu ziehen, aber keineswegs lange im Lager aushalten, sondern lieber so bald als möglich zu ihren Familien und Feldern zurückkehren.

Die amerikanische Armee occupirte die Insel New York; zwei Detachements bewachten die Gouverneursinsel und Paulus-Hook. Die Miliz stand unter dem Amerikaner Clinton zu Ost- und West-chester und Neu-Rochelle, um die Engländer zu verhindern, mit einer Macht am nördlichen Ufer zu landen und die Amerikaner so auf der Insel einzuschließen. Ein beträchtlicher Theil der Armee campirte unter General Putnam auf Brooklyn, und zwar auf einem Theile von Long-Island, welcher hier eine Art Halbinsel bildet; der Zugang hierzu war wohlbefestigt, und mit gehöriger Umsicht hätte dieser Platz trefflich vertheidigt werden können. Die Engländer lan-deten aber ohne Hinderniß weiter oben auf Long-Island, griffen am 27. August mit den Hessen die auf den Höhen gut postirten Ameri-kaner, welche sie vorher durch falsche Bewegungen irre führten, an, und schlugen sie nach hartnäckigem Kampfe dermaßen, daß sie einen großen Theil derselben tödteten, einen andern gefangen nahmen und es nur einer sehr geringen Zahl möglich war, Putnam's Lager auf Brooklyn zu erreichen. Der Verlust der Amerikaner wird auf fast 4000 Mann geschätzt, während die Engländer an Verwundeten und Todten nur 400 verloren.

In der Nacht des 28. ging Washington vorsichtig mit dem Reste seiner Truppen von Long-Island nach New York zurück, wohin sich die Abtheilung von der Gouverneursinsel ebenfalls begab. Da er übrigens fand, daß die Engländer die Absicht hätten, die Stadt selbst anzugreifen, und wohl wußte, er würde nicht im Stande sein, sie zu vertheidigen, rückte er inseleinwärts auf die Harlemhöhen, wo er eine feste Stellung einnahm.

Am 15. September landete die britische Armee vor New York und nahm Besitz von der Stadt; wenige Tage später brach ein Feuer aus und verzehrte fast den vierten Theil derselben; man sagt, die Einwohner hätten es selbst angezündet, um die Feinde des schützen-den Obdachs zu berauben. General Howe machte jetzt noch einen

Versuch, den Frieden wieder herzustellen; die zu ihm gesandten Ab=
geordneten aber, Benjamin Franklin, John Hancock und Edward
Rutledge, weigerten sich, auf andere Bedingungen als Anerkennung
ihrer Unabhängigkeit zu unterhandeln, und das nahm natürlich der
englische General nicht an.

Durch den Verlust auf Long=Island waren aber die undiscipli=
nirten Milizen gewaltig entmuthigt worden; Hunderte verließen
auf einmal ihre Fahnen, ganze Regimenter desertirten, selbst in der
regulären Armee schwand die Subordination mehr und mehr, und
Desertionen gehörten keineswegs mehr zu den Seltenheiten. Wa=
shington befand sich damals in höchst kritischer Lage; mit gutem
Muth aber und einer unerschütterlichen Ausdauer that er, was ihm
nur immer die Umstände erlaubten, benutzte jeden nur möglichen
Vortheil und suchte, besonders in einzelnen kleinen Gefechten, durch
umsichtiges Verfahren günstige Resultate zu gewinnen. Dies gelang
ihm mehrere Male, und das rasch gesunkene Vertrauen der Klein=
müthigen hob sich auch eben so rasch und freudig wieder.

Der englische Befehlshaber suchte jetzt unter jeder Bedingung
Washington zu einer offenen Feldschlacht zu bringen, welche Dieser
aber aus eben den Gründen vermied, aus denen Jener sie wünschte.
Erst am 28. October, als Howe einsah, wie wichtig die Stellung für
ihn sei, welche die Amerikaner jetzt behaupteten, griff er diese, vereint
mit den Hessen, an. Er konnte zwar, obgleich der Verlust auf beiden
Seiten nicht gering war, keinen entscheidenden Sieg gewinnen, nö=
thigte aber doch Washington, seine Armee nach dem Kampfe zurück=
und über den Hudson nahe bei Fort Lee zu ziehen, während er nur
7500 Mann unter General Lee am North=Castle ließ.

General Howe richtete nun seine Aufmerksamkeit zunächst gegen
die beiden Forts Washington und Lee, durch welche die Amerikaner
gehofft hatten, den Hudson zu beherrschen. Englische Schiffe waren
aber schon bei zwei verschiedenen Gelegenheiten ungestraft vorüber=
gefahren. Washington sah auch die Gefahr voraus, da die beiden
Forts preisgegeben waren, und schrieb an General Greene, daß er
Fort Washington, wenn er es nicht glaube vertheidigen zu können,
räumen solle. General Greene aber ließ 2700 Mann unter dem
wackern Oberst Magaw darin, und am 16. Nov. griffen es die Eng=

länder an vier verschiedenen Seiten zugleich an und zwangen die
Amerikaner zu capituliren. Die britische Armee kreuzte hierauf so=
gleich den Hudson, um Fort Lee ebenfalls anzugreifen; die Garnison
desselben räumte es aber wohlweislich vorher und schloß sich unter
General Greene der Hauptarmee — jetzt in Newark — an.

Die Engländer, durch ihre Siege ermuthigt, rückten ungesäumt
gegen Washington vor, den sie zwangen Newark zu verlassen und
zuerst nach Brunswick, von da nach Princetown und von dort nach
Trenton trieben, von wo er, noch immer verfolgt, endlich den Dela=
ware überschritt und nach Pennsylvanien hineinging.

Ein Glück war es damals für die amerikanische Armee, daß ihr
die an Zahl sechsfach überlegene und zehnmal besser bewaffnete und
disciplinirte englische Armee nicht gleich weiter folgte; ein einziger
Nachtmarsch hätte sie damals überholt und vernichtet. Als aber
General Howe (jetzt Sir William Howe, denn nach seinem Sieg
auf Long=Island war er geadelt worden) an den Delaware kam,
die amerikanische Armee nicht mehr fand und keine Boote sah, auf
denen er übersetzen konnte, so campirte er ruhig am Flusse, bis dieser
gefroren sein würde, und gab sich dem gemüthlichen Glauben hin,
die Amerikaner würden warten, bis er käme und sie aufriebe.

Im December 1776 sollte Washington erst, trotz aller bisherigen
Kämpfe und Anstrengungen, am stärksten zeigen, was er dem Heere,
was er seinem Vaterlande war. Seinen Truppen fehlte, man möchte
fast sagen Alles, was einem Heere im bitter=kalten Winter nicht al=
lein nützlich, sondern unumgänglich nöthig sein mußte. Krankheiten
und rauhe Stürme, Hunger und dürftige Kleidung rieben einen
Theil der Seinen auf und trieben einen andern zur Desertion, und
Howe, welcher diesen traurigen Zustand erfuhr und benutzen wollte,
bot jetzt allen Denjenigen einen freien Pardon, die sich noch der
königlichen Autorität fügen würden. Viele gewann er für sich, be=
sonders die Aermsten und Reichsten, nur der Mittelstand hielt aus
und verließ sein Vaterland nicht in der Stunde der Gefahr. *)

---

*) „Dies sind die Zeiten, die die Seelen der Menschen prüfen." Th. Paine's
„Krisis" No. 1. Jeder, der sich eine genauere Einsicht in die Kämpfe jener Tage
zu verschaffen wünscht, sollte Paine's Krisis No. 1 bis 16 lesen.
                                                    Anm. d. Verl.

Washington, welcher jetzt recht gut einsah, wie seine Hauptarmee wirklich der Gefahr ausgesetzt sei, vernichtet zu werden, zog die übrigen Truppenabtheilungen heran. Mercer und Gates gehorchten diesem Befehl auch pünktlich, und General Mifflin brachte ihm 1500 Mann Miliz von Pennsylvanien, General Lee aber zögerte mit seiner Abtheilung und wurde, als er sich in einer Nacht von dem Kern der Truppen getrennt hatte, durch die Engländer abgeschnitten, gefangen und nach New York gebracht. General Sullivan führte Washington seine Leute zu.

Mit diesen Verstärkungen belief sich jetzt das amerikanische Heer auf etwa 7000 waffenfähige Leute; nur noch wenige Tage bedurfte es aber zum Jahresschluß, und mit diesem war auch die Zeit vieler angeworbenen Leute abgelaufen. — Amerika verlangte, daß diese kurze Zeit noch nach besten Kräften benutzt würde. In diesem kritischen Momente that Washington, die Unthätigkeit des Feindes bemerkend, einen entscheidenden Schlag für die Seinen. Am 26. December erzwang er sich durch das Treibeis eine Passage, überraschte die in Trenton einquartierten Hessen, schlug sie, tödtete ihren Befehlshaber Oberst Rahl, nahm etwa 1000 gefangen und zog sich dann ohne Zögern wieder über den Delaware zurück. *)

Dieser Sieg verbreitete unendlichen Jubel im amerikanischen Lager, welcher noch dadurch vermehrt wurde, daß sie fast gar keinen Verlust erlitten hatten. Es waren nur vier Mann geblieben — zwei erschossen und zwei erfroren. Frischer Muth belebte die Schaaren, und viele ließen sich auf sechs Wochen länger anwerben. Zwei Tage nach diesem Siege rückte Washington mit seiner ganzen Armee über den Delaware und quartierte sich in Trenton ein.

Howe staunte und erschrack nicht wenig über diesen raschen Wechsel. Lord Cornwallis, welcher in New York eben im Begriffe war, sich nach England einzuschiffen, eilte augenblicklich wieder nach New Jersey zu den britischen Truppen, welche jetzt um Princeton standen. Schon am 1. Januar 1777 rückte er gegen Trenton vor, um die Amerikaner anzugreifen.

---

*) Die detaillirte Geschichte der Gefechte bei Trenton und Princeton findet man in Paine's Schreiben an den Abbé Raynal in Band II. Seite 37 ꝛc. seiner politischen Werke. — Verlag von Maaß u. Cursch.

Anm. des Verl.

Washington, welcher es für zu gefährlich hielt, hier einen immer noch ungleichen Kampf abzuwarten, fiel auf eine Kriegslist. Er ließ, als der Vortrab der Engländer heranrückte, seine Wachtfeuer brennen, damit man seinen Abzug nicht merke, und rückte um Mitternacht auf einem Umwege rasch gegen Princeton und die dort von Cornwallis hinterlassenen Truppen los. Mit Sonnenaufgang trafen sie unerwartet zwei britische Regimenter, welche sich Cornwallis anschließen wollten, schlugen sie, erreichten Princeton, jagten auch das dort stehende Regiment in die Flucht und nahmen Dreihundert gefangen. Die Engländer verloren bei diesem Kampfe etwa 100 Todte, die Amerikaner etwas weniger, unter diesen aber den trefflichen General Mercer und einige andere Offiziere.

Ein solcher Jubelruf dieser fröhlichen Botschaft von New Jersey flog damals durch ganz Nordamerika, daß sich das Sprichwort bei einer glücklichen Nachricht noch bis heute erhalten hat: „Gute Neuigkeit aus den Jerseys!"

Als Cornwallis die Kanonade von Princeton hörte, rückte er, in Besorgniß für seine Vorräthe in New Brunswick, rasch dorthin zu, und Washington zog sich vorläufig nach Morristown zurück, begab sich aber nach kurzer Rast schon wieder ins Feld und nahm Newark, Woodbridge und Elisabethtown, wie überhaupt, New Brunswick und Amboy ausgenommen, alle festen Plätze in Jersey, wonach er sich nach Morristown in seine sichern Winterquartiere begab.

Während aber Washington in allen kleinen Gefechten Sieg auf Sieg häufte, wurde General Arnold auf dem Champlainsee von Carleton geschlagen und seine ganze Flotte vernichtet. Ebenso nahmen die Engländer an demselben Tage, an welchem sich der amerikanische Oberfeldherr über den Delaware zurückzog, Rhode-Island in Besitz und blokirten Commodore Hopkin's Flotte bei Providence.

Der Congreß setzte indessen die Artikel der Conföderation auf, welche den Colonieen den Namen der „Vereinigten Staaten von Amerika" gab und bis zu der später allgemein angenommenen Constitution die Basis ihrer Regierung bildete. Aber der Congreß besaß nur die moralische, nicht die wirkliche Gewalt der Ausführung — er hatte eine erschöpfte Armee aus einem entmuthigten Volke zu rekrutiren, stand einem mächtigen Feind ohne Geld, ja fast auch ohne

Credit, gegenüber—denn die früher ausgegebenen Noten verloren mit jedem Tage mehr an Werth, und dennoch blieben diese wackeren Männer fest und unerschrocken am Steuer und lenkten das schwanke Staatsschiff mit ruhiger, sicherer Hand dem Hafen zu.

So guten Muth sie aber auch haben mochten, so sahen sie doch endlich ein, daß sie ohne fremde Hülfe höchstens einen jedenfalls sehr ungewissen Sieg zu erwarten und im entgegengesetzten Falle das Schlimmste zu fürchten hätten. Sie wandten sich deshalb an Frank=reich um Unterstützung und sandten zu diesem Zwecke Benjamin Franklin, Silas Deane und Arthur Lee an den dortigen Hof, welche ihnen Waffen und Munition, wie auch die Erlaubniß verschaffen sollten, amerikanische Fahrzeuge in französischen Häfen ausrüsten zu dürfen, um damit der englischen Marine entgegentreten und den englischen Handel belästigen zu können. Zugleich wurden sie beauf=tragt, eine Anleihe von 10 Millionen Livres zu machen und die französische Regierung, wenn ihnen dieses nur irgend möglich sei, zu bewegen, die Unabhängigkeit der Vereinigten Staaten anzuer=kennen. Zu gleicher Zeit gaben sie General Washington auf sechs Monate unbedingte Vollmacht, in jeder Hinsicht zu handeln, wie er es für gut finden würde, ohne die Erlaubniß des Congresses einzuholen.

Die Bewohner von New Jersey hatten indessen viel von den Er=cessen der Engländer und Hessen zu dulden, die noch in Brunswick und Amboy einquartiert waren, und solchen Haß hegten sie gegen diese, daß sich Keiner derselben ohne Lebensgefahr, selbst zum Foura=giren, hinauswagen durfte. In diese Zeit fällt nun auch der Auf=stand der Tories oder Anhänger Englands in den Colonieen, welche besonders gefährlich in Sommersett und Worcester, Maryland, in Suffex, Delaware und in Albany im New Yorkstaate wurde, nach welchen Plätzen denn auch Truppen abgesandt werden mußten, um sie im Zaume zu halten. Die Blattern, welche im vorigen Jahr in der nördlichen Armee so gewüthet, bedrohten wieder Washington's Truppen; dieser aber ließ, um die Seinen vor der fürchterlichen Krankheit zu bewahren, sowohl die Regulären wie die Miliz impfen, und hemmte dadurch die Seuche.

Die ersten Frühlingsmonde des Jahres 1777 vergingen damit, daß sich Engländer wie Amerikaner, durch gegenseitiges Zerstören

von Kriegsvorräthen, allen nur möglichen Schaden zuzufügen suchten, und beide waren darin abwechselnd siegreich; eine ernsthafte
Schlacht fiel nicht vor. Die Gesandten in Frankreich waren aber
auch nicht müßig gewesen und Frankreichs eigenes Interesse wie die
Theilnahme, welche es für die bedrängten Colonieen fühlte, bewog
Manche, selbst aus den angesehendsten Geschlechtern, Leben und Vermögen der fremden Sache zu weihen.

Unter diesen zeichnete sich vor Allen der junge Marquis de Lafayette aus, welcher Alles, was nur den Menschen an die Heimath
fesseln kann, sein Vaterland, Rang, Reichthümer und eine liebliche
Braut zurückließ, um der Freiheit über dem Oceáne drüben den Arm
zu leihen. Seine Ankunft erweckte große Freude in den Vereinigten
Staaten, der Congreß ernannte ihn augenblicklich zum Generalmajor und Washington selbst nahm ihn in seine eigne Familie, wie
er denn auch dem jungen Freunde stets mit väterlicher Liebe gewo-
gen blieb.

Lord Cornwallis suchte jetzt die Amerikaner zu einer entscheidenden
Schlacht zu bringen, wo er sich mit seinen trefflich disciplinirten
Truppen leichten Sieg zu erringen hoffte; Washington aber hütete
sich wohl, jetzt schon darauf einzugehen, und postirte seine Trupen in
der Art, daß er sie, falls es nöthig werden sollte, leicht und rasch zu-
sammenziehen konnte. Er führte seine Armee von Morristown fort
zu den Höhen von Middlebrook, wo sie eine feste Stellung einnahm.
Die Mannschaften der nördlichen Provinzen legte er dabei nach
Peekskill und Ticonderoga, und diejenigen aus den mittlern und
südlichen Staaten nach New Jersey. Howe gelang es allerdings
später, Washington durch eine List irre zu führen und aus seiner
Stellung herauszulocken, er konnte aber dadurch nur geringen Vortheil über ihn erlangen, da der Gegner es zeitig genug wahrnahm
und rasch in seine Position zurückkehrte.

In der Nacht des 10. Juli 1777 führte Oberst Barton mit vierzig Milizen von Warwick jenen berühmten und kecken Streich aus,
den englischen General Prescott aus der Mitte der Seinen heraus
zu entführen und gefangen zu nehmen. Sie fuhren zehn englische
Meilen in Walfischbooten nach Rhode-Island, wo sie zwischen Newport und Bristol landeten; dann marschirten sie eine Meile bis zu

des Generals Quartier, holten ihn aus seinem Bette und entführten ihn rasch ans feste Land.

Indessen geschahen englischerseits große Vorbereitungen, um von Canada aus in die Vereinigten Staaten hineinzubrechen; denn man hoffte die Staaten besonders dadurch zu theilen, daß man über den See Champlain und den Hudsonfluß eine Vereinigung der Armee bewirkte. General Bourgoyne hatte sich besondere Mühe gegeben, der englischen Regierung diesen Plan als vorzüglich darzustellen, und er war deshalb sogar hinübergefahren, um seinen Vorstellungen größern Nachdruck zu geben. Da er nun schon unter Carleton gedient hatte und die amerikanischen Verhältnisse genau kannte, so vertraute man ihm, Carleton's Wunsch zuwieder, den Oberbefehl über die Armee von Canada und versah ihn mit Truppen und Kriegsvor= räthen. Mit diesen traf er im Mai in Quebec ein.

Sir Guy Carleton, obgleich er mit dem, Bourgoyne geschenk= ten und fast allzugroßen Vertrauen keineswegs einverstanden war, that doch Alles, was in seinen Kräften stand, ihn zu unterstützen, und Bourgoyne's Armee bestand jetzt aus dem Generale Pilipps, welcher sich in den deutschen Kriegen ausgezeichnet, den Brigadege= neralen Frazer und Powel, dem braunschweigischen Generalmajor Riedesel und dem Brigadegeneral Spechter, ferner aus 7173 engli= schen und deutschen Truppen und mehrerern Tausend Canabiern und Indianern. Bourgoyne's Operationsplan war, daß Oberst St. Leger den St. Lorenz hinauf nach Oswego, Fort Stanwir bis Albany gehen sollte; Bourgoyne dagegen wollte über den Cham= plain und den Hudson hinuntergehen, und sie Beide konnten sich dann mit General Clinton in New York vereinigen. Rasch rückte er auch mit seiner Armee vor und schlug sein erstes Lager am west= lichen Ufer des Champlainsees auf.

Siegreich rückte er auch, während sich dagegen St. Leger und Sir John Johnson keineswegs eines so glücklichen Erfolges rühmen konnten, weiter vor und nahm sogar das sehr befestigte Ticonderoga, indem er eine nahe, es beherrschende Höhe besetzte, die flüchtige Gar= nison verfolgte und einholte und einen großen Theil ihrer Boote und Bagage erbeutete (die Amerikaner verloren in diesem Kampfe an Todten, Verwundeten und Gefangenen wohl 1000 Mann, auch Oberst Francis war unter den Gebliebenen).

General Shuyler vermochte jetzt weiter nichts zu thun, als sämmt= liche Brücken hinter sich abzubrechen und die Straßen durch gefällte Bäume unwegsam zu machen.

Dadurch konnte er aber allerdings den Weg des siegreichen Briten nur aufhalten, nicht verhindern, und der Congreß, obgleich er die großen Verdienste Shuyler's wohl erkannte, sah sich doch genöthigt, einen andern Mann an die Spitze der nördlichen Truppen zu stel= len, um deren fast gesunkenes Vertrauen wieder zu erwecken und neue freiwillige Compagnieen zu gewinnen. General Gates wurde deshalb beauftragt, in die Stelle General Shuyler's einzurücken, und ebenso beorderte man Lincoln Arnold, Morgan und den jetzt der amerikanischen Armee beigetretenen Polenhäuptling Kosciusko nach Norden.

Bourgoyne, der sich indeß mit großem Zeitverlust einen Weg von Skeenesborough bis zum Fort Edward am Hudson gebahnt, konnte sich in dem feindlichen Lande nur höchst mühsam Provisionen ver= schaffen und sandte, als er erfuhr, daß in dem nicht sehr entfernten Bennington bedeutende Vorräthe aufgehäuft lägen, 500 Mann unter Oberst Baum, einem zuverlässigen deutschen Offizier, dorthin ab. Diese trafen aber unglücklicherweise auf ein Detachement unter Ge= neral Stark, das sich der nördlichen Hauptarmee anschließen wollte, und wurden gänzlich geschlagen; — ebenso durch die rechtzeitige Dazwischenkunft Warner's mit den „Grünen Berg=Männern," eine heranrückende britische Verstärkung unter Oberst Breymann. Der Verlust der Amerikaner war unbedeutend, der der Royalisten belief sich auf etwa 600 Mann, von denen jedoch die meisten gefangen wurden. *)

Der Sieg von Bennington war übrigens, weniger der allerdings nicht bedeutenden dadurch errungenen Vortheile halber, sondern mehr durch seine Folgen und den moralischen Eindruck, für die ame= rikanische Armee wichtig, zumal da zu derselben Zeit die Ermordung einer jungen Amerikanerin, M'Crea, durch die Wilden die Empörung gegen die britische Militärmacht auf ihren höchsten Gipfel trieb. Frei=

---

*) Ueber die Feldzüge des Jahres 1777 siehe Th. Paine's Krisis No. 5.

willige strömten von allen Seiten herbei, und fast eben so sehr von
Vaterlandsliebe getrieben, als um den schändlichen Tod ihrer jungen
Landsmännin zu rächen. Am 8. September 1777 war Gates'
Armee auf 5000 Mann angewachsen und lag bei Stillwater —
Bourgoyne, etwa drei Meilen davon entfernt, bei Saratoga, und
am 19. September schlugen sie eine Schlacht, die unentschieden
blieb, in welcher aber besonders die Engländer sehr bedeutende Ver=
luste erlitten.

Kleinere Scharmützel beschäftigten jetzt bis zum 7. October beide
Heere; an diesem Tage aber machten die Amerikaner bei Saratoga
einen Angriff und schlugen sich auf das Tapferste. Bourgoyne's
Armee mußte weichen, und ihr General sah bald, wie der Feind ihn
auf allen Seiten zu umzingeln suchte. Allerdings bewerkstelligte er
noch in derselben Nacht einen Rückzug, sechs englische Meilen den
Fluß aufwärts, wobei er sogar gezwungen war, sein Hospital mit
200 Kranken und Verwundeten der Menschlichkeit der Amerikaner
zu überlassen, gewann aber dadurch auch keine erheblichen Vortheile.
Der wirkliche Rückzug schien ihm, wohin er sich auch von hier aus
wenden wollte, benommen, und ein mit jedem Tage sich verstärkender
Feind schloß seine zusammenschmelzenden entmuthigten Truppen ein,
während ihm fast jede Zufuhr, ja jede Kunde von außen abgeschnit=
ten wurde.

Schon vor einiger Zeit, als die Amerikaner die ersten Siege
gewonnen, hatte er an Sir Henry Clinton nach New York geschrie=
ben und um Succurs, später sogar um „schleunige Hülfe" gebeten
und dabei bemerkt, daß sich seine Armee höchstens noch bis zum
12. October halten könne. Der 12. kam, aber der erwartete Bei=
stand nicht, und Bourgoyne sah sich gezwungen, am 17. zu capitu=
liren. Die ganze Armee, aus 5752 Mann bestehend, mußte die
Waffen strecken, und das britische Heer hatte jetzt mit den früheren
Verlusten bei Bennington und an andern Orten etwa 9200 Mann
verloren. Ferner fielen in die Hände der Amerikaner 35 messingene
Feldstücke und 5000 Musketen.

Die Bedingungen der Uebergabe lauteten: daß die Soldaten auf
den Befehl ihrer eigenen Offiziere die Waffen niederlegten und dann
ihr Lager mit klingendem Spiel und wehenden Fahnen verließen;

dagegen aber sich verbindlich machten, so lange der Krieg dauerte, nicht wieder in Nordamerika gegen die Amerikaner zu dienen.

Die britische Besatzung von Ticonderoga zog sich, sobald sie von Bourgoyne's Uebergabe hörte, augenblicklich nach Canada wieder zurück; kein Feind blieb mehr in dem nördlichen Theile der Union, und eine Expedition war beendet, von welcher die Engländer so viel gehofft, die Amerikaner so viel gefürchtet hatten.

Noch möchte ich hier einschalten, daß die Engländer inzwischen unter Sir Henry Clinton (am 6. October) die Forts Clinton und Montgomery genommen und die Stadt Esopus, jetzt Kingston, niedergebrannt hatten, was geschehen war, um theils die amerikanischen Streitkräfte zu trennen, theils der englischen Schifffahrt freie Passage auf dem Hudson zu gewinnen. Hätte Clinton diesen Schritt früher gethan, so konnte er vielleicht seinen Zweck erreichen; so aber erfuhr Bourgoyne erst dann von dem Heranrücken einer freundlichen Macht, als er schon sein Wort zur Unterwerfung gegeben hatte, und sowohl Ehre als Menschlichkeit verboten ihm, es zu brechen.

Clinton, sobald er hörte, daß sich Bourgoyne ergeben habe und Gates gegen ihn selbst heranmarschire, räumte und zerstörte die Forts und zog sich nach New York zurück.

Es möchte jetzt gut sein, etwa drei Monate zurückzugehen, um den, wenn auch weniger wichtigen Affairen der südlichen Heerestheile folgen zu können.

Admiral und General Howe verließen, um Philadelphia einnehmen zu können, am 23. Juli Sandy-Hook und liefen in die Chesapeake-Bay ein, wo sie ihre Truppen, 18,000 Mann, am 25. August etwa fünfzig Meilen südwestlich von Philadelphia und oben am Elkflusse landeten. Washington überschritt den Delaware, rückte ihnen entgegen und lagerte am Brandywine, wo er den Angriff der Engländer erwartete.

Früh am 11. September erfolgte denn auch das Anrücken der Engländer, welche mit fröhlichem Muthe dem Kampf entgegengingen. Die Amerikaner hielten sich dabei allerdings gut genug; ihr Heer war aber durch die zahlreichen Truppenabtheilungen, welche sich Washington genöthigt gesehen hatte dem Vorrücken Bourgoyne's entgegenzusenden, geschwächt worden, und der kleine Haufe konnte

16*

dem Andringen der kriegsmuthigen Schaar nicht widerstehen. Der
Kampf wüthete fürchterlich, und die Amerikaner verloren an Todten,
Verwundeten und Gefangenen über 1300 Mann — die Englän=
der nur 500. Lafayette wurde ebenfalls verwundet, und Baron
St. Ovary, auch ein fremder Offizier, gefangen genommen. Beson=
ders tapfer zeigte sich an diesem Tage der polnische Graf Pulaski,
welcher auch später vom Congresse den Rang eines Brigadegenerals
erhielt.

Die Amerikaner zogen sich jetzt nach Philadelphia zurück, mußten
aber nach wiederholten Verlusten (wie bei Goshen, wo 300 Ameri=
rikaner abgeschnitten wurden) auch dieses räumen, und die Eng=
länder rückten am 26. September in die Stadt der Quäker ein. Der
übrige Theil des Spätherbstes verging den Amerikanern in vergeb=
lichen Versuchen, der englischen Armee Vortheile abzugewinnen;
diese schlug sie überall und oft, wie bei Germantown, mit sehr
beträchtlichem Verluste zurück, und beide Armeen bezogen jetzt ihre
Winterquartiere, die Engländer in Philadelphia, die Amerikaner zu
Valley=Forge am Schuylkill, zwanzig englische Meilen oberhalb
Philadelphia, wo Washington jetzt bedeutende Verstärkung durch die
nördliche Armee erhalten hatte. Freilich waren hier nur sehr geringe
Vorbereitungen zu einem ordentlichen Lager getroffen worden, und
die Armee litt entsetzlich.

Viele Hunderte starben in diesem Winter an Krankheiten und
Entbehrungen, und Washington litt um so mehr, da er die Leiden
sah und doch nicht im Stande war, ihnen abzuhelfen. Nichtsdesto=
weniger benutzten manche seiner Feinde oder Neider diesen Umstand,
um ihm zu schaden und General Gates, dessen Name durch Bour=
goyne's Unterwerfung einen sehr guten Klang bekommen, zum Ober=
befehlshaber zu machen. General Gates gehörte dabei selbst mit zu
den Intriguirenden, und mit ihm die Generale Mifflin und Con=
way, denen sich Samuel Adams anschloß; die öffentliche Meinung
ließ sich aber nicht so leicht bestimmen, wie der Congreß selbst, der
schon allerlei Washington kränkende Anordnungen traf. Ein wilder
Zornesruf flog durch die ganze Armee, als sie von den Plänen hörte,
welche man gegen ihren geliebten Anführer geschmiedet. Conway,
in dessen Stelle augenblicklich Baron Steuben, ein preußischer Offi=

zier, einrückte, durfte sich gar nicht mehr vor den Soldaten sehen
lassen, und auch Samuel Adams hielt es für besser, der Armee in
dieser Zeit nicht zu nahe zu kommen. Der Congreß merkte doch
endlich, wie fest nicht allein die Liebe zu Washington im Herzen des
amerikanischen Volkes gewurzelt sei, sondern wie sehr er sie auch
verdiene, und schenkte ihm bald und im vollsten Maaße das vielleicht
zu leichtsinnig entzogene Vertrauen wieder. Conway wurde später
in einem Duell verwundet, und da er sich am Tode glaubte, schrieb
er einen reuigen Brief an Washington, in welchem er sein Unrecht
gestand und um Verzeihung bat.

Mit anbrechendem Frühlinge begannen die Engländer schon wie=
der Streifzüge gegen die Amerikaner zu unternehmen, und würden
diesen höchst gefährlich geworden sein, wären sie im Stande gewesen,
gleich von vorn herein mit ihrer ganzen Macht ins Feld zu gehen;
denn die amerikanischen Verstärkungen und Vorräthe blieben aus,
oder kamen nur verhältnißmäßig spät an. Doch blieb es bei Schar=
mützeln, und auch dieses Jahr sollte noch nicht den Kampf um Leben
oder Tod der jungen Freiheit entscheiden.

Während übrigens die amerikanische Armee auf dem festen Lande
mit unendlichen Gefahren und Schwierigkeiten zu kämpfen hatte
und oft die schlimmsten Niederlagen erleiden mußte, gewannen die
schnellsegelnden Privatiere oder Caper der Vereinigten Staaten Siege
auf Siege, und belästigten den englischen Handel gewaltig. In
allen Seen kreuzten sie, ja selbst die englischen Meere waren vor
ihren Angriffen nicht sicher, und ihr an Tollkühnheit grenzender
Muth ließ sie die abenteuerlichsten Thaten ausführen. Seit 1776
hatten sie schon 500 englische Fahrzeuge erbeutet, und es erforderte
die ganze Energie der britischen Seemacht, ihnen mit Erfolg ent=
gegenzutreten.

Indessen hatte die Capitulation Bourgoyne's, deren Kunde wie
ein Lauffeuer durch Europa flog, einen für die amerikanischen Inter=
essen höchst wohlthätigen Einfluß auf den Continent ausgeübt.
Frankreich besonders, welches sich bis dahin immer noch zurückgehal=
ten und seinen größten Vortheil, ohne mit England gerade wirklich
und offen zu brechen, nur darin gesehen hatte, den Krieg in Ame=
rika so lange als möglich zu unterhalten, was seinen Feind auf

jeden Fall schwächen mußte, erklärte sich jetzt, da durch diesen Sieg die Unabhängigkeitserklärung der Colonieen in ein ganz neues Licht trat, offen für diese, und am 6. Februar wurde in Paris die Allianz mit Frankreich abgeschlossen, welches dadurch die Unabhängkeit der Freistaaten anerkannte und zugleich ein Schutz = und Trutzbündniß mit ihnen schloß. Den Vertrag unterzeichnete für Frankreich M. Gerard, für die Vereinigten Staaten Benjamin Franklin, Silas Deane und Arthur Lee.

Am 20. März wurden die amerikanischen Abgeordneten als die Gesandten einer Schwesternation am französischen Hofe empfangen, und man hielt diesen Umstand wohl mit Recht für einen der wich= tigsten, welche in den Annalen Amerika's seit seiner Entdeckung stattgefunden.

England, welches vielleicht ein solches Bündniß schon voraus= gesehen oder befürchtet haben mochte, ging jetzt auf die früher von Amerika gestellten Bedingungen ein, natürlich unter der Voraus= setzung, daß es zu seiner Unterthanenpflicht zurückkehre, aber — z u s p ä t; die drei hinübergesandten Commissäre richteten in offener Botschaft nichts mehr aus, und suchten nur durch Versprechungen, ja in manchen Fällen sogar durch directe Bestechungen auf die Füh= rer der republikanischen Partei zu wirken.*) Bekannt ist die Antwort, welche General Reed dem Commissär Johnstone sagen ließ, der durch eine Dame auf ihn zu wirken suchte und ihm 10,000 Pfund Sterling und eine bedeutende Stellung in den Colonieen zusichern ließ.

„Ich möchte des Kaufs nicht werth sein," antwortete ihr der wackere Mann; „w i e ich aber nun einmal bin, so wäre der König von England gar nicht reich genug, mich zu kaufen."

Sobald die Nachricht des Vertrags aus Frankreich nach England kam, beschloß dieses, auf's Aeußerste entrüstet darüber, den Nachbar= staat augenblicklich zur See anzugreifen, fand aber zu seinem Erstau= nen, daß dieser durch gewaltige Anstrengungen seine Marine wie seine Seeleute ungemein verbessert hatte und keineswegs mehr unvor= bereitet oder ungerüstet dastand, einen Seekrieg auszuhalten und durchzuführen.

Am 5. Juni etwa (1778) begannen die Engländer, Philadelphia

*) Siehe Th. Paine's Krisis No. 6.

wieder zu räumen, und Washington, der es jetzt für gerathen hielt,
den Feinden eine Schlacht anzubieten, obgleich seine Offiziere nicht
damit einverstanden waren, folgte mit seiner Armee und schlug die
Schlacht von Monmouth, in welcher die Engländer, die sich aller=
dings später den Sieg zuschrieben, etwa 700 Mann verloren und
das Feld räumen mußten. Clinton, welcher einen zweiten Angriff
am nächsten Tage nicht abwarten wollte, zog sich nach Sandy=Hook
zurück und setzte später nach New York über.

Eine französische Flotte, aus zwölf Linienschiffen und sechs Fre=
gatten bestehend und vom Grafen d'Estaing befehligt, wurde jetzt
den Amerikanern zu Hülfe gesandt. Der Admiral verließ Toulon
am 18. April und segelte nach dem Delaware, um die englischen
Schiffe dort zu blokiren. Hier fand er freilich, daß diese nach New
York übergesegelt waren, und als er ihnen dorthin folgte, konnte er
sie, der Größe seiner Schiffe und des geringen Seeraums wegen,
nicht angreifen.

Am 14. September wurde der noch immer in Paris weilende
Benjamin Franklin mit der Würde und Macht eines bevollmächtigten
Gesandten der Republik bekleidet.

Washington indessen, welcher den größtmöglichen Nutzen aus der
Anwesenheit einer französischen Flotte zu ziehen wünschte, sandte eine
Expedition von 10,000 Mann gegen Rhode=Island, und zwar unter
dem General Sullivan, dem er später noch die Generale Greene und
Lafayette beigesellte. Die Gegner zählten, unter General Pigot,
nicht mehr als 6000 und standen bei Newport. Der Plan war vor=
trefflich, und nach General Sullivan's Idee, wie mit der Coopera=
tion der französischen Flotte, wäre er auch sicherlich ausgeführt wor=
den; aber gerade beim Beginn der Unternehmung kam Lord Howe
mit der englischen Flotte in Sicht, und d'Estaing verließ Sullivan,
um Jenen zu verfolgen. Allerdings hatte er baldige Rückkehr ver=
sprochen; während aber Sullivan allein die Belagerung von New=
port begann, lief der Admiral zwar wieder in den Hafen ein, behaup=
tete aber, daß seine Schiffe so beschädigt wären, daß er unmöglich
verweilen könne, sondern nach Boston müßte, um die Fahrzeuge
auszubessern. Ein Unglück kommt dabei nie allein — die Milizen,
welche fast die Hälfte der Armee ausmachten, wurden ebenfalls durch

solches Rückweichen der Verbündeten ängstlich gemacht und verließen das Heer, und Sullivan, welcher sich jetzt mit so geringer Mannschaft von New York aus bedroht sah, hob die Belagerung auf.

Dieses Jahr brachte über Amerika, neben vielen andern Leiden, auch die Gefahren indianischer Metzeleien auf höchst traurige Art, denen sich die Tories oder Anhänger des Königthums zu ihrer Schande beigesellten. Auch Streitigkeiten mit den Franzosen fielen vor, da d'Estaing's Benehmen bei Newport Mißtrauen erregt hatte. Man schrieb dies damals auch englischen Intriguen zu. Lafayette, der diesem Treiben ein Ende zu machen wünschte und den amerika= nischen Freistaaten für den Augenblick mehr in Frankreich als in Amerika zu nützen hoffte, erbat und erhielt die Erlaubniß, in sein Vaterland zurückzukehren.

Die französische und die englische Flotte segelten indessen nach Westindien hinüber und nahmen dort, die erstere Dominica von den Engländern, die zweite St. Lucia von den Franzosen.

Sir Henry Clinton hatte übrigens zum Hauptziele des diesjäh= rigen Kampfes die Unterwerfung der südlichen Staaten gemacht, sich aber erst spät im Stande gesehen, diesen Plan zu verfolgen. Er sandte im November, mit der Flotte des Admirals Hyde Parker, 2500 Mann Engländer und Hessen; die Armee wurde vom Oberst Campbell befehligt, und als sie am 27. December 1778 vor Savan= nah vor Anker gingen, fanden sie den Platz auf solchen Ueberfall ganz unvorbereitet, griffen ohne Weiteres die Amerikaner unter Generalmajor Robert Howe an, schlugen sie und besetzten die Stadt. 450 Amerikaner fielen in ihre Hände, eben so eine beträchtliche Anzahl von Geschützstücken und viele Munition.

Spät im Herbste dieses Jahres schlug Washington in Middlebrook seine Winterquartiere auf.

Auch das nächste Jahr, 1779, brachte nur wenig Entscheidendes in seinem Laufe, obgleich manche blutige Scharmützel stattfanden und die Amerikaner auch mit Uneinigkeit unter sich selber zu kämpfen hatten. Sir Henry Clinton folgte nämlich seinem im vorigen Jahre entworfenen Plane, Georgia mit den südlichen Staaten zu unter= werfen, und da er schon die Hauptstadt genommen, so wurde es ihm leicht genug, auch die anderen Theile mit seinen Truppen zu über=

ziehen. Weniger glücklich fiel die Expedition gegen Port=Royal aus,
wo die Engländer von den wackeren Carolinern mit blutigen Köpfen
heimgeschickt wurden; aber sie ließen sich nicht abschrecken, denn auch
im Lande selbst, unter den Amerikanern, wußten sie Freunde, die hie
und da zerstreut nur der Gelegenheit warteten, sich den Königlichen
anzuschließen und gegen ihre eigenen Landsleute zu kämpfen. Es
rotteten sich auch, als die Engländer näher rückten, einzelne Schaaren
von „Tories" zusammen und zogen diesen entgegen, ja begingen
nicht selten, mit den Indianern vereint, fürchterliche Grausamkeiten.
Die Republikaner sammelten aber ebenfalls ihre Macht unter Oberst
Pickens, griffen sie an und erschlugen und fingen, was ihnen Wider=
stand leistete.

Die Briten waren indessen aller Orten siegreich und schlugen die
Amerikaner, wo sie mit ihnen zusammenkamen; mehrere Versuche,
Georgien wieder zu befreien, blieben daher auch nutzlos. Erst vor
Charleston, das Prevost belagerte, fanden sie Widerstand und muß=
ten von der Besatzung hingezögert, abziehen, als der amerikanische
General Lincoln zum Entsatz heranrückte.

Im Mai sandte General Clinton eine Flotte in die Chesapeake=
Bay und ließ dort am Jamesflusse mehrere Städte niederbrennen.

Er hatte dabei gehofft, von den Royalisten so bedeutend unter=
stützt zu werden, daß er sich des ganzen Staates Virginien bemäch=
tigen könnte; da er aber bald fand, daß dies nicht der Fall war, zog
er seine Truppen wieder nach New York zurück, nachdem sie weiter
nichts ausgerichtet hatten, als daß sie einzelne Proviant= und Muni=
tionslager zerstörten und mehrere Magazine ausräumten.

Auch gegen Stony= und Verplankspoint — zwei feste, einander
gegenüberliegende Plätze am Hudson—sandte er Streitkräfte, und es
gelang ihm auch, sie am 1. Juni einzunehmen; am 15. Juli aber
wurde Stonypoint schon wieder von den Amerikanern, unter Wayne,
überrumpelt und nach einem glorreichen Bayonnetangriff genommen.
Verplankspoint hielt sich dagegen, und von hier aus beschossen
sahen sich die Amerikaner genöthigt, das Fort wieder zu räumen, zu=
mal da auch Clinton neue Truppen gegen sie aussandte. Uebri=
gens nahmen sie an Artillerie und Munition mit, was ihnen von
Werth schien.

Gleich glücklichen Erfolg hatte am 19. ein Angriff des Majors Lee mit 300 Mann, der die britische Garnison am Paulus-Hook überfiel, 30 Mann erschlug und 159 gefangen nahm. Trübselig erging es aber dafür den Bewohnern von Boston, die unter dem Befehle des Commodore Saltonstall eine Flotte ausrüsteten, und auf dieser den General Lovell mit einem Theile der Landtruppen gegen Oberst M'Lean schickten, welcher sich an der Mündung des Pennob-soot festgesetzt hatte und die Bewohner von Massachusetts daran ver-hindern wollte, der Washington'schen Armee Verstärkung zuzuschicken. Anstatt den Feind gleich und ungesäumt anzugreifen, zögerten sie nutzlos, bis eine von Clinton unter Collier abgesandte Verstärkung eintraf. Dieser warf sich auf die Bostoner Flotte und zerstörte sie vollkommen. Die Amerikaner erlitten hierdurch einen höchst bedeu-tenden Verlust.

Siegreich waren sie dafür gegen die wieder gesammelten Tories und Indianerschaaren, welche entsetzliche Grausamkeiten verübt und sich in Newtown festgesetzt hatten. Sullivan, der hierbei den Ober-befehl führte, rückte gegen sie vor, stürmte Newtown, schlug und ver-trieb die Indianer und übte ein strenges Vergeltungsrecht an ihren eigenen Dörfern und Waarenvorräthen aus.

Um übrigens diesem, in so vielen Orten zugleich geführten Krieg auch genau folgen zu können, ist es nöthig, die verschiedenen Streit-kräfte im Auge zu behalten.

Der Anfang des Jahres 1779 fand den Grafen d'Estaing und Lord Byron mit ihren beiderseitigen Flotten, der französischen und englischen, in Westindien, wo die letztere, da ihre Kräfte ziemlich gleich waren, um jeden Preis eine Schlacht herbeizuführen suchte. D'Estaing aber hatte, um die englischen Inseln zu besetzen, viele Milizen an Bord, die er keiner unnützen Gefahr auszusetzen wünschte, und blieb deshalb ruhig bei Martinique vor Anker, bis Lord Byron endlich, des langen Harrens müde, nach England zu-rücksegelte, um eine Handelsflotte zu begleiten, und die Franzosen nun ohne Weiteres die herrliche Insel St. Vincent besetzten. Auch die Insel Grenada nahmen sie nach heftiger Beschießung des starken Forts St. Georg.

Die Amerikaner beklagten sich aber, und wohl auch nicht mit Unrecht, bitter über ihre neuen Verbündeten, die Franzosen, welche ihnen nicht die geringste Hülfe angedeihen ließen, sondern ihre Küsten dem Feinde preisgäben, um in fremden Meeren zu kreuzen. Graf d'Estaing hatte gerade um diese Zeit, im August, Befehl er- halten, nach Frankreich zurückzukehren; nichts desto weniger hielt er die Beschwerden der Amerikaner für so gegründet, daß er beschloß, den Instructionen nicht gleich zu folgen, sondern erst seinen Bundes- genossen zu Hülfe zu eilen.

Die Macht der Engländer in Amerika zu brechen und den Krieg zu beenden gab es, wie die Führer damals glaubten, zwei Wege. Einer von diesen war die Vernichtung der unter Prevost zu Savan- nah stehenden Armee; der andere und schwierigere dagegen, zu See und Land gemeinschaftlich die britischen Streitkräfte in der Stadt New York anzugreifen. Man beschloß das erstere zu versuchen, und d'Estaing, wie General Lincoln verloren keinen Augenblick weiter, ihre gemeinschaftlichen Operationen zu beginnen.

Der französische Admiral hatte nach Charleston Schiffe, mit der fröhlichen Botschaft seiner Ankunft, gesandt. Diese überraschten und nahmen einige englische, mit Provisionen beladene Fahrzeuge. Ge- neral Prevost aber, beunruhigt durch die aufsteigende Gefahr, zog alle Außenposten nach Savannah ein und rüstete sich auf den erwar- teten Angriff. Indessen rückte d'Estaing vor Savannah, Lincoln zog sich eben dorthin, und eine regelmäßige Belagerung begann, wobei die unglückliche Stadt von den Franzosen erbarmungslos beschossen wurde; Prevost erhielt aber, schon zum Ergeben aufgefordert, Ver- stärkung, schlug einen Sturm der vereinigten Heere glücklich zurück und zwang sie endlich, am 18. October, die Belagerung wieder aufzuheben.

Die Franzosen verloren bei diesem Kampfe 700, die Amerikaner 400 Mann. Unter den Letzteren befand sich auch der wackere Polen- graf Pulaski, welcher an der Spitze seiner Reiter den Todesschuß erhielt.

d'Estaing segelte nach dem ungünstigen Erfolge dieses Sturmes heimwärts, die Miliz zerstreute sich und Lincoln ging mit den Regu- lären über den Fluß zurück. Sir Henry Clinton übrigens, welcher einen Angriff der Franzosen fürchtete, räumte mit seinen Truppen

17

Rhode-Island so schnell, daß er selbst seine Munition zurückließ und dem Staate verstattete, sich ganz friedlich der Union anzuschließen.

Gegen Ende dieses Jahres fiel auch unweit der englischen Küste jene berühmte Seeschlacht vor, die den Namen Paul Jones unsterb= lich machte. Dieser Mann war ein Schotte, befand sich aber im Dienste der Vereinigten Staaten; seine Flottille bestand aus dem Bonhomme Richard, von 40 Kanonen, der Alliance, von 36 Kanonen (beides amerikanische Schiffe), der Pallas, einer fran= zösischen Fregatte, die der Congreß besoldete, von 32 Kanonen, und zwei andern kleineren Fahrzeugen. Dieser traf eine britische Handels= flotte, die aus dem baltischen Meere zurückkehrte und vom Capitän Pearson mit der Fregatte Serapis, von 44 Geschützen, und der Gräfin Scarborough, von 22 Geschützen, begleitet wurde.

Pearson entdeckte Jones kaum, als er auch mit vollen Segeln auf ihn zuging, während die Kauffahrer den Schutz der Küste suchten. Die amerikanische Flottille stellte sich, um ihn zu empfangen, und die beiden Feinde begannen den Kampf etwa 7 Uhr Abends. Die Engländer hatten aber dabei den Vortheil gröberen und dadurch auch weitertragenden Geschützes; Jones beschloß daher, den Fre= gatten näher auf den Leib zu rücken. So dicht brachte er darauf sein Schiff heran, daß sich die Mündungen fast einander berührten, und so fochten die Gegner von sieben bis zehn Uhr.

Paul Jones fand jetzt sein Schiff so durchlöchert, daß er nur noch drei von seinen Kanonen gebrauchen konnte; auf diese durfte er sich natürlich nicht mehr allein verlassen, er griff daher nun den Feind mit Granaten an, die in die Serapis fielen und sie an mehreren Stellen entzündeten. Endlich flog ihr Pulvermagazin in die Luft und tödtete Alles in seiner Nähe; Pearson aber, auf seine Offiziere zürnend, welche im zuredeten, die Flagge zu streichen, gab den Be= fehl zum Entern. Paul Jones empfing sie, an der Spitze der Seinen, mit der Pike in der Hand; sie mußten zurück. Das Feuer der Sera= pis hatte sich aber auch jetzt dem feindlichen Schiffe mitgetheilt — auch Paul Jones' Fahrzeug stand in Flammen.

In diesem fürchterlichen Augenblicke kam die Alliance heran und feuerte, da sie im ersten Anlaufe den Freund für den Feind hielt, eine Flankensalve in Jones Schiff'; die lodernde Gluth verrieth

ihr aber bald den Irrthum, und sie richtete jetzt ihr Feuer gegen den
überdies schon zum Tod erschöpften Feind, welcher nicht länger
widerstehen konnte und sich ergeben mußte.   Die Pallas hatte in=
dessen, doch nach weniger blutigem Kampfe, die Gräfin Scar=
borough ebenfalls genommen.

Auf der Serapis wurde den Flammen noch Einhalt gethan,
die Lecke des Bonhomme Richard waren aber nicht mehr zu ver=
stopfen, und kaum hatte man die Mannschaft davon entfernt, als er,
zerrissen und schlachtenmüde, in die dunkle Tiefe sank. Von den 375
Mann, die an seinem Bord gewesen, waren 300 todt oder verwun=
det.   Jones segelte nach diesem fürchterlichen Sieg einige Zeit mit
seinen kaum segelbaren Fahrzeugen umher und erreichte endlich glück=
lich die Waſſer des Texel.

Doch um nach Amerika zurückzukehren, so hatte die französische
Flotte dort, wenn sie auch wirklich keine großen Schlachten für die
Amerikaner schlug, dennoch den Vortheil für dieselben, daß sie die
Engländer stets im Schach hielt, dagegen aber auch wieder den Nach=
theil, daß ein Theil der Amerikaner lässig wurde, da er glaubte:
nachdem sie mit Frankreich in Bündniß getreten, werde sich England
doch bald gezwungen sehen, nachzugeben.   Ein anderes Uebel, aber
eine natürliche Folge des Krieges, waren die Lieferanten, Stellen=
sucher und andere derartige Gesellen, welche unter patriotischer
Maske nur ihren eigenen Vortheil im Auge hatten und dadurch
unendliches Elend anrichteten und Unfrieden stifteten.   Auch die
wahre Fluth von Papiergeld trug das Ihrige zu dieser Krisis bei,
während die Engländer es nicht einmal verschmähten, auch in die=
ser Hinsicht in die politischen Zustände Amerika's störend einzugrei=
fen, daß sie jenes Papiergeld verfälschten und kistenweise in die
Union schafften. *)

Nicht einmal das französische Cabinet handelte ehrlich gegen die
junge Republik.   Im Anfang hatte es sich natürlich freiwillig zur
Bundesgenossin angeboten, aber weshalb?   Die raschen Siege der
Amerikaner, besonders die Gefangennehmung von Bourgoyne's
ganzem Heere, ließen es glauben, der Frieden würde schneller, als
dies wirklich geschah, und vielleicht auch ohne seinen Beitritt erfolgen

*) Siehe Th. Paine's Krisis No. 5.

und es dann den Dank, wie auch einen tüchtigen Verbündeten gegen das ihm feindliche England verlieren, und da jetzt diese Allianz ge= schlossen worden, so suchte es nun durch später gestellte Bedingungen auch so viel Vortheil als möglich zu ziehen.

Gleiche Absicht schien Spanien zu haben, und während Mr. Ge= rard, der nach Amerika gesandte französische Botschafter, für sein Land die alleinige Benutzung der New Foundlandbank=Fischereien zu erlangen suchte, verlangte Spanien für seine Hülfe, wenn es sich den amerikanischen Interessen widme, die ausschließliche Schiffahrt des Mississippi. Der Congreß ließ sich jedoch nicht so leicht irre füh= ren und weigerte sich, die gutaussehende Lockspeise anzunehmen; der Erfolg zeigte, wie recht er gethan. Frankreichs eigener Vortheil gebot ihm auch, ohne dieses Zugeständniß bei Amerika auszuharren, und Spanien erklärte England ebenfalls aus eigener Wahl den Krieg, während es doch früher vorgab, es wolle dies nur Amerika's wegen thun.

Das britische Ministerium hatte im Frühling des Jahres 1779 Admiral Arbuthnot mit einer Verstärkung für den amerikanischen Krieg ausgesandt, dieser wurde jedoch unterwegs aufgehalten und traf erst im August ein. Unter dem Schutze dieser Flotte segelte Sir Henry Clinton, im December desselben Jahres, mit 7000 Mann von New York ab und landete nach einer stürmischen, verzögerten Fahrt am letzten Januar auf der Insel Tybee, in der Nähe von Savannah.

General Lincoln war mit Ende des Jahres in seine Winterquar= tiere nach Shelden gegangen, und Washington, seine Armee in zwei Theile sondernd, stationirte den einen nach Westpoint, am Hudson, während er selbst mit dem andern die Höhen von Morriston besetzte.

England hatte sich in dieser Zeit die „Herrschaft über die See" in solcher Art angemaßt, daß die übrigen europäischen Mächte ein= sahen, sie würden sich, da sie einzeln nicht stark genug dazu wären, wenigstens unter einander zu einem Trutz= und Schutzbündniß ver= einigen müssen. Von Rußland scheint die Idee dieser „bewaffneten Neutralität" ausgegangen zu sein, und Schweden und Dänemark fügten sich augenblicklich diesem Vorschlage.

Der Vertrag lautet dahin: daß sich die beitretenden Mächte vereinigten, neutrale Fahrzeuge sollten, selbst in kriegführenden Ländern, von einem Hafen zum andern frei verkehren, wie auch die Waaren von jedem politischen Einfluß unberührt bleiben, sobald sie sich eben am Bord solcher neutralen Fahrzeuge befänden. Die vereinigten Mächte wollten dabei einen Theil ihrer Seemacht gerüstet halten, um den gegenseitigen Handel überall zu schützen und zu schirmen.

Diese Artikel wurden den Höfen von Frankreich, Spanien, Hol= land, England und Portugal mit der Einladung, sich dieser Con= föderation anzuschließen, zugesandt, denn man wußte recht gut, daß sich England nie dazu verstehen würde; Frankreich und Spanien nahmen denn auch die Bedingungen augenblicklich an; eben so be= reitwillig zeigte sich Holland, welches auf England erbittert, seine Drohungen nicht fürchtete; nur Portugal verweigerte, aus Furcht dem englischen Cabinet zu mißfallen, den Beitritt, und England selbst, welches nicht gern mit Rußland offen zu brechen wünschte, gab eine ausweichende Antwort. Von so vielen Gefahren umgeben ist es aber erklärlich, wie Großbritanien jetzt den amerikanischen Krieg mit weniger Eifer betrieb, als sonst wohl der Fall gewesen wäre; dennoch ließ es sich in seinen Rüstungen keineswegs irre machen und suchte besonders seine Macht, außer den im Norden nöthigen Besatzungen nach dem Süden zu concentriren.

Sir Henry Clinton zog sich demgemäß bald von Savannah fort gegen Charleston und nahm die benachbarten Forts und festen Plätze, während General Lincoln und seine Armee eben dorthin gingen und sich mit Gouverneur Rutledge zur Vertheidigung rüsteten. Sie hatten aber mit entsetzlichen Schwierigkeiten zu kämpfen; die Miliz war halb aufgelöst und entmuthigt, ja sie weigerte sich sogar, nach Charleston einzurücken, da die Blattern dort grassirten. Das Papiergeld hatte ebenfalls entsetzlich an Credit verloren, und Viele benutzten jetzt die von England gebotene Amnestie, um nur endlich einmal zur Ruhe zu kommen. Dennoch sammelte Lincoln eine ziem= liche Macht, und es gelang ihm auch, die Befestigungswerke nach Wunsch hergestellt zu sehen.

Die Belagerung begann am 1. April 1780, und die Engländer, welche sich bald durch noch 3000 Mann von New York verstärkt sahen, schnitten den Belagerten selbst den Rückzug ab und hielten

sie fest umschlossen. Am 7. Mai nahmen sie Fort Moultrie, und
Lincoln mußte am 12. capituliren, wonach sieben Generale, zehn
Continentalregimenter und drei Bataillone, wie 400 Stück Artillerie
und vier Fregatten, in die Hände der Engländer fielen.

General Clinton war von hier an, nach allen Richtungen hin, in
seinen Unternehmungen glücklich, und unterwarf Süd-Carolina
bald so entschieden, daß die Einwohner von allen Seiten herbei=
kamen und ihrer alten Unterthanenpflicht wieder treu zu sein ver=
sprachen. Clinton erließ auch einen öffentlichen Pardon für alle
Diejenigen, welche augenblicklich zu ihrer Pflicht zurückkehren woll=
ten, stellte aber dabei die Bedingung, daß sie dann nicht allein die
Rechte zu genießen, sondern auch die Pflichten englischer Untertha=
nen zu erfüllen hätten, welche darin beständen, vor allen Dingen die
Waffen gegen die Feinde der königlichen Regierung zu ergreifen.
Diejenigen, welche Familie hatten, mußten also eine Miliz für den
Schutz des Landes bilden, die jungen Leute dagegen mit den könig=
lichen Truppen, sechs Monate aus den nächsten zwölfen, dienen.
Bürger waffneten sich dadurch gegen Bürger und Brüder gegen
Brüder.

Dieser Zustand konnte aber nicht lange dauern; hätte man die
Besiegten ruhig zu Hause gelassen, so würden sie sich vielleicht in das
Unabwendbare gefügt und die Schmach ihres Landes ertragen, gedul=
det haben; so aber, als man sie zwingen wollte, die Waffen gegen
ihre Freunde zu führen, erwachte auch wieder der alte Geist, und sie
sagten: „Ei, wenn wir denn einmal die Waffen führen müssen, so
wollen wir das doch lieber gegen, als für die Feinde thun." Dazu
kam noch, daß die Unterworfenen von den britischen Beamten und
Richtern auf das Demüthigendste behandelt wurden, und das lange
niedergehaltene Feuer des Unmuths gährte und kochte in gefahr=
und sturmdrohender Gluth.

Auch die Frauen Süd-Carolina's trugen vielleicht nicht wenig
dazu bei, den Haß gegen die Engländer zu mehren und den Muth
der Ihrigen aufrecht zu erhalten, oder, wo es nöthig war, wieder zu
wecken. Sie waren stolz darauf, „Rebellen-Ladies" genannt zu
werden, und weigerten sich, irgend einem Feste beizuwohnen, welches
die Sieger gaben. Dagegen suchten sie das Schicksal der Leidenden

und Verwundeten jeder Art zu erleichtern; sie besuchten die Ge=
fangenenschiffe, wie die entsetzlichsten Kerker, und trieben und reizten
die Ihrigen ununterbrochen an, die Unterdrücker zu bekämpfen und
ihr Vaterland von so peinlicher Schmach zu befreien. Ihre Ab=
schiedsworte lauteten stets: „zieht das Gefängniß der Schande,
zieht den Tod der Knechtschaft vor."

Jahre lang hatte ein träger Geist im amerikanischen Blute
geherrscht; der Freiheitskampf, welcher im Anfange jeden Nerv
gestählt, war lässig und matt betrieben worden, ja an vielen Orten
schien es nur noch der Geist der Führer zu sein, welcher die Massen
zusammenhielt; dieses mußte aber auch zuletzt sein Ende erreichen.
Der Uebermuth der Briten griff dem auf sein Vaterland noch viel
stolzeren Amerikaner tief ins Herz, und der Zornesruf „zu den
Waffen!" fand noch einmal Anklang in allen Gauen, wohin er
drang. Amerika erwachte aus seinem Traume, erwachte zu besseren
Thaten, zu besseren Tagen.

Die patriotischen Führer des sogenannten „Rebellenheeres" säum=
ten denn auch nicht, diesen frisch erwachenden Geist zu benutzen;
ihr Aufruf fand diesmal keine tauben Ohren, und von allen Seiten
strömten die Milizen herbei, die Reichen gaben Geld und selbst die
Frauen thaten Alles, was in ihren Kräften lag, das Heer mit Klei=
dern und Arzneien zu unterstützen. In Philadelphia stand besonders
Martha Washington, Georgs Weib, an der Spitze dieser wohlthä=
tigen Gesellschaft, und stiftete unendlich viel Gutes.

Zu gleicher Zeit wirkte auch Lafayette in Frankreich auf das Thä=
tigste für Amerika, und kehrte bald mit der fröhlichen Kunde zurück,
daß eine für die Freistaaten bestimmte Flotte schon ausgelaufen und
unterwegs sei. Er selbst wurde mit lauter Freude empfangen, und
am 10. Juli trafen auch wirklich die sehnlichst erwarteten Hülfs=
truppen auf fünf Fregatten und zwei Corvetten ein. Die früheren
Mißhelligkeiten hatten dabei die Nationen gelehrt, künftigen Unfrie=
den bei Zeiten zu begegnen oder ihn ganz unmöglich zu machen;
zwischen dem Congreß und dem Hofe von Versailles war daher
bestimmt worden, daß General Washington der Oberbefehlshaber
beider Armeen, der französischen und der amerikanischen, sein sollte,
und die Offiziere von einer wie der andern Nation den Rang gleich=

mäßig einnehmen sollten, welchen sie gerade bekleideten. Die Ame=
rikaner bewillkommneten ihre neuen Hülfstruppen mit jubelnder
Dankbarkeit und räumten ihnen augenblicklich die Forts in Rhode=
Island ein; Washington aber, um die Nationen noch fester zu ver=
einigen, ließ ihre verschiedenen Farben in seiner Flagge vereinigen.

Clinton segelte jetzt von New York ab, um die Franzosen anzu=
greifen; Washington aber, der eine Bewegung gegen das fast ver=
theidigungslos gelassene New York machte, zwang ihn, rasch zurück=
zukehren, und erweckte dadurch nur noch mehr Muth und Selbst=
vertrauen bei den Seinen.

In den Carolina's begannen indessen die dortigen Bewohner eine
Art Guerillakrieg gegen die Engländer, und als Führer zeichneten
sich hier besonders die Obersten Sumpter und Marion aus. Oft
waren sie dabei glücklich, oft mußten sie flüchten. Eine ernstliche
Niederlage erlitten die Amerikaner aber erst wieder bei Camden, am
16. August, und zwar unter ihren Generalen Gates und de Kalb,
welche von Lord Rawdon, dem jetzigen Befehlshaber der britischen
Streitkräfte in Carolina, gänzlich geschlagen wurden und etwa 2000
Mann, wie alle Artillerie und Vorräthe, verloren. Auch der Baron
de Kalb, ein Deutscher, starb drei Tage später an seinen erhaltenen
Wunden.

Während nun im Süden der patriotische Geist mehr und mehr
erwachte, breitete im Norden der Verrath seine dunkeln Pläne aus
und drohte dem jungen freien Lande Verderben. Generalmajor
Arnold, bis dahin der wackerste Vertreter und Vorkämpfer amerika=
nischer Rechte, hatte sich und seine Ehre verkauft, sein Vaterland um
schnödes Geld zu verrathen, und nicht einmal das Resultat einer
bösen Stunde, der rasch gefaßte Entschluß eines rache= oder grimm=
erfüllten Herzens war diese That; nein, fünfzehn Monate gährte
und kochte das Gift, um endlich durch das Verderben eines Unschul=
digen an's Tageslicht zu kommen.

Benedict Arnold war dem amerikanischen Volke theuer; er hatte
in seinem Dienste wacker gekämpft, und sein verstümmelter Körper*)
trug die Zeichen seiner Tapferkeit. In Folge seiner Wunden hatte

---

*) Er hatte, für Amerika kämpfend, ein Bein verloren.

er sich genöthigt gesehen, sich vom activen Felddienste zurückzuziehen, und er erbat und erhielt vom Congresse den Posten eines Commandanten von Philadelphia. Hier lebte er in wahrhaft fürstlicher Pracht, und legte sich, um diesen außerordentlichen Aufwand zu unterstützen, auf den Handel und das Ausrüsten von Caperschiffen. Unglücklich in diesen Unternehmungen, blieb seine nächste Zuflucht der öffentliche Schatz, zu welchem er, als so hochgestellter Beamter, Zugang hatte. Er lieferte aber so unverantwortliche Rechnungen für Auslagen und Bedürfnisse ein, daß der darüber erzürnte Congreß sie einer speciellen Prüfung unterwerfen ließ, wobei die dazu gewählten Commissäre sie auf die Hälfte reducirten. Arnold wüthete; aber bei einer nochmaligen Prüfung der Sache stellte sich sein Verfahren eher noch schlimmer heraus, als es bis jetzt geschienen, und er ließ jetzt seinen Aerger gegen den Congreß selbst in Schmähungen und Verdächtigungen aus.

Der Senat von Pennsylvanien nahm die Sache auf und brachte ihn vor ein Kriegsgericht, nachdessen Urtheilsspruch er durch Washington einen Verweis erhielt.

Woher konnte er jetzt Geld bekommen, um seine Verschwendungen zu bestreiten, da ihm diese letzte Quelle abgeschnitten worden? Nur die gefüllten Koffer Großbritanniens boten ihm noch eine Aussicht, wobei er zugleich hoffen durfte — oder redete er sich dieses nur ein, um sein eigenes Gewissen zu beschwichtigen? — volle Rache an Denen zu nehmen, welche ihn gekränkt und beleidigt.

Er wandte sich durch Oberst Robinson brieflich an den General Clinton, und dieser sah augenblicklich, welchen ungeheuren Vortheil er aus dem Verrath eines so hochgestellten Offiziers zu ziehen im Stande sein würde. Das aber, was dem Engländer damals am wichtigsten schien, war der Besitz der Festung Westpoint, am Hudson, welche er nie hoffen durfte durch Sturm zu nehmen, und für die er sich vollkommen ermächtigt hielt, selbst die außerordentlichsten Bedingungen zuzusagen.

Arnold erhielt jetzt, auf sein Ansuchen, den Befehl des Forts Westpoint, und die ersten Schritte, welche er zur Erfüllung seiner verrätherischen Versprechungen that, bestanden darin, die Armee an verschiedene einzelne Stellen zu postiren, so daß sie leicht von den

Engländern abgeschnitten werden konnte. Alles war vorbereitet, und wenige Tage länger hätten den Verrath gelungen gesehen, als ein glücklicher Zufall den Bubenstreich enthüllte.

Major André, der Adjutant Clinton's, ein hoffnungsvoller junger Mann und Liebling des britischen Heerführers, war von demselben in dieser, für die englischen Interessen so wichtigen Sache beauftragt worden, die letzten Punkte noch mit Arnold zu bereden, und deshalb verkleidet in das amerikanische Lager gegangen. André landete von der britischen Kriegsschaluppe Vulture, etwas unter Stonypoint, traf dort am 21. September Arnold und unterhandelte mit ihm die ganze Nacht; ja mit dem dämmernden Morgen hatten sie ihre Ge= schäfte noch nicht einmal beendet, und André wurde den Tag über versteckt gehalten und mußte in der nächsten Nacht, da sich der Vul= ture genöthigt gesehen hatte, eines Angriffs wegen den Strom weiter hinabzufahren, den Weg nach New York einschlagen, wozu ihm Ar= nold ein Pferd und einen Paß gab.

Unterwegs wurde er zufälligerweise von drei Männern, John Paulding, David Williams und Isaac van Wert, angehalten, durch= sucht und gefangen genommen, weil man in seinen Strümpfen Papiere fand, welche den schlichten Farmers verdächtig schienen. Umsonst bot er reiches Lösegeld, die wackern Leute waren nicht dazu zu bringen, sich einen Dienst ihres Vaterlandes mit Geld abkaufen zu lassen, und überlieferten ihn an Oberst James, wo Arnold's Handschrift bald genug dessen Verrath verkünden mußte. Dieser Offizier konnte es aber natürlich kaum für möglich halten, daß sein General das Land verrathen würde, für welches er bis jetzt sein Blut verspritzt, und erlaubte höchst unvorsichtiger Weise André, an ihn zu schreiben. Arnold erfuhr dadurch, daß sein Abgesandter ge= fangen genommen und er selbst mit entdeckt sei, bemächtigte sich rasch eines Bootes und flüchtete an Bord des Vulture.

Leider mußte der arme, junge André jetzt das büßen, was der Landesverräther allein verschuldet hatte; Nachsicht konnte aber hier nicht ausgeübt werden, und trotz der dringendsten Bitten und Ver= wendungen Clinton's konnte und durfte ihn Washington selbst nicht von der, auf solches Verbrechen gesetzten Strafe retten. Er starb am 2. October durch den Strang.

Arnold erhielt von dem Engländer 10,000 Pfund Sterling und den Rang eines Brigadegenerals, und dafür hatte er seine Ehre, seinen Frieden und seinen so theuer erworbenen Kriegsruhm verkauft — die Liebe seines Landes in Haß, die Achtung, selbst seiner Feinde, in Verachtung des Meineidigen verwandelt.

Die drei Männer, welche André einfingen und somit das Complot entdeckten, erhielten, mit dem Danke ihres Vaterlandes und dem des Congresses, eine silberne Medaille und eine Pension.

Cornwallis richtete nach der Schlacht bei Camden sein Augenmerk auf die Unterwerfung Nord=Carolina's, und rückte deshalb mit seiner Armee nach Charlottetown. Indessen sandte er nach allen Richtungen hin Truppenabtheilungen aus, deren eine ein Oberst Namens Ferguson commandirte, der seine Bahn mit solchen Grausamkeiten bezeichnete, daß die Bewohner von Carolina den Druck endlich nicht länger ertragen konnten und wollten. Sie sammelten sich unter verschiedenen Führern, von denen die vorzüglichsten die Obersten Campbell und Shelly waren, griffen Ferguson auf „des Königs Berg" an und schlugen ihn nach tapferem Widerstande gänzlich.

Cornwallis' Stellung in Nord=Carolina wurde dadurch immer schwieriger. Die Republikaner sammelten sich wieder unter Sumpter und Marion; die Royalisten und Tories wagten, eingeschüchtert durch die Erfolge der Patrioten, keine weiteren Schritte, und Cornwallis sah sich endlich genöthigt, nach Süd=Carolina zurückzugehen.

General Gates hatte sich während dieser Vorgänge unendliche Mühe gegeben, neue Truppen anzuwerben, und dadurch den Stand der Armee wesentlich verbessert; dennoch war er in der Führung des südlichen Krieges nicht glücklich gewesen und Washington sah sich, zumal da es die südlichen Staaten von ihm verlangten, genöthigt, General Greene zu seinem Nachfolger zu ernennen.

General Leslie verstärkte jetzt Cornwallis mit 1500 Mann zu Winnsborough, und selbst Arnold, der Verräther, wurde, um die Virginier an Truppensendungen zu verhindern, mit 1600 Mann dorthin gesandt, mit denen er in Virginien landete und jetzt das Land verwüstete, welches einst seine Heimath gewesen.

Während sich nun die europäischen Mächte in fremden Meeren auf das Erbittertste bekriegten, vergaß doch keine von ihnen Amerika. Spanien nahm im Mai 1781 Pensacola und überzog von hieraus siegend das ganze Florida. Frankreich beabsichtigte, noch eine große Flotte unter dem Grafen de Grasse nach Westindien zu senden, wo sie erst kurze Zeit operiren und dann nach Nordamerika segeln sollte, um dort mit Rochambeau und Washington gemeinsam zu wirken. Diese Maßregel bewies sich von höchster Wichtigkeit.

Die Engländer rüsteten ebenfalls eine Flotte aus, durch welche Lord Cornwallis eine Verstärkung von mehreren Regimentern englischer Truppen und 3000 Mann Hessen erhalten sollte, und allerdings war dies ein Augenblick, wo ein entscheidender Schlag die amerikanische Republik vielleicht noch in der Blüthe geknickt haben könnte. Die ganze pennsylvanische Linie nämlich, ziemlich 1500 Mann, revoltirte, und zwar aus Mangel am Nöthigsten. Die Leute hatten größtentheils mit Ende des Jahres 1780 ihre drei Jahre, zu denen sie sich verpflichtet, gedient, und verlangten nun, da keine Aussicht auf eine finanzielle Besserung war, nach Hause zurückzukehren; die Regierung dagegen behauptete, bis zum Ende des Krieges ein Recht auf ihre Dienste zu haben. Hiernach brach am 1. Januar 1781 ein Tumult aus, welcher damit endete, daß die Soldaten erklärten, bewaffnet in die Congreßhalle marschiren und dort ihr Recht verlangen zu wollen. Ihre beliebtesten Führer, wie Lafayette und Andere, mußten das Lager verlassen, und selbst Wayne, welcher mit einer Pistole in der Hand zwischen sie trat, mußte, an seinem eigenen Leben bedroht, weichen. Sie rückten wirklich gegen Philadelphia vor und hatten schon Princeton erreicht, als sie den Generalen Reed und Sullivan begegneten, die als Commissäre des Congresses ausgesandt waren, ihren Klagen abzuhelfen und die Ruhe wieder herzustellen.

Indessen war aber Sir Henry Clinton auch nicht müßig gewesen, die Meuterer in englische Dienste zu ziehen; er ließ den Soldaten lockende Versprechungen machen, und bediente sich hierzu besonders dreier amerikanischer Royalisten, welche sich in das Lager der Republikaner wagten. Washington dagegen überredete die Commissäre bald, einen friedlichen Weg einzuschlagen, und als diese den guten Rath befolgten und die gemachten Forderungen so viel als möglich

bewilligten, ja auch nach besten Kräften für die nothwendigsten Be=
dürfnisse der Armee sorgten, da beruhigten sich die Pennsylvanier
nicht allein, sondern lieferten auch die drei Emissäre Clinton's aus,
welche augenblicklich gehangen wurden.

In dieser Zeit war es, wo Robert Morris an die Spitze des
Finanzdepartements gestellt wurde, und solches Vertrauen genoß
dieser allgemein geachtete und geliebte Mann, daß er mit Hülfe einer,
ihm vom Congresse bewilligten Nationalbank, mehr aber auf seinen
eigenen Namen, als auf den der Regierung, Capitalien bekam und
dadurch den gesunkenen Credit des Landes retten konnte. Zu einer
Zeit besonders waren nur von ihm unterzeichnete Noten zu dem Be=
trage von 181,000 Dollars im Umlaufe.

Zu gleicher Zeit und während ein amerikanischer Patriot die
größten Anstrengungen im Innern des Landes machte, wirkte, kaum
weniger thätig, ein Anderer für dasselbe im Auslande. Franklin,
Gesandter am französischen Hofe, erhielt von Ludwig XVI. ein Ge=
schenk von 6 Millionen Livres und von Holland, aber auch erst auf
Bürgschaft des französischen Königs, die Summe von 10 Millionen
Livres zum Darlehn. Spanien weigerte sich, Geld an Amerika vor=
zustrecken, wenn dieses nicht die Schifffahrt auf dem Mississippi ab=
trete, dieses aber wurde bestimmt zurückgewiesen.

Während nun jene Mißhelligkeiten die Eintracht der nördlichen
Heeresabtheilungen Amerika's zu zerstören drohten, wurde der Krieg
im Süden desto eifriger gegen die Feinde fortgeführt, und General
Greene schlug hier mit einem Theile seines Heeres, unter Morgan,
am 17. Januar bei Cowpens den gefürchteten Engländer Tarleton,
und nahm 500 Gefangene und die ganzen Geschützstücke und Vor=
räthe des Feindes. Hierauf, von Cornwallis verfolgt, dem er übri=
gens nur durch das glückliche Steigen des Catawbaflusses entging,
vereinigte er sich am 9. Februar wieder mit der andern Section des
Heeres unter Huger.

Greene hatte jetzt eine solche Verstärkung von Miliz erhalten, daß
sich die Zahl seiner Truppen auf etwa 4400 belief; mit diesen hielt
er Cornwallis Stand und schlug am 15. März die Schlacht bei
Guilford, in welcher jedoch die Amerikaner, wenn auch nicht besiegt,
doch gezwungen wurden sich zurückzuziehen. Wenige Tage spät=

aber, als Greene seine Flüchtigen zusammengezogen hatte, folgte er schon wieder den jetzt ebenfalls retirirenden Engländern, und bot hier das sonderbare Schauspiel, daß eine angeblich geschlagene Armee dem Sieger nachsetzte.

Cornwallis rückte nach Wilmington und war jetzt in Zweifel, ob er zur Rettung Süd-Carolina's ziehen, oder sich in Virginien dem Arnold'schen Heerestheil anschließen solle. Ein zusammenberufener Kriegsrath entschied sich für das Letztere, und der englische Befehls-haber überließ das Commando der Truppen Lord Rawdon, welcher, wie er hoffte, die Grene'sche Armee im Schach, die Provinz im Besitz und die britische Autorität in Kraft halten würde.

Lord Rawdon befestigte sein Hauptquartier Camden auf das Beste; die übrig enbritischen Posten in dieser Gegend waren Charle-ston, Ninety-six und Augusta, nebst noch einigen anderen von min-derer Wichtigkeit, die aber doch besetzt gehalten werden mußten, um die Verbindung des Heeres zu sichern und dem unruhigen Geiste der Bewohner überall gleich begegnen zu können. Der Rückzug Corn-wallis' gab nämlich den Republikanern wieder neue Hoffnung, und die beiden Insurgentenführer Sumpter und besonders Marion ge-wannen den Royalisten täglich mehr Grund und Boden ab und sahen dafür eben so rasch neue Freiwillige zu ihren Schaaren eilen.

Allerdings siegte Rawdon in einem Angriff auf Hobkirks-Hill, wo er durch Entschlossenheit und rasches Handeln die Amerikaner schlug und zum Rückzuge zwang; an Leuten hatte er aber, durch den tapfern Widerstand der Feinde, fast eben so viele verloren, als diese, seine Armee sah er dabei mit jedem Tage geschwächt, die Nach-barn wurden immer schwieriger, und am 10. Mai 1781 mußte er endlich Camden räumen, nachdem er dessen Befestigungswerke ge-schleift hatte.

Die Amerikaner hatten indeß die Forts Watson und Georgetown genommen, auch Augusta mußte mit der Miliz unter dem wackern Pickens capituliren. Ninety-six widerstand aber ihren Angriffen, und Greene zog sich nach einem abgeschlagenen Sturme und da er hörte, daß Rawdon's Armee, durch drei irische Regimenter verstärkt, heranmarschire, über die beiden kleinen Flüsse Tiger und Croad-river zurück.

Die Jahreszeit war jetzt so heiß und ungesund, daß die Feindse=
ligkeiten, wenn auch ohne vorherige Verabredung, doch von beiden
Seiten eingestellt wurden. Rawdon verließ, nachdem er durch seine
Grausamkeiten die Bewohner von Carolina auf das Aeußerste gegen
sich erbittert im August die Hauptstadt dieses Staates und kehrte
nach England zurück, während der Befehl der Armee an seiner Statt
an Oberst Stuart fiel.

General Greene ließ übrigens diesen kurzen Waffenstillstand kei=
neswegs unbenutzt vorübergehen; es war Anfangs September, und
kaum milderte sich die Hitze der Jahreszeit in etwas, als er den
Wateree mit seiner ganzen Armee kreuzte und bei Eutawsprings die
Engländer gänzlich schlug. Da er auch noch Verstärkungen erhalten
hatte, so durften es die Royalisten nicht wagen, das offene Land
länger zu behaupten, und zogen sich nach Charleston zurück. Somit
eroberten die Amerikaner in wenigen Monaten, die Hauptstädte aus=
genommen, ganz Süd=Carolina und Georgien, und Greene erwarb
sich in der Geschichte des Freiheitskrieges einen der ersten Namen
unter den Helden jener wackern Schaar.

Der Verräther Arnold, welcher sich in dieser Zeit mit Cornwallis
in Virginien befand, war mit 1600 Mann in der Nähe von Rich=
mond gelandet, wo er die öffentlichen Vorräthe vernichtete; über=
haupt bezeichnete seine Bahn, mehr als bei irgend einem andern
wirklich feindlichen Offiziere, Raub, Brand und Verderben, und
nicht einmal Privateigenthum wurde geschont.

Washington, obgleich noch immer durch die erste kaum unterdrückte
Meuterei seines Heeres, wie um dessen nächstes Zusammenwirken
besorgt, ebenso durch den zerrütteten Zustand der Finanzen in
seinen Bewegungen gehemmt, ergriff doch alle möglichen Maßregeln,
durch die er hoffen durfte, Virginien zu befreien und den Verräther,
wie dessen Macht, in seine Gewalt zu bekommen. Lafayette wurde
zu diesem Zwecke mit 1200 Mann leichter Infanterie nach Virginien
gesandt, während der Commodore der französischen Flotte zu Rhode=
Island ebenfalls acht Linienschiffe ausschickte, um des Verräthers
Rückzug abzuschneiden. Clinton hörte aber von dem Plan und sandte
Admiral Arbuthnot, welcher die französischen Schiffe am Cap Henry

traf und sie, wenn auch nicht besiegte, doch dazu zwang, nach Rhode=
Island zurückzukehren.

Clinton, der jetzt fand, mit wie genauer Noth Arnold den Ame=
rikanern entgangen war, sandte ihm augenblicklich Verstärkung, und
als bald darauf Cornwallis mit seiner Heeresabtheilung dorthin
rückte, so vereinigten sich die englischen Truppen und marschirten
nun nach Virginien hinein, wo, wie sie recht gut wußten, die Repu=
blikaner viel zu schwach waren, um ihnen ernstlichen Widerstand zu
leisten. Lafayette jedoch, welcher hier den Oberbefehl führte, ließ
ihnen, wenn er auch keine ernstliche Schlacht annahm, doch nicht
Ruhe und Frieden, und hemmte überall ihre freien, wirksamen Be=
wegungen.

Washington wünschte jetzt, vereint mit der erwarteten Flotte de
Grasse's, New York anzugreifen, wogegen Clinton, als er dies
erfuhr, jede mögliche Vorbereitung traf und, von 3000 Deutschen
verstärkt, sich hinlänglich gesichert glaubte; die gehoffte amerikanische
Miliz blieb aber größtentheils aus, de Grasse hatte ebenfalls anders
lautente Instructionen und mußte nach der Chesapeake=Bay, und
Washington änderte plötzlich seinen Plan, welchen er glücklicherweise
so geheim zu halten wußte, daß der englische Heerführer keine Sylbe
davon erfuhr. Durch ausgestreute falsche Gerüchte hielt er die Eng=
länder in ihren Verschanzungen, zog in Eilmärschen der Chesapeake=
Bay zu, vereinigte sich dort mit Lafayette und den französischen
Truppen und fand die Mündungen des York= und des Jamesflus=
ses schon durch den, kaum eine Stunde vor ihm eingetroffenen de
Grasse blokirt.

Yorktown, wohin sich Cornwallis geworfen, wurde vom 6. October
an belagert und beschossen, und schon am 17. sah sich der englische
Heerführer, nach tapferem Widerstande, gezwungen, zu capituliren.
Am 19. wurden die Festungswerke übergeben. Die Gefangenen be=
standen, die Matrosen ausgenommen, aus 7000 Mann, unter de=
nen sich 2000 Kranke oder Verwundete befanden; 550 Engländer
waren während der Belagerung geblieben. Ebenso fielen sechzig Ka=
nonen in die Hände der Amerikaner, und in die der Franzosen zwei
Fregatten und zwanzig Transportschiffe mit ihrer Mannschaft.

General Lincoln, welcher früher selbst die Demüthigung erfahren

hatte, bei Charleston eine amerikanische Armee dem Feind über=
geben zu müssen, wurde von Washington mit besonderem Takte dazu
ausersehen, die Unterwerfung der Briten anzunehmen.

Clinton passirte an demselben Tage, wo die Uebergabe abgeschlos=
sen wurde, mit einer beträchtlichen Macht Sandy=Hook, um Corn=
wallis zu Hilfe zu eilen, kehrte jedoch, als er erfuhr, daß es zu spät
sei, ungesäumt nach New York zurück. Durch Amerika flog aber die
Freudenbotschaft in jubelnder Hast, und neue Hoffnung, welche jetzt
fast zu steigender Gewißheit wurde, erfüllte die Herzen selbst der
Aengstlichsten.

Die französische Flotte segelte nach diesem Siege den westindischen
Inseln zu und Lafayette, welcher nach Amerika geeilt war, als es
seiner Hilfe bedurfte, kehrte, da ihm der Morgen der Freiheit däm=
merte, nach Frankreich zurück; aber seine Liebe bewahrte ihm das
dankbare amerikanische Volk bis in die späteste Zeit.

Die amerikanischen Finanzen befanden sich jetzt in einem so trau=
rigen Zustande, daß Amerika, wäre es in dem Kampfe gegen Corn=
wallis besiegt worden, vielleicht keinen neuen Kriegszug hätte unter=
nehmen können; aber auch das englische Volk fühlte die schweren
Kriegskosten, und als es von immer neuen Niederlagen seiner Heere
hörte und nun gar erfuhr, wie nur noch wenige Städte, namentlich
New York, Savannah und Charleston, und fast nur durch starke
Flotten und Garnisonen, behauptet werden konnten, da verlangte
es Frieden und die Absetzung der Minister, welche den König fort=
während zu Maßregeln gegen das öffentliche Interesse anreizten.
Das Haus der Gemeinen gab diesem Verlangen endlich einen Aus=
druck, es erklärte, daß es alle für Feinde seines Königs und Vater=
landes halten würde, welche noch länger einen offensiven Krieg auf
dem amerikanischen Continente anriethen, und dieser Erklärung
folgte augenblicklich die Resignation des Premierministers, Lord
North. Sir Guy Carleton, dessen versöhnendes Benehmen als
Gouverneur von Canada ihm schon die Achtung der Amerikaner
gewonnen hatte, folgte eben so rasch Sir Henry Clinton im Com=
mando, und Admiral Digby, welcher im vorigen Sommer mit Hülfs=
truppen in New York eingelaufen war, wurde mit Sir Carleton
von dem britischen Ministerium beauftragt, mit den Amerikanern,

18*

unter Anerkennung ihrer Unabhängigkeit, einen Friedenstractat zu schließen.

Diese übrigens, obgleich sie dem Frieden geneigt genug waren, hüteten sich doch gar wohl, mit den Ministern allein zu unterhan=deln, ohne der Zustimmung des Parlaments gewiß zu sein. Vier Männer wurden deshalb zu ihren Agenten ernannt, und diese waren: Doctor Franklin; John Adams, ihr Gesandter in Holland; John Jay, ihr Gesandter in Spanien; und Henry Laurens, der früher Mr. Adams' Stelle hatte einehmen sollen, aber von einer englischen Fregatte gefangen genommen und im Tower festgehalten worden war. Mr. Adams erwirkte am 19. April von der holländi=schen Regierung die Anerkennung der Unabhängigkeit Amerika's, am 8. October ein Freundschafts= und Handelsbündniß, und nicht lange nachher eine Anleihe für die erschöpften Kassen seines Va=terlandes.

Um nun mit den amerikanischen Commissären in Paris zu ver=handeln, sandte der Hof von St. James Mr. Fitzherbert und Mr. Oswald dorthin, und am 20. Januar 1783 wurden die vorläufigen Friedensartikel zu Versailles unterzeichnet. Der definitive Vertrag wurde noch bis zur Auseinandersetzung der englischen und französi=schen Angelegenheiten verschoben und kam erst am 3. September zu Stande.

Die Bedingungen nun, welche Amerika, seine Territorien und Fischereien betreffend, bewilligt wurden, übertrafen selbst seine kühn=sten Erwartungen, dagegen stand kein Wort von Neutralitätsrechten im Vertrage, und somit blieb künftigem Kampf und Blutvergießen noch eine Hinterthür geöffnet.

Die Nachricht, daß die vorläufigen Friedensbedingungen unter=zeichnet worden, gelangte zuerst in einem Briefe von Lafayette nach Amerika, und Sir Guy Carleton veröffentlichte sie bald darauf am 19. April 1783. Also gerade 8 Jahre nach dem Kampfe bei Lexing=ton, dem Beginn des Freiheitskrieges, kam die freudige Gewißheit der glücklichen und ehrenvollen Beendigung desselben.

Die Armee wurde jetzt, nachdem die Offiziere vorher bedrohliche Zeichen von Unzufriedenheit und Aufruhr gegeben, durch Washing=tons Ueberredung aber und die aufopferndsten Bemühungen des

Congresses beruhigt worden waren, aufgelöst, und am 3. November traten die Soldaten wieder in das Volk zurück, dem sie angehörten. Das Beiwort, ein Revolutions = Soldat, ist aber zum Ehrentitel geworden und die Wenigen, welche noch in jetziger Zeit im weiten Lande zerstreut leben, werden von ihren dankbaren Landsleuten geliebt und geachtet; bei allen patriotischen Versammlungen nehmen sie den Ehrenplatz ein und ihr Vaterland hat reichlich für die Befriedigung ihrer Bedürfnisse gesorgt.

Die Amerikaner hatten nun bald die Genugthuung, ihre Unabhängigkeit von den meisten übrigen europäischen Großmächten anerkannt zu sehen. Holland war, Frankreich ausgenommen, die einzige Nation, welche sie vor Großbritannien anerkannte, und zwar 1782. Schweden folgte am 5. Februar 1783, Dänemark am 25. Februar, Spanien am 24. März, Rußland im Juli desselben Jahres; Preußen allein säumte damit bis 1785.

Am 25. November räumten die Engländer New York, und eine Abtheilung der amerikanischen Armee zog dort ein.

Am 4. December nahm Washington in New York von seinen Offizieren Abschied, und mit gerührtem Herzen sahen diese den Mann sie verlassen, welcher sie zu Ruhm und Ehre geleitet und ihnen ein so treuer Führer gewesen war. Washington eilte von da nach Annapolis, wo der Congreß damals gerade Sitzung hielt, um sein Amt niederzulegen, und dies that er in öffentlicher, zu diesem Zwecke zusammenberufener Sitzung am 23. December. Seine Berechnungen wurden dort angenommen, seine Auslagen ihm wiedererstattet, aber nichts weiter, und von der zu Thränen gerührten Versammlung nahm „der Vater seines Landes" Abschied und zog sich, von den Segenswünschen des von ihm befreiten Amerika's, von der Bewunderung der Welt begleitet, nach seinem Landsitze Mount Vernon zurück.

Der Krieg war nun beendet. Die Vereinigten Staaten von Nordamerika hatten die Fesseln abgeworfen, welche sie bis dahin umschlungen gehalten; aber die finanziellen Zustände der jungen Republik befanden sich in einer höchst traurigen Lage. Schwere Schulden drückten die Regierungen, wie die einzelnen Corporationen nieder; Ackerbau, Handel und Manufacturwesen waren vernachläs=

figt worden, und des Volkes Unzufriedenheit wuchs zu bedenklicher
Höhe.

Die Folge hiervon blieb denn auch nicht aus, und hier und da
fanden ſchon Aufſtände ſtatt. Im Auguſt 1784 verſammelten ſich
in Northampton faſt 1500 Inſurgenten unter Waffen und beſetzten
das Gerichtshaus. Im nächſten Monate fand etwas Aehnliches zu
Worceſter ſtatt, wo etwa 300 Bewaffnete die Gerichtsſitzung spreng=
ten. Die Zahl dieſer Meuterer mehrte ſich ſo bedeutend, daß end=
lich, unter dem Befehle des Generals Lincoln, eine Armee von
4000 Mann ausgeſchickt werden mußte, um ſie zu zerſtreuen, was
ihnen auch, obgleich nicht ohne wirklichen Angriff, gelang. Drei
wurden erſchoſſen, vierzehn gefangen und zum Tode verurtheilt, doch
endlich wieder begnadigt.

In dieſem Jahre aber, wo man erſt recht geſehen hatte, wie
mangelhaft die, freilich nur für den früheren Zuſtand des Landes
beſtimmte Regierungsform ſei, wurde auch der Antrag geſtellt, die
Artikel des Bundesvertrages einer Prüfung und Vervollkommnung
zu unterwerfen, und im Mai 1787 kam ein Convent zuſammen,
welcher jedoch, anſtatt die Artikel des Bundesvertrages blos abzu=
ändern, daran ging, eine ganz neue Conſtitution zu entwerfen.

Die Debatten hierüber waren lang und heftig; es galt aber auch
nichts Geringeres, als eine Urkunde feſtzuſtellen, an deren Charakter
das Wohl oder Wehe künftiger Millionen hing. Was viele Artikel
der Conſtitution betraf, ſo herrſchte da manche, ſicher ehrlich gemeinte
Verſchiedenheit der Anſichten. Einestheils glaubte man, die Regie=
rung dürfe nicht zu wenig Gewalt haben, da ſonſt Anarchie und
eine ſpätere Gegenrevolution die natürliche und unausbleibliche
Folge wären, und andererſeits lag auch darin Gefahr, wenn ihr
zu viel Gewalt gegeben wurde. Amerika hätte dann den Segen
jener Freiheit wieder verloren, welchen zu erhalten es ſein theuerſtes
Herzblut geopfert, und vielleicht nur eine eigene für fremde Tyrannei
eingetauſcht.

Einige wollten die Conſtitution lediglich nach dem Vorbilde der
Vergangenheit gebildet haben, und dieſe verlangten, daß die Verfaſ=
ſung von England, als die vorzüglichſte beſtehende Regierungsform,
zum Muſter dienen ſolle; Andere dagegen, nach dem Grundſatze,

daß andere Zeiten auch andere Gesetze erforderten, daß der jetzige
Zustand Amerika's keinen ähnlichen in der ganzen Geschichte auf-
zuweisen habe und man deshalb auch keine Parallele mit irgend
einem fremden Lande ziehen könne; meinten, sie dürften keine frühere
Nation zu ihrem Führer nehmen, sondern müßten, wie der Entdecker
ihrer Continents, ihre Bahn durch eine pfadlose Fläche antreten,
mit keinem weiteren Compasse dabei, als dem Lichte des Himmels
und ihrem eigenen Geiste.   Die glückliche Mitte lag vielleicht zwischen den Extremen dieser beiden Meinungen, und die amerikanische
Constitution verdankt ihre Vortrefflichkeit sicherlich der Verschmelzung
derselben.

Diese Meinungsverschiedenheit war aber auch die Ursache, daß
bald zwei sich feindlich gegenüberstehende Parteien entstanden. Diejenigen, welche wünschten, daß die Centralregierung große Gewalt
besäße und die übrigen Staaten fest vereinigte, wurden Föderalisten,
die Gegner Antiföderalisten genannt.

Auch noch andere Ursachen zu Streitigkeiten tauchten auf, welche
in so fern gefahrbringend schienen, da sie die Parteien durch factisch
geographische Grenzen scheiden wollten.   Die Bewohner der nicht-
sklavenhaltenden nördlichen Staaten verlangten nämlich, daß die
übrigen ihre Repräsentanten zum Congreß nur nach der Zahl ihrer
weißen freien Bewohner schicken sollten, während die Sklavenhalter
eine solche Zumuthung als ungerecht bezeichneten und zurückwiesen.
Der Patriotismus der Männer einigte sich aber doch endlich dahin,
daß beide Theile nachgaben; man gestattete, daß die Sklaven bei
den Abgeordnetenwahlen mitzählten, nur sollten sie zu drei Fünfteln
im Vergleiche mit einer gleichen Anzahl von freien Weißen gerechnet
werden.

Nicht ohne bedeutenden Kampf ging die neue Constitution endlich
durch und wurde im Anfange des Jahres 1789 von elf Staaten
anerkannt; Nord-Carolina weigerte sich, ihr beizutreten, und Rhode-
Island hatte keine Abgeordnete zu dem Congresse gesandt.

Die oberste Autorität, in deren Namen man die Constitution
verkündete, war die des „Volkes der Vereinigten Staaten," und die
Ursache, aus der es verordnete und feststellte und sich den Vorschriften
zu gehorchen verbündete, war der Wunsch: eine vollkommnere Eini-

gung zu bilden, Gerechtigkeit zu üben, häuslichen Frieden zu sichern, das allgemeine Wohl zu befördern und den Segen der Freiheit für sich selbst wie für ihre Nachkommen gegen jeden Eingriff zu schützen.

Die legislative Gewalt der Union liegt in einem Senate und einem Hause von Abgeordneten, welche letztere immer aus gesetzlich wählbaren Männern auf zwei Jahre gewählt werden. Der Senat besteht aus zwei Bürgern jedes Staates, welche die Abgeordneten selber wählen. Er wird auf sechs Jahre gewählt; der erste Senat wurde aber so gewählt, daß ein Drittheil nur zwei Jahre, ein anderes vier und das letzte allein sechs Jahre im Amte blieb, damit nie mehr als ein Drittheil in dem Senate aus neuen Mitgliedern bestehe. Ein Senator muß neun Jahre lang Einwohner des Landes gewesen und nicht jünger als dreißig Jahre sein.

Das Haus der Abgeordneten wählt seinen Vorsitzenden, welcher der „Sprecher" genannt wird. Dem Senate präsidirt der Vicepräsident der Vereinigten Staaten.

Diese beiden Häuser werden der Congreß genannt und müssen wenigstens einmal in jedem Jahre zusammenkommen; ihre gewöhnlichen Sitzungen beginnen mit dem ersten Montag im December.

Alle, das Erheben einer Steuer betreffende Anträge müssen aus dem Hause der Abgeordneten kommen; der ganze Geist der Constitution verlangt, daß dem Zweige der Gesetzgebung, welcher dem Volk am nächsten steht, auch die Sorge für das Geld des Volkes, den Staatsschatz, übertragen sei. Der executive Zweig trägt das Schwert, der volksmäßige dagegen die Börse. Die executive Gewalt ruht in den Händen eines Präsidenten und Vicepräsidenten, von denen Jeder für einen Zeitraum von vier Jahren gewählt wird. Jeder von diesen muß aber auch in den Vereinigten Staaten geboren und wenigstens 35 Jahre alt sein. Der Präsident ist der Oberbefehlshaber der Armee und Marine, wenn im wirklichen Dienste. Mit der Beistimmung von zwei Drittheilen des Senates kann er Verträge schließen, Gesandte, Oberrichter und viele andere Beamte ernennen.

Die richterliche Gewalt der Vereinigten Staaten liegt in einem obersten Gerichtshof und solchen anderen Gerichtshöfen, als der Congreß von Zeit zu Zeit bestimmen wird. Die Richter behalten

ihre Stellen, ſo lange ſie dieſelben gut verwalten. Sie aber, wie
der Vicepräſident und der Präſident können in Anklageſtand verſetzt
werden. Die Anklageformel kann jedoch nur vom Hauſe der Abgeordneten geſtellt und die Anklage nur von dem Senate gerichtet
werden, wobei zwei Dritttheile des Senates übereinſtimmen müſſen,
den Beſchuldigten zu verurtheilen.

Die Bundesverfaſſung hatte ſich indeß zu der Zeit, in welcher ſie
entſtand, keineswegs der Anerkennung zu erfreuen, welche ihr jetzt
in ſo reichlichem Maße zu Theil wird. Den Einen war dadurch der
Regierung zu viel, den Anderen wieder zu wenig Gewalt gegeben;
die Einen fürchteten, ſie werde die Freiheiten des Volkes untergraben,
die Anderen, daß ſie in ſich ſelbſt zuſammenfallen müſſe, und der
Tag ihrer Auflöſung wurde als gar nicht ſo fern bezeichnet. Jetzt,
nach ſechzigjähriger Prüfung, hält man ſie in beiden Hemiſphären,
und mit Recht, für das wahre Palladium bürgerlicher Freiheit.

Viertes Buch.
Von 1789 bis 1852.

Erſte Periode.

**Von der endlichen Annahme der Conſtitution bis zu
dem Ankaufe von Louiſiana.**
(Von 1789 bis 1803.)

Am 4. März 1789 ſollte die neue Regierung in Kraft treten, unvermeidliche Hinderniſſe verzögerten aber die feierliche Einſetzung des
Präſidenten bis zum 30. April.

Waſhington zog ſich indeſſen, wie im vorigen Buche erwähnt,
nach dem Schluſſe des Krieges nach ſeinem Landſitze zurück und
war, wenn auch nicht müſſig, wo es galt, die inneren Verbeſſerungen
des Landes anzubahnen, doch entſchloſſen, den übrigen Theil ſeines
Lebens in häuslicher Ruhe zu verbringen. Pennſylvanien und Vir-

ginien hatten dabei, wenn auch auf die zarteste Weise, doch um=
sonst versucht, irgend pecuniäre Mittel, welche er als eine Belohnung
für seine Dienste ansehen möchte, zu seiner Disposition zu stellen;
er wies Alles zurück, obgleich seine eigenen Vermögensumstände
durch so lange Abwesenheit wirklich in Unordnung gerathen waren.
Amerika besaß aber damals keinen solchen Ueberfluß an tüchtigen
Männern, um einen Washington entbehren zu können.

Der erste Ruf, welchen er erhielt, seinen reizenden Aufenthalt zu
verlassen, kam aus Virginien, von wo er zum ersten Abgeordneten
des Convents gewählt wurde, welcher die Constitution berathen
sollte. Zögernd folgte er, aber das Vaterland bedurfte seiner jetzt im
Frieden, wie vorher im Kriege, und er weigerte sich nicht; ja er übte
wohl jetzt einen kaum weniger günstigen Einfluß auf das Glück der
Staaten aus, als im Feld in siegreicher Schlacht, da er, einstimmig
zum Präsidenten dieser Versammlung gewählt, durch seine Weisheit
sowohl, wie durch seinen Einfluß höchst segensreich auf die Bildung
der neuen Verfassung wirkte. Sobald aber die Constitution ange=
nommen worden war, rief ihn auch die ganze Nation einstimmig
dorthin, wo er die Regierung organisiren konnte, welche er vorher
mit berathen hatte—das ganze Volk ernannte ihn zum ersten Präsi=
denten der Vereinigten Staaten von Nordamerika.

Wohl ungern schied er in einem Alter von 57 Jahren aufs Neue
aus seiner friedlichen Heimath, aber er wußte auch, daß es keinen
Zweiten in Amerika gab, bei dessen Wahl sich alle Parteien so leicht
vereinigen würden, und um die Gefahr der Zwietracht von seinem
Vaterlande abzuwenden, folgte er dem ehrenvollen Rufe.

Auf seiner Reise strömte ihm das Volk von allen Seiten entgegen
und begrüßte ihn als den Vater seiner Nation, Triumphbogen wur=
den errichtet und donnernde Kanonen feierten die Ankunft des
Mannes, welcher sie von Knechtschaft befreit und ihre Freiheit ge=
sichert hatte.

Der Congreß legte jetzt vor allen Dingen Abgaben auf, um so=
wohl die Ausgaben der Regierung zu bestreiten, als auch die Schulden
zu tilgen, welche während des Krieges gemacht werden mußten. Zu
diesem Zwecke wurden sämmtliche eingeführte Waaren, wie der
Tonnengehalt der Schiffe besteuert, so daß jetzt alle die Summen,

welche sonst von den einzelnen Staaten beansprucht worden, in den
Staatsschatz der Centralregierung flossen. Eben so begünstigte er
auch, um gleichen Verordnungen anderer Länder das Gegengewicht
zu halten, die eigenen Schiffe um ein Bedeutendes, wie sie denn zehn
Procent weniger Tonnage für importirte Waaren zu geben hatten.

Die zuerst als Häupter der constitutionellen Republik gewählten
Männer waren: Thomas Jefferson, Alexander Hamilton und Ge-
neral Knor, als Staats=, Finanz= und Kriegsminister; die kleine
Marine wurde ebenfalls dem Befehle des Letzteren übergeben. Diese
Beamten mußten sich der Controle des Präsidenten unterwerfen
und konnten, nach der Constitution auch von ihm entlassen werden.

Während dieser Sitzung wurde auch der Antrag gestellt, die Con=
stitution zu verbessern, und der Congreß beschloß endlich, nach langer
und heftiger Debatte, zwölf neue Artikel, welche den verschiedenen
Staaten vorgelegt und von denen zehn, von drei Vierteln derselben
gebilligt, angenommen wurden.

Den Gehalt des Präsidenten bestimmte man auf 25,000 Dollars
jährlich, den des Vicepräsidenten auf 5000 und Denen, welche an
der Spitze eines Departements standen, setzte man 3500 aus. Die
Abgeordneten erhielten sechs Dollars pro Tag und sechs Dollars für
je zwanzig englische Meilen, welche sie zu reisen hatten; ein Senator
dagegen erhielt sieben Dollars pro Tag und eben so viel für je
zwanzig Meilen. Der Oberrichter des Oberen Gerichtshofes bekam
4000 Dollars, die ihm Beigegebenen 3500 Dollars jährlich.

Am 29. Sep. wurde die Sitzung des ersten Congresses geschlossen,
und der Präsident besuchte jetzt die Neuengland=Staaten, wo er
überall mit freudigem Jubel und mit unbeschreiblicher Herzlichkeit
aufgenommen wurde.

Im November 1789 schloß sich Nord=Carolina der neuen Con=
stitution an.

Der zweite Congreß trat am 6. Januar 1790 zusammen, und
Mr. Hamilton erfüllte den, ihm am Schlusse der vorigen Sitzung
gegebenen Auftrag, indem er eine meisterhaft ausgearbeitete Vor=
lage brachte, in welcher er die Wichtigkeit des öffentlichen Credits
darlegte und gewisse Steuern vorschlug, mit deren Hülfe nicht allein
die Nationalschuld, welche sich auf 54 Millionen Dollars belief,

sondern auch die Schulden der einzelnen Staaten, circa 25 Millionen Dollars, abgetragen und bleibende Einkünfte für die Abzahlungen der Interressen gewonnen werden sollten. Die Steuern sollten auf gewisse Luxusartikel und auf in den Vereinigten Staaten selbst destillirte Getränke gelegt werden.

Die Debatten über diesen Bericht nahmen nicht allein einen sehr hitzigen Charakter an, sondern erschütterten auch selbst die Basis der Regierung, da man wohl mit Recht von ihnen sagen kann, daß sie die erste Ursache jenes heftigen Parteikampfes waren, welcher an dreißig Jahre lang zwei Theile der Union unter dem Namen der Föderalisten und Republikaner gegen einander aufregte. Ja man warf den Föderalisten und besonders Mr. Hamilton schon mo= narchische Ideen vor. Nichtsdestoweniger wurden seine Vorschläge später angenommen.

Der einstweilige Sitz der Regierung sollte zehn Jahre in Phila= delphia und hernach ihr permanenter Aufenthalt an einer noch zu bestimmenden Stelle am Potomac sein. Im Mai 1790 trat auch noch Rhode=Island der neuen Constitution bei und vervollständigte so die Union der dreizehn, unter einer Regierung vereinigten Staaten.

Eine Bill wurde jetzt im Congreß angenommen, nach welcher Nord=Carolina einen westlich gelegenen Landstrich an die Regierung abtrat, welche dort unter dem Namen: „Das Territorium der Ver= einigten Staaten," südlich vom Ohio, eine eigene Territorial=Regie= rung errichtete. Schon im Jahr 1780 war James Robertson mit vierzig Familien durch eine, 300 Meilen lange Wildniß gezogen und hatte Nashville gegründet, und viele Revolutionssoldaten und Offiziere siedelten sich jetzt am Cumberlandfluß an, wo man eine besondere Strecke für Militärländereien vorbehielt.

Zu gleicher Zeit wurde im August 1790 ein Friedensvertrag mit dem Stamme der Creek=Indianer geschlossen, welcher alle Befürch= tungen von dieser Seite beseitigen mußte.

In der dritten Congreßsitzung beantragte Mr. Hamilton eine Nationalbank, deren Gründung bei der republikanischen Partei die stärkste Opposition fand. Diese hielt alle Bankinstitute für nutzlos, die gegenwärtige Bill für mangelhaft und leugnete, daß dem Con= greß überhaupt die Macht zustehe, eine Bank zu errichten. Die Un=

terstützer der Bill behaupteten dagegen, daß eine Nationalbank nicht allein verfassungsmäßig und nützlich, sondern auch nothwendig sei, um den Operationen der Regierung Kraft zu geben. Der Präsident verlangte die schriftlich abzugebende Meinung des Cabinets. Mr. Jefferson und Mr. Randolph waren gegen, Mr. Hamilton und Knox für die Bill, und der Präsident gab endlich, nach reiflicher Ueberlegung, den Ausschlag, indem er sich ebenfalls dafür erklärte und die Bill unterzeichnete. Die Bank wurde in Philadelphia, mit einem Capitale von zehn Millionen Dollars errichtet.

Die über diesen Gegenstand auftauchenden Zwistigkeiten breiteten sich aber bald über die ganze Union aus und sammelten überall das Volk unter die Banner der verschiedenen Parteien; eben so traten sich, besonders zu Washington's Leidwesen, Jefferson und Hamilton feindlich gegenüber.

Am 18. Februar 1791 wurde Vermont, auf Ansuchen seiner Bürger und da New York jedem Anspruch auf seine Jurisdiction entsagte, in die Union aufgenommen.

In eben diesem Jahre beendete man auch den ersten Census der Vereinigten Staaten. Die Zahl der Einwohner betrug 3,929,000, von denen 695,000 Sklaven waren. Die Einkünfte beliefen sich auf 4,771,000 Dollars, die Ausfuhr auf 19 Millionen, die Einfuhr auf 20 Millionen.

Im October hielt der zweite Congreß seine erste Sitzung, und einer seiner ersten Erlasse war der, die Anzahl der Abgeordneten nach dem neuen Census zu bestimmen. Man kam nach harten Debatten darin überein, auf je 33,000 Einwohner Einen zu senden.

Während aber der Congreß durch Parteizwiste erregt wurde, entspann sich an den nordwestlichen Grenzen ein indianischer Krieg. Nach dem Friedensvertrage mit Großbritanien weigerte sich nämlich diese Nation, Detroit und andere feste Plätze an den westlichen Grenzen herauszugeben, und zwar unter dem Vorwande, daß die Amerikaner gewisse Stipulationen des Friedens nicht erfüllt hätten. Diese Posten wurden die Sammelplätze der feindlichen Indianer, welche sich ohnedies bis dahin nur ungern wirklicher Angriffe enthalten hatten.

Die Miamis bildeten damals den wichtigsten der westlichen Stämme, und ihr Häuptling, Michikiniqua (die kleine Schildkröte), soll einer der talentvollsten der wilden Krieger gewesen sein. Wie Pontiac und König Philipp, hoffte auch er die weiße Race vom rothen Grund und Boden vertilgen und indianische Gewalt wieder= herstellen zu können. Durch seine hervorragenden Eigenschaften schwang er sich auch bald zum Führer der jetzt verbündeten Wyan= dots, Delawaren, Pottawatamis, Shawanesen, Chippewas, Otto= was und anderer Stämme auf und, nach dem Prinzipe der Vernich= tung, überfielen diese jetzt die Grenzdistricte und verübten ihre gewöhnlichen mitternächtlichen Morde.

Der Präsident suchte allerdings eine friedliche Ausgleichung mit ihnen, doch umsonst, und General Harmar wurde nun von Fort Washington aus mit 1400 Mann gegen sie geschickt. Es gelang diesem auch, einige indianische Dörfer mit den daranstoßenden Frucht= feldern niederzubrennen; in einer Schlacht aber, unfern Chillicothe, wurde er mit bedeutendem Verluste zurückgeschlagen.

Ihm folgte im Commando der Generalmajor St. Clair, Gouver= neur des nordwestlichen Territoriums, welcher mit 2000 Mann den in der fürchterlichsten Gefahr schwebenden Grenzern zu Hülfe eilte. Mit indianischen Kämpfen aber nicht vertraut, oder zu leichtsinnig auf die Stärke seiner Schaar vertrauend, ließ er sich Nachts von seinem wilden Feind überrumpeln, und kaum ein Viertel seiner ganzen Mannschaft entging dem entsetzlichen Blutbade.

Der Congreß sah, daß jetzt ernstliche Anstalten getroffen werden mußten, und als die Indianer auch noch zwei, mit der weißen Flagge an sie abgesandte Offiziere, Oberst Harden und Major True= man, erschlugen (dieses jedoch gegen den Willen des Häuptlings), da wandte sich Washington an die „Sechs Nationen," welche sich ins Mittel legten und auch die Wabaschstämme überredeten, von der Allianz zurückzutreten und Frieden mit den Vereinigten Staaten zu schließen. Die Miamis ließen sich auch endlich auf eine Art Waffen= stillstand ein und versprachen, darüber im nächsten Frühjahr eine Versammlung zu halten.

Im Jahre 1791 wurde, auf Veranlassung des Congresses, eine Münze in Philadelphia angelegt, und der Werth, wie die Einthei=

lung des Geldes, für die ganze Union regulirt. Dieses Geld nannte
man Föderalgeld.

1793 erwählte man General Washington auf's Neue zum Prä=
sidenten, und John Adams wieder zum Vicepräsidenten.

In dieser Zeit etwa war es auch, wo die schon 1789 begonnene
französische Revolution anfing, ernstlichen Einfluß auf die Politik
der Vereinigten Staaten auszuüben. Der Parteigeist erwachte näm=
lich hier nur um so stärker, als auch in dem befreundeten Lande die
Republikaner das alte System stürzten, und ein großer Theil des
Volkes rief, als Frankreich im April 1793 England und Holland
den Krieg erklärte, „zu den Waffen!" Washington dagegen sah
sich, wie die Sachen in Frankreich standen, keineswegs veranlaßt,
sein Vaterland in einen neuen Krieg zu verwickeln, und erließ, den
Unwillen des Volks nicht achtend, eine Neutralitätsproclamation, die
in bedeutendem Maße zu dem spätern Wohlstande Nordamerika's
beitrug.

Kentucky wurde von Virginien 1790 getrennt und zwei Jahre
später als ein besonderer Staat in die Union aufgenommen.

Am 1. Januar 1794 legte Jefferson seine Stelle als Minister des
Innern nieder, und ihm folgte Mr. Randolph.

In dieser Congreßsitzung ging eine Bill durch, sechs Fregatten
aufzustellen, um den amerikanischen Handel gegen die algierischen
Seeräuber zu schützen, die schon elf Kauffahrer und über hundert
Bürger der Vereinigten Staaten weggenommen und in Gefangen=
schaft geschleppt hatten.

Zu gleicher Zeit sah man mit ziemlicher Gewißheit einem neuen
Kriege mit England entgegen. Seit dem Frieden von 1783 waren
nämlich fortwährend, sowohl von englischer wie von amerikanischer
Seite, Klagen eingelaufen, daß die festgestellten Friedensbedingungen
nicht gehalten würden. Die Engländer behaupteten dabei, man ver=
wehre den Loyalisten ihre in Amerika gelegenen Besitzungen einzu=
nehmen, und wolle vor der Revolution gemachte Schulden nicht
auszahlen; die Amerikaner warfen dagegen den Engländern vor,
daß sie noch immer widerrechtlich die an den westlichen Grenzen
gelegenen militärischen Posten behaupteten, die Indianer dabei zu
feindlichen Einfällen in ihre Grenzen aufreizten und solche Handels=

19*

beschränkungen gestatteten, daß amerikanische, nach einem französi=
schen Hafen bestimmte Kauffahrer von englischen Kreuzern aufgegrif=
fen, abgeführt und in englischen Häfen condemnirt werden könnten.

Den Congreß passirten rasch die folgenden Bills: eine für eine
dreißigtägige Handelssperre, eine andere für Errichtung von Festungs=
werken, eine für das Ausheben einer Hülfsarmee, und eine vierte,
die Miliz zu organisiren. Die Schrecken eines zweiten Krieges aber
zu vermeiden, wurde Mr. Jay nach England gesandt, um mit der
britischen Regierung vorher zu unterhandeln.

Die Ohio=Indianer waren indessen stets feindlich geblieben und
hatten sich geweigert, auf Friedensbedingungen einzugehen. General
St. Clair gab nach seiner Niederlage das Commando der Truppen
ab, und an seine Stelle trat ein Mann, welcher den Indianern nur
zu fürchterlich werden sollte. Es war General Wayne, oder „die
schwarze Schlange,“ wie ihn seine wilden Feinde bald nannten.
Er imponirte ihnen so, daß „die kleine Schildkröte,“ als auch noch
viele der bis dahin befreundeten und alliirten Stämme von ihm
abgefallen waren, den Seinen rieth, Frieden mit den Weißen zu
schließen, „denn sie hätten jetzt einen Häuptling, welcher nie schliefe,
und den sie daher auch nicht überfallen könnten.“ Sein Rath wurde
mißachtet und in der Nähe eines britischen Forts, um welches sie sich
günstig postirt hatten, griff Wayne sie an und schlug sie gänzlich.

Die Gewalt der Engländer über die Indianer war aber hiermit
ebenfalls gebrochen; denn als die Flüchtigen in dem Fort Schutz
suchen wollten, verweigerte man ihnen den Eingang und wies die=
selben Indianer ab, welche man doch früher selbst zum Kampfe auf=
gereizt. Die Wilden haben dieses nie vergessen und den Verspre=
chungen der Engländer von diesem Augenblick an nicht mehr getraut.
Der oberste Häuptling der Delawaren, Buckomgahelas, schloß augen=
blicklich Frieden mit den Amerikanern, und die ganze Verbindung
löste sich auf.

Im 1. Januar 1795 legte Mr. Hamilton seine Stelle als Finanz=
minister nieder, und ihm folgte Oliver Wolcott von Connecticut.
Auch General Knor resignirte am Schlusse der Sitzung, und Timothy
Pickering trat an seine Stelle.

Mr. Jay schloß indessen mit England einen Vertrag ab, welcher

allerdings die beiderseitigen Ansprüche insoweit beseitigte, daß die
Engländer alle westlich liegenden Militärposten an die Amerikaner
abtraten, und diese dafür 600,000 Pfund Sterling für britische
Unterthanen, denen Amerikaner noch verschuldet wären, zusicherten.
Das Durchsuchungsrecht, was sich die Engländer über andere Na=
tionen, also auch über die Amerikaner anmaßten, war aber gar
nicht beseitigt, und das Volk stand gegen solche Bedingungen auf,
welche ihm nur theilweise gaben, was es ganz verlangte: Freiheit
auf seinem eigenen Grund und Boden, wie auf der See und im
Handel. Washington dagegen, als der Vertrag vom Senat ange=
nommen worden war, unterzeichnete denselben trotz allen Protesta=
tionen, und zwar nach dem Grundsatze, daß es das Beste sei, was
unter gegenwärtigen Umständen erlangt werden könne.

Bei der nächsten Congreßsitzung suchte man nun allerdings von
Seiten der republikanischen Partei die Wirksamkeit des Vertrags
dadurch zu hindern oder aufzuheben, daß man die nöthigen Summen
bei der Abstimmung verweigerte; nach langer Debatte wurde aber
die Majorität dennoch, und zwar nur mit drei Stimmen, erlangt.

Ebenso wurde in diesem Jahre ein Vertrag mit Algier geschlossen
und dadurch der Handel im mittelländischen Meere geöffnet, wie
auch die amerikanischen Gefangenen befreit. Auch kamen Friedens=
verträge mit den westlichen Indianern zu Stande, welche die Ruhe
der äußersten Grenzbewohner sicherten.

1796 wurde Tennessee in die Union aufgenommen.

So ruhig sich aber die Aussichten mit England zu gestalten schie=
nen, so beunruhigend zeigten sich die mit Frankreich; denn trotz
gegenseitiger Freundschaftsversicherung schien dies Land nur fort=
während darauf hinzuzielen, die junge Republik in die europäischen
Kriege zu verwickeln, während Amerika hartnäckig seine Neutralität
zu behaupten wußte. Als Frankreich nun endlich sah, daß es durch
List nichts ausrichte, suchte es Amerika dadurch zu zwingen, daß es
seinem Handel schadete, wo dieses ungestraft geschehen konnte. Es
erlaubte seinen Capern, in gewissen Fällen Schiffe der Vereinigten
Staaten aufzubringen, und viele Hunderte amerikanischer Fahrzeuge
wurden demgemäß, in Verfolgung eines ganz gesetzlichen Handels,
genommen und confiscirt.

Im nächsten Jahre, 1797, waren die zweiten vier Jahre von
Washington's Präsidentschaft abgelaufen, und nach der Constitution
durfte Niemand diese Stelle mehr als zweimal, je zu vier Jahren,
einnehmen. Er erklärte aber nun auch seinen festen Entschluß, sich
von öffentlichen Geschäften zurückziehen zu wollen, und schied von
seinem Volke, dem er Alles gegeben hatte, was nur ein Vater seinen
Kindern zu geben im Stande ist: Freiheit, Frieden, Glück und
Wohlstand.

Von allen Seiten liefen Dankadressen an ihn ein, welche seinen
Verlust als Führer beklagten und sich glückwünschend über Das aus=
sprachen, was sie unter seiner Leitung errungen. Mit allen fremden
Nationen, Frankreich ausgenommen, war fester Frieden geschlossen,
der öffentliche Credit wiederhergestellt und reichliche Sicherheit für
die letzte Abzahlung der Nationalschuld gegeben worden. Der Erfolg
des amerikanischen Handels hatte selbst die kühnsten Erwartungen
übertroffen, die Producte des Bodens einen reichlichen Markt gefun=
den, die Ausfuhren sich von 19 Millionen zu mehr als 56 Millionen
vermehrt, während die Einfuhren in demselben Maße stiegen, und
der Ertrag der Steuern auf importirte Waaren zeigte nie gehoffte
Resultate.

1796 veröffentlichte Washington seine Abschiedsrede an das ame=
rikanische Volk.

Es galt jetzt, die Stellung wieder auszufüllen, welche bis dahin
von dem Besten des Volkes behauptet worden war, und die beiden
großen politischen Parteien brachten ihre Führer ins Feld. Die
Föderalisten erklärten dabei ihrerseits, daß sie die einzig wahren
Anhänger der Politik Washington's seien, und warfen der andern
Partei vor, unter französischem Einflusse zu stehen und französische
Prinzipien eingesogen zu haben. Diese suchten die Präsidentschaft
für John Adams. Die Republikaner nannten sich dagegen die
einzigen Freunde der wahren Freiheit, und beschuldigten ihre Geg=
ner einer ungehörigen Anhänglichkeit an England und dessen Insti=
tutionen. Diese boten allen ihren Einfluß für Thomas Jefferson auf.

Als man die Stimmzettel öffnete, fand sich, daß John Adams
zum Präsidenten, Thomas Jefferson dagegen zum Vicepräsidenten
erwählt worden sei.

John Adams.

(Seite 224.)

Gleich nachdem Mr. Adams die Präsidentschaft angetreten hatte, wurde er durch eine Handlung der französischen Regierung, welche sich jetzt in den Händen des Directoriums befand, auf das Offenste beleidigt. Diese weigerte sich nämlich, Mr. Pinkney, den an Monroe's Stelle dorthin geschickten Gesandten, anzunehmen, bis sich die Vereinigten Staaten ihren anderen Forderungen gefügt hätten. Da wurde augenblicklich der Congreß zusammenberufen und von diesem nach genauer, aber rascher Prüfung der Depeschen beschlossen, die Marine zu verstärken und dem Präsidenten 80,000 Mann Miliz zur Verfügung zu stellen.

Nichtsdestoweniger sandte Mr. Adams, um zu beweisen, wie sehr er den Frieden wünsche, drei besondere Gesandte nach Frankreich, mit der Regierung zu unterhandeln; aber auch diese weigerte man sich officiell anzunehmen und pflog nur einen indirecten Verkehr mit ihnen durch Personen, welche von dem Minister der auswärtigen Angelegenheiten, Talleyrand, beauftragt worden waren, den Amerikanern Vorschläge zu machen. Diese Personen verlangten aber, ehe nur eine wirkliche Verhandlung mit der französischen Regierung eröffnet werden könne, eine beträchtliche Summe Geldes, welche an Talleyrand ausgezahlt werden müsse.

Solch ein beleidigender Antrag wurde von den Amerikanern mit Entrüstung zurückgewiesen, dennoch aber wiederholt, und zwar brieflich, wobei diese Schreiben die Unterschrift X Y Z trugen, daher diese Mission auch in späterer Zeit die X Y Z=Mission genannt worden ist.

Solchem unwürdigen Verfahren wußten die Gesandten der Vereinigten Staaten wohl zuletzt ein Ende zu machen, doch erreichten sie ihren Zweck nicht und Mr. Adams rief sie endlich zurück, indem er erklärte, er würde zu keinen weiteren freundschaftlichen Verhältnissen die Hand bieten, bis er die Gewißheit hätte, daß amerikanische Gesandte auch mit solcher Achtung empfangen würden, wie sie der Würde einer so großen und unabhängigen Nation gezieme.

Diesem folgten bald darauf solche Uebergriffe französischer Fahrzeuge auf amerikanischen Handel, daß sich die ganze Nation mit Entrüstung erhob.

Millonen zur Vertheidigung, aber keinen Cent

als Tribut! lautete der einſtimmige Ruf des amerikaniſchen Vol=
kes; eine reguläre Armee wurde ohne Zögern ins Feld gerufen und
Steuern erhoben, und General Waſhington verließ auf den Ruf
ſeines Vaterlandes noch einmal das ſtille Aſyl ſeiner Heimath, um
das Heer zu befehligen. General Hamilton wurde zum Zweiten im
Commando ernannt. Vorzüglich aber warf man die Hauptkraft auf
die Marine, um dort Vergeltung für die erlittene Unbill zu nehmen.
Jetzt ſchien aber auch in Amerika ſelber aller Hader der einzelnen
Parteien vergeſſen zu ſein, und als die amerikaniſche Fregatte Con=
ſtellation von 38 Kanonen, Commodore Truxion Befehlshaber,
die franzöſiſche Fregatte L'Inſurgente von 40 Kanonen nach hef=
tigem Kampfe nahm, flog ein Jubelruf durch das ganze Land.

Die franzöſiſche Regierung überzeugte ſich bald, daß die Amerikaner, ſo feindſelig ſie ſich ſelbſt auch manchmal gegenüberſtehen
mochten, doch da gewiß ſchnell genug gemeinſame Sache machten, wo
es galt, einen äußern Feind zu bekämpfen; ſie ließ ſich deshalb
wieder auf Unterhandlungen ein. Mr. Adams ernannte aber wie=
derum drei Geſandte: Oliver Ellsworth, den Oberrichter der Ver.
Staaten; Patrik Henry, früheren Gouverneur von Virginien; und
William van Murray, Geſandten in den Niederlanden, welche auch
wirklich mit dem jetzigen Oberhaupte der Franzoſen, Napoleon Bo-
naparte, am 20. Sept. 1800 einen Friedensvertrag in Paris ab=
ſchloſſen. Die Armee wurde, ſobald die Friedenskunde Amerika
erreichte, nach einer Verordnung des Congreſſes, wieder entlaſſen.

Der Krieg war vermieden und Amerika die Ruhe geſichert, aber
dennoch hatte es einen herben Verluſt zu betrauern: Georg Wa=
ſhington verſchied, nach kaum vierundzwanzigtägiger Krankheit, am
14. Dezember 1799 zu Mount Vernon. Die Glocken der ganzen
Nation läuteten ſein Requiem und die Thränen von Tauſenden
verkündeten die Liebe, welche er in den Herzen der Seinen auf ewige
Zeiten zurückließ. Im Hauſe der Abgeordneten wurde der Stuhl des
Sprechers mit ſchwarzem Flor umhüllt, und die Mitglieder ſelber
erſchienen alle in Trauerkleidung, während ſie ein Committee der
beiden Häuſer erwählten, welches berathen ſollte, wie man das An=
denken Waſhington's, des Erſten im Kriege wie im Frieden, des
Erſten im Herzen ſeines Volkes am würdigſten ehre.

Washington starb im achtundsechzigsten Jahre seines Alters, seine Geschichte aber ist, so lange er sich dem öffentlichen Dienste weihte, die seines Vaterlandes. Er befehligte dessen Armeen und präsidirte während der interessantesten Entwickelungsperiode in seinen Raths-versammlungen. Sein Name kann nie von dem Amerika's getrennt werden.

Im Jahre 1800 wurde der Regierungssitz, dem 1790 erlassenen Gesetze zufolge, von Philadelphia nach der Stadt Washington ver-legt. Ein zehn Quadratmeilen großes Stück Land war zu diesem Zweck von Virginien und Maryland an die Central-Regierung ab-getreten und mit dem Namen „District von Columbia" belegt worden. Die öffentlichen Bauten beendete man ebenfalls, und im November des Jahres hielt der Congreß zum ersten Male dort seine Sitzung.

Mississippi und ein Theil des nordwestlichen Territoriums, In-diana genannt, wurden in diesem Jahre zu Territorien, mit einer besondern Regierung, gemacht.

Die Zeit rückte jetzt wieder heran, in welcher ein neuer Präsident gewählt werden mußte, und die Streitigkeiten der föderalistischen und der republikanischen Partei erreichten ihren Höhepunkt, denn es zeigte sich jetzt auch auf der republikanischen Seite eine viel feind-lichere Stimmung gegen Adams, als dieses früher der Fall gewesen, wo bei seiner früheren Wahl ihm die Antiföderalisten weniger des-halb ihre Stimme versagt hatten, weil sie seine Gegner gewesen wären, als weil ihnen Jefferson doch noch lieber war. Jetzt hatte sich dagegen die Sache geändert, und zwei Gesetze besonders waren es, welche ihn jener Partei verhaßt gemacht. Das eine wurde das „Fremdengesetz" genannt und gab dem Präsidenten die Macht, jeden Fremden, welcher ihm für den Frieden und die Freiheit des Landes gefährlich erscheinen würde, ohne Weiteres a u s w e i s e n zu dür-fen. Das andere nannten sie das „Aufruhrgesetz," und nach diesem konnten Solche, welche sich „gegen irgend eine Maßregel der Regierung verschworen oder dagegen schrieben, druckten, äußerten oder veröffentlichten 2c., oder auch irgendwie falsche, scandalöse und boshafte Schriften gegen die Regierung der Vereinigten Staaten

oder irgend ein Haus des Congresses, oder gegen den Präsidenten
erließen, mit Gefängniß oder schweren Geldbußen bestraft werden."
Nach diesem Gesetze waren denn auch wirklich schon mehrere Indi=
viduen eingekerkert worden, und Adams verlor so an Popula=
rität, daß sich die Majorität der Wähler auf die Seite der Repu=
blikaner neigte.

Kurz vorher, ehe Adams von seinem Amt abtrat, erwählte
er, einem vom Congreß erlassenen Gesetze zufolge, noch zwölf neue
Richter, welche später Mitternachtsrichter hießen, weil sie
Adams noch gerade um 12 Uhr Nachts, ehe er aufhörte Präsident
zu sein, ernannt hatte.

Nach der Constitution, wie sie damals bestand, stimmte jeder
Wähler für zwei Personen, ohne dabei zu bemerken, welche von die=
sen er zum Präsidenten wünsche. Derjenige nun, welcher die meisten
Stimmen hatte, wurde Präsident, der Andere Vicepräsident. Bei
dieser Wahl trat aber ein zwar natürlicher, jedoch ganz unvorherge=
sehener Fall ein. Die Republikaner, welche über die Föderalisten
eine sehr bedeutende Majorität hatten, gaben ihre Stimmen, Mann
für Mann, für Thomas Jefferson und Aaron Burr, und beabsich=
tigten dabei, daß Jefferson, der Führer ihrer Partei, Präsident, und
Burr Vicepräsident werden sollte. Diese beiden Männer hatten aber
eine vollkommen gleiche Anzahl von Stimmen und die Wahl mußte
deshalb, der Constitution nach, durch das Haus der Abgeordneten
entschieden werden.

Die Föderalpartei sah sich besiegt, hoffte aber dennoch das Blatt
zu wenden, wenn sie Burr zum Präsidenten bekomme, denn daß
sie von Jefferson nichts zu erwarten hätte, wußte sie nur zu
wohl. Als man aber die Stimmen im Hause zählte, ergab sich
ein anderer eigenthümlicher Umstand: Jefferson und Burr hat=
ten aufs neue eine ganz gleiche Zahl, und wieder und wieder
wurde gestimmt, und wieder und wieder blieb dasselbe Resultat, bis
die Zeit fast verflossen war, wo, der Constitution nach, ein Präsident
erwählt sein mußte, wenn nicht die Räder der Staatsmaschine als
abgelaufen betrachtet werden sollten. Die Constitution enthielt
keine Clausel, durch welche sie hätten wieder aufgewunden werden
können. Endlich, nachdem die Mitglieder fünfunddreißig Mal

Thomas Jefferson.

(Seite 229.)

gestimmt, fand man bei der sechsunddreißigsten Abstimmung, daß
Jefferson die Majorität eines Staates hatte.

Hätten beide Parteien so starrsinnig auf ihrem Sinne bestanden,
so wäre die ganze Constitution umgestoßen gewesen und vielleicht
endloses Elend über das schöne freie Land gekommen, denn es gab
auch in damaliger Zeit Leute genug, welche auf den Umsturz der
Dinge warteten, um, wie sie meinten, das Staatsschiff nach ihren
eigenen Interessen oder Ansichten gelenkt zu sehen. Der Wiederkehr
ähnlicher Fälle aber vorzubeugen erfuhr die Constitution eine entsprechende Ergänzung. Wenn nämlich die Wahl bis zu dem festgesetzten Tage nicht zu Stande gebracht ist, so übernimmt der Vicepräsident die Verwaltung.

Am 4. März 1801 wurde Th. Jefferson feierlich in sein Amt
eingeführt, statt aber dabei, wie seine Vorgänger gethan, eine Rede
an die beiden Häuser zu halten, sandte er ihnen eine geschriebene
Botschaft, die zuerst im Senate vorgelesen und dann dem Hause
der Abgeordneten übergeben wurde. Diese Neuerung fand bei seinen
Nachfolgern Anklang und ist bis auf den heutigen Tag beibehalten
worden.

Die wichtigsten Stellen des Staates gingen jetzt aus den Händen der Föderalisten in die der Republikaner über, und Madison
wurde Minister des Innern. Auch einen zweiten Census vollendete
man, wonach (1801) die Bevölkerung auf 5,319,762 Seelen gestiegen war. Also hatte sich dieselbe in diesen zehn Jahren um
1,400,000 Seelen vermehrt. Die Ausfuhr war ebenfalls von 19
auf 94 Millionen Dollars, wie das Einkommen von 4,771,000 auf
12,945,000 Dollars gestiegen. Dieser reißend schnelle Wachsthum
des Wohlstandes ist in der Geschichte der Nationen beispiellos und
findet seinen Ursprung fast eben so sehr in dem industriellen, unter-
nehmenden Geiste der Bewohner, als in ihren vortrefflichen Gesetzen
und Institutionen.

In diesem Jahre erklärte der Congreß Tripolis den Krieg.

1802 wurde Ohio als Staat in die Union aufgenommen und
die Sklaverei aus diesem ganzen weiten fruchtbaren Landstrich aus-
geschlossen. Eine weit wichtigere Erwerbung machten die Vereinigten
Staaten aber im nächsten Jahre, wo sie durch einen in Paris abge-

20

schlossenen Vertrag Louisiana, das heißt den ganzen ungeheuren Distrikt, welcher sich vom Mississippi bis zum stillen Ocean ausdehnt, für die Summe von 15 Millionen Dollars von Frankreich kauften und dadurch ihren geographischen Umfang fast verdoppelten. *)

Zweite Periode.

Vom Ankaufe Louisiana's bis zur Besitznahme Florida's.
(Von 1803 bis 1820.)

Um den Krieg mit Tripolis zu eröffnen und die räuberische Thä= tigkeit der Piraten zu hemmen, wurde Commodore Dale mit zwei Fregatten und einer Kriegsschaluppe in das mittelländische Meer gesandt, wo er den Hafen von Tripolis blokirte und die feindlichen Caper am Auslaufen verhinderte. Im Anfange des Jahres 1803 sandte der Congreß Commodore Preble mit einer Flotte von sieben Segeln aus. Im October ließ sich aber das eine von diesen, die Philadelphia, Capitain Bainbridge, in der Verfolgung eines kleinen Fahrzeuges zu weit in den Hafen locken, wo es strandete und in die Gewalt der Feinde fiel. Die Offiziere wurden gefangen genommen und die Mannschaft als Sklaven behandelt.

Stephan Decatur, ein Lieutenant unter Preble, faßte nun den kühnen Plan, die Fregatte wiederzunehmen oder zu zerstören. Zu diesem Zweck ein kleines Fahrzeug, den „Unerschrockenen," beman= nend, segelte er mit 76 Mann von Syrakus ab, lief in den Hafen von Tripolis ein, enterte unter den Kanonen der stärksten Hafenbat= terie die Fregatte, trieb die Mannschaft ins Wasser und steckte das Schiff, als die Corsaren herbeieilten und die Kanonen der Forts ihr Feuer eröffneten, in Brand. Er entkam glücklich und führte dieses tollkühne Unternehmen ohne den Verlust eines einzigen Man= nes aus.

Die Amerikaner unternahmen jetzt mehrere Versuche gegen Tripo=

---

*) Siehe Paine's politische Werke, Band II. Abdresse an die französischen Bewohner von Louisiana.

lis und zwangen den Bay endlich zu einem Friedensvertrage, so wie
zum Austausch der Gefangenen, wobei sie ihm jedoch, da er 200
mehr gemacht hatte, als sie selber, noch 60,000 Dollars auszahlen
mußten, und somit endete der tripolitanische Krieg.

Im Juli 1804 wurde General Alexander Hamilton in einem
Duell mit dem Vice-Präsidenten der Vereinigten Staaten, Aaron
Burr, von diesem erschossen.

Im nächsten Jahre erwählte das Volk der Union zum zweiten
Male Th. Jefferson zum Präsidenten, und zwar diesmal mit 162
aus 176 Stimmen. George Clinton aus New York wurde Vicepräsident.

Die weise Politik Amerika's hatte dieses Land bis dahin von den
europäischen Zerwürfnissen entfernt gehalten und seinen Handel und
Wohlstand zu einer früher kaum gehofften Höhe gebracht; jetzt aber
sollten Umstände eintreten, die eine fernere Neutralität fast unmöglich machten.

Besonders war das Durchsuchungsrecht immer noch ein Stein des
Anstoßes zwischen England und Amerika. England behauptete nämlich, daß ein in England geborner Mann seine Unterthanenpflicht
gegen England nie abwerfen könne und dürfe; Amerika dagegen
hielt es in weit liberalerer Politik für billiger und humaner, einem
jeden volljährigen Mann auch zu überlassen, welches Vaterland er
sich wählen wolle, und ihn, wenn ihm die Verhältnisse in seinem
eigenen Geburtslande nicht mehr gefielen, nicht zu nöthigen, daselbst
zu verharren. Amerika nahm, diesen Ansichten zufolge, Alle als
seine Kinder auf, die seinen gastlichen Schutz suchten und sich seinen
Gesetzen fügten; daher kam es denn auch, daß England sehr häufig,
besonders Matrosen als englische Unterthanen reclamirte, während
sie zugleich amerikanische Bürger waren.

Unter dem Schutze dieses Rechtes visitirten also englische Offiziere
amerikanische Fahrzeuge und nahmen dort willkürlich fort, was ihrer
Behauptung nach englische Unterthanen waren oder doch wenigstens
für solche gehalten wurden. Zu gleicher Zeit blokirten die englischen
und französischen Fahrzeuge den Continent, und schlossen selbst den
neutralen Handel von dessen Verkehr aus. Ja es blieb nicht einmal bei einfacher Blokade, sondern die Engländer erklärten, daß

keine neutrale Macht mit Frankreich oder dessen Alliirten Handel
treiben dürfe, wenn sie nicht an England einen gewissen Tribut
zahle, während gleich darauf Napoleon zu Mailand ein Decret er=
ließ, worin er erklärte, daß jedes Schiff, welches den Engländern
das Durchsuchungsrecht einräume oder gar an England Tribut
zahle, sobald es in seinen Häfen gefunden werde, confiscirt wer=
den solle.

Dem amerikanischen Handel drohte auf diese Art Verderben, und
der Congreß ordnete, um die eigenen Schiffe zu schützen, eine tem=
poräre Handelssperre an, welche aber solchen Wiederstand bei dem
Volke fand, daß sie wieder aufgehoben werden mußte.

Th. Jefferson war inzwischen von seiner politischen Laufbahn zu=
rückgetreten und James Madison an seiner Statt erwählt worden.
George Clinton aus New York wurde Vicepräsident.

Ein „Nichtverkehrs=Gesetz" nahm jetzt die Stelle der Handels=
sperre ein, indem auf ein Jahr lang sowohl mit Frankreich, als mit
England jeder Verkehr abgebrochen wurde, insofern nicht eins dieser
Länder oder beide die, dem Handel der neutralen Länder so gefähr=
lichen Edicte zurücknähmen. Frankreich that dieses zuerst, 1810, und
der Präsident erließ am 2. November eine Proklamation, in welcher
er das Nichtverkehrs=Gesetz zu Gunsten Frankreichs und seiner De=
pendenzen aufhob.

Im April wurde mit Erskine, dem britischen Gesandten zu
Washington, ein Vertrag abgeschlossen, worin dieser erklärte, daß
die Erlasse des britischen Cabinets, soweit sie Amerika beträfen, zu=
rückgenommen werden sollten. Das britische Ministerium weigerte
sich aber, diesen Vertrag zu sanctioniren, und erklärte, daß sein Ge=
sandter, welchen man auch zurückrief, seine Vollmacht überschritten
habe. Sein Nachfolger, Jackson, äußerte auch in einer Correspondenz
mit dem amerikanischen Minister des Innern, daß die amerikanische
Regierung gewußt habe, Erskine sei nicht autorisirt gewesen, solche
Zugeständnisse zu machen. Dies wurde vom amerikanischen Mi=
nister auf das Bestimmteste zurückgewiesen und vom Präsidenten
jede weitere Unterhandlung abgebrochen.

Der Census ergab im Jahre 1810 für die Vereinigten Staaten
eine Bevölkerung von 7,239,903 Seelen.

James Madison.

(Seite 232)

Während aber nun englische Schiffe an den amerikanischen Küsten kreuzten und mehrmals sogar wirkliche Angriffe wagten, wie z. B. der Angriff des „Kleinen Belt" auf die amerikanische Fregatte „Prä= sident," wobei jedoch der „Kleine Belt" sehr bedeutend den Kürzern zog, machten sich an den westlichen Grenzen drohende Anzeichen bei den dortigen indianischen Stämmen bemerkbar.

Es bildete sich nämlich eine feindliche indianische Conföderation, an deren Spitze der große Shawanesen=Häuptling Tecumseh und sein Zwillingsbruder Elskwatawa standen, von denen der Erstere, ein Meteor an Heldenmuth und Beredsamkeit, die Kriegführung und Leitung der inneren Angelegenheiten übernommen hatte, indeß sich Elskwatawa, unter dem geheimnißvollen Namen des „Propheten," einen fast unbeschränkten Einfluß auf die abergläubischen Gemüther seines Stammes zu verschaffen wußte. Sie folgten ihm fast unbe= dingt, und wen die schlaue Kunst des Einen nicht in Fesseln geschla= gen, den gewann der kühne Muth, die hinreißende Beredsamkeit des Andern.

Das Ziel, welches sich die beiden Brüder gesteckt hatten, war ein hohes und edles, der ganzen Energie eines solchen Mannes, wie Te= cumseh, würdig. — Das Joch der Weißen wollten sie abschütteln, das ihren Nacken blutig drückte, und Tecumseh arbeitete darauf hin, alle, bis dahin oft feindselig einander gegenübergestandenen india= nischen Nationen zu e i n e r kräftigen Conföderation zu vereinigen, mit welcher er den riesigen Kampf gegen die ihnen an Zahl und Waffen überlegenen Bleichgesichter beginnen könnte.

Tecumseh zog so von einem Stamme zum andern, und überall, wo seine dringende Rede willige Hörer fand, entzündete er die Herzen der Menge und eroberte sie im Sturme für die gute Sache.

Elskwatawa war dabei auch nicht müßig; unter allerlei listigen Vorwänden und wunderlichen Formen wußte er den Stahl der Rache auf die Köpfe der Häuptlinge zu lenken, welche er der „weißen" Sache günstig glaubte, so wie solche Anordnungen zu treffen, die den rothen Mann von dem Einflusse des Weißen unabhängig machen mußten. So ließ er sie Alles ablegen, was sie bis dahin von euro= päischem Schmuck und Kleidern gebraucht, selbst der wollenen Decke, welche fast allgemein eingeführt worden war, mußten sie entsagen

20*

und sich wieder, zum Schutz gegen Nässe und Kälte, in Büffelhäute und gegerbte Felle hüllen.

So bewachten die beiden Brüder die Bewegungen Großbritanniens und der Vereinigten Staaten, und warteten auf den Augenblick, welcher ihnen zum gemeinsamen Angriffe passend scheinen würde.

Die Amerikaner sahen indessen keineswegs müßig den gefährlichen Vorbereitungen zu, welche ihre Grenzen bedrohten. Der Gouverneur des Indiana-Territoriums, W. Harrison, wurde mit seiner Miliz, welche durch reguläre Truppen unter Oberst Boyd verstärkt worden war, gegen sie geschickt und schlug in dem Kampfe bei Tippecanoe, wenn auch nicht ohne bedeutenden Verlust, die, trotz geschlossenen Waffenstillstandes, nach ihrer Art heimlich auf ihn hereinbrechenden Wilden. Tecumseh befand sich nicht bei diesem Kampfe, sondern weilte noch unter den fernen südlichen Stämmen, da er gar nicht geglaubt hatte, daß die Amerikaner den ersten Schlag führen würden.

1811 gestand die britische Regierung der amerikanischen allerdings einzelne Vergütungen für mehrere Fälle zu, wegen deren sie Klage geführt hatte; das Durchsuchungsrecht ließ sie sich aber doch nicht nehmen, und ging auch gar nicht darauf ein, je davon abzustehen, ja sie stationirte sogar englische Kriegsschiffe vor die bedeutendsten amerikanischen Häfen, um die herauskommenden Schiffe nach britischen Unterthanen zu durchsuchen. Außerdem nahmen die Engländer, da Amerika indessen den Handel mit Frankreich wieder eröffnet hatte, amerikanische Kauffahrer weg, so daß über 900 Fahrzeuge nach und nach und seit 1803 in ihre Hände gefallen waren, was weitere Nachsicht fast zur Unmöglichkeit machte.

Der Präsident legte denn auch dem Congreß alle Beschwerden der Vereinigten Staaten vor und rieth, sich so rasch als möglich in Vertheidigungsstand zu setzen. Die Abgeordneten stimmten diesen Ansichten vollkommen bei; die nöthigen Vorbereitungen wurden getroffen, die reguläre Armee auf 35,000 Mann zu erhöhen und die Marine zu verstärken; ferner wurde ein Gesetz erlassen, welches den Präsidenten ermächtigte, eine Anleihe von 11 Millionen Dollars aufzunehmen; die Steuern auf eingeführte Waaren wurden verdoppelt, und sonstige, dem augenblicklichen Bedürfniſſe entsprechende Taxen auferlegt.

Im April 1812 legte der Congreß eine neunzigtägige Hafensperre auf alle Häfen innerhalb der Jurisdiction der Vereinigten Staaten, und am 18. Juni wurde England förmlich der Krieg erklärt.

Die Urſachen des Kriegs legte der Präſident in einem ſehr tüchtig ausgearbeiteten Manifeſte vor, und die hauptſächlichſten davon waren: Britiſche Exceſſe, indem ſie die amerikaniſche Flagge auf offener See, der Freibahn aller Nationen, inſultirt — Preſſen ame- rikaniſcher Seeleute — das Hetzen (harassing) amerikaniſcher Fahr- zeuge, während dieſe in ihren eigenen Häfen ein- oder ausliefen — das Tödten amerikaniſcher Bürger, und zwar noch innerhalb ihrer Territorialgrenzen — das Erlaſſen von Befehlen, die Häfen feind- licher Länder zu blokiren, ohne zugleich zur Unterſtützung und Lega- liſirung ſolcher Befehle die nöthigen Flotten zu verwenden; ferner, daß man ſolche Befehle von dem Tage ihres Erlaſſes an in Kraft geſetzt habe, worauf der amerikaniſche Handel in jedem Meere geplündert worden — die Anwendung heimlicher Agenten, um die Regierung der Union dem Volke zu entfremden und die einzelnen Staaten ſelbſt gegen einander aufzuwiegeln — und endlich das Auf- reizen der ohnedies ſchon feindlich geſinnten indianiſchen Stämme.

Gegen dieſe Erklärung legten die Abgeordneten der föderaliſtiſchen Partei einen feierlichen Proteſt ein.

So hatten denn die Amerikaner auf's Neue gegen das Mutter- land die Waffen ergriffen; jetzt aber konnten ſie ihren eigenen For- derungen weit kräftigeren Nachdruck geben, als früher. Freilich war das Volk ſelbſt nicht mehr ſo kampfgeübt, als vor ſiebenunddreißig Jahren, wo die Coloniſten fortwährend gegen innere und äußere Feinde gerüſtet ſein mußten; dafür hatte ſich aber auch die Ein- wohnerzahl von 3 auf faſt 8 Millionen vermehrt, während die pecu- niären Hülfsquellen in noch größerem Verhältniſſe geſtiegen waren. Dieſer Krieg erforderte aber dennoch außerordentliche Mittel. Jef- ferſon hatte während ſeiner Regierung nur danach geſtrebt, die im Revolutionskriege aufgelaufene Schuldenlaſt zu mindern, welche er auch von 75 auf 36 Millionen herunterbrachte, hatte aber dafür natürlich die Militär- und Seemacht gar bedeutend lichten müſſen, was jetzt, bei der Wiederanschaffung alles zum Kriege Nöthigen, solche Capitalien in Anspruch nahm, daß nach dem Kriege, 1816, die Schuldenlast wieder auf 123 Millionen Dollars — also 47 Millionen über den ursprünglichen Stand — gestiegen war.

Eben so kam die Kriegserklärung so kurz vor dem Ausheben der Truppen, daß mit dem wirklichen Beginne des Krieges kaum der vierte Theil, und selbst dies nur undisciplinirte Truppen, den Feind zu bekämpfen bereit stand.   Uebrigens wurde der Präsident ermächtigt, 100,000 Mann Milizen auszuheben und bis zu 50,000 Mann Freiwillige anzunehmen.

In besserem Zustande befand sich dagegen die Marine; denn schon die Eigenschaft der Vereinigten Staaten als ein seefahrendes, handeltreibendes Volk hatte sie mit tüchtigen Seeleuten versehen, welche, oft von Kauffahrern auf Kriegsschiffe versetzt, den Dienst beider gelernt hatten.   Eben so waren durch den erst kürzlich beendigten Krieg mit den Seeräubern des mittelländischen Meeres ihre Offiziere herangebildet und in Uebung gehalten worden.   Später verwandelten auch allerdings manche unternehmende Männer ihre Kauffahrer in Kriegsschiffe und nahmen Caperbriefe; zu Anfang des Krieges bestand aber die ganze amerikanische Marine aus 10 Fregatten, 10 Corvetten und 165 Kanonenbooten.

Von den wenigen Offizieren, welche noch aus den Zeiten der Revolution am Leben waren, wurde Henry Dearborn aus Massachusetts zum Generalmajor und Oberbefehlshaber der amerikanischen Armee ernannt.   Sein Hauptquartier war zu Greenbush am Hudson, Albany gegenüber.

Der erste Plan des Feldzugs, welcher in Washington gefaßt worden, hatte zum Zweck, Montreal zu erobern, zu gleicher Zeit Detroit und Niagara anzugreifen und dann die verschiedenen Heeresabtheilungen zu vereinigen.

General Hull, früherer Capitän der Revolutionsarmee und jetzt Gouverneur von Michigan, erhielt den Oberbefehl über die gegen Detroit beorderten Truppen und rückte damit, laut empfangener Befehle, in Canada ein, wo er sich zu Sandwich festsetzte und eine entschlossene Proclamation erließ, nach welcher sich auch die Indianer, wie die Canadier — die Letzteren überdies der amerikanischen

Sache geneigt — neutral verhielten. Trotz mehrerer errungenen
Vortheile aber und während die Truppen von dem besten Geiste
beseelt waren, bewies sich General Hull so ohne alle Energie und
Entschlossenheit, ja wirklich so ohne Muth, was sein bald darauf
erfolgter Rückzug nach Detroit zeigte, daß die Engländer mit leichter
Mühe den Sieg über ihn gewannen. Zur Uebergabe aufgefordert,
verlor er gleich bei dem ersten Anrücken der Feinde und von leeren
Drohungen erschreckt den Kopf dermaßen, daß er die Thore fast ohne
Capitulation öffnete und seine vor Ingrimm wüthenden Soldaten
den Gegnern überlieferte.

Er wurde später, als er ausgewechselt worden war, vor ein
Kriegsgericht gestellt und zwar von der Anklage des Hochver=
raths freigesprochen, jedoch wegen Feigheit und eines Offiziers un=
würdigen Benehmens zum Tode verurtheilt. Der Präsident begna=
digte ihn allerdings, nahm ihm aber jedes militärische Commando.

Glücklicher war Amerika dagegen auf der See. Am 19. August,
drei Tage nach der schmachvollen Uebergabe von Detroit, nahm die
amerikanische Fregatte „Constitution," Capitän Hull, die englische
Fregatte „Guerrière," Capitän Acres. Der Amerikaner wartete,
nach Art der Scharfschützen seiner Wälder, ruhig die Zeit ab, wo
der Engländer in richtiger Schußweite war, und achtete die auf ihn
abgefeuerten Kugeln gar nicht; dann aber gab er Flankensalve auf
Flankensalve mit solcher Schnelle und Sicherheit, daß er in dreißig
Minuten das feindliche Schiff in ein Wrack verwandelte und es
zwang, seine Flagge zu streichen. Es war so zerschossen, daß sie es
nicht einmal mit in den Hafen bringen konnten, sondern verbrennen
mußten. Unter die Mannschaft der „Constitution" ließ aber der
Congreß, um sie für den Verlust der Prise zu entschädigen, 50,000
Dollars vertheilen.

Capitän Porter, Vereinigte Staaten=Fregatte „Essex," nahm eben=
falls auf der Newfoundland=Bank die britische Fregatte „Alert,"
nach einem nur acht Minuten dauernden Kampfe.

Indessen waren die Engländer in Canada siegreich gewesen und
General Rensselaer hatte sich ihnen, die ihn mit furchtbarer Ueber=
macht angegriffen, ergeben müssen; die Ohio= und Kentucky=Frei=
willigen befanden sich aber schon unterwegs, als sie die Trauerkunde

erreichte, und anstatt sich dadurch abschrecken zu lassen, feuerte es nur noch mehr ihren Kampfesmuth an, da sie jetzt nicht allein die Freunde zu unterstützen, sondern auch sie zu rächen und verlorenes Terrain wiederzugewinnen hatten.

William Henry Harrison, der Gouverneur des Indiana=Territoriums und Brigadegeneral der Armee, besaß mehr als irgend ein anderer militärischer Führer das Vertrauen der westlichen Einwohner und der Congreß ernannte ihn zum Befehlshaber aller dieser Streit=kräfte, mit denen er nach dem nordwestlichen Theil von Ohio vor=rückte, um sowohl das Land gegen die Einfälle der feindlichen Wil=den zu schützen, als auch die durch Hull's Uebergabe verlorne Strecke wiederzugewinnen.

Indessen wurde Fort Harrison am Wabasch von mehreren Hun=dert Wilden angegriffen; Capitän Taylor aber, mit nur fünfzehn wirklich waffentüchtigen Männern, schlug sie zurück und hielt sich auch, bis später Verstärkung kam, welche mehrere indianische Städte zerstörte und die Wilden zwang, für die nächste Zeit Frieden zu halten.

Bei der nördlichen Armee fand, außer einigen Scharmützeln, kein bedeutender Kampf in diesem Jahre mehr statt, und sie bezog am 23. December die Winterquartiere.

Die amerikanische Corvette „Wasp," von Capitän Jones befehligt, traf mit der ihr an Zahl und Schwere des Calibers überlegenen englischen Corvette „Frolic" zusammen, und feuerte so sicher und in so fürchterlicher Nähe auf die Feinde, daß von hundertundzwanzig, welche die Mannschaft des „Frolic" ausgemacht, Hundert getödtet oder verwundet wurden und die Corvette genommen ward. Seines blutigen Triumphes sollte er sich aber nicht lange erfreuen, denn ein britischer Vierundsiebziger, der „Poictiers," nahm bald darauf den Sieger mit seiner Prise und führte beide nach Bermuda. Als aber Capitän Jones mit seinen Offizieren aus der Gefangenschaft zu=rückkehrte, wurden sie von ihren Landsleuten mit Ehrenbezeigungen empfangen; die Mannschaft erhielt 25,000 Dollars und Jones selber den Befehl der Fregatte „Macedonian."

Auch am 25. October feierten die Amerikaner einen glänzenden Triumph zur See, welcher dadurch noch demüthigender für die Eng=

länder wurde, daß er ihnen jetzt die bittere Ueberzeugung aufdrang, es gäbe eine Nation, die ihnen in der Seemannskunde wenigstens gleich stünde, eine Thatsache, welche sie bis dahin hartnäckig geleugnet hatten. Die Fregatte „United States," von Commodore Decatur befehligt, traf die britische Fregatte „Macedonian" und nahm sie nach zweistündigem, hartnäckigem Kampfe. Am 29. December desselben Jahres nahm die schon früher gegen die „Guerrière" siegreiche „Constitution," jetzt von Commodore Bainbridge befehligt, an der brasilianischen Küste die britische Fregatte „Java."

Die Vortheile, welche Amerika auf der See errang, erstreckten sich aber nicht blos auf die ausgerüsteten Kriegsschiffe seiner Marine, nein, auch die raschsegelnden Caper der Republik, welche aus jedem Hafen ausliefen, nahmen Fahrzeuge von weit größerem Caliber und peinigten den englischen Handel bis aufs Blut. Nur wenige von diesen fielen in die Hände der Feinde, während sie selbst nahe an 250 englische Fahrzeuge erbeuteten und dabei 3000 Gefangene machten.

Der Congreß hatte sich am 4. November versammelt und eine Verstärkung der Armee und Marine nahm seine Thätigkeit und Aufmerksamkeit in Anspruch. Das Handgeld wurde erhöht, um Rekruten anzulocken, und auch eine Erhöhung des Solds bewilligt. Eben so sollten vier Kriegsschiffe von je 74 und sechs Fregatten von 44 Kanonen erbaut, wie auch die Marine der Binnenseen vermehrt werden. Am 26. Januar 1813 passirte eine Bill zur Genehmigung eines Anlehens von 16 Millionen Dollars und am folgenden Tage wurde der Präsident ermächtigt, Banknoten bis zu dem Betrage von fünf Millionen Dollars auszugeben.

Die reguläre Truppenmacht der Amerikaner bestand jetzt aus fast 55,000 Mann.

Als man die Stimmen bei der nächsten Wahl zählte, ergab es sich, daß James Madison wieder zum Präsidenten, Elbridge Gerry aber zum Vicepräsidenten für die nächsten vier Jahre erwählt worden war.

Die militärischen Operationen der Vereinigten Staaten waren 1813 hauptsächlich gegen die ausgebreitete nördliche Grenze der Union gerichtet. Beim Anfange des diesjährigen Feldzuges stand die westliche Armee, unter General Harrison, nach dem Einlaufe des Eriesees, die mittlere, unter General Dearborn, zwischen dem Erie und Ontario, und die nördliche, unter General Hampton, hielt die Ufer des Champlainsees besetzt. Die Eroberung von Canada war noch immer das vereinte Ziel derselben.

Die Macht, welche der Gouverneur von Canada, Sir George Prevost, dagegen ins Feld stellen konnte, schien verhältnißmäßig ge= ring. Die Vertheidigung von Ober=Canada war den Obersten Proc= tor und Vincent übergeben, während General Sheaffe in Unter=Ca= nada, jedoch mehr unter dem Befehle des Gouverneurs selber, stand.

Die Engländer machten den ersten Angriff und schlugen bei French= town die Amerikaner, wobei Proctor, wortbrüchig, die Gefangenen den Händen der Indianer überließ, so daß die Amerikaner in diesem Kampf über 500 Todte und Verwundete verloren. Es waren dies meistens Freiwillige aus Kentucky, und zwar aus den angesehensten Familien dieses reichen Staates.

General Harrison verlegte sein Hauptquartier von Franklinton nach Fort Meigs, welches er an den Stromschnellen des Maumee erbaut hatte. Hier wurde er von dem frühern Oberst, jetzt General Proctor belagert; General Clay rückte aber zu seinem Beistande heran und Proctor, geschlagen, mußte die Belagerung aufheben und sich nach Malden zurückziehen. Harrison ließ General Clay im Com= mando und ging wieder nach Ohio.

Im Juli erklärten die „sechs Nationen" Canada den Krieg, und die amerikanische Regierung sah sich jetzt genöthigt, den angebotenen Beistand der wilden Stämme, welchen sie bis dahin so viel als mög= lich zu vermeiden gesucht, anzunehmen. Diese fingen nämlich an, durch ein stetes Zurückweisen beleidigt zu werden, da sie es so aus= legten, als ob man an ihrer Tapferkeit zweifele. Die Indianer waren auch in jener Zeit dermaßen an Krieg gewöhnt und vom Krieg ab= hängig, daß es fast nur darauf ankam, ob man die verschiedenen Nationen für oder gegen sich haben wollte, denn sie ließen sich nicht länger bewegen, neutral zu bleiben. Aus diesen Ursachen entschlossen sich die Amerikaner endlich, „einen und denselben Tomahawk mit ihnen zu erfassen" und gemeinsame Sache mit den rothen Söhnen der Wälder zu machen.

Commodore Chauncey hatte indessen durch unermüdlichen Fleiß und Eifer eine Flottille auf dem Ontariosee ausgerüstet, und der erste wichtige Dienst, welchen diese leistete, war, daß sie die Armee aus Sackettshafen nach York, der Hauptstadt von Ober=Canada, schaffte. Dearborn, welcher diese Armee befehligte, blieb siegreich und räumte erst am 8. Mai York wieder. Eben so nahmen die Amerikaner Fort George und Fort Erie, und schlugen einen auf Sackettshafen unter=nommenen Angriff nachdrücklich zurück. In einigen andern kleinen Gefechten siegten dagegen die Engländer.

Der Herbst dieses Jahres war Zeuge eines eben so seltenen, als neuen Kampfes, und zwar einer Schlacht auf einem der Binnenseen, welche die englischen von den amerikanischen Besitzungen scheiden. Die amerikanische Flotte des Eriesees war, unter Commodore Oliver Hazard Perry, erst im vorigen Sommer ausgerüstet worden und be=stand aus dem „Niagara" und „Lawrence," jede von 25 Kanonen, so wie noch aus mehreren kleinen Fahrzeugen, mit zwei Kanonen durchschnittlich. Die feindliche Flotte wurde für etwa eben so stark gehalten. Commodore Barclay befehligte sie, er war ein alter Ve=teran, während Perry noch zu jung schien, um viel Erfahrung zu haben; trotzdem überwand er die englische Flotte und zwang sie, sich ihm zu ergeben.

Dieser Sieg auf dem Eriesee öffnete zu dem Territorium, welches General Hull geräumt hatte, freien Zugang, und Harrison verlor keine Zeit, den Krieg dorthin zu tragen. Am 23. Septem=ber landete er seine Truppen bei Fort Malden, begegnete aber zu seinem unbegrenzten Erstaunen keinem bewaffneten Feinde, sondern nur den Frauen und Kindern von Amherstburg, welche ihm entge=genkamen, um seinen Schutz anzuflehen. General Proctor hatte, trotz den dringenden Vorstellungen Tecumseh's, der jetzt General in englischen Diensten war, Malden geräumt, das Fort und die Waarenhäuser verbrannt und dem Feinde das Feld überlassen.

Proctor hatte sich bis zu einem an der Themse liegenden und etwa acht Meilen entfernten Herrnhuter Dorfe zurückgezogen; Har=rison folgte ihm aber ungesäumt und schlug den Feind total aufs Haupt. Proctor floh feige mit 200 Dragonern; aber der bedeu=tendste Verlust, den die Engländer an diesem Tage erlitten, ent=stand ihnen aus dem Tode Tecumseh's, welcher im Gefechte gegen Oberst Johnson's Bataillon blieb. 600 Mann wurden gefangen

21

und die Indianer allein ließen 150 Todte auf dem Schlachtfelde. Unter den Siegstrophäen befanden sich auch sechs, von Hull aufge= gebene messingene Feldstücke, und auf zweien von diesen standen die Worte: „Durch Bourgoyne bei Saratoga übergeben."

Die indianische Conföderation, welche zwar immer noch 3000 Krieger umfaßte, hatte mit Tecumseh das Band verloren, das sie bis dahin zusammengehalten, und die Ottawas, Chippewas, Miamis und Pottawatamies, sandten jetzt Deputationen an Gene= ral Harrison und boten ihm ein Schutz= und Trutzbündniß an, worin sie sich erboten, „denselben Tomahawk mit den Amerikanern zu ergreifen und alle ihre Feinde, seien es Engländer oder India= ner, zu bekämpfen."

General Harrison hatte jetzt weit mehr als den durch Hull aufge= gegebenen Grund und Boden wiedergewonnen, überließ General Caß den Oberbefehl in Detroit und schiffte sich nach Buffalo ein.

Im Frühjahre von 1813 blokirten die Engländer auch die Delaware = und die Chesapeake = Bay und verwüsteten einen großen Theil der Ufer derselben.

Commodore Chauncey's Flotte auf dem Ontariosee war der englischen allerdings an Stärke überlegen, segelte aber nicht so schnell und konnte Sir James Yeo, den Befehlshaber der britischen Schiffe, zu keiner entscheidenden Schlacht bringen. Nur eine nach Kingston bestimmte Kauffahrteiflotte von sieben Segeln, mit Truppen und Provisionen beladen, schnitt er ab und nahm fünf davon weg.

General Wilkinson hatte indessen den Befehl der Centralarmee bekommen und machte sich augenblicklich bereit, Montreal anzu= greifen und Canada zu unterwerfen; durch die übrigen Heeresab= theilungen aber nicht unterstützt, mußte er, nachdem eine Abthei= lung der Seinen unter General Boyd von den Engländern, unter Oberstlieutenant Morris, angegriffen und geschlagen worden war, wieder zurück und bezog bei den „französischen Mühlen" die Winterquartiere.

Zur See waren die Amerikaner wieder am 23. Februar glücklich gewesen, wo das Vereinigte Staatenschiff „Hornet" die britische Corvette „Peacock" träf und nahm. Der „Peacock" sank unglück=

licherweise mit Dreizehn seiner Mannschaft, während diese im
Begriffe waren, die Verwundeten fortzuschaffen. Er hatte drei
gepreßte Seeleute an Bord, welche von den Engländern gezwun=
gen worden waren, gegen ihr Vaterland zu kämpfen. Einer von
diesen war im Kampfe geblieben.

Dagegen erlitten die Vereinigten Staaten eine andere nicht
unbedeutende Niederlage durch den Verlust ihrer Fregatte „Chesa=
peake", welche im Hafen von Boston vor Anker lag, als die bri=
tische Fregatte „Shannon," vom Capitän Broke befehligt, vor dem
Hafen erschien und den Amerikaner zum Kampfe herausforderte.
Capitän Lawrence, welcher wegen seiner auf dem „Peacock" bewie=
senen Tapferkeit zum Befehl des „Chesapeake" befördert worden
war, glaubte, die Herausforderung ehrenhalber nicht ausschlagen
zu dürfen, und verließ den Hafen. Das Gefecht war fürchterlich
blutig und so sicher zielten die Engländer, daß schon nach wenigen
Minuten sämmtliche Offiziere am Bord des „Chesapeake" entweder
getödtet oder verwundet waren. Auch Lawrence war tödtlich
getroffen und rief, nachdem er eine Aufforderung zur Uebergabe
mit den Worten zurückgewiesen: „so lange ich lebe, soll meine
Flagge wehen," schon fast bewußtlos: „gebt das Schiff nicht auf,
gebt das Schiff nicht auf." *)

Die Amerikaner verloren in diesem Kampf an Todten und Ver=
wundeten 63 Mann, die Engländer etwa die Hälfte dieser Zahl.

Der „Shannon" führte seine Prise nach Halifax, und dort wurde
der heldenmüthige Lawrence, welcher seine Niederlage nur um vier
Tage überlebte, mit allen militärischen Ehrenbezeugungen von den
Feinden beerdigt. Seinen Sarg trugen vier der ältesten Capitäne
der britischen Marine.

Gleiches Schicksal hatte Lieutnant Allen, welcher die Corvette
„Argus" befehligte. Der „Argus" wurde von der britischen Cor=
vette „Pelikan" genommen, Allen selbst aber so schwer verwundet,
daß er bald darauf in England starb. Auch er erhielt, wie Law=
rence, ein höchst ehrenvolles Begräbniß.

---

*) Die Worte „Don't give up the ship!" sind in Amerika seit diesem
Tage zum ehrenvollen Sprichworte kräftiger Ausdauer geworden.

Dagegen waren die amerikanischen Seeleute am 4. September wieder siegreich, wo die Brig „Enterprise" die britische Brig „Boxer" traf und nach heftigem Kampfe, in welchem beide Befehls= haber, Lieutenant Burrows von amerikanischer und Capitän Blyth von englischer Seite, blieben, sie nahm.

Am 26. September kehrte Commodore Rodgers von langer Fahrt zurück, auf welcher er die britischen Inseln umschifft, den atlantischen Ocean durchkreuzt und wenn auch keinen glänzenden Sieg erfochten, doch der Sache seines Vaterlandes wichtige Dienste geleistet hatte, indem er den englischen Handel störte und hemmte, zwölf Kauffahrer nahm und viele Gefangene machte.

Wir müssen jedoch noch einmal zu dem vorhergehenden Jahre zurückgehen, um die Ursachen kennen zu lernen, welche zu jenem blutigen Kriege mit der Nation der Creeks führten. Ihre Län= dereien lagen in dem Striche, welchen die Vereinigten Staaten als ihr Territorium beanspruchten, doch war ihnen das Eigenthums= recht ihres Besitzes von der Regierung zugesichert, während diese die größten Anstrengungen machte, sie in den Künsten des civilisirten Lebens zu unterrichten. Ihre frühesten Gewohnheiten waren aber nicht so leicht mit der Wurzel ausgerottet und ein gefährlicher Geg= ner entstand den Versuchen der Weißen in Tecumseh, welcher in dieser Zeit die Nation der Creeks durchwanderte und sie mit dem Feuer seiner Beredsamkeit beschwor, zu ihrer wilden, urthümlichen Unabhängigkeit zurückzukehren und dem weiteren Vorrücken der Bleichgesichter endlich einmal Grenzen zu setzen. Er hielt ihnen dabei den bis dahin treu behaupteten Satz auch wieder unermüdet vor: das Land gehöre den rothen Kindern des großen Geistes gemeinsam und sie hätten kein Recht, einen Theil davon blei= bend zu veräußern oder gar zu verkaufen.

Diese Vorstellungen fielen auf fruchtbaren Boden und die Creeks zeigten bald ein so feindseliges Benehmen, daß die äußersten Grenz= bewohner in den für ihre Sicherheit errichteten Forts' Schutz suchten.

Eins von diesen war Fort Mims in der Tensau=Ansiedelung, das sich mit den geängstigten Familien füllte. Der Commandant dessel= ben, Major Beasely, erhielt gleichzeitige rasch aufeinander folgende Warnungen, wie auch die Kunde, daß man einen Angriff auf sein

Fort beabsichtige. Nichtsdestoweniger zögerte er, die nöthigen Vor=
sichtsmaßregeln zu treffen; da wurde am Nachmittag des 30. August
1812 das Fort plötzlich von indianischen Kriegern umgeben, und
wenn auch die Garnison im Anfang ihren Stand behauptete und
die Wilden zurückschlug, so kehrten diese doch bald wieder, trieben die
Belagerten in die Gebäude und zündeten diese an. Das Gemetzel
war fürchterlich; von dreihundert Männern, Frauen und Kindern
entkamen nur siebzehn, um die Schreckenskunde in die benachbarten
Ansiedelungen zu tragen.

Dies aber konnten die Vereinigten Staaten nicht ungerächt ge=
schehen lassen. Tennessee sandte unter General Jackson 2000 und
unter General Coffee 500 Mann. Georgia schickte General Floyd
mit 950 Weißen und 400 freundlich gesinnten Indianern, während
Mississippi eine Schaar von Freiwilligen, unter General Clai=
borne, stellte.

General Jackson traf und schlug die Indianer bei Talladega —
290 indianische Krieger blieben todt auf dem Schlachtfelde. Gleich
hernach zerstörten die Tennesser die Hillabeestädte, wobei sie sechzig
Krieger tödteten. General Floyd fand mit den Seinen die Creeks
bei Autossee; dies war ihr geheiligter Grund und sie wehrten sich
hier wie Verzweifelte, doch umsonst: 400 von ihren Wohnungen
wurden verbrannt, 200 ihrer besten Krieger erschlagen, unter ihnen
die Fürsten von Autossee und Tallahassee. Auch General Claiborne
gewann mit seinen Freiwilligen einen entscheidenden Sieg. Jackson
und Floyd betraten hierauf an verschiedenen Orten das indianische
Territorium, und dreimal von den Feinden angegriffen, schlugen sie
sie dreimal mit Verlust zurück.

Der feindliche Geist der Creeks ließ sich aber nicht so leicht unter=
drücken; sie befestigten eine starke Biegung des Tallapuhsa, von
den Indianern „Tohopika" und von den Weißen „Hufeisen" ge=
nannt, und sammelten hier ihre besten Krieger. General Jackson je=
doch, von General Coffee unterstützt, griff zuerst mit den regulären
Truppen an, und wenn auch die Wilden in äußerster Verzweiflung
kämpften, mußten sie doch endlich der Wuth und Tapferkeit der
Soldaten weichen. 550 wurden auf der Halbinsel getödtet und **eine**

21*

große Zahl fiel noch bei dem Versuche, den Fluß zu durchschwimmen, durch die Kugeln der Feinde oder ertrank.

Dieser Sieg endete mit der Unterwerfung der noch übrigen Krieger und führte den Frieden herbei.

Weatherford war einer der angesehendsten Häuptlinge und Prophet der Creeks, aber auch eben so seiner Talente, als seiner Grausamkeit wegen berühmt. Als er sich den Weißen ergab, sagte er:

„Ich bin in Eurer Macht, thut mit mir was ihr wollt. Ich habe den Weißen jedes Leid angethan, das in meiner Macht stand: ich habe sie bekämpft, und tapfer bekämpft. Es gab eine Zeit, wo mir eine Wahl blieb; jetzt bleibt mir keine mehr — jede Hoffnung ist verschwunden. Früher konnte ich meine Krieger zur Schlacht anfeuern—die Todten kann ich nicht mehr aufrufen. Sie können meine Stimme nicht mehr hören, ihre Knochen liegen zu Tallushatches, Talladega, Emukfau und Tohopika. So lange noch eine Aussicht auf Sieg war, habe ich nicht um Frieden gebeten, aber mein Volk ist dahin, ich erbitte ihn für die Nation und für mich."

Während des Sommers 1814 wurde ein Friedensvertrag mit den besiegten Creeks unter für die Vereinigten Staaten sehr günstigen Bedingungen abgeschlossen, und General Jackson kehrte nach Tennessee zurück; bald aber rief ihn der Congreß an General Wilkinson's Stelle nach New Orleans, um dort den Oberbefehl zu übernehmen.

Schon im Frühjahr 1813 hatte sich indessen der Kaiser Alexander von Rußland erboten, den Frieden zwischen Amerika und England zu vermitteln; hierzu verstand sich auch die Republik und schickte John Quincy Adams, Albert Gallatin und James A. Bayard nach Rußland, um dort mit den noch zu ernennenden englischen Abgeordneten den Vertrag abzuschließen; England dagegen wollte die Vermittelung der Russen nicht, sondern verlangte, selbst mit Amerika zu unterhandeln, demzufolge die drei Gesandten im August nach Gent, dem verabredeten Sammelplatze, gingen und dort Lord Gambier, Henry Golbourn und William Adams, von großbritanischer Seite, trafen. Von Amerika kamen noch Henry Clay und Jonathan Russel hinzu.

Der kritischen Lage des Landes wegen hielt es der Congreß für nöthig, eine außerordentliche Sitzung zu berufen, und kam deshalb am 24. Mai zusammen. Das wichtigste ihm obliegende Geschäft war, den erschöpften Staatsschatz zu heben, und trotz des Geschreies der kriegsfeindlichen Partei beharrte er doch mit Festigkeit auf der einmal betretenen Bahn.

Er beschloß, Taxen auf Häuser und Ländereien, auf destillirte Getränke, Conditorwaaren, Detaillisten, Licensen, Kutschen, Auctionen und Banknoten zu legen, und autorisirte eine Anleihe von sieben und einer halben Million Dollars.

Unter anderen wichtigen Punkten beschäftigte sich in der ordentlichen Sitzung die Botschaft des Präsidenten auch mit dem Expatriationsgesetz, dessen Bekämpfung zwischen England und Amerika schon so viel Blut gekostet. Auch jetzt waren noch vierzig Personen, geborene Briten, aber wegen langen Aufenthalts in Amerika naturalisirt und als Bürger der Vereinigten Staaten betrachtet, mit den Waffen in der Hand gefangen genommen und nach ihrem Geburtslande zurückgeschickt worden, um dort auf die Anklage von Verrath gerichtet zu werden. Die amerikanische Regierung durfte dieses natürlich nicht ruhig geschehen lassen, setzte daher eine gleiche Anzahl von Soldaten gefangen und ließ England wissen, sie würde an diesen thun, was man an den Bürgern der Vereinigten Staaten thäte. Als Wiedervergeltung setzten die Engländer jetzt eine doppelte Anzahl von amerikanischen Unteroffizieren gefangen, und auch hierin blieb Amerika nicht zurück, indem es ein Gleiches mit kriegsgefangenen englischen Offizieren that.

Die Streitigkeit wurde jedoch endlich durch Austausch der Gefangenen beigelegt, nur die ersten Vierzig hielt Großbritanien noch fest. Die amerikanische Regierung behielt sich jedoch in fester Erklärung das Recht vor, in vollem Maße Wiedervergeltungsrecht zu üben, wenn Jenen auch nur ein Haar gekrümmt würde.

Eine andere Botschaft des Präsidenten empfahl jetzt eine Hafensperre für alle Ausfuhr, um zu verhindern, daß der Feind Zufuhr aus amerikanischen Häfen bekäme, wie auch um den eigenen Handel zu schützen. Diese Maßregel ging nach warmer Debatte im Congresse durch. Die Opposition betrachtete sie aber als schädlicher für die Amerikaner, denn für den Feind, und verdammte sie als constitutionswidrig und drückend.

Dieser Handelszwang sollte jedoch für Amerika nicht von langer
Dauer sein; in Europa fanden mächtige Umwälzungen statt und
veränderten dadurch die ganze, bisher nöthige Politik Amerika's.
Napoleon wär jetzt ein machtloser Verbannter auf einer kleinen
Insel im mittelländischen Meer und die europäischen Häfen öffne=
ten sich England wieder; unter diesen Umständen wurde denn im
Monat April 1813 die Hafensperre, wie das „Nichtimportations=
gesetz" wieder aufgehoben.

Um nun zu dem Schlachtfelde zurückzukehren, so war Wilkinson
ziemlich unthätig bis zum Anfange Februars an den „französischen
Mühlen" gewesen, bis ihn, nach erhaltenen Befehlen vom Kriegs=
minister, General Brown mit 2000 Mann nach der Niagaragrenze
schickte. In Folge seiner ungeschickten und falschen Manövres
brachte ihm der Feind in rascher Reihenfolge so viele, keineswegs
unbedeutende Schlappen bei, daß sich die öffentliche Meinung end=
lich auf das Entschiedenste gegen ihn aussprach und er vor ein
Kriegsgericht gestellt, jedoch später freigelassen wurde.

Die britische Armee Unter = Canada's zog sich jetzt vom St.
Lorenz fort und stationirte sich nahe bei St. Johns, um das Ein=
laufen einer Flotte in den Champlainsee zu decken. Das Haupt=
ziel war aber dabei, die von Macdonough ausgerüstete Flotte, ehe
sie nur einmal auf dem See erschienen wäre, zu zerstören; doch
Macdonough erhielt zeitig genug Nachricht davon und verhinderte
die Ausführung des Plans durch die schnelle Errichtung einer
Batterie an der Mündung des Otterflusses, von welcher die Eng=
länder, als sie den Angriff wirklich machten, mit Verlust zurückge=
schlagen wurden.

Im Anfange des Jahres 1814 waren die Amerikaner nun wie=
der im Besitz ihres ganzen früheren westlichen Territoriums, Fort
Mackinaw ausgenommen; England hatte übrigens bis zu dieser
Zeit so viel daheim und mit seinen europäischen Kämpfen zu thun
gehabt, daß es dem überseeischen Kriege keineswegs die nöthige
Aufmerksamkeit schenken konnte. Jetzt war die dringendste Gefahr
auf dem Continente beseitigt und man ging nun britischer Seits
ernstlich daran, den Krieg in Amerika zu einem baldigen Ende zu
führen. Das Hauptziel, welches man dabei im Auge gehabt,

scheint gewesen zu sein, die Seeküsten zu besetzen und dann Canada zu schützen, wie auch so viel von dem nördlichen Theile der Staaten, besonders die nördlichen Ufer der Binnenseen, dazu zu erobern, um den künftigen Frieden der Canada = Colonieen zu sichern.

Um dies auszuführen, wurde eine Armee von 14,000 Mann, welche schon unter dem Herzoge von Wellington gekämpft hatte und also fast ganz aus alten gedienten Soldaten bestand, in Bordeaux nach Canada eingeschifft. Zu gleicher Zeit ging eine starke Seemacht, mit entsprechender Zahl von Marinesoldaten, nach dem Küstenlande ab, um die Häfen der Vereinigten Staaten von Maine bis Georgia zu blokiren und den ganzen Küstenstrich zu brandschatzen und zu verwüsten. Man hatte dabei viel auf den Ruf gerechnet, welchen Wellington's Veteranen mitbrachten, und wahrscheinlich geglaubt, die amerikanischen Milizen würden in solchem hoffnungslosen Kampfe vor Furcht und Entsetzen fliehen. Aber wie sollte man sich irren!

Das erste Zusammentreffen mit diesen Truppen fand am 5. Juli statt, nachdem vorher am 2. und 3. General Brown den Niagara überschritten und Fort Erie genommen hatte. Am 4. rückte die Brigade unter General Scott, mit Towson's Artillerie, vom Fort Erie am Ufer des Niagara hin bis Streets = Creek; General Brown schloß sich ihm, etwa um Mitternacht an und General Porter stieß mit den Freiwilligen mit Tagesanbruch zu ihm. Die britische Armee, von General Riall befehligt und 3000 Mann stark, hatte ihre Stellung an der Mündung des Chippewa genommen. Die Engländer waren dabei den Amerikanern an Zahl überlegen, ihr Heer bestand aus schlachtengrauen Veteranen, die amerikanischen Soldaten standen kaum zwei Jahre im Felde, dennoch trieben sie, von dem wackern General Scott geführt, die Briten zurück und zwangen sie, wenn auch nach hartnäckigem blutigen Kampfe, zu fliehen.

So ruhig mochten aber Wellington's Truppen dieses nicht auf sich sitzen lassen; es galt eine Scharte auszuwetzen, und die Soldaten verlangten stürmisch nach neuem Kampfe. Zu gleicher Zeit wurde vom Ontariosee her und unter General Drummond Verstärkung herbeigezogen, so daß sich das englische Heer jetzt auf

5000 Mann, von denen 1500 Milizen und Indianer waren, belief.

Dennoch machten die Amerikaner unter General Scott wieder den ersten Angriff, welcher, von Brown abgesandt, die bei „Schlossser" bedrohten Waarenvorräthe schützen sollte und unerwartet auf den Feind traf, zugleich aber auch die Kunde erhielt, daß dieser am nächsten Tage eine entscheidende Schlacht schlagen wolle. Rasch sandte er diese Botschaft an seinen Oberbefehlshaber, rückte gegen die Feinde vor und hielt sich hier, von einem Wald gedeckt, eine volle Stunde gegen die ihm an Zahl wohl siebenmal überlegenen Feinde, bis er, schon nach Sonnenuntergang, Verstärkung erhielt.

General Ripley befehligte diese und war beordert, seine Brigade an der Waldgrenze, zur Rechten Scotts, zu formiren; da er aber fand, daß er hier eine höchst gefährliche Stellung einnehmen würde, nahm er die Verantwortung auf sich, dem Feinde näher auf den Leib zu gehen. Als er übrigens zwischen Scotts und des Feindes Kanonen hindurch wollte und nun einsehen mußte, welcher Gefahr er sich dadurch aussetzte, faßte er plötzlich den kühnen Plan, die englischen Kanonen zum Schweigen zu bringen. „Oberst Miller!" rief er, „wollt Ihr jene Batterieen nehmen?" — „Ich will's versuchen," sagte der wackere Soldat, und an der Spitze des einundzwanzigsten Regiments stürmte er die so drohend besetzte Anhöhe und stieß die Feinde an ihren Kanonen mit den Bajonnetten nieder. Ripley unterstützte ihn zugleich mit einem eben so raschen Angriff auf die Infanterie und vertrieb die Gegner von der Anhöhe, welche den Schlüssel zu ihrer ganzen Stellung bildete.

Jetzt aber sammelte sich der Feind auch wieder, rückte mit Macht heran, die Höhe und seine Artillerie wieder zu gewinnen, und ein Kampf entspann sich, wie ihn die Geschichte der Kriege kaum schon gesehen hat. Der Mond war aufgegangen, aber schwere Wolken deckten den Himmel und verhüllten sein Licht. In nicht weiter Entfernung grollte dabei das dumpfe Brausen des Katarakts, in welches sich die Schreie der Sterbenden und Verwundeten mischten, und dem dumpfen Krachen der Geschützstücke, dem Knattern des Kleingewehrfeuers antwortete das Zusammenklirren der Bajonette. Bei diesem Stand der Dinge ließ Ripley die Seinen warten, „bis sie die Bajonnette der Feinde an den ihrigen fühlten," und nun schossen sie in die gedrängten Reihen, nun begegneten sie dem rasenden Angriffe der starrenden Spitzen und zwanzig Minuten lang dauerte der fürchterliche Kampf Fuß an Fuß. Hierauf zogen sich die Veteranen zurück, drangen aber immer wieder aufs Neue zum Angriffe vor, bis sie endlich sahen, daß sie nicht im Stande wären, die Feinde zu werfen, und mit Zurücklassung ihrer Artillerie, das Schlachtfeld räumen mußten.

In diesem fürchterlichen Kampfe verloren die Briten 878 Mann, die Amerikaner 860, worunter 11 Offiziere todt und 56 verwundet — unter den Letzteren die Generale Brown und Scott. Unglücklicherweise büßten aber die Amerikaner die Trophäen ihres sauer verdienten Sieges ein, denn sie waren nicht im Stande, die genommenen Geschützstücke mit fortzuschaffen. Sobald die Engländer fanden, daß die Feinde das Schlachtfeld geräumt hatten, besetzten sie es wieder, nahmen die Kanonen aufs Neue in Besitz und beanspruchten in ihren Berichten den Sieg.

Die jetzt auf 1600 Mann reducirte amerikanische Armee zog sich nach Fort Erie zurück und verschanzte sich dort; die Engländer griffen sie hier an, wurden aber zurückgeschlagen.

Der übrige Theil des Jahres verging unter größtentheils unbedeutenden Scharmützeln, in welchen jedoch die Amerikaner, den Angriff auf Fort Mackinaw und einige andere ausgenommen, fast stets Sieger blieben, während sie, durch General Izard verstärkt, jetzt auch an Zahl wieder den Feinden ziemlich gleich standen und sich nicht mehr blos auf die Defensive zu beschränken brauchten.

Im Anfange des Jahres 1814 dagegen suchten die Engländer einen entscheidenden Streich dadurch zu führen, daß sie sich in Besitz der Hauptstadt setzten, von wo aus sie dann leicht einen ihnen günstigen Frieden dictiren zu können glaubten. Sie blokirten deshalb schon Anfangs Juni den Paturent, und wenn auch die Amerikaner jetzt ein Heer wieder ins Feld zu rufen suchten, um dem gefürchteten Angriffe zu begegnen, so ist dieses in einer des Krieges ungewohnten Republik doch so schnell nicht geschehen. Als deshalb im August Admiral Cochrane mit Verstärkung anlangte, zählte das amerikanische Heer kaum 3000 Mann, noch dazu undisciplinirte Truppen.

Der Erfolg blieb denn auch nicht lange zweifelhaft. Am 19. schon ging ein Theil der Flotte den Paturent hinauf, zwang die Amerikaner, ihre eigene Flottille zu verlassen und zu zerstören, und setzte das Heer unter General Roß ans Ufer. Dieser umging eine ihm gestellte Falle, marschirte an Washington vorbei und griff nördlich davon Bladensburg an, wohin ihm die Amerikaner entgegengerückt waren. Wohl schlugen sich die Milizen tapfer genug; doch die englischen disciplinirten Soldaten siegten auf allen Punkten, trieben die Flüchtigen nach Washington selbst hinein und nahmen die Hauptstadt, wo sie aber nicht wie das Heer eines civilisirten Volkes verfuhren, sondern wie Croaten senkten, brannten und plünderten, die Bibliothek, wie andere werthvolle Sammlungen vernichteten und die Stadt in Asche legten.

Dieser Vandalismus verfehlte aber den Zweck, die Amerikaner einzuschüchtern, vollkommen; im Gegentheil gaben sie jetzt jeden Gedanken an Frieden auf, und waren fest entschlossen, das Aeußerste daran zu setzen, um den Krieg siegreich zu Ende zu führen.

Die englische Flotte hatte inzwischen nichts weiter ausgerichtet, als daß der eine Theil derselben, welcher den Potomac hinaufgesegelt war, Alexandria nahm; die Amerikaner schlugen dagegen den anderen, welcher oben in der Chesapeake=Bay kreuzte, von Bellair zurück. Admiral Cochrane vereinigte bald darauf sein zerstreutes Geschwader wieder, um mit gesammten Kräften gegen Baltimore zu rücken. Bei Fort Henry hatten jedoch die Bewohner von Baltimore die Mündung des Flusses durch gesunkene Fahrzeuge gedämmt, die Schiffe konnten deshalb nicht mit dem Landheer agiren, und als auch noch General Roß, welcher den Angriff leitete, in einem Scharmützel getödtet wurde, zogen sich die Engländer wieder zurück und gaben die Belagerung und den Sturm von Baltimore auf.

Indessen griff, im Juli desselben Jahres, Commodore Hardy mit acht Schiffen und 2000 Mann die Küste von Maine an und nahm, ohne Widerstand zu finden, Besitz von Eastport und allen Städten an dem westlichen Ufer der Passamaquoddi=Bay. Auch von New-Brunswick her rückte der Gouverneur nach Maine hinein und nahm, von Admiral Griffith dabei unterstützt, einen Theil desselben in Besitz. Die britischen Fahrzeuge gingen den Penobscot bis Hamden hinauf, zwangen dort die Amerikaner, ihre eigene Fregatte, „John Adams," zu zerstören, damit sie nicht in die Hand der Feinde fiele, und erklärten das Land östlich vom Penobscotflusse als "Sr. Großbritanischen Majestät unterthan." Die Engländer behaupteten diese Strecke auch bis zum Schlusse des Krieges.

Während der Monate Juli und August erhielt das canadische Heer eine bedeutende Verstärkung von europäischen gedienten und schlachtengrauen Soldaten, mit denen Sir George Provost in die Vereinigten Staaten und zwar auf demselben Weg einzudringen gedachte, welchen vor ihm General Bourgoyne genommen hatte. Er rechnete dabei auch viel auf die Gesinnung der Amerikaner, welche ihm von Schmugglern und Ueberläufern als der britischen Sache vollkommen geneigt geschildert worden waren. Darin sollte er sich aber arg getäuscht sehen, denn nirgends fast fand er so heftigen Widerstand, als gerade hier.

Am 3. September betrat er nämlich das amerikanische Territorium, rückte über den Champlainsee gegen Plattsburg vor und sah, daß die Milizen von allen Seiten herbeiströmten, um ihm zu begegnen. Das ganze amerikanische Heer belief sich aber nicht einmal auf 2000 Mann, und die Befestigungswerke von Plattsburg verdienten kaum den Namen solcher. Hätte sie daher Sir George Provost gleich und mit aller Kraft angegriffen, es wäre nicht möglich gewesen, ihm Widerstand zu leisten. So aber wollte er recht sicher gehen und erst die Ankunft und den Sieg des britischen Geschwaders abwarten, um mit diesem vereint einen ganz gewissen Erfolg über die Republikaner in Händen zu haben.

Commodore Downie rückte indessen auch wirklich mit dem britischen Geschwader heran, und dieses bestand aus einer Fregatte von 39 Kanonen, der „Confiance," einer Brig von 16, zwei Corvetten von 11 Kanonen und aus verschiedenen Galeeren, im Ganzen 95 Kanonen mit 1000 Mann. Das amerikanische Geschwader unter Commodore Macdonough, welches in der Bay vor Anker lag, zählte nur 86 Kanonen mit 820 Mann, und bestand aus der Fre-

22

gatte „Saratoga" von 26, dem „Eagle" von 20, dem „Ticonde=
roga," von 17, dem „Preble" von 7 Kanonen und zehn Galeeren.

General Provost sollte sich aber in seinen Hoffnungen sehr
getäuscht sehen; Macdonough's „Geschicklichkeit und Tapferkeit"
brachte ein Resultat hervor, welches der englische General nicht
geahnt hatte. Das britische Geschwader wurde nämlich besiegt und
genommen, und Sir George Provost zog sich jetzt, mit Hinterlas=
sung bedeutender Munition und Waarenvorräthe und von General
Strong von Vermont, welcher eine Freiwilligencompagnie befeh=
ligte, verfolgt, rasch nach Canada zurück.

Auf dem Ocean wechselte inzwischen das Glück des Krieges meh=
rere Male. Commodore Porter hatte mit der Fregatte „Essex" im
stillen Ocean gekreuzt und dem englischen Handel ungemeinen
Schaden gethan, indem er zwölf bewaffnete Walfischfahrer, zusam=
men mit 107 Kanonen und 302 Mann, wegnahm und nach und
nach in den neutralen Hafen von Valparaiso schaffte. Die eng=
lische Admiralität sandte endlich Commodore Hillyar mit der Fre=
gatte „Phöbe," von 53 Kanonen und 320 Mann, und Capitän
Tucker mit der Corvette „Cherub," von 28 Kanonen und 180
Mann, aus. Der „Essex" führte 46 Kanonen und 250 Mann
und sein Begleiter, der „Essex junior," 20 Kanonen mit 60
Mann. Die Engländer blieben nach einem fürchterlich blutigen
Kampfe Sieger und Commodore Porter wurde, nach gegebenem
Ehrenwort, auf dem „Essex junior" nach den Vereinigten Staaten
zurückgeschickt, wo er jedoch seines tapfern Widerstandes wegen mit
Ehrenbezeigungen empfangen ward.

Am 21. April wurde die Vereinigte = Staaten = Corvette „Frolic,"
von Commodore Bainbridge befehligt, durch die Fregatte „Or=
pheus" genommen. Am 29. desselben Monats nahm dagegen die
amerikanische Corvette „Peacock," Capitän Warrington, die britische
Brig „Epervier," Capitän Wales.

Die „Wasp," Capitän Blakely, verließ Portsmouth N. H.
am 18. May, nahm die englische Brig „Reindeer," segelte dann
nach Europa hinüber, machte noch mehrere Prisen, welche sie nach
dem Hafen L'Orient in Frankreich brachte, und blieb dort bis zum
27 August. Hierauf lief sie wieder aus, zerschoß die Brig „Avon,"

welcher jedoch mehrere englische Fahrzeuge zu Hilfe kamen, und nahm nachher noch fünfzehn Kauffahrer, kehrte aber nie wieder zurück, sondern blieb spurlos verschwunden.

Im Oktober gelangten von den amerikanischen Commissären Nachrichten an die Vereinigten Staaten, welche die Hoffnungen eines baldigen Friedensschlusses zerstörten. Die Regierung der Union befand sich jetzt in einer wirklich schwierigen Lage, da in der letzten Zeit die Ausgaben die Einnahmen natürlich weit überstiegen hatten und die Opposition der föderalistischen Partei unausgesetzt mit derselben Hartnäckigkeit kämpfte und arbeitete. Nichtsdestoweniger hielt der Congreß wacker aus; neue Anleihen wurden sanktionirt, Steuern erhöht und jede nur mögliche Anstalt getroffen, den Krieg eher mit erneuter, als mit geschwächter Kraft fortzuführen.

Mr. Monroe wurde dabei zum Kriegsminister, an General Armstrong's Stelle, ernannt, da dieser bei der Einnahme von Washington sehr unpopulär geworden war.

Der Oppositionsgeist ging indeß, besonders in den Neuengland=Staaten, so weit, daß sich diese nicht allein weigerten, ihre Miliz zu stellen, sondern auch in Hartford einen besondern Convent zusammenberiefen, auf welchem sie die Regierung der Vereinigten Staaten beschuldigten, den Interessen Neu=Englands feindselige Maßregeln beschlossen und ausgeführt zu haben, und zugleich eine Adresse entwarfen, in welcher sie eine Aenderung der Constitution verlangten. Auch erklärten sie, falls die Regierung nicht darauf eingehen würde, ein eigenes Schutz= und Trutzbündniß schließen zu wollen, und ihre Gesandten trugen diese Adresse nach Washington, wobei sie jedoch schon auf dem Wege die Kunde des abgeschlossenen Friedens erhielten.

Die vorgeschlagenen Aenderungen der Constitution wurden den sämmtlichen Staaten vorgelegt, alle aber wiesen sie zurück, Massachusetts, Rhode=Island und Connecticut ausgenommen.

Wir dürfen jetzt, da sich der Krieg mit Großbritannien seinem Ende nähert, General Jackson, eine der wichtigsten Personen der amerikanischen Geschichte, nicht länger aus den Augen lassen, Nach dem Frieden mit den Creeks hatte er am 15. August sein Haupt=

quartier in Mobile aufgeschlagen. Hier erfuhr er, daß drei britische Schiffe in den Hafen von Pensacola eingelaufen wären und etwa 300 Mann, unter Oberst Nicholls, ans Ufer gesetzt hätten. Der Zweck dieser mit Waffen und Munitionsvorräthen versehenen Expedition sollte sein, die Indianer mit den ihnen nöthigen Gewehren zu versehen und gegen die Vereinigten Staaten aufzureizen. Auch ging das Gerücht, die Engländer beabsichtigten einen starken Angriff auf den südlichen Theil der Union. Jackson rief die Miliz von Tennessee zum Schutz des Landes herbei und diese folgte rasch und willig mit 2000 Mann dem Befehle.

Oberst Nicholls war jetzt thöricht genug, eine Proclamation zu erlassen, in welcher er die Bewohner von Louisiana, Kentucky und Tennessee aufforderte oder einlud, zu ihrer alten Unterthanenpflicht zurückzukehren. Als er aber statt Anklang nur Spott und Hohn fand, versuchte er ein anderes, aber schlechteres Mittel, um zu seinem Zwecke zu gelangen.

Die Insel Barrataria, westlich von der Mündung des Mississippi, war der Aufenthalt einer Bande berüchtigter Piraten, die durch ihre rasende Tollkühnheit und das geheimnißvolle Dunkel, welches über ihrem wirklichen Schlupfwinkel schwebte, bald der Schrecken der dortigen Gegend wurden. Ihre Anzahl belief sich auf fünf- oder sechshundert, und ihr Führer hieß Lafitte. Log das Gerücht übrigens nicht bei diesem Manne — und seine That, den Engländern gegenüber, läßt dies fast glauben — so war er mit allen den Eigenschaften ausgestattet, welche die Romantik von jeher großmüthigen Räubern und berühmten Wegelagerern beigelegt hat. Diese Männer segelten unter der Flagge von Carthagena und gaben sich für Caper dieses Hafens aus, ihre Prisen wurden aber in ihren eigenen Häfen condemnirt und sie waren in der That nichts Anderes, als Räuber zu Land und Piraten zur See.

Die amerikanische Regierung, welche schon fruchtlos versucht hatte, diese Pest der menschlichen Gesellschaft auszurotten, that endlich auch Schritte, die Engländer auf die, beiden Nationen schädlichen Räuber aufmerksam zu machen, und bat sie, trotzdem daß sie sich jetzt als Gegner gegenüberstanden, diesen Feind gemeinschaftlich mit ihr zu bekämpfen und auszurotten. Statt aber darauf einzugehen, wandte

sich Nicholls mit Freundschaftsversicherungen an den Piraten, ent=
deckte ihm, daß ein entscheidender Streich gegen New Orleans ge=
führt werden solle, und bot ihm eine beträchtliche Summe, wenn er,
da er doch mit den Pässen des Mississippi vollkommen vertraut sei,
die englische Flotte vor die also bedrohte Stadt führen wolle.

Lafitte wußte dem Engländer vorher alle Einzelheiten des beab=
sichtigten Planes abzulocken, wies dann seine Vorschläge und Aner=
bietungen mit Verachtung zurück und entdeckte das Ganze Clayborne,
dem Gouverneur von Louisiana. Dieser war über die Großmuth
und Vaterlandsliebe des Mannes, auf dessen Kopf eben dies Land
einen Preis gesetzt, erstaunt und beschämt und bot jetzt ihm und
seiner ganzen Schaar Verzeihung des Vorgefallenen an, wenn sie
der guten Sache ihre Kräfte weihen wollten. Freudig nahmen sie
dies Anerbieten an und Claiborne brauchte es nicht zu bereuen,
denn sie leisteten den Vereinigten Staaten später noch höchst wich=
tige Dienste.

General Jackson indessen hatte der Regierung vorgestellt, daß die
Spanier ihre Neutralität gebrochen hätten, indem sie den Engländern
gestatteten, ihren Hafen, Pensacola zu benutzen, um von hier aus
die Indianer gegen die Amerikaner aufzureizen; er schlug deshalb
vor, den Hafen für die Dauer des Kriegs in Besitz zu nehmen.
Hierauf erhielt er aber keine Antwort und beschloß nun kurz und
gut, auf eigene Faust das auszuführen, was er selbst für das Beste
hielt. Deshalb rückte er auch ohne Weiteres, und zwar am 30.
October, von Mobile aus und erreichte, an der Spitze von 2000
Mann, am 6. November die Nähe von Pensacola. Der spanische
Gouverneur daselbst wollte sich auf keine Unterhandlungen einlas=
sen, und Jackson nahm die Stadt mit Gewalt, worauf die englischen
Truppen die Forts am Eingange des Hafens zerstörten und diesen
verließen.

Jackson hörte hier, daß Admiral Cochrane in Bermuda Verstär=
kung getroffen habe und daß dreizehn Linienschiffe mit einer Armee
von 10,000 Mann unterwegs wären. Natürlich ließ sich vermuthen,
daß das Ziel derselben New Orleans sei; er begab sich deßhalb ohne
weiteren Zeitverlust auf den Weg dahin und erreichte die Hauptstadt
des Südens am 1. Dezember.

22*

Schon im September befürchteten die Bewohner von New Orle=
ans einen mächtigen Ueberfall der Engländer und die erſten Bürger
der Stadt, Gouverneur Clayborne und Edward Livingſtone, ſahen
mit gerechter Angſt einem ſolchen Fall entgegen, da dieſer Theil ſich
der Union noch gar nicht ſo lange angeſchloſſen hatte und die Bür=
gerſchaft noch aus viel zu neuen Kräften beſtand, um ſchon mit ſo
ſtarkem Herzen und feſtem Willen an der alten Union zu hängen.
Ueberdies war New Orleans von vielen Seiten angreifbar und die
Schwierigkeit ungeheuer, es auf allen zu beſchützen. Nichtsdeſto=
weniger ließen ſich die wackern Männer dadurch keineswegs ab=
ſchrecken; ſie erließen raſch eine Proclamation, riefen das Volk zu
den Waffen und leiteten die Errichtung von Befeſtigungswerken
welche die Hauptpäſſe vertheidigen ſollten. In dieſer Zeit traf Ge=
neral Jackſon ein und mit dem vollen Vertrauen der Bewohner von
New Orleans trat er ſeinen ſchwierigen und gefährlichen Poſten an.

Endlich erfuhr man mit Beſtimmtheit, daß der Feind mit ſechs=
zig Segeln Ship = Island nahe. Jackſon verſäumte keine Maßre=
gel, ſeine Militärmacht zu verſtärken, wirkſamer zu vertheilen oder
größere Kräfte zu den Vertheidigungswerken zu verwenden. Die
bunte Bevölkerung von New Orleans, die Sklaven, die freien
Farbigen, Franzoſen, Spanier und Amerikaner, Alles mußte mit
Hand anlegen, den Feind zu empfangen.

Dieſer paſſirte indeſſen in den Borgne = See, nahm dort mit
leichter Mühe eine kleine Flottille, unter Lieutenant Jones, und
bedrohte dadurch New Orleans auf noch viel gefährlichere Weiſe.
Ja ſelbſt in der Stadt ließen ſich Zeichen von Verrath kaum ver=
kennen; auch mußten ſchon die Gefängniſſe geleert werden, um die
Reihen der Vertheidiger zu füllen, in denen auch Lafitte und ſeine
Leute ſtanden, und General Jackſon ſah ſich genöthigt, auf ſeine
eigene Verantwortung das Standrecht zu verkündigen.

Am 22. December landeten 3000 Mann Briten unter General
Kean am Einfluſſe des Borgne=Sees, nahmen eine kleine, ihnen
entgegengeſandte Abtheilung von Amerikanern gefangen und
poſtirten ſich am Miſſiſſippi, neun Meilen unterhalb New Or=
leans. Jackſon, welcher mit Recht fürchtete, daß die Flotte die
Borgneſtraße nach Ponchartrain hineinpaſſiren und dann einen

gemeinſamen Angriff auf die Stadt bewerkſtelligen würde, poſtirte einen Theil ſeiner Macht unter General Carroll ſo, daß er das Vorrücken des Feindes, von dieſer Richtung her, aufhalten konnte.

Indeſſen griff am 23. Nachmittags General Jackſon mit Gene= ral Coffee und unter dem Schutze des Kriegsſchiffes „Carolina" die Feinde unterhalb der Stadt an; dieſe aber behaupteten ihre Stel= lung und die Amerikaner mußten ſich wieder zurückziehen. Jackſon, hierdurch gewarnt, beſchränkte ſich nun auf die Defenſive und befeſtigte beſonders das linke Ufer des Miſſiſſippi (auf welchem New = Orleans ſelber liegt) auf das Beſte. Die tauſend Schritt lange, aufgeworfene Bruſtwehr beſtand großentheils aus Baum= wollenballen mit einem fünf Fuß tiefen waſſergefüllten Graben davor. Der hier poſtirte rechte Flügel reichte bis an den Strom, der linke lehnte ſich an ein durch Natur und künſtliche Verſchan= zungen uneinnehmbar gemachtes Gehölz.

Am rechten Ufer beſtrich eine ſtarke Batterie die Fronte der Poſi= tion und die ganze Armee wurde dazu verwendet, dieſe Linie zu beſchützen.

Indeſſen hatten die Engländer die „Carolina" beſchoſſen und in Brand geſteckt, und am 25. traf Sir Edward Packenham, der Oberbefehlshaber der britiſchen Macht, vom Generalmajor Gibbs begleitet, mit dem übrigen Theile der Armee und dem ſchweren Geſchütz im Lager der Seinen ein. Am 28. machte er ſchon einen Verſuch, die Amerikaner aus ihrer feſten Stellung zu vertreiben, wurde aber zurückgeſchlagen.

Während man im Kampfe begriffen war, erhielt General Jack= ſon Nachricht, daß die Legislatur von Louiſiana, welche damals gerade Sitzung hielt, über eine Unterhandlung mit dem Feinde berathſchlage, und im erſten Augenblicke der Aufregung ſchickte er an Gouverneur Claiborne den Befehl, ihr Verhalten zu beobach= ten und, wenn ſie wirklich jene Abſicht hätte, die Thür beſetzen zu laſſen und ſie dadurch gewiſſermaßen gefangen zu halten. Gou= verneur Claiborne verſtand aber den Befehl falſch und ſtellte ſeine Wachen ſchon vor dem Beginne der Verſammlung auf, ſo daß er dieſe dadurch förmlich verhinderte.

Am Morgen des 1. Januar eröffnete der Feind, aus indeß errichteten Batterien, ein fürchterliches Feuer auf die amerikanischen Reihen und machte zugleich den Versuch, den linken Flügel zu bewältigen, wurde aber zurückgeworfen und verlor 120 Mann gegen 30 der Amerikaner.

Am 4. Januar erhielt der General Jackson eine Verstärkung von 2500 Mann Kentucky-Miliz, fast lauter Scharfschützen, unter General Adair, und am 6. trafen zur britischen Armee 4000 Mann unter General Lambert ein. Das englische Heer bestand in dieser Zeit aus 14,000 Mann, das des General Jackson nur aus 6000.

Am 7. trafen die englischen Befehlshaber energische Maßregeln zum Angriffe. Mit ungeheurer Arbeit hatten sie den Canal vom Borgne = See zum Mississippi so weit vertieft, um ihre Boote hierdurch aus dem See in den Strom zu schaffen, und am 8. schon begrüßten sie die amerikanische Armee mit einem Schauer von Kugeln und Congrevischen Raketen.

Die britische Armee, von den Generalen Gibbs und Kean — aber unter dem Oberbefehle Packenham's — angeführt, marschirte jetzt in zwei Divisionen vor, um die amerikanischen Schanzen zu stürmen, und wenn auch General Jackson ein lebhaftes Feuer auf sie eröffnen ließ, rückten sie doch, unbekümmert und Faschienen und Leitern tragend, vor. Hinter den Baumwollenballen aber lagen die amerikanischen Büchsenschützen, das todtbringende Rohr fest im Anschlage: kein Schuß fiel, bis Jeder, in kaum achtzig Schritt, seinen Mann auf dem Korne hatte, und jede Kugel fand ihr blutiges Ziel. Rasch reichten dann die Dahinterstehenden frisch geladene Büchsen und so massenweise stürzten die vordringenden Reihen, daß die Engländer stutzten, hielten und in unordentlicher Flucht zurückwichen. Sir Edward Packenham warf sich selbst in die Reihen seiner Leute und trieb sie zu erneuten Angriffen, als ihn zwei Kugeln trafen und er tödtlich verwundet zu Boden stürzte.

Wieder griffen die britischen Schaaren an, wieder aber mußten sie dem sicheren Feuer der Amerikaner weichen. Als man sie zum dritten Mal vergebens in die vernichtenden Kugeln führte, wurden die Generale Kean und Gibbs verwundet, und wenn auch General Lambert noch einen vierten verzweifelten Angriff versuchen wollte, so war doch der Tag rettungslos verloren. Die flüchtigen Schaaren warfen sich auf den Nachtrab und Alles blieb vergebens, sie von Neuem vorzubringen.

Allerdings hatten die Engländer zu gleicher Zeit das rechte Ufer angegriffen und genommen, verließen jedoch, auf dem linken abgeschlagen, diese Position ebenfalls wieder. Fast unglaublich ist die Verschiedenheit der Verluste in beiden Heeren; von den Engländern blieben 2600 Mann, während die Amerikaner nur sieben Todte und sechs Verwundete hatten.

Vollkommen entmuthigt, gaben die Engländer in der Nacht des 18. die Expedition auf und ließen sogar ihre Verwundeten und ihre Artillerie zurück.

Am 17. Februar und während die Amerikaner noch ihr Siegesfest von New Orleans feierten, traf ein außerordentlicher Bote von Europa ein, welcher den schon im December zu Gent abgeschlossenen Friedenstractat herüberbrachte. Dieser Vertrag, welcher augenblicklich von dem Präsidenten und dem Senate ratificirt wurde, stellte fest, daß alle während des Krieges genommenen Plätze zurückgegeben und die Grenzen zwischen der Union und England regulirt werden sollten; gegen die Uebergriffe der Engländer zur See aber, durch welche doch eigentlich der Krieg herbeigeführt worden war, enthielt er gar keine Verwahrung. Da sich aber diese durch das Aufhören der europäischen Kriege selbst erledigten, so legte man darauf auch kein weiteres Gewicht mehr.

Indessen befanden sich immer noch viele Kriegsschiffe auf offener See und konnten daher nicht sogleich von dem abgeschlossenen Frieden benachrichtigt werden. So wurde am 15. Januar 1815 die amerikanische Fregatte „Präsident," Commodore Decatur, von den vier Fregatten, welche den Hafen von New York blokirten, im Auslaufen entdeckt, verfolgt und nach heftigem Widerstande genommen.

Am 20. Februar nahm dagegen die „Constitution," Capitän Stewart, bei Madeira die „Cyane" und „Levant," und am 23. März die Corvette „Hornet," Capitän Biddle, die britische Brig „Penguin" bei Brasilien.

Bald nach der Bestätigung des Friedens zwischen Großbritannien und Amerika erklärten die Vereinigten Staaten Algier den Krieg. Die algierische Regierung hatte nämlich den Vertrag von 1795 ge= brochen und dem Handel der Union Abbruch gethan; diese konnte jedoch, wegen des damaligen Krieges mit England, ihrer Flagge nicht gleich die gehörige Achtung verschaffen. Jetzt aber wurden zwei Ge= schwader unter den Commodoren Decatur und Bainbridge ausge= rüstet, liefen in das mittelländische Meer ein, nahmen mehrere al= gierische Fregatten und andere Kriegsschiffe, und zwangen den Dei, einen für die Amerikaner höchst ehrenvollen und vortheilhaften Frieden zu unterzeichnen. Decatur ging dann nach Tunis und Tripolis, wo er ebenfalls Genugthuung für Verletzung der zwischen diesen und den Vereinigten Staaten bestehenden Verträge erhielt, und so waren diese Piratenfürsten durch die junge Republik des westlichen Continents mehr gedemüthigt, als je vorher durch irgend eine der großen Mächte, welche sich in schimpflicher Duldsamkeit den frechen Räubereien der Barbaren gefügt hatten.

Um nun aber auch an den westlichen und nordwestlichen Grenzen im eigenen Reiche Ruhe zu bekommen, beschloß die Regierung der Republik, einen Friedensvertrag mit den verschiedenen indianischen Stämmen abzuschließen. Einige der Häuptlinge kamen hierauf in Detroit, am 6. September 1815, zusammen und verstanden sich gern zu einer Erneuerung der früher eingegangenen Verträge.

Nach dem Schlusse des Krieges wurde die stehende Armee der Vereinigten Staaten auf 10,000 Mann reducirt; um aber im Fall eines neuen Krieges das Land besser vertheidigen zu können, setzte der Congreß eine ziemlich bedeutende Summe zur Befestigung der Seeküsten und der im Lande liegenden Grenzen, so wie zur Vergrö= ßerung der Seemacht aus.

Im April 1816 erließ der Congreß eine Bill zur Errichtung von Nationalbanken, mit einem Capitale von 35 Millionen Dollars.

Im September desselben Jahres schloß General Jackson einen Vertrag mit den Chickasaws, Choctaws und Cherokesen und kaufte ihnen, im besonderen Interesse der Wünsche und der Sicherheit der Grenzbewohner, ihre Ländereien ab. So wurde die Ruhe unter den

wilden Stämmen hergestellt und die Cultur schien den endlichen
Sieg errungen zu haben.

Im December 1816 wurde das Indiana=Territorium als Staat
in die Union aufgenommen.

Schon im Jahre 1790, und besonders während des Krieges, wa=
ren indessen in Rhode=Island Versuche gemacht worden, Spinne=
reien anzulegen und grobe Baumwollenzeuge zu fertigen; denn man
fühlte recht gut, wie nöthig es sei, daß sich Amerika vom Mutterlande
vollkommen unabhängig mache und besonders seine Waaren selbst
producire. Capitalisten, welche solche Fabriken und Spinnereien in
großartigem Maßstabe anlegen konnten, zogen daher einen nicht un=
bedeutenden Gewinn. Nach dem Friedensschluß aber, und da Eng=
land inzwischen mit seinem Maschinenwesen so ungeheure Fortschritte
gemacht hatte, überschwemmte dieses die Union mit seinen billigen
Producten, und die amerikanischen, erst begonnenen Manufacturen
waren nicht im Stande, dem die Spitze zu bieten; viele Unterneh=
mer gingen dabei zu Grunde.

Allerdings kamen die Manufacturisten nun darum ein, ihren
Handel zu beschützen, und ein neuer Tarif wurde zu diesem Zweck
im Jahre 1816 festgestellt. Der Handelsstand, ja in einigen Thei=
len der Union auch die Farmer, bildete aber hiergegen eine so be=
deutende Opposition, daß zu dieser Zeit gar nichts Bedeutendes für
Hebung der Manufacturen geschah und die Tariffrage zu einer der
wichtigsten wurde.

Ebenfalls 1816 wurde eine Gesellschaft, die freien Schwarzen der
Vereinigten Staaten in eine Colonie zu vereinigen, gestiftet, stand
jedoch nicht unter der unmittelbaren Fürsorge der Regierung, son=
dern unter dem Schutze der angesehensten Bürger der Vereinigten
Staaten. Diese Gesellschaft kaufte an der Westküste von Afrika
eine besondere Landstrecke und schaffte dorthin alljährlich eine be=
deutende Zahl freier Farbiger. Der Zweck dieser Auswanderung
war aber nicht blos, die schwarze Bevölkerung der Vereinigten Staa=
ten zu vermindern, sondern auch noch, durch eine so angelegte Co=
lonie in Afrika den dort bestehenden Sklavenhandel zu hintertreiben
und den im innern Lande wohnenden Eingeborenen Afrika's die

Möglichkeit zu gewähren, sich zu civilisiren. Die Colonie nannten sie Liberia.

Madison's zweite Präsidentschaft war jetzt ebenfalls-abgelaufen und ihm folgte James Monroe, mit Daniel D. Tompkins als Vicepräsident, am 4. März 1817. Im Sommer dieses Jahres besuchte Monroe alle nördlichen und östlichen Staaten und wurde überall mit den Zeichen freudigster Achtung und Liebe aufgenommen.

In diesem Jahre wurde auch von den durch den Präsidenten er= nannten Commissären ein Vertrag mit den Wyandots, Delawaren, Shawanesen, Senecas, Ottowas, Chippewas und Pottowattamies abgeschlossen. Alle diese Stämme traten jene Ländereien an die Vereinigten Staaten ab, welche sie noch innerhalb der Grenzen am Ohio besaßen, durften jedoch auf den abgetretenen Ländereien als Unterthanen der Vereinigten Staaten bleiben.

Das Territorium Mississippi wurde in diesem Jahre in die Union aufgenommen.

Die politischen Kämpfe, welche seit der Revolution so viele Feind= seligkeiten hervorgerufen hatten, schwanden nach und nach und es wurde eine Hauptaufgabe der Regierung, die alten Parteivorurtheile zu beseitigen und Einigkeit unter dem Volke zu erwecken.

Dabei verbesserten sich die inneren Einrichtungen der Staaten von Jahr zu Jahr; Straßen und Canäle wurden in allen Theilen der Union angelegt und eben so vergrößerte sich die Leichtigkeit, Rei= sende und Waaren zu transportiren. Diese Verbesserungen gingen aber nur von den einzelnen Staaten aus, und besonders hervorra= gend war unter diesen der reiche Staat New York, an dessen Spitze der berühmte De Witt Clinton stand. Der große westliche Canal, welcher den Eriesee mit den Wassern des Hudson verbindet, und der nördliche Canal, welcher in denselben Strom die Fluthen des Cham= plainsees führt, wurden damals vollendet.

Der Congreß fühlte gleichfalls die Einwirkung dieses thätigen Lebens und beschloß, die ihm zu Gebote stehenden Hilfsmittel der Nation zu solchen Zwecken zu benutzen; man bestritt ihm aber das Recht dazu, und selbst des Präsidenten Monroe Meinung war es, daß dieses nur durch eine Ergänzung der Constitution erlangt wer=

James Monroe.

(Seite 281.)

den könne. Nach langer Debatte schloß sich endlich der Congreß der
Meinung des Präsidenten an.

Nichtsdestoweniger hatte derselbe — der Congreß — schon vorher
die große Cumberlandstraße anlegen lassen, welche durch den Re=
gierungssitz und über einige der höchsten Berge der Union hinweg=
führte, um die östlichen mit den westlichen Staaten zu verbinden.
Dies aber beruhte auf einem vorherigen Einverständniß mit Ohio
und wurde, als es vor die Legislaturen der verschiedenen betreffenden
Staaten gebracht wurde, vollkommen gebilligt.

Im ersten Jahre von Monroe's Verwaltung wurde eine Ueber=
einkunft mit England getroffen, die Seemacht auf den Binnenwas=
sern zu verringeren, und man beschloß, daß keine der beiden Regie=
rungen auf dem Ontario= oder Champlainsee mehr als ein, und auf
dem Eriesee oder den oberen Seen mehr als zwei, und zwar nur mit
einer Kanone bewaffnete Fahrzeuge halten solle.

Im Jahre 1817 wurden die Vereinigten Staaten zuerst in einen
Krieg mit den Seminol=Indianern verwickelt. Diese bildeten näm=
lich eine Conföderation, welche die Südgrenzen der Staaten und
Florida in sich schloß, deren größter Theil aber innerhalb der spa=
nischen Besitzungen lag. Flüchtlinge von den Creeks, wie ihren
Herrn entflohene Sklaven aus den Staaten hatten sich mit diesen
Indianern vereinigt und mörderische Ueberfälle wurden so häufig,
daß sich die Grenzbewohner endlich genöthigt sahen, ihre Wohnsitze
förmlich zu verlassen.

Der feindliche Geist der Indianer wurde ferner noch durch einen
indianischen Propheten und zwei englische Emmissäre, Arbuthnot
und Ambrister, die sich des Handels wegen unter ihnen niedergelassen
hatten, genährt.

Im December 1817 wurde zuerst ein Detachement von vierzig
Mann gegen sie ausgeschickt, aber fast gänzlich aufgerieben, und
General Jackson rückte jetzt selbst mit einem Trupp Tennesseer sieg=
reich an. Ueberzeugt aber, daß die Spanier die eigentlichen Anrei=
zer aller dieser Feindseligkeiten seien, betrat er Florida und nahm
die Forts St. Marks und Pensacola in Besitz, so wie Arbuthnot,
Ambrister und den Propheten gefangen, von denen die beiden Erste=
ren verhört, verurtheilt und hingerichtet wurden.

23

1818 nahm man Illinois in die Union auf.

Handelsverträge wurden in diesem Jahre mit Großbritannien und Schweden abgeschlossen. Im Vertrage mit England regulirte man zugleich die nördliche Grenze der Vereinigten Staaten vom „See der Wälder" bis zu den „steinigen Bergen."

Der Congreß erließ ein Gesetz, welches die Binnenzölle aufhob.

Für die bedürftigen Offiziere und Soldaten der Revolution war schon früher gesorgt worden; jetzt aber wurden noch bessere Vorkeh= rungen getroffen und jedem Offizier, welcher neun Monate im Kriege gedient hatte und dessen jährliches Einkommen hundert Dol= lars nicht überstieg, eine monatliche Pension von zwanzig Dollars zugesichert. Die Soldaten erhielten unter gleichen Bestimmungen acht Dollars.

In diesem Jahre traten auch die Chickasaws an die Regierung der Vereinigten Staaten alle ihre Ländereien westlich vom Tennessee= flusse, in den Staaten Kentucky und Tennessee, ab.

1819 wurde Alabama als Staat in die Union aufgenommen und das Arkansas= vom Missouri=Territorium geschieden.

Im December 1818 empfahl der Gouverneur von New York, in seiner Botschaft an die Legislatur desselben Staates, „der Erziehung des weiblichen Geschlechts besondere Aufmerksamkeit zu widmen." Sein Antrag stützte sich auf das längst anerkannte Princip, daß das weibliche Geschlecht in den Müttern gewaltigen Einfluß auf den Geist und Charakter der künftigen Staatsbürger ausübe, und es keinen Grund gebe, weshalb dasselbe — jedenfalls mit eben densel= ben geistigen Fähigkeiten wie das starke Geschlecht ausgestattet — sich nicht eben solcher Vergünstigungen, dieselben auszubilden, er= freuen solle. Die Legislatur genehmigte hierauf ein Gesetz, das vielleicht das erste ist, welches von Staatswegen für die Erziehung der Mädchen sorgte, und nach welchem die Bildungsanstalten dersel= ben jede nöthige Unterstützung erhalten sollten.

Seit der Zeit haben viele und besonders die neueren Staaten für denselben Zweck Sorge getragen. Fromme Stiftungen und reiche Eltern begünstigten die Idee gleichfalls; durch das ganze Land sind überall Töchterschulen entstanden und haben in ihren segensreichen

Wirkungen Beweise genug für die Vortrefflichkeit solcher Einrichtung und solchen Strebens geliefert.

Am 23. Februar 1819 wurde zu Washington zwischen John Quincy Adams, damaligem Staatssecretär, und Don Onis, dem spanischen Geschäftsträger, ein Vertrag abgeschlossen, nach welchem Spanien Ost- und West-Florida, wie die benachbarten Inseln an die Vereinigten Staaten abtrat. Hiergegen übernahmen die letzteren alle die, sich auf etwa fünf Millionen belaufenden Forderungen, welche ihre Bürger an jene Nation an Schadenersatz u. s. w. zu machen hatten. Der König von Spanien zeigte sich aber unerwarteterweise nicht damit einverstanden; Don Onis wurde zurückgerufen und Don Vives abgesandt. Dieser recognoscirte zuerst sorgfältig an dem englischen, wie an dem französischen Hofe, ob er, im Fall eines Krieges mit den Vereinigten Staaten, auf eine Mitwirkung eines dieser Reiche zu hoffen habe. Amerika hatte sich aber in seinen letzten Kämpfen viel zu entschlossen und tapfer gezeigt, als daß großer Muth zu einem neuen Kriege gegen dasselbe zu erwarten gewesen wäre. Florida war dabei von keinem politischen Nutzen mehr für Spanien. Amerika dagegen bestand fest auf seinen Ansprüchen und — hatte die Macht in Händen; deshalb wurde denn endlich im October 1820 der Vertrag von der spanischen Regierung ratificirt und im folgenden Jahre Florida an die Union abgetreten.

Dritte Periode.

Von der Erwerbung Florida's bis zum Tode des Präsidenten Harrison.

(Von 1820 bis 1841.)

Im Jahre 1820 wurde dem Congresse vom Missouri-Territorium eine Petition eingesandt, worin dieses nachsuchte, als Sonderstaat in die Union aufgenommen zu werden. Hieran knüpfte sich, vom Hause der Abgeordneten ausgehend, die Bedingung, die Sklaverei in Missouri abzuschaffen, und dieses drohte plötzlich die nördlichen und südlichen Staaten in grimme Feindschaft zu zerspalten; denn die ersteren verlangten Aufhebung der Sklaverei, wärend die letzteren fest und entschlossen die „Rechte" des jungen Staates unterstützten. Endlich und nach langen Debatten vereinigte man sich dahin, für Missouri allerdings die Sklaverei beizubehalten, diese aber sonst bis zum 36° 30′ nördlicher Breite unwiderruflich zu beschränken.

Auch Maine wurde von Massachusetts getrennt und als ein besonderer Staat aufgenommen.

1821 trat Monroe seine zweite Präsidentschaft, nach fast einstimmiger Wiederwahl, an; Tompkins blieb ebenfalls Vice-Präsident.

Der vierte Census der Seelenzahl für die Vereinigten Staaten gab bis 1820: 9,625,734, von denen 1,531,436 Sklaven waren.

Am 7. März ernannte Präsident Monroe General Jackson zum Gouverneur und Elijeus Fromentin zum Oberrichter von Florida. Erst am 22. August gaben aber die widerspenstigen spanischen Beamten ihre Posten auf, und Jackson mußte, nach seiner gewöhnlichen derben Weise, vorher ganz entschieden und kühn auftreten, ehe er im Stande war, sie entweder zur Fügsamkeit in die eingegangenen Bedingungen zu bringen, oder ihnen wenigstens zu zeigen, daß er Gewalt und Willen besitze, sie zu zwingen.

Florida theilte man jetzt, in Betreff der Verwaltung, in zwei Counties ein und nannte das eine, östlich vom Suvaneyflusse, „St. John," das andere aber, westlich von demselben, „Escambia." In der nächsten Sitzung des Congresses, mit welcher General Jackson's Commission ablief, wurde auch beschlossen, Florida eine den anderen Territorien ähnliche Regierung zu geben, aber Jackson, welcher sein energisches Auftreten in dieser Zeit für unumgänglich nöthig gehalten hatte, weigerte sich, seinem Posten länger vorzustehen.

Im Juni 1822 wurde ein Schifffahrts- und Handelsvertrag zu gegenseitigem und gleich starkem Vortheile zwischen Frankreich und den Vereinigten Staaten abgeschlossen. Auch die Häfen Westindiens öffnete etwa in dieser Zeit das britische Parlament den Schiffen der amerikanischen Republik. Ferner erkannte die Union allerdings die Unabhängigkeit der südlichen Republiken an, beschloß aber auch, ihre

Neutralität in den dortigen Händeln vollständig zu wahren. Diese
Maßregel wurde bestätigt und Gesandte nach Mexico, Buenos Ayres,
Columbia und Chili geschickt.

In London unterzeichneten in diesem Jahre die Bevollmächtigten
Großbritanniens und Nordamerika's Vertragsartikel, nach welchen
der afrikanische Sklavenhandel unterdrückt und die Offiziere beider
Nationen autorisirt werden sollten, die Schiffe der anderen Nationen
wegzunehmen und zu condemniren, sobald sie in dem verbotenen und
schändlichen Handel betroffen würden.

Die Frage der Schutzzölle tauchte besonders stark im Jahre 1824
wieder auf, fand lebhaften Antheil und rief manches pro und contra
in die Schranken. Man kam aber doch zuletzt dahin überein, daß
es allerdings sehr große Vortheile haben möchte, wenn sich alle
Nationen zu einem freien unbeschränkten Handelssysteme bekennten,
daß aber gerade die Vereinigten Staaten durch Gesetze leiden müß=
ten, die gegeben worden seien, andere Länder zu beschützen und deren
eigene Manufacturen zu heben; ja es wäre deshalb nicht mehr als
billig, auch für sie selber gleichen Schutz, gleiche Rechte zu bean=
spruchen. Nach vielen Discussionen ging endlich ein Gesetz durch,
welches wenigstens für Baumwollenwaaren hinlänglichen Schutz
gewährte; die Aufmerksamkeit blieb aber immer noch auf diesen
Punkt gelenkt, weil man nun auch für andere Manufacturen, beson=
ders wollene Waaren, gleiche Berechtigung zu erlangen suchte.

Am 15. August 1824 traf der General Lafayette — welchen Titel
er dem des „Marquis" vorgezogen — im Hafen von New York, und
zwar in Folge besonderer Einladung der Vereinigten Staaten, ein,
und wurde mit jubelndem Enthusiasmus von allen Amerikanern
empfangen. Von dort aus machte er nach verschiedenen Richtungen
hin eine Reise durch die Vereinigten Staaten, und seine ganze Fahrt
glich einem fortwährenden Triumphzuge; alle Herzen flogen dem
Manne entgegen, welcher mit starker Hand Amerika in jener Zeit zu
Hilfe geeilt war, wo ihm keine Sonne des Glückes lächelte und das
schwärzeste Verhängniß über seinem weiten Lande drohte. Jetzt
kehrte er wieder dahin zurück und konnte, als Lohn seines früheren
Wirkens, den Segen sehen, der auch durch seine Hilfe dem freien,
glücklichen Lande geworden war.

23*

Der Congreß bestimmte ihm übrigens noch die Summe von 200,000 Dollars und eine Township in Florida gelegenen Landes — als eine theilweise Abzahlung der geleisteten Dienste und einen Beweis seiner Dankbarkeit.

Bei seiner Abreise vom Sitze der Regierung bot ihm der Präsident im Namen der Nation ein herzliches Lebewohl, und eine neue Fre= gatte, nach der Schlacht, in welcher er verwundet worden war, „Bran= dywine" genannt, führte ihn sicher in sein Geburtsland zurück.

Während Monroe's Administration erfreute sich Amerika eines ununterbrochenen Friedens, zahlte sechzig Millionen von seiner Staatsschuld ab, gewann auf friedlichem Wege Florida für sich und dehnte seine westliche Grenzlinie bis zum stillen Meere aus. Bin= nenzölle wurden aufgehoben, die stehende Militärmacht zu ihrem kleinstmöglichen Umfange reducirt, Fortschritte gemacht in der Unter= drückung des Sklavenhandels und die Civilisation der Indianer be= fördert. Der Parteizwist hatte ebenfalls nachgelassen und noch jetzt spricht man von jener Periode als der „Aera guter Gesinnung."

Nachdem Monroe's zweite Präsidentschaft abgelaufen war, stan= den vier von den edelsten Bürgern der Republik als Candidaten auf. Diese waren: J. Quincy Adams, Andrew Jackson, Henry Clay und William H. Crawford. Die Wähler blieben aber getheilt, und da durch sie keine Wahl zu Stande kommen konnte, so trat, der Constitution gemäß, der Fall ein, wo das Haus der Abgeordneten aus den drei Candidaten, welche die meisten Stimmen hatten, den Präsidenten zu wählen hatte. Diese drei waren die Herren Adams, Jackson und Crawford, und man wählte Adams. Hier wurde zum ersten Male ein Präsident durch die Abgeordneten ernannt, da keiner durch die Majorität der Wähler bestimmt worden war, und wenn man auch früher schon oft die Furcht gehegt, daß bei einer solchen Gelegenheit eine gefährliche Erregung die Staaten erschüt= tern könne, so zeigte doch der amerikanische Congreß eine Ruhe und Würde, welche darthaten, wie durchdrungen er von dem Gefühle sei, die Constitution seines Landes aufrecht erhalten zu müssen.

Am 4. Juli 1826, dem Tage der Unabhängigkeitserklärung der Vereinigten Staaten, starben plötzlich die beiden früheren Präsiden= ten John Adams und Thomas Jefferson, und es läßt sich denken,

John Quincy Adams.

(Seite 270.)

daß diese Kunde ein eigenes Gefühl der Trauer und Bestürzung
unter den Amerikanern hervorrief, als zwei Männer, welche mehr
als irgend ein noch lebender dazu gewirkt hatten, die Unabhängigkeit
der Union zu befestigen, an der Jahresfeier derselben zusammen ster=
ben mußten. Merkwürdigerweise verschied fünf Jahre später und
ebenfalls wieder am 4. Juli ein dritter Erpräsident, James Monroe,
und das dankbare amerikanische Volk sagte von ihm, daß seine Ge=
schichte auch sein Lob sei.

Die Freimaurerei verdient hier ebenfalls eine Erwähnung, da eine
für diese Gesellschaft höchst wichtige, aber keineswegs vortheilhafte
Begebenheit in jene Zeit fällt.

Die Freimaurerei war nämlich beim Schlusse des letzten Jahr=
hunderts ziemlich populär geworden und hatte viele der besten Ame=
rikaner, ja unter ihnen selbst Washington und De Witt Clinton zu
den Ihrigen gezählt. Der Sinn des Volkes neigte sich aber nach
und nach mehr zu Sonntagsschulen und Mäßigkeitsvereinen hin,
und in jetziger Zeit hat die Freimaurerei verhältnißmäßig sehr we=
nig Anhänger, was jedoch auch noch den folgenden Umständen zu=
zuschreiben ist.

Ein Mann, mit Namen Wm. Morgan im Staate New York, wollte
ein Buch veröffentlichen, welches die Geheimnisse der Freimaurerei
enthalten sollte, aber er wurde am 11. Sept. 1826 auf eine criminelle
Anklage hin verhaftet, verhört und zwar freigesprochen, an demselben
Tage jedoch auch schon wieder einer Schuld wegen und zwar durch
dieselben Männer zur Haft gebracht, welche die erste Anklage gegen
ihn erhoben hatten. Diese zahlten den Betrag endlich selber; an
dem Abend aber, an welchem er das Gefängniß verließ, wurde er
überfallen, in einen Wagen gedrängt und entführt, ohne daß man
je wieder etwas von ihm gehört hätte. Das Volk war hierüber em=
pört, und trotzdem, daß allerlei falsche Gerüchte ausgestreut wurden,
die Nachforschungen theils irre zu führen, theils über sein Schicksal
Zweifel zu erregen, ließ sich die öffentliche Meinung doch nicht täu=
schen und erklärte die That für einen schändlichen Mord. Die Män=
ner, welche man deshalb im Verdacht hatte, mußten flüchten und
sollen später alle ein schmähliches Ende genommen haben. Hierauf
organisirte sich aber auch eine Anti=Freimaurergesellschaft, deren er=

klärer Zweck es war, die Freimaurerei in den Vereinigten Staaten
aufzuheben, weil „unter einer freien Regierung geheime Verbin=
dungen unstatthaft seien." Sie berief sich zugleich darauf, daß, wie
Morgan's Tod beweise, die Freimaurer sich ein Recht über Leben
und Tod ihrer Mitglieder anmaßten und deshalb als den göttlichen
wie den menschlichen Gesetzen widerstrebend betrachtet werden müßten.

Im Jahre 1828 erließ der Congreß ein den nördlichen Manu=
facturstaaten sehr erwünschtes Gesetz, indem er einen Schutzzoll auf
Wolle, wollene Waaren, Eisen, Hanf und dessen Fabrikate, auf Blei,
destillirte Getränke, Seidenwaaren, Fensterglas und Baumwollen=
waaren legte. Die südlichen Staaten betrachteten aber dieses Gesetz
als besonders den Baumwollenpflanzern gefährlich und schädlich,
und in Charleston, Süd=Carolina, hißten sie die Schiffsflaggen zum
Zeichen der Trauer auf halben Masten auf und verlangten einen
Staatsconvent.

Im Jahre 1829 nahm, nach vorhergegangener Wahl, Andrew
Jackson den Präsidentensitz ein, und John Calhoun von Süd=Ca=
rolina wurde Vicepräsident.

Obgleich nun die Schutzzölle wenig Anklang im Süden fanden
und sich sogar eine gar heftige Partei, die „Nullifiers," bildete, die=
sem Gesetze, sei es auch mit Gewalt, entgegenzutreten, so hegte
man doch im Allgemeinen eine zu große Achtung vor der Constitu=
tion. Daniel Webster schlug zugleich im Senate, durch eine gewal=
tige Rede gegen diese Umtriebe, die Vertreter derselben und die Gegner der vom Congreß bestimmten Maßregel.

Seit dem Kriege mit den Seminolen, 1818, hatten sich die india=
nischen Stämme ruhig verhalten. Im April 1832 aber überschritten
die Winnebagoes, Foxes und Sacs, welche das Land am oberen
Mississippi bewohnten, unter ihrem Häuptling Black Hawk — der
schwarze Falke — diesen Strom und überfielen das an die Vereinig=
ten Staaten abgetretene Illinois. Diese wohlbewaffneten und
berittenen Schaaren der Wälder zerstreuten sich in fürchterlicher
Schnelle über die jeder Vertheidigung baren Prairien, zerstörten
ganze Niederlassungen und mordeten und sengten. Die Generäle
Atkinson und Scott wurden ohne Säumen zur Vertheidigung der
Grenzen beordert.

Andrew Jackson.

(Seite 272.)

Die asiatische Cholera zeigte sich zuerst am 9. Juni, und zwar in Quebec in Canada, unter einigen erst kürzlich eingewanderten Iren. Von dort aus folgte die Seuche scheinbar den Thälern des St. Lorenz, Champlain und Hudson, und am 26. zeigten sich die ersten Symptome in New York, wo sie bald einen höchst bösartigen Charakter annahm. Die Ansteckung verbreitete sich rasch durch die Staaten New York, Michigan und durch die Thäler des Ohio und Mississippi bis zum Golf von Mexico. Von New York ging sie auch südlich durch die atlantischen Staaten bis nach Nord-Carolina hinunter, und es war eine besondere Eigenthümlichkeit dieser Krankheit, daß sie, sowohl zu Land wie zu Wasser, den Hauptstraßen des Handels und Verkehrs folgte. New England entging den Verheerungen derselben, mit wenigen Ausnahmen, ganz.

Indessen sammelte General Scott seine Truppen für den indianischen Krieg und schiffte sie, da dringende Eile nöthig war, in Buffalo am Eriesee in Dampfbooten ein. Die Jahreszeit war aber entsetzlich heiß, die Fahrzeuge wurden gedrängt voll geladen und die Cholera brach unter den Soldaten aus. Das Elend, welches hierauf folgte, läßt sich nicht beschreiben; Viele starben; Viele desertirten aus Angst vor der Krankheit in die Wälder und kamen da elend um. General Scott konnte denn auch unmöglich den Schauplatz des Kampfes zur rechten Zeit erreichen, und General Atkinson, welcher in Eilmärschen bis zum 2. August gegen Black Hawk's Armee herangezogen war, traf diese an der Mündung des oberen Jowa, griff sie an, schlug sie und nahm den Häuptling Black Hawk mit seinem Sohn und noch einigen anderen berühmten Kriegern gefangen.

Mit diesen verfolgte aber die Regierung der Vereinigten Staaten einen ganz ausgezeichneten Plan. Sie hielt die gefangenen Häuptlinge erst einige Monate im Fort Monroe gefangen, führte sie hierauf, den schwarzen Falken und seinen Sohn, durch alle Hauptstädte der Union und durch die bevölkertsten Distrikte derselben, und entließ sie dann wieder frei und ungehindert, aber auch mit der festen Ueberzeugung, daß gegen ein so mächtiges und zahlreiches Volk weiterer Widerstand vollkommen unnütz sein würde.

Am 19. November 1832 hielt ein in Süd-Carolina zusammenberufener Convent der sogenannten „Nullifiers" in Columbia

seine Sitzung. Es war dies dieselbe Partei, welche schon früher ge=
gen die Schutzzölle protestirt hatte und nun anfing, in offene Wider=
setzlichkeit auszuarten. Sie verlangte Zurücknahme der ihr unan=
genehmen Gesetze und drohte, sich im entgegengesetzten Falle unab=
hängig von den Vereinigten Staaten zu constituiren, ja sie traf auch
wirklich schon verschiedene Maßregeln, die auf thätliche Widerset=
lichkeit schließen ließen.

Daß dieser Fall eine ungeheure Aufregung in den übrigen Staa=
ten hervorrief, läßt sich denken; Präsident Jackson war aber nicht
der Mann, welcher sich auf solche Art Trotz bieten ließ. Er ver=
öffentlichte am 10. Dec. 1832 eine Proclamation, in welcher er die
Partei der „Nullifiers" vor den Folgen ihres Schrittes warnte, ihr
vorstellte, daß sie ihre Maßregeln gesetzlich nicht durchführen könne,
feindlich nicht durchführen dürfe, und die Erklärung hinzufügte:
Die Gesetze der Vereinigten Staaten müßten und sollten aufrecht
erhalten werden, und sei es auch im äußersten Falle mit gewaffneter
Hand. Schließlich appellirte er noch einestheils an den Patriotis=
mus des Volkes von Süd=Carolina, um die dortigen feindlichen
Schritte rückgängig zu machen, anderntheils an Amerika selbst, daß
es sich zur Vertheidigung seiner Verfassung rüsten möge.

Keine That General Jackson's ist populärer gewesen, als diese
Proclamation, und es zeigte sich von allen Seiten ein dieser Wider=
setzlichkeit so fest und entschlossen entgegenstehender Geist, und dabei
wurden die Kriegsrüstungen der Regierung mit solchem Ernste und
Eifer betrieben, daß die Nullificationspartei doch endlich einsah, in
wie ungeheurer Minorität sie dastehe; sie that deshalb den ersten
Rückschritt und erklärte, die Steuererhebung bis zum 1. März 1833
nicht stören zu wollen; ehe aber diese Periode eintrat, waren schon
Maßregeln getroffen, die Ruhe wieder herzustellen.

Henry Clay stellte nämlich am 12. Februar 1833 im Senat einen
Gesetzantrag, welcher beide Parteien hinsichtlich der Schutzzölle und
des freien Handels vereinigen sollte, und hierdurch gelang es bald
wieder, volle Einigkeit zwischen den verschiedenen Staaten der Union
zu bewirken.

General Jackson wurde zum zweiten Mal zum Präsidenten und
Martin Van Buren von New York zum Vicepräsidenten erwählt.

Auch einen lieben Todten hatten die Amerikaner in diesem Jahre
zu beklagen. General Lafayette starb am 20. Mai in Frankreich,
und manche Thräne floß ihm am östlichen, wie am westlichen Ufer
des atlantischen Oceans.

Die Stellung der bis jetzt noch in den Vereinigten Staaten gebliebenen Indianer wurde indessen, besonders für ihre nächste Umgebung, immer gefährlicher, denn sie hielten, ihrer sonstigen Zwietracht
ganz entgegen, fest zusammen und gaben, falls sie wirklich böse Absichten hatten, immer erst mit dem Schlachtgeschrei und dem bluttrie-
fenden Scalpirmesser ihre erste Kriegserklärung. Die Erbitterung
der westlichen Staaten gegen die Indianer wuchs fast mit jedem
Tage, und wenn auch die Regierung die unglücklichen verblendeten
Stämme gern erhalten hätte, so durfte sie doch auch das Wohl ihrer
eigenen Unterthanen darüber nicht aus den Augen lassen.

General Jackson scheint die Sache in demselben Lichte gesehen zu
haben, denn dies beweist seine dem Congreß mitgetheilte Botschaft,
in welcher er sagt: „daß das traurige Schicksal der Mohicaner, Narragansetts und Delawaren auch nur zu bald das der Chocktaws,
Cherokesen und Creeks sein würde, wenn sie noch länger innerhalb
der Grenzen der Vereinigten Staaten blieben, daß aber auch die
Ehre der Union es verlange, wohl zu bedenken, ob nicht etwas gethan werden könne, die Race zu erhalten.

Um dies zu erreichen, schlug er vor, ihnen jene ungeheuren Territorien, welche westlich vom Mississippi lagen, anzuweisen. Dort
sollten sie, jeder Stamm besonders und unter seiner eigenen Jurisdiction, von den Vereinigten Staaten aber nicht weiter beschränkt,
als es die Sicherheit der eigenen Grenzen erforderte, bleiben und
blühen und gedeihen. Aber freiwillig wollte er die Auswanderung
der verschiedenen Stämme haben, „denn es wäre grausam und un-
menschlich, die Eingebornen zu zwingen, ihrer Väter Gräber zu verlassen und eine Heimath in einem fernen Lande zu suchen.“ Diesem
Zwecke galt fortan sein ganzes Streben.

Mit den Chickesaws und Chocktaws wurden wirklich Verträge abgeschlossen, und diesen zufolge tauschten sie ihre Ländereien ein und
wanderten (1831, 1832 und 1833) ruhig nach dem ihnen angewiesenen, dicht hinter Arkansas liegenden Territorium aus.

Später, am 2. April 1832, trat Georgien jenen Landstrich an die Vereinigten Staaten ab, welcher südlich von Tennessee und westlich vom Chatachoucheeflusse liegt, und die Regierung zahlte dem Staate dafür 1,250,000 Dollars baar, verstand sich auch dazu, auf ihre eigene Kosten und so bald, als dasselbe friedlich und zu vernünftigen Preisen erlangt werden könnte, alle noch darauf haftende indianische Ansprüche zu tilgen.

Unter diesem Contract und durch verschiedene Verträge mit den Stämmen der Creeks und Cherokesen hatten die Vereinigten Staaten die indianischen Ansprüche bis auf 25,980,000 Acker Landes reducirt und den friedlichen Besitz desselben Georgia übergeben. Von den Indianern, welche das erkaufte Territorium besessen hatten, zogen sich Einige bis westlich vom Mississippi zurück, Andere suchten auch unter ihren Brüdern desselben Stammes in Alabama eine Zuflucht, die große Masse der indianischen Bevölkerung concentrirte sich jedoch immer dichter auf dem weiten und fruchtbaren Landstrich im Innern von Georgia, welchen sie noch für sich zurückbehalten hatte, und weigerte sich von jetzt an hartnäckig, auch nur einen Fußbreit des Bodens weiter aufzugeben.

Die weiße Bevölkerung drängte indessen immer mehr auf sie heran und umschloß bald den District, wo die Indianer eine vollkommen unabhängige Gerichtsbarkeit bewahrten. Nun wäre das gute Land an und für sich wohl schon hinreichende Ursache gewesen den stets wanderlustigen Amerikaner anzureizen, um dort seine Heimath aufzuschlagen, so aber erwies es sich auch, daß die von den Indianern noch behauptete Landstrecke höchst goldreich war, und die Gier der westlichen Farmer, wie der ihnen angeborne Haß gegen die Wilden, bestimmte sie jetzt vereint, die Letzteren unter jeder Bedingung und ohne weiteren Zeitverlust von der bisher rechtmäßig und gesetzlich behaupteten Scholle zu verjagen.

Daß einzelne vor dem Gesetz flüchtige oder entlaufene Neger Zuflucht unter ihnen gefunden hatten oder gefunden haben sollten, gab ihnen einen Vorwand zum ersten Schritt, und dieser war, die Gerichtsbarkeit der Vereinigten Staaten auch über das von den Indianern bewohnte Land auszudehnen. Die Cherokesen hielten dies für unverträglich mit ihren Rechten und appellirten an die oberste

Behörde. Präsident Jackson's Politik aber war, die Indianer—
wie er es nannte — friedlich aus dem Staate zu schaffen, und er
achtete deshalb den Schrei nach Gerechtigkeit nicht. Friedlich ge=
schah es vielleicht, denn Blut wurde nicht—wenigstens nicht in einem
allgemeinen Angriffe—vergossen, aber ungerecht war es und ein böser
Fleck in seiner Geschichte, als er in jesuitischer Schlauheit behauptete,
„er möge nicht gern in die Selbstständigkeit der einzelnen Staaten
eingreifen" — dachte er doch nicht an solche Scrupel, als sich Süd=
Carolina seine Selbstständigkeit wahren wollte.

Die armen Indianer befanden sich damals in einer traurigen
Lage; von der Staatsregierung wurden sie bedrückt, von Gesandten
aus Washington fortwährend gedrängt und getrieben, und einzelne
Häuptlinge — man will sogar behaupten, in trunkenem Zustande—
unterzeichneten endlich einen Vertrag, nach welchem die Indianer
den Staat verlassen sollten. Die Eingebornen erklärten, daß man
hier ohne Recht und nur mit Trug und Gewalt verfahre, und daß
sie sich nie gutwillig der Ausführung eines solchen Vorhabens unter=
werfen würden. Was wollten die armen, unglücklichen Menschen
aber machen? Eingeschlossen von allen Seiten durch ihnen feindlich
Gesinnte, in ihrem Handel beschränkt, das Wild in ihrem Jagdgebiete
fast ausgerottet, Gerechtigkeit von Niemandem zu hoffen—was an=
ders blieb ihnen da übrig, als sich der friedlichen Gewalt zu
fügen und im Jahre 1838 trauernd die Gräber ihrer Väter zu ver=
lassen?

Hartnäckiger bezeigten sich dagegen die Bewohner von Ost=Florida,
die Seminolen, gegen die man gern eine gleiche Politik befolgt haben
würde, wenn es das Terrain nur so verstattet hätte. Schon im
September 1823 hatten die Amerikaner einen schriftlichen Vertrag
aufgesetzt, von welchem die Indianer später behaupteten, daß er
mündlich anders gelautet und daß zwar das dereinstige Aufgeben
gewisser Strecken darin ausgesprochen, der Besitz derselben aber noch
auf zwanzig Jahre gesichert gewesen sei.

Oberst Gadsden, ein Agent der Vereinigten Staaten, schloß dann
einen andern Vertrag mit abgeordneten Häuptlingen, nach welchem
diese von der Regierung in jenes Land gesendet wurden, welches sie
künftig bewohnen sollten. Erst bei ihrer Rückkehr und wenn sie sich

24

mit dem Tausche zufrieden bezeigt, wäre dann der Vertrag bindend gewesen. Die Häuptlinge gingen dieses auch ein und nahmen die Bedingungen an, hatten sich aber deshalb gar nicht mit ihrem Volke berathen, und dieses leugnete jetzt, eine solche Absicht je gehabt zu haben, und erklärte, die Abgeordneten hätten ihre Vollmacht weit überschritten und gemißbraucht. Nach diesen Stipulationen sollten die Indianer innerhalb dreier Jahre vollkommen ausgewandert sein und der Anfang damit so bald als nur möglich gemacht werden. Allerdings ließ man die erste Zeit ruhig darüber verstreichen, Prä= sident Jackson war aber nicht der Mann, welcher sich von dem ein= mal erfaßten Ziele, besonders zu Gunsten von Indianern, hätte ab= lenken lassen.

Er machte General Wiley Thomson zum Regierungsagenten, um die vorgeschlagene Auswanderung zu überwachen, und sandte ihn nach Florida, dieselbe unverzüglich einzuleiten. Thomson ging, be= richtete aber nur zu bald, daß der größte Theil der Indianer nicht gehen wolle, sich auf den Tractat von Fort Moultrie berufe, nach welchem sie noch zwanzig Jahre im Lande bleiben durften, und endlich erkläre, daß wenn auch das Land über dem Mississippi drüben gut sei, die Indianer dort böse wären und sie deshalb lieber bleiben wollten.

Mehrfache Verhandlungen gingen jetzt herüber und hinüber, und General Clinch besonders machte, während General Thomson mehr und mehr Truppen zusammenzog und die Miliz, so viel dieses an= gehen wollte, verstärkte, einen Vorschlag zur Güte, indem er die Re= gierung bat, die armen Wilden wenigstens noch bis zum nächsten Frühjahr im Besitz ihrer Ländereien zu lassen, wo sie sich dann allem Anscheine nach gutwillig in das doch Unvermeidliche fügen würden; die Regierung bestand aber auf augenblicklicher Entfernung, und ihre Ordre lautete in dieser Hinsicht ganz bestimmt.

Indessen hielt am 3. Juni 1834 General Thomson eine Con= ferenz mit den Indianern, und da ihm hier ein Häuptling derselben, Osceola, seiner Ansicht nach zu schroff und trotzig entgegengetreten war, ließ er denselben schließen und einen Tag lang gefangen halten.

Osceola war ein gar eigenthümlicher Charakter; von gemischter Race abstammend (denn sein Vater war ein Engländer, seine Mutter

eine Seminolin gewesen, und er vereinigte so in seinen Adern das
sächsische mit dem indianischen Blut), verdankte er seine ausgezeich=
nete Stellung einzig und allein seinen vortrefflichen Eigenschaften.
In diesem Fall aber und als er sich in der Gewalt der Engländer
sah, gewann das indianische Blut die Oberhand; sonst stolz und
düster in seinem ganzen Wesen, wurde er jetzt reuig und folgsam,
unterzeichnete einen Vertrag, den ihm Thomson vorlegte, und durch=
reiste auch in des Generals Auftrag, anscheinend ganz eifrig in sei=
nem Dienste, die Halbinsel; innerlich aber und im Geheimen kochte
er Rache und schmiedete Pläne, sein Land von den verrätherischen
Bleichgesichtern zu befreien.

Die erste Vergeltung traf auch, und vielleicht mit Recht, jene In=
dianer, welche die Sache ihres eigenen Vaterlandes an die Feinde
verkauft hatten.   Mathla, ein Häuptling, wurde erschlagen, weil er
jene schändliche Uebereinkunft mit abgeschlossen, und einige Hundert
Seminolen, denen ihr Gewissen wohl sagte, was sie zu erwarten
hätten, flohen nach Fort Brooke an der Tampa Bai und brachten dort=
hin die ersten Nachrichten von Osceola's wirklichen Absichten.   In=
dessen waren auch die der Auswanderung nicht günstigen Indianer
aus ihren verschiedenen Wohnorten verschwunden.

Durch solche Zeichen geängstigt, zog die Regierung von den süd=
lichen Posten Truppen zusammen und General Clinch erhielt den
Oberbefehl, während Major Dade mit 117 Mann vom Fort Brooke
ausmarschirte, um sich ihm anzuschließen. Er hatte mit den Seinen
von den hundert englische Meilen entfernten Posten etwa achtzig, nach
unbeschreiblichen Anstrengungen, zurückgelegt, als er plötzlich in einen
von den Seminolen gelegten Hinterhalt fiel. Aus unsichtbaren Ver=
stecken trafen die tödlichen Kugeln ihr sicheres Ziel und von der
ganzen Schaar blieben nur Dreißig übrig, welche sich in ein schnell
errichtetes Verhau zurückzogen.

Wo aber war Osceola, während diese Wenigen den indianischen
Schaaren Trotz boten? — Jedenfalls hatte er den ersten Angriff ge=
leitet, jetzt aber flog er auf flüchtigem Renner von Dade's Schlacht=
feld nach Campking, um dort eine andere Arbeit auszuführen.

An diesem Tage nämlich speiste General Wiley Thomson mit
einer größern Gesellschaft in einem gar nicht weit von der Garnison

entfernt stehenden Hause. Während sie aber bei Tische saßen, wurde eine Gewehrsalve in das Zimmer gefeuert und der General stürzte, von fünfzehn Kugeln durchbohrt. Die übrigen Gäste blieben theils unter den ersten Schüssen, theils flüchteten sie aus dem Haus und wurden draußen eingefangen und ermordet. Osceola stürmte dann an der Spitze seiner Leute ins Zimmer und scalpirte mit eigener Hand den Mann, welcher die Glieder des Seminolenhäuptlings hatte fesseln lassen. Hierauf zogen sich die Indianer, von der Garnison unbelästigt, wieder in ihre Schlupfwinkel zurück.

Am Nachmittag aber kehrte Osceola schon wieder zu dem frühern Schlachtfelde, wo sich die dreißig Ueberlebenden noch immer in ihrer Verschanzung hielten. Diese griff er in wildem Sturm an und Offiziere, wie Soldaten, fielen tapfer kämpfend Einer nach dem Andern. Nur ein Einziger, Ransom Clarke, entging, indem er sich todt stellte, wie durch ein Wunder diesem Blutbad und entkam später nach den unsäglichsten Mühen und Gefahren zum nächsten Fort, starb aber doch bald darauf an den empfangenen Wunden.

General Clinch, dessen Hauptquartier sich zu Fort Drane, einige Meilen nördlich von Campking, befand, sandte schon am nächsten Tage drei Compagnieen reguläre Truppen und eine Anzahl von Frei=willigen gegen die Indianer; aber durch einen, wahrscheinlich mit seinen Landsleuten einverstandenen Führer irregeleitet, erreichten die Truppen den Withlacoocheefluß an einer sehr tiefen Stelle und wurden hier, als die Regulären den Uebergang doch erzwungen hatten, von den Wilden angegriffen, so daß sie sich endlich mit, wenn auch nicht bedeutendem, Verluste zurückziehen mußten.

Durch ihre Erfolge kühn gemacht, überfielen die Seminolen jetzt Alles, was sich von Weißen in ihrer Nachbarschaft niedergelassen hatte. Häuser wurden niedergebrannt, Erndten zerstört, Neger fort=geschleppt und ganze Familien nach jeder Richtung hin ermordet.

General Scott erhielt hierauf den Oberbefehl der Halbinsel und traf am 7. Februar 1836 zu St. Augustine ein. In einem Briefe, vom 11. datirt, beschreibt er die Lage des Landes folgender=maßen:

„Das ganze südlich von diesem Platze liegende Land ist in der letzten Woche total verwüstet worden—kein Gebäude von irgend ei=

nem Werthe steht mehr. Nicht ein einziges Haus blieb zwischen dieser Stadt und Cap Florida — eine Entfernung von 250 Meilen —alle sind bis auf den Grund niedergebrannt."

Indessen wurde General Clinch in Fort Drane eng von den Wilden bedroht und General Scott rückte ihm zu Hilfe, während General Gaines, der die südwestlichen Heeresabtheilungen der Vereinigten Staaten befehligte, ohne weitere Ordre abzuwarten, nach der Tampabai hinüberschiffte und von dort aus gegen Fort King marschiren wollte. Die Indianer ließen ihn aber ebenfalls nicht lange Ruhe, und wenn er auch die ersten Angriffe zurückschlug, sah er sich doch von allen Seiten umzingelt und belagert gehalten.

Indessen hatte ein Bote von ihm glücklicherweise den General Clinch erreicht, welcher ihm zuerst, da er vollkommen Mangel litt, Provisionen schickte und dann auch eine höchst nöthige Verstärkung zusandte. Osceola aber, welcher hiervon durch seine Spione zeitig genug Nachricht erhielt, fand es jetzt gerathen, die Seinen rasch zurückzuziehen, täuschte General Gaines einige Tage lang mit falschen Friedensunterhandlungen und war plötzlich und unerwartet verschwunden. General Clinch traf hierauf allerdings in Gaines' Lager ein, doch zu spät, und dieser kehrte nach New Orleans zurück. Ueberhaupt trat von da an ein totaler Wechsel der Befehlshaber ein, indem General Scott nach dem Lande der Creeks beordert wurde, General Clinch seine Stelle selber niederlegte und General Call an dessen Platz trat. Bald darauf, und zwar 1837, traf General Jessup ebenfalls in Florida ein, und durch diesen erhielt der Kampf, wenn auch nicht auf ehrliche Weise, bald eine andere Wendung.

Am 21. October nämlich kam Osceola unter einer Parlamentärsfahne und mit etwa siebzig Kriegern in sein Lager und er, die Vermuthung vorschützend, daß die Indianer Verrath beabsichtigt, nahm ihn und seine Schaar gefangen.

Wenige Monate später starb Osceola in seinem Kerker—wie man sagt, an einer Halskrankheit.

Da so das Haupt der Rebellion abgeschnitten war, glaubte General Jessup sich die Uebrigen leicht unterwerfen zu können; dem war aber nicht so. Zwar brachte er an mehreren Orten den Feind zum Stehen oder wurde vielmehr von diesem angegriffen, immer aber

24*

konnte ein solcher Kampf nur mit bedeutendem Verluste zurückge=
schlagen werden, während das Land selbst in den Sümpfen und
Morästen eine Verfolgung fast unmöglich, stets aber nutzlos machte.
Immer neue Truppen wurden dabei nach Florida beordert und bis
zum Jahre 1842 zogen sich die trostlosen, blutigen Kämpfe hin, wo
sich dann, durch Eifersucht und Neid der eigenen Häuptlinge ver=
rathen, die übrigen Indianer den Amerikanern ergaben und in das
den wilden Stämmen angewiesene Territorium, westlich von Arkansas,
transportirt wurden.

Inn den Vereinigten Staaten ging später das keineswegs unglaub=
liche Gerücht: „jeder in Florida erschlagene Indianer, Mann, Weib
oder Kind, koste der Union durchschnittlich 10,000 Dollars."

General Scott war indessen gegen die Creeks gesandt worden,
welche, in der Nachbarschaft der Seminolen, durch Osceola selbst
aufgereizt, ebenfalls im blutigen und fürchterlichen Kriege die
Waffen gegen die Weißen erhoben hatten. Schon im Mai 1836
begannen sie ihre Ueberfälle, brannten die Wohnungen nieder und
zerstörten mehrere Dampfschiffe. Erst als der Gouverneur von
Georgia ebenfalls Truppen aushob und mit General Scott vereint
gegen die Indianer zog, gelang es ihnen, den wilden Feind zu be=
siegen. Im Jahre 1838 wurden die Creeks gleichfalls nach dem
ihnen westlich von Arkansas angewiesenen Territorium hinüberge=
schafft, und der Frieden war somit — außer in Florida, wo, wie
schon früher gesagt, der Krieg noch bis 1842 wüthete — zwischen
Indianern und Weißen gesichert.

Im September 1835 wurde Wisconsin zu einem Territorium und
Arkansas zu einem Staate gemacht. Auch erließ der Congreß ein
Gesetz, welches Michigan in die Union aufnahm. Seit der Unab=
hängigkeitserklärung der dreizehn Staaten hatten sich also dieselben
mit diesem, dem sechsundzwanzigsten, gerade verdoppelt.

Was nun die verschiedenen politischen Parteien betraf, so waren
diese während Monroe's Regierung ziemlich ineinander verschmolzen
worden; Jackson's Charakter nach ist es aber leicht erklärlich, daß
dieser, der in allen Stücken so fest und entschieden, ja nicht selten in
der That willkürlich auftrat, wohl viele Freunde, aber auch viele
Gegner haben mußte. Die Letzteren schrieben ihm denn auch jene

Martin Van Buren.

(Seite 283.)

Krisis von 1837, von welcher sich das Land noch immer nicht ganz erholt hat, zu, und behaupten, daß dieselbe durch die Aufhebung der Nationalbank herbeigeführt worden sei.

1832 kamen nämlich die Directoren der Bank um ein neues Privilegium ein, und nach langer Debatte, aber mit ziemlich bedeutender Majorität, erließ der Congreß endlich eine Bill, welche dasselbe gewährte. Diese Bill machte Jackson durch sein, ihm als Präsident zustehendes Veto null und nichtig.

Eine andere Gewaltmaßregel war die, mit der er den Finanzminister Duane, welcher sich seinem Willen widersetzte, entließ und Taney an dessen Stelle setzte. Dies geschah gerade beim Auseinandergehen des Senats und erst am Schlusse einer siebenmonatlichen Session legte der Präsident diesem Hause die Ernennung Taney's vor, die dasselbe denn auch nicht bestätigte.

Von 1832 bis 1836 bot die Regierung das Schauspiel eines hartnäckigen Kampfes zwischen der Executivgewalt und der Majorität des Senats, und beredte und tüchtige Männer standen an den Spitzen beider Parteien. So unterstützte den Präsidenten Jackson Silas Wright von New York mit treffenden Beweisgründen und edler Ruhe, wie Benton von Missouri mit lauter, hinreißender Heftigkeit. Die Gegenpartei rühmte sich dagegen und mit Recht ihrer Führer Henry Clay, Daniel Webster, Preston und Anderer. Die Debatten des Senats waren zu jener Zeit auch so interessant und anziehend, daß schon in frühester Tagesstunde der Platz der Zuschauer oft dicht gefüllt war, und selbst Damen von allen Theilen der Union herbeiströmten und drei Stunden an der Thür standen, um nur einen Sitz zu bekommen und der Sitzung des Senats beiwohnen zu können.

Als Jackson's zweite Präsidentschaft abgelaufen war, zog er sich vom Staatsdienste zurück, und die Partei der Demokraten erwählte, wiederum siegreich, Martin Van Buren zum Präsidenten und Rich. M. Johnson zum Vicepräsidenten.

Nachdem auf General Jackson's Befehl der Staatsschatz in die Banken der verschiedenen Staaten vertheilt worden war, und es dadurch immer mehr erleichtert wurde, Capitalien zu erhalten, schien es als ob eine wahre Speculationswuth das ganze Land erfaßt habe.

Die guten alten Straßen ehrenhafter Industrie überwuchsen mit
Gras, und Vermögen wurden mit wahrer Dampfkraft im Sturm
und Flug gewonnen. Besonders speculirte man auf Baustellen.
Die alten Städte dehnte man auf dem Papiere zu einem Umfang
aus, welchen sie in Jahrhunderten nicht erreichen werden, und neue
wurden aufgezeichnet, wo noch Wasser strömte oder steinige Berge
standen. Dennoch zeichnete man sie sorgfältig aus, legte — auf den
Karten versteht sich — Straßen und öffentliche Plätze an, und
kaufte und verkaufte in unbegreiflicher Verblendung. Ein Vermö=
gen wurde solcher Art nicht selten in einer Stunde und durch einen
einzigen Verkauf gewonnen oder aufs Spiel gesetzt, und es läßt sich
denken, daß solch krankhaftes Drängen der Geschäfte endlich eine
Krisis herbeiführen mußte. Diese kam 1837.

Vor diesem Jahre verdiente Jeder Geld; nach demselben verlor
Jeder und Einer riß im Sturz den Andern mit fort. Eine Gesandt=
schaft der Kaufleute wandte sich in dieser Noth an den Präsidenten
und bat denselben ganz besonders, das "Specie circular" wieder auf=
zuheben und die Nationalgesetzgebung zusammenzurufen. Van
Buren erklärte aber, daß er in dem jetzigen Stande der Dinge kei=
neswegs einen Grund fände, diesen beiden Anforderungen nachzu=
kommen.

Das "Specie circular" war nämlich eine im Jahr 1835 erlassene
Schatzordnung an die Banken, worin diese angewiesen wurden,
Zahlungen nur in klingender Münze oder in Noten baarzahlender
Banken anzunehmen und dadurch das Volk besonders gegen die
Speculationswuth der Landkäufer in etwas zu sichern. Dies hatte
aber das meiste Silber und Gold nach dem Westen geführt; die
Kaufleute mußten alle ihre Steuern ebenfalls nur in klingender
Münze bezahlen, aber woher konnten sie diese wieder zurückbekom=
men? Derjenige, welcher wirklich eine gerechte Forderung an die
Regierung hatte, war nicht im Stande, von dieser unter irgend einer
Bedingung Gold oder Silber zu erhalten, während er nichtsdesto=
weniger jeder Forderung der Regierung an ihn mit baarer Münze
genügen mußte. Dies erregte besonders in den Städten große Er=
bitterung. Die Banken hatten theilweise sogar schon über die Regel
der Klugheit hinaus sich angestrengt, ihren Verpflichtungen nachzu=

kommen; als aber die Regierung immer und immer nichts für sie that, stellte die von New York, am 10. Mai 1837, alle ihre Zahlungen ein und ihrem Beispiele mußten bald die übrigen Städte der Union nachfolgen.

Die Banken, in denen die öffentlichen Capitalien angelegt waren, theilten nur das allgemeine Loos, und die Frage entstand jetzt: wie soll die Regierung ihre laufenden Ausgaben decken und was soll dann mit dem Staatsschatze geschehen? Um diese Fragen zu beantworten, erließ Van Buren eine Proclamation und rief den Congreß zusammen, welcher demzufolge am 4. September eröffnet wurde.

In seiner Botschaft empfahl der Präsident eine Art, die öffentlichen Gelder aufzubewahren, welche später unter dem Namen "Subtreasury bill" vor den Congreß gebracht, aber verworfen wurde, weil man dadurch die Geldmacht ebenfalls ganz in die Hände der executiven Gewalt gegeben glaubte. So unpopulär war zugleich dieser Vorschlag bei der Majorität des Volkes, daß wahrscheinlich hierdurch Van Buren seine zweite Präsidentschaft einbüßte. Eine Ratenzahlung, welche von dem Ueberschusse der Revenuen, nach einer Congreßakte von 1836, an die verschiedenen Staaten gemacht werden sollte, wurde jetzt für die Bedürfnisse der Regierung zurückbehalten und es ward beschlossen, Banknoten auszugeben. Nichts aber geschah, um dem Volke unmittelbare Hilfe zu leisten, und die Freunde der Regierung behaupteten, vielleicht nicht mit Unrecht, die Regierung selber könne da nicht gut eingreifen, wo es gelte, den Uebertreibungen der Einzelnen ein Ziel zu setzen, damit die Masse wieder den vernachlässigten Weg der nur zu nöthigen Industrie einschlage.

Zu diesem Leiden kam auch noch ein gewaltiges Feuer in New York, welches bei einer fürchterlichen Kälte ausbrach, so daß selbst die Schläuche einfroren und 529 Gebäude niederbrannten. Der Schaden, welcher hierdurch entstand, soll sich auf 17 Millionen Dollars belaufen haben.

Am 13. August begannen die Banken wieder ihr Baarzahlungen, da das "Specie circular," wenn auch nicht formell, doch in der Wirklichkeit aufgehoben worden war.

Indessen hatte sich eine Partei in Canada gebildet, welche, der britischen Regierung feindlich gesinnt, laut ihre Unabhängigkeit ver-

langte. An der nördlichen Grenze der Staaten New York und Ver=
mont betrachtete man die Sache mit sehr günstigen Augen und that
Manches, ihr Vorschub zu leisten; die Männer der Freiheit nah=
men den Namen von Patrioten an und es wurde von einzelnen
Amerikanern viel gethan, den Canadiern zu ihrer Unabhängigkeit
zu verhelfen.

Bei Verfolgung dieser wohl gut gemeinten, aber jedenfalls unge=
setzlichen Einmischung in die Verhältnisse einer fremden Macht nahm
eine Zahl tollkühner Abenteurer Besitz von „Navy=Island," einer
kleinen Insel von ungefähr 350 Acker Land, welche im Niagaraflusse,
zwei englische Meilen oberhalb der Fälle, liegt. So tüchtig hatten
sie zugleich diesen Platz befestigt, daß ein Sturm, welchen Sir
Francis Head, Befehlshaber der britischen Streitmacht, darauf un=
ternahm, vollkommen abgeschlagen wurde. Der Präsident der Union,
wie der Gouverneur von New York, erließen übrigens zu gleicher
Zeit eine Proclamation an das Volk der Vereinigten Staaten, wo=
nach es sich bei diesem Kampfe unter keiner Bedingung betheili=
gen solle.

Trotzdem verschaffte man den Männern auf Navy=Island Alles,
was sie an Proviant und Munition bedurften; auch Waffen wur=
den in Masse hinüber befördert. Dabei beschossen die Insurgenten,
von denen sich etwa 700 auf der Insel hielten, mit ungefähr zwanzig
Kanonen, welche sie zu erhalten gewußt hatten, das gegenüberlie=
gende canadische Ufer, und mietheten sogar ein kleines Dampfboot,
die Carolina, welches die Verbindung zwischen Navy=Island
und Schlosser (dem Landungsplatze am amerikanischen Ufer) erhalten
mußte. Die „Carolina" lief zum ersten Mal am 29. Dec. 1837
aus, und am Abend desselben Tages schon fuhr ein Detachement
von 150 bewaffneten Engländern, mit umwickelten Rudern, über
den Strom, landete in Schlosser, trieb die Besatzung des Dämpfers
ans Ufer, kappte seine Taue, welche ihn am Werft befestigt hielten,
zündete das Boot an und ließ es nun mit der reißenden Strömung
über die ungeheuren Fälle des Niagara schießen.

Bei diesem Unternehmen wurde ein Amerikaner Namens Durfee
getödtet, und man sagt auch, obgleich unverbürgt, daß noch eine

William Henry Harrison.

(Seite 287.)

oder zwei Personen auf dem Fahrzeuge gewesen wären, als es über den Katarakt getrieben ward.

Die Amerikaner waren entrüstet, und ein Mann, Namens M'Leod, von dem man wußte, daß er sich bei dem nächtlichen Ueberfalle betheiligt hatte, und der sich später auf das amerikanische Ufer wagte, wurde gefangen genommen, scharf verhört und längere Zeit in Haft gehalten.

Navy-Island räumten die Insurgenten am 13. Januar 1838, und die Engländer nahmen es schon am 15. wieder in Besitz. Van Rensselaer, der Hauptmann der Insurgenten, welcher, als ein Amerikaner, sein Vaterland in die Gefahr eines Krieges mit dem Nachbarstaate gebracht hatte, wurde, sobald er das Ufer der Vereinigten Staaten betrat, in deren Namen verhaftet und erst später gegen Caution wieder freigegeben.

Ein anderer Streit drohte der nordwestlichen Grenzen wegen sich zwischen der Union und England zu entspinnen und bewaffnete Schaaren wurden schon von New Brunswick und von Maine ausgesandt. Erst im Herbst 1842 kam zwischen Daniel Webster amerikanischer und Lord Ashburton englischer Seits ein Uebereinkommen zu Stande, welches die Streitfrage friedlich und freundschaftlich entschied und regulirte.

Der Census von 1840 ergab als die Anzahl der Bewohner der Vereinigten Staaten 17,068,666.

Ein harter Kampf fand in diesem Jahre zwischen den Wählern der Demokraten und Whigs statt. Die Ersteren verlangten Van Buren wieder zur zweiten Präsidentschaft, die Letzteren dagegen waren im Anfang unschlüssig, schwankten zwischen dem schon mehrmals durchgefallenen Candidaten Henry Clay und General Harrison, und warfen sich erst, als sie sahen, daß sie Henry Clay unter keiner Bedingung durchbringen könnten, mit aller Energie und allen ihnen zu Gebote stehenden Mitteln auf die Wahl des Generals Harrison, von welchem sie die feste Ueberzeugung hatten, daß er ihr Hauptziel, die Errichtung einer Nationalbank, nur begünstigen und ins Werk setzen würde. Die Wahl rief eine ungeheure Aufregung in den Staaten hervor, die demokratische Partei aber wurde besiegt und General William Henry Harrison mit gewaltiger Majorität zum

Präsidenten der Vereinigten Staaten gewählt. John Tyler von Virginien ward Vicepräsident.

Am 4. März 1841 nahm General Harrison seinen Sitz im „weißen Hause zu Washington," als der erste Bürger der Republik, ein — aber schon einen Monat später, am 4. April desselben Jahres, lag er, eine Leiche, auf seinem Todtenbette.

———◆———

Vierte Periode.

——

Von Präsident Harrison's Tod bis auf die Gegenwart.

(Von 1841 bis 1852.)

Am 7. April 1841 wurde Präsident Harrison's Leiche mit dem größten republikanischen Gepränge und unter Zuströmen einer zahl= losen Volksmenge beigesetzt, und schon wenige Tage später erließ der indeß einberufene Vicepräsident Tyler seine Antrittsrede an das Volk der Vereinigten Staaten.

Bei dem obersten Gerichtshofe des Bezirks Columbia unterzeich= nete der neue Präsident folgenden Eid:

„Ich schwöre feierlich, daß ich die Amtspflicht eines Präsidenten der Vereinigten Staaten treulich erfüllen und, so viel in meiner Macht steht, die Verfassung des Freistaats schützen, wahren und ver= theidigen will. John Tyler."

Darüber ward ihm folgendes charakteristische Zeugniß ausgestellt:

„Ich, William Cranch, Oberster Richter der Circuit Court im Bezirke Columbia, bescheinige, daß der obengenannte John Tyler heute persönlich vor mir erschien, und obwohl er sich für geeigen= schaftet erachtet, nach dem Tode William Henry Harrison's die Pflichten eines Präsidenten der Vereinigten Staaten auch ohne einen anderen Eid, als denjenigen, welchen er als Vicepräsident geleistet, zu erfüllen und die Gewalt dieses Amtes auszuüben, so hat er den= noch, um allen Zweifeln zu begegnen und größerer Vorsicht willen, obigen Eid geleistet und unterzeichnet. W. Cranch."

John Tyler.

(Seite 288.)

Wenn man nun auch ziemlich allgemein wußte, daß John Tyler, als aus der Schule virginischer Staatsmänner stammend, besonders einer Vereinigten-Staatenbank nicht geneigt war, so hoffte man doch daß er, da ja die Whigs, welche ihn gewählt, ihr ganzes Streben und Trachten gerade auf die Errichtung einer solchen gesetzt hatten ihrer Einführung, sobald sich der Congreß darüber vereinigt, nicht weiter im Wege stehen würde. Auch enthielt seine Botschaft, welche er bald nach seinem Antritt dem Congresse vorlegte, viel Beruhigendes über die schon auftauchenden Gerüchte, indem sie in allen Punkten mit der Harrison's übereinstimmte. Nur reservirte sich Tyler noch sein Urtheil über die Bank.

Texas, welches sich indessen von Mexiko losgerissen und eine eigene Republik gebildet hatte, schloß in diesem Jahre mit Großbritannien einen Schifffahrts- und Handelsvertrag, wonach England nach besonderen Stipulationen den vollen Frieden zwischen Mexiko und Texas wiederherzustellen hoffte.

Der Census dieses Jahres ergab für die Bevölkerung der Vereinigten Staaten 17,000,572 Seelen, worunter 2,369,553 Negersklaven und 371,606 freie Farbige.

In dem außerordentlichen Congresse legte, als besonders wichtig, Ewing die Bilanz der seiner Führung anvertrauten Bundeskasse vor. Nach Aufzählung der ihm zu Gebote stehenden Hilfsquellen und der zu bestreitenden Ausgaben gelangte er zu dem traurigen Ergebniß, daß, wie auch schon in des Präsidenten Botschaft dargelegt worden war, das sich am Ende des Jahres herausstellende Deficit 16,088,215 Dollars betrage. Ewing hält die Belassung einer schwebenden Schuld für ein fehlerhaftes System und schlägt die Consolidirung derselben mittelst eines Anlehens vor, dessen Tilgung er auf acht Jahre de dato festsetzt. Den Tarif betreffend, verlangt er förmlich eine Auflage von 20 Procent auf alle Waaren, welche keinen Zoll oder weniger als 20 Procent bezahlen, und eben so die Wiederherstellung einer Nationalbank als eines Fiscalagenten der Föderalregierung. Er beweist, daß die mit Einziehung der öffentlichen Gelder betrauten Beamten seit zwölf Jahren 2,650,500 Dollars veruntreut haben.

25

Die Bill wegen einer Staatsanleihe von 12 Millionen Dollars, auf acht Jahre mit 6 Procent, wurde von beiden Häusern des Congresses angenommen. Auch die Bankbill passirte beide Häuser, eben so wurde der neue Tarif, die Revenuebill, mit einer Majorität von sechzehn Stimmen angenommen.

Die Entdeckung einer Negerverschwörung machte in dieser Zeit bedeutendes Aufsehen im südlichen Theil der Union. Ein großer Theil der Sklaven hatte sich verschworen, ihre Herren zu ermorden; das Complot wurde aber durch ein junges Mädchen entdeckt und die Rädelsführer ohne Weiteres gehängt.

Was man indeß schon geraume Zeit theils erwartet, theils gefürchtet hatte, geschah endlich: am 16. August 1841 gab der Präsident der vorgeschlagenen und von beiden Häusern angenommenen Bill einer Nationalbank sein Veto, und vernichtete dadurch die jahrelangen Hoffnungen und Anstrengungen der Whigpartei, die nun vergebens alles Mögliche gethan hatte, um ihre beiden Candidaten, den Demokraten gegenüber, durchzubringen. Er motivirte seinen Beschluß in folgender Weise:

„Die Befugniß des Congresses," sagte er, „eine Nationalbank zu gründen, welche die ganze Union umfaßte, ist seit dem Ursprung unserer Regierung eine Streitfrage gewesen. Männer, ihrer ganz ausgezeichneten geistigen Fähigkeiten, wie ihrer Tugend und Vaterlandsliebe wegen gleich sehr geschätzt, haben in dieser Beziehung eine verschiedene, sich widersprechende Meinung gehabt. Der Genehmigung des einen Präsidenten folgte die Verneinung des andern. Auch das Volk hat sich in verschiedenen Zeiten bald dafür, bald dagegen ausgesprochen und noch immer ist das Land dieser unentschiedenen Frage wegen in starker Aufregung. Was mich betrifft, so habe ich mich seit den letzten fünfundzwanzig Jahren bei allen passenden Gelegenheiten ohne Rückhalt und offen dagegen erklärt; ich that es in dem gesetzgebenden Körper meines Geburtsstaates, ich habe es eben so offen im Hause der Repräsentanten gethan. Hiernach wird der Senat und das Land wohl einsehen, daß ich einer solchen Maßregel meine Sanction nicht geben konnte, wollte ich nicht anders auf jeden Anspruch der Achtung ehrenhafter Männer, auf alles Vertrauen von Seiten des Volkes, auf alle Selbstachtung Verzicht leisten."

Dagegen zeigte er sich bereit, einer Bank seine Genehmigung zu ertheilen, welcher die Befugniß zuständе, für ihre Wechselgeschäfte Filialbanken zu errichten und ihre Noten als Baargeld auszugeben. Die Botschaft schließt mit den Worten:

„Ich sehe in der Bill, welche dem Congresse das Recht ertheilen soll, eine Vereinigte-Staatenbank zu gründen, die in den verschiedenen Staaten Disconto- und Deposito-Commanditen, mit oder ohne deren Einstimmung, errichten dürfte, einen Grundsatz, dem ich mich bisher immer widersetzt habe, und welchem ich nie meine Sanction geben kann. Daher, ohne auf die übrigen Erwägungen einzugehen, gebe ich sie dem Hause, welchem sie ihren Ursprung verdankt, mit diesen meinen Einwürfen gegen ihre Erlassung, zurück."

Man entwarf nun gleich nach diesem Veto einen neuen Vorschlag zu einer Nationalbank, welche unter dem Namen „Fiscalcorporation" in Vorschlag gebracht wurde. Ihr Capital sollte 21 Millionen Dollars betragen, aber auf 35 vermehrt werden können. Der Hauptunterschied von der andern bestand darin, daß sie keine Nebenbanken in anderen Staaten, sondern nur Agenten ernennen, und keine Promessen discontiren, sondern nur fremde und einheimische Wechsel kaufen und verkaufen dürfen sollte. Allein auch dieser Bill gab der unerschütterliche Tyler sein zweites Veto und die Bankbill fiel später bei der Abstimmung des Hauses mit 103 gegen 80 Stimmen durch, da die amerikanische Verfassung eine Mehrheit von zwei Drittheilen erfordert, wenn eine Maßregel, welcher der Präsident seine Signatur verweigert hat, durchgeführt werden soll.

Der Zwiespalt zwischen dem Präsidenten und den Majoritäten beider Congreßhäuser führte zur Auflösung des Cabinets, welches im Allgemeinen das Vertrauen des Congresses und der Whigpartei genossen hatte. Ewing, Crittendon, Badger und Bell sandten am 10. September ihre Entlassung ein, welche angenommen wurde. Der Präsident ernannte alsbald an ihrer Stelle folgende Staatsmänner: Walt Forward von Pittsburgh in Pennsylvanien als Finanzminister; Hugh S. Legaré von Charleston in Süd-Carolina als Oberrichter; Abel S. Upshur aus Virginien als Marineminister, und John Maclean, bisherigen Richter des obersten Gerichtshofes der Union, als Kriegsminister. Auch Gr. Grainger

dankte ab und Charl. A. Wickliffe aus Kentucky wurde zum Ober=
postdirector ernannt.

Fast eben solche Aufregung aber, als das Veto des Präsidenten,
nur nach einer anderen Seite hin gerichtet, erzeugte die Unter=
suchungssache M'Leod's bei den Bewohnern der Vereinigten Staa=
ten. Jener Mann sollte bei dem Verbrennen des amerikanischen
Dampfschiffes „Carolina" betheiligt gewesen sein und war auf ame=
rikanischem Grund und Boden verhaftet worden. England hatte
aber zugleich gegen eine Verurtheilung dieses seines Unterthanen,
welcher, was er auch gethan haben mochte, in der Ausübung seiner
Pflicht gehandelt hatte, auf das Entschiedenste protestirt, und es war
vorauszusehen, daß eine wirkliche Verurtheilung des Mannes jeden=
falls einen neuen Krieg zwischen Großbritannien und Nordamerika
nach sich ziehen müsse. Am 4. October ward denn nach unendlichen
Verzögerungen und nachdem die Spannung beider Nationen auf's
Aeußerste getrieben war, der Proceß zu Utica im New Yorkstaate
wirklich eröffnet. Er dauerte acht Tage; M'Leod wurde aber, da
man ihm keineswegs sicher beweisen konnte, sich an dem Ueberfall
und Verbrennen des Bootes „Carolina" betheiligt zu haben, freige=
sprochen und somit ein sehr wahrscheinlicher Ausbruch neuer Feind=
seligkeiten zwischen dem Mutterland und den früheren Colonieen
vermieden.

Indessen hatte in Texas Präsident Lamar den Congreß eröffnet,
und rieth in Bezug auf Mexiko, da dieses Reich die junge Republik
noch immer nicht anerkennen wollte, die Feindseligkeiten zu erneuern.

In diesem Jahre kaufte auch die Regierung der Vereinigten
Staaten den Sioux=Indianern ihr ganzes, 25 Millionen Acker ent=
haltendes Land ab; es läuft an dem südlichen Ufer des St. Peter=
flusses hin bis zu dessen Quelle und dann direct südlich. Der südöst=
liche Theil desselben fällt in die Grenzen des jetzigen Staates Jowa
und dieser Theil wird von der Union an weiße Ansiedler verkauft,
der Rest sollte aber ein indianisches Territorium bilden, in welchem
den Sioux, eine bedeutende Landesstrecke vorbehalten ward.

Ein starkes Beispiel von Volksjustiz fand ebenfalls in diesem
Jahre, und zwar auf dem Mississippi, in der Nähe des Staates Ar=
kansas, statt. Die Gegend um die Mündung des White river in

den Miſſiſſippi war ſeit Jahren von Gauner= und Falſchmünzer=
banden heimgeſucht, namentlich trieben ſie auf einigen Inſeln ihr
Weſen. Die Bewohner der beiden Ufer des Miſſiſſippi beſchloſſen
endlich, ihnen das Handwerk zu legen, und es gelang ihnen, 60 bis
70 derſelben feſtzunehmen. Dieſe Flußpiraten brachten ſie an Bord
eines Flatbootes, ſteuerten daſſelbe an eine unbewohnte Stelle und
erſchoſſen oder ertränkten Alle ohne Ausnahme. Nach Vollendung
des Standrechts fuhren ſie den Fluß hinab und verbrannten auch
die Wohnungen ihrer Schlachtopfer; den Familien thaten ſie aber
nichts zu Leide, außer daß ſie ihnen befahlen, den Staat auf immer
zu meiden. Man fand übrigens in den Kleidern der Bande hin=
reichende Beweiſe der Falſchmünzerei, und ſo fürchterlich eine derar=
tige Selbſthilfe, wie ſie hier die Bürger ausgeübt, einem civiliſirten
Staate vorkommen mag, ſo muß man doch bedenken, daß die einzel=
nen Bewohner jener wilden Diſtricte durch das Geſetz gegen ſolche
wohlorganiſirte Banden gar nicht geſchützt werden konnten und ein
Act der Selbſthilfe hier zu einem Act der Nothwendigkeit wurde.

In dieſer Zeit herrſchte große Bewegung innerhalb und außer=
halb des Congreſſes in Bezug auf ein, im Laufe der außerordent=
lichen Sitzung angenommenes Bankerottgeſetz. Benton warf, als
einer der entſchiedenſten Gegner dieſes Geſetzes, ihm nicht mit Un=
recht vor: „es kehre die natürliche Ordnung der Dinge um, indem
es den Gläubiger der Discretion des Schuldners unterwerfe.“ Der
Antrag auf Verwerfung dieſes Geſetzes wurde aber im Senat zu
Waſhington mit 23 gegen 22 Stimmen, alſo mit einer einzigen
Stimme verneint und es mußte demnach am 1. Februar ins Leben
treten. Zur Verſtändigung über dieſes Geſetz möge übrigens Fol=
gendes dienen:

In den Vereinigten Staaten gab es bis dahin keine Bankerott=
geſetze, und Jedem, der mehr Schulden als Zahlungsmittel hatte,
ſtand es frei, ſein Vermögen an irgend einen oder mehrere ſeiner
Gläubiger, die dann preferred creditors hießen, abzutreten; die
übrigen mußten nehmen, was ihnen übrig blieb. Von einer ſoge=
nannten Maſſe war keine Rede. Dennoch gab es auch hierin ein
gewiſſes point d'honneur, man machte nämlich alle Diejenigen,
welche baares Geld geliehen oder ohne Nutzen einen Wechſel indoſ=

25*

firt hatten, zu vorgezogenen Gläubigern; Waarengläubiger mußten
mit dem Ueberreste vorlieb nehmen. Hatte man nun auf diese Weise
über sein Vermögen verfügt, so daß Nichts übrig blieb, als die un=
entbehrlichsten Möbel, Handwerkszeug und fünf Dollars in baarem
Gelde, so konnte man in die sogenannten courts of insolvent debtors
gehen und dort eine discharge verlangen, welche die Person des
Schuldners vom Personalarrest befreite. Die Gläubiger, welche auf
diese Weise unbefriedigt abziehen mußten, blieben aber dessenun=
geachtet in ihrem vollen Rechte und konnten, so wie sie nur irgend
eines Eigenthums des Schuldners habhaft wurden, sogleich auf das=
selbe fahnden; erwischten sie ihn aber in einem anderen Staate, als
dem, in welchem er Bankerott machte, so konnten sie ihn auch wohl
einsperren lassen, weil jeder Staat nur innerhalb seines Bezirks den
Schuldner vom Personalarrest freisprechen konnte.

Dieses Gesetz gab natürlich zu unendlichem Mißbrauch Veran=
lassung — denn Jedem stand es frei, das, was er noch an Vermö=
gen besaß, seinen Freunden, Verwandten oder auch seiner eignen
Frau zu übermachen, wodurch seine übrigen Gläubiger das leere
Nachsehen bekamen.

Das neue Bankerottgesetz verbesserte aber diesen Zustand nicht,
nein, es verschlimmerte ihn sogar noch, denn es war weiter nichts,
als eine Generalabsolution von Seiten der Vereinigten
Staaten. Statt daß sich der Schuldner, wie bisher, an den Ge=
richtshof desjenigen Staates wendete, in welchem er lebte, mußte er
sich an die eigens zu diesem Zweck von der Regierung der Union zu
ernennenden Gerichtshöfe wenden, die ihn dann, wenn er, wie im
obigen Falle, Nichts hatte, durch die ganze Union freisprachen. Nur
das Gute hatte es, daß das vorhandene oder auszumittelnde Ver=
mögen wenigstens gleichmäßig unter die Gläubiger vertheilt werden
mußte, und daß kein Bankerotteur, wenn er nicht wenigstens 75
Procent an seine Gläubiger bezahlte, Grundstücke kaufen, liegendes
oder fahrendes Eigenthum besitzen oder Handel und Fabriken treiben
konnte. Dies war wenigstens eine Veranlassung zur Rechtlichkeit.

Der eigentliche Hauptpunkt des Gesetzes lag aber in der gänz=
lichen Entlastung von jeder Verbindlichkeit. Ganz insolvente
Personen konnten auch wohl früher auf gewisse Weise, aber nur un=

ter kränkenden Bedingungen, entlastet werden, auch durften sie das
Geschäft, das sie betrieben hatten, nicht wieder aufnehmen; hier da=
gegen stand es dem Gerichtshof, bei dem der Fallit seine Eingabe
gemacht hatte, zu, demselben, wenn alle nöthigen Bedingungen erfüllt
waren, ein Entlastungszeugniß auszustellen, das ihn nach einer ge=
wissen Frist rechtlich gegen jede Art von künftigem Recurs sicherte
und so die Vergangenheit förmlich hinter ihm abschloß.

Dadurch wurde aber dieses Gesetz Tausenden zu einer förmlichen
Einladung, sich insolvent zu erklären; die Zeitungen waren täglich
mit Anzeigen von Bankerotten angefüllt, und nicht Kaufleute allein,
nein, Journalisten, Aerzte, „Gentlemen," wie sie aufgeführt standen,
Handwerker, Arbeiter, kurz Jeder, der bis dahin glücklich genug ge=
wesen war, seinen Credit bis auf 2000 Dollars erweitern zu kön=
nen, und nicht zu viel Gewissen besaß, um eine solche nie wieder=
kehrende Gelegenheit zu benutzen, erklärte sich für zahlungsunfähig
und vermehrte dadurch nur noch die Krisis, die durch den Bankerott
unzähliger Handlungshäuser einen immer bedenklicheren Charakter
annahm.

Einen anderen Stoß erhielten Handel und Verkehr durch das
neue Veto Tyler's, die erste Tarifbill betreffend, welches auf diesen
den Zorn und Haß der Whigs in, wenn das möglich war, noch ver=
stärktem Grade lenkte, wogegen er bei dem Volk bedeutend an Po=
pularität gewann und sich mehr und mehr der demokratischen Partei
näherte.

Amerika schien zugleich einem Krieg mit England mit raschen
Schritten entgegen zu gehen, denn der Norden befand sich in unge=
heurer Aufregung wegen der Grenzfrage zwischen Maine und Ca=
nada, die zu ordnen Lord Ashburton von England herübergesandt
war; der Süden fühlte sich zu gleicher Zeit durch die Freilassung
meuterischer Neger, die in einem englischen Hafen Schutz gesucht
und gefunden, auf das tiefste gekränkt und die Nation hatte bis jetzt
vergebens von England verlangt, Amerika gegenüber das Durchsu=
chungsrecht, den Zankapfel so langer Jahre, aufzugeben.

Lord Ashburton's Anwesenheit sollte aber alle diese Streitfragen
zu einem günstigen Ende führen; der zwischen ihm englischer und
Webster amerikanischer Seits entworfene Vertrag zur Regulirung

der nordwestlichen Grenze wurde, trotz einer Anfechtung von Seiten
der Demokraten, durch den Senat zu Washington, und zwar in einer
sogenannten exclussive session, am 20. Aug., mit einer Mehrheit von
39 gegen 9 Stimmen ratificirt und außerdem Bestimmungen zum
Zweck der wirksamen Unterdrückung des Sklavenhandels an der ame=
rikanischen Küste getroffen. Jede der beiden Mächte sollte demnach
ein Geschwader unterhalten, das jedenfalls nicht weniger als achtzig
Kanonen führte, und für sich stark genug wäre, die Instructionen seiner
resp. Regierung zu vollziehen. Beide Geschwader sollten ganz un=
abhängig von einander gestellt, aber die beiden Offiziere angehalten
sein, in Einklang und nach wechselseitiger Berathung zu verfahren.

Eben so günstig wirkte auf die inneren Verhältnisse Amerika's der
neue Tarif, aus welchem Präsident Tyler vorher, höchst zweckmäßiger
Weise, die „Ländervortheilsclausel" hinausvotirt und nun erst den
Tarif, als er ihm wieder vorgelegt wurde, unterzeichnet hatte. Für
das Ausland mag, besonders für manche Staaten, das Schutzsystem
Amerika's von nicht unbedeutendem Nachtheil gewesen sein, aber für
die junge, in ihren inneren Verhältnissen zerrüttete Republik, für
die erst entstandenen Fabriken, die sich noch nicht zu solcher Kraft
hinaufgearbeitet hatten, die Concurrenz mit den alten Staaten auf=
nehmen zu können, erwies es sich sehr günstig. Nur auf den Han=
del der Seestädte brachte der Zoll eine nachtheilige Wirkung hervor,
da er auf viele Producte so hoch gestellt war, daß er einem völligen
Verbote gleich kam.

Der nächste Congreß, der, wie man hoffte, eine Aenderung darin
herbeiführen sollte, wurde am 5. December eröffnet, und des Präsi=
denten Botschaft berührte drei Hauptpunkte: einen abermaligen
Schatzkammerplan, eine Modification des Tarifs und die Errichtung
von Waarenhäusern zur Lagerung von eingeführten Gütern (the
warehousing system). Im Haus der Repräsentanten ging am
20. Januar 1843 die Bill zur Abschaffung des bisherigen Banke=
rottgesetzes mit 140 gegen 71 Stimmen definitiv durch. Auch im
Senat wurde dasselbe widerrufen und der Widerruf vom Präsidenten
unterzeichnet. War aber das Gesetz selber schon eine schreiende Un=
gerechtigkeit, so ist die Aufhebung desselben fast noch weniger zu recht=
fertigen, und doch blieb nichts anderes übrig, um den schlimmen

Folgen desselben endlich ein Ziel zu stecken. Durch das Gesetz wur=
den nämlich Die, welche sich bankerott erklärten, wenigstens daran
verhindert, wieder aufs Neue zu beginnen, und somit Mancher von
einem zu leichtsinnigen Fallissement abgehalten; jetzt aber hob die
Zurücknahme des Gesetzes auch diese Clausel für die Zukunft auf —
der Theil, welcher den Schuldner gegen seine Gläubiger in Schutz
nahm, hatte seine Wirkung erfüllt, und jetzt, wo sich nun die Wir=
kung zu Gunsten des Gläubigers ändern konnte, wurde das Gesetz
wieder aufgehoben und damit die Unzahl der Bankerotteurs, die
sich auf mehr als 40,000 belief, auf die einfachste Weise und ohne
weitere künftige Verbindlichkeit, von allen ihren Schulden förmlich
losgesprochen.

Mit England schien übrigens ein anderer Streitpunkt aufzutau=
chen, und zwar die Frage über das ungeheure Oregongebiet am
stillen Meere. Bei der Mainegrenze handelte es sich eigentlich um
keinen bedeutenden Vortheil für das eine oder das andere Land, es
war mehr eine Principfrage — ein Gegenstand, bei welchem sich
England sowohl, wie Amerika etwas von seinen Rechten zu ver=
geben glaubte, wenn es die Bedingungen des anderen Landes so
ohne Weiteres annähme; hier aber betraf es einen gewaltigen,
fruchtbaren Landstrich, der in späteren Zeiten die Verbindung der
Vereinigten Staaten mit China und dem indischen Archipel vermit=
teln konnte, und so kam nicht allein die Eifersucht, es kam auch der
materielle Vortheil der beiden Länder mit ins Spiel und drohte das
kaum hergestellte gute Vernehmen aufs Neue zu stören.

Amerika war übrigens hier fest entschlossen, nicht zu weichen, und
eine dem Senat vorgelegte Bill, welche die Besiedelung des fernen
Küstenstriches bezweckte, wurde im Senat am 3. Februar 1843 mit
24 gegen 22 Stimmen angenommen.

Den Hauptbestimmungen derselben nach soll jeder weiße männliche
Einwanderer aus den Vereinigten Staaten 640 Acker Land erhalten,
die er sich aber anheischig machen mußte, fünf Jahre hintereinander
zu bebauen. Außerdem erhält die Frau eines solchen Colonisten
160 Acker und der Vater eines jeden Kindes unter 18 Jahren für
dieses noch weitere 160 Acker. Für die Bewirkung der Besitznahme
werden dem Präsidenten 100,000 Dollars aus der Staatskasse an=

gewiesen. Zu gleicher Zeit soll, um die Passage in dem Gebiete so
viel als möglich zu sichern, eine Reihe von Militärposten und Block=
häusern, von einigen Punkten der Staaten Missouri und Arkansas
aus, durch den besten, ins Oregonthal führenden Paß und bis an
die Mündung des Columbiaflusses aufgestellt und errichtet werden.

Ende Februar 1843 erließ Präsident Tyler auch ein Manifest ge=
gen die Erklärung Sir Robert Peel's, der im englischen Hause der
Gemeinen geäußert hatte, daß durch den Ashburton'schen Vertrag
England nur das Durchsuchungsrecht, nicht das Besuchs=
recht aufgegeben habe, so daß also britische Kreuzer das Recht hät=
ten, Schiffe unter amerikanischer Flagge anzuhalten und zu unter=
suchen, ob sie diese Flagge mit Recht führten. Der Präsident
erkannte dieses Recht blos da an, wo Verdacht des Seeraubs vor=
handen sei; sonst aber sei keine Nation in Friedenszeiten berech=
tigt, Schiffe einer anderen Nation auf hoher See, außerhalb der
Grenzen ihrer Territorialgerichtsbarkeit, unter irgend einem Vor=
wand anzuhalten.

„Ich betrachte," erklärt der Präsident, „den Artikel 8 des Vertrags
als jeden möglichen Beweggrund ausschließend, unsere Fahrzeuge
an der afrikanischen Küste unter dem Vorwand bloßer Nothwendig=
keit und angeblichen Mißbrauchs unserer Flagge durch fremde Skla=
venhändler anzuhalten. Wir haben die Sorge über uns genommen,
solche Mißbräuche zu verhindern, indem wir uns verpflichten, eine
bewaffnete Macht zu stellen, wie sie beide Theile als zur Erreichung
des Zwecks genügend betrachten. Unsere Regierung hat den Willen
und die Macht, diesen Zweck zu erreichen; im Nothfall wird sie sich
nicht mit einer Flotille von achtzig Kanonen begnügen, sondern eher,
als daß sie einer fremden Regierung es überließe, ihre Gesetze zu
vollziehen und ihre Verbindlichkeiten für sie zu erfüllen, deren
dringendste der Schutz ihrer Flagge gegen Mißbräuche sowohl, als
gegen Beleidigungen ist, würde sie ihre ganze Seemacht aufbieten."

Im März wurde dieser Congreß geschlossen, ohne übrigens die
gehoffte Aenderung des Tarifsatzes herbeigeführt, oder überhaupt
etwas Wesentliches für das Volk gethan zu haben. Nichtsdestowe=
niger gingen die Geschäfte, wenn auch langsam, doch sicher fort, und
auch die Banken erholten sich nach und nach von der Krisis, die ihnen

Verderben gedroht; die Manufacturen und Fabriken blühten auf, der Ackerbau stieg durch den billigen Länderkauf zu einer am Ende des vorigen Jahres kaum gehofften Höhe.

Ein eignes Unglück trug sich am 28. Februar 1844 auf dem Dampfschiff „Princeton" zu, wo mit einem Schlage der Präsident wie das ganze amerikanische Cabinet hätten vernichtet werden kön= nen. Capitän Stockton, der Befehlshaber des prachtvollen Dampf= schiffes „Princeton," hatte nämlich eine sehr bedeutende Gesellschaft von Herren und Damen, und darunter den Präsidenten Tyler mit Familie, wie die Cabinetsminister und die auswärtigen Gesandten, desgleichen eine Anzahl von Mitgliedern des Senats und des Re= präsentantenhauses zu einer Spazierfahrt auf seinem Boot einge= laden. Eine Riesenkanone, die eine 230 Pfund schwere Kugel schoß, wurde unterwegs mehrere Mal abgefeuert, sprang aber zuletzt, als sich der größte Theil der Passagiere schon wieder in die Cajüte zurück= gezogen hatte, tödtete A. P. Upshur, den Minister des Auswärtigen, Gilmer, den Marineminister, und mehrere der anderen Herren augen= blicklich und verwundete eine große Anzahl der Uebrigen — unter ihnen auch den Capitän.

Später wurde Calhoun das Ministerium des Auswärtigen und J. Warrington das Ministerium der Marine an der Stelle der Verunglückten übertragen.

Ende Januars 1844 belief sich die Einwohnerzahl der Verei= nigten Staaten auf 18,980,650 Seelen, worunter nicht weniger als 4,886,632 Deutsche.

Am 1. März bestätigte der Senat den Beschluß des Repräsentan= tenhauses, wodurch die bisherigen Territorien Jowa und Flo= rida als Staaten in die Union aufgenommen wurden. Neger= sklaverei ist, nach dem früher gegebenen Gesetz, das dieselbe nur bis zu einem gewissen Breitengrad der Union gestattet, in Jowa nicht, in Florida jedoch, wie bisher, erlaubt.

Ernste Aufstände fanden im Frühjahr 1844 in Philadelphia statt. Sie entstanden aus der Eifersucht eingeborner amerikanischer Pro= testanten gegen die fremde römisch=katholische Bevölkerung, welche die Controle über die Volksschulen an sich zu reißen trachtete und die bestehenden Schulgesetze zu Gunsten des Gebrauchs der Bibel in

den Schulen zu verändern strebten. Dreißig Wohnhäuser, ein Bet=
haus und drei Kirchen wurden niedergebrannt. Vierzehn Personen
wurden getödtet und vierzig verwundet. Erst am dritten Tage und
nachdem das Militär mit Kanonen in den Straßen aufgestellt wor=
den war, wurde die Ordnung wieder hergestellt. Aber schon am
7. Juni erneuerten sich diese bedauerlichen Scenen. Der Gouver=
neur ließ 5000 Mann Land=Miliz in die Stadt einrücken, welche
indeß nicht verhindern konnten, daß auch diesmal fünfzig Personen
entweder getödtet oder verwundet wurden.

Rhode=Island war im Jahre vorher (1843) der Schauplatz eines
Versuches gewesen, die bestehende Regierung umzustoßen. Die
„Wahlpartei," durch welche der Versuch gemacht wurde, betrachtete
allerdings die Sache aus einem ganz anderen Gesichtspunkte. Sie
machte durch eine ungesetzliche Versammlung eine Constitution für
den Staat, und erwählte einen Gouverneur — Dorr — und Mit=
glieder für die Legislatur. Ihre Gegner, die „Gesetz= und Ordnungs=
Partei" genannt, handelten im Einverständniß mit den bestehenden
Autoritäten, erwählten Staatsbeamte und machten King zum Gou=
verneur. Am 18. Mai 1843 setzte sich Dorr mit einer bewaffneten
Menge in Besitz des Staats=Arsenals. Gouverneur King erschien
indeß an der Spitze einer Militärmacht, und Dorr entfloh, nachdem
verschiedene Personen arretirt worden waren. Dorr erschien aber
einige Zeit darauf mit 200—300 Mann wieder zu Chepachet, welche
sich beim Heranrücken einer überlegenen Regierungsmacht zerstreuten.
Dorr kehrte später nochmals zurück, wurde aber gefangen und vor
Gericht gestellt, des Hochverraths überführt und ins Staatsgefäng=
niß gesperrt, aus dem er 1845 entlassen wurde.

Eine beunruhigende anarchische Störung entstand durch die Anti=
renters im Staate New York. Unter der holländischen Regierung
hatten einige Ansiedler bedeutende Strecken Landes empfangen, unter
denen das von Van Rensselaer, bestehend aus den größeren Theilen
der Albany und Rensselaer Counties, das bedeutendste war. Dieses
Land war in kleine Farmen eingetheilt, und für geringen Pacht, der
in einer gewissen Quantität Korn, Hühnern ꝛc. zu bezahlen war, an
Farmer und deren Nachkommen für immer gegeben worden. Im Laufe
der Zeit begannen die Pächter diese Bedingungen als unrepublika=

nisch und als den Ueberrest einer feudalen Tyrannei zu betrachten.
Im Sommer 1844 brachen die Feindseligkeiten mit großer Heftigkeit
im Rensselaer und Columbia County aus. Weit verzweigte Verbin=
dungen wurden von den Antirenters gebildet, um dem Gesetz Wi=
derstand zu leisten. In Indianer verkleidete, bewaffnete und berit=
tene Banden durchzogen das Land, und zwangen die Reisenden,
die ihnen in die Hände fielen, unter Androhung von Thätlichkeiten
„Nieder mit dem Rent" zu rufen. Sie erbrachen Häuser, entführten
friedliche Männer, theerten und federten sie. Mehrere Personen
wurden getödtet, unter anderen auch der Deputy=Sheriff Steele.
Unterdessen wurde Silas Wright zum Gouverneur des Staates er=
wählt, durch dessen kluge Maßregeln die öffentliche Ruhe wieder her=
gestellt wurde. Er proklamirte am 27. August 1844 im Delaware
County das Aufruhrgesetz, machte muthige Männer zu Sheriffs und
gab ihnen hinreichende militärische Hülfe. Die Hauptführer der
Antirenters wurden gefangen, gerichtet und eingesperrt, die Mörder
Steele's zum Tode verurtheilt, das Urtheil aber in ewige Gefangen=
schaft umgeändert.

Eine der außerordentlichsten Betrügereien des Jahrhunderts ist
der sogenannte Mormonismus. Sein Stifter Joseph Smith war
ein unbekannter, ungebildeter Mensch aus den Neu=Englandstaaten.
Unter der Vorgebung einer besonderen Offenbarung verfertigte er
wie Mahomed die Stereotypplatten des Buches der Mormonen, und
überredete Viele, daß er der von Gott inspirirte Erfinder einer neuen
Religion sei, welche seinen Bekennern dasselbe Uebergewicht über alle
anderen Völker geben würde, das die Juden über die Heiden besessen
hätten. Seine Gesetze sind jetzt noch nicht völlig bekannt, aber es ist
außer Zweifel, daß sie viele Verbrechen zulassen. Es fanden sich in=
deß eine Anzahl Personen beiderlei Geschlechts, die sich von diesem
Betrüger täuschen ließen und ihr Eigenthum zum allgemeinen Fond
hergaben. Bei ihrer Ankunft in Missouri — 1838 — zählten sie
5000 Personen, unter denen sich 700 bewaffnete Männer befanden.
Man beschuldigte sie bald verschiedener Verbrechen, unter anderen
eines Mordversuchs gegen Gouverneur Boggs, und sie wurden des=
halb durch eine Militärmacht unter General Atkinson vertrieben.
Sie kauften jetzt eine große Strecke Landes in Illinois, an dem öst=

lichen Ufer des Mississippi, und bauten dort auf einem schönen Hügel
„Nauvoo", mit einem prächtigen Tempel in Mitte ihrer Wohnhäuser.
Todtschläge und Räubereien sollen in ihrer Nachbarschaft häufig vor=
gekommen sein, die ihnen die sie umgebende Bevölkerung feindlich
gesinnt machten.   Der Prophet Joseph Smith und sein Bruder
wurden vom Gouverneur Ford in Haft genommen und ins Gefäng=
niß zu Karthago gesetzt. Ungefähr 100 verkleidete Männer erbrachen
das Gefängniß und ermordeten sie am 7. Juli 1844.   Im Jahre
1845 gestaltete sich die Stimmung ihrer Nachbarn so feindlich, daß
sie ihre Besitzung in Illinois verkauften und ihre Stadt, welche nicht
weniger als 10,000 Einwohner enthielt, verließen und sich nach den
Regionen der Felsengebirge wendeten.   Die Mormonen befinden sich
jetzt in dem großen Thale Ober=Californiens am Salzsee.

Von besonderer Wichtigkeit war aber jetzt die Texas=Bill, den An=
schluß an die Union betreffend, wie sie dem Senate vom Hause der
Repräsentanten vorgelegt, bestätigt und vom scheidenden Präsidenten
Tyler unterzeichnet wurde.   Die Bill lautete folgendermaßen:

Art. 1.   Das in der Republik Texas befaßte und von Rechts=
wegen dazu gehörige Gebiet darf zu einem neuen Staat errichtet
werden, unter dem Namen „Staat Texas," mit republikanischer Re=
gierungsform, wie sie das durch Deputirte im Convent versammelte
Volk besagter Republik unter Beistimmung der bestehenden Regie=
rung annehmen mag, damit dieselbe als eine der Staaten der Union
aufgenommen werde.

Art. 2.   Und wird weiter beschlossen, daß vorstehende Zustimmung
des Congresses ertheilt werde unter folgenden Bedingungen und
Bürgschaften, als:

a) Bei der Bildung besagten Staats sind alle Grenzfragen,
die sich, anderen Staaten gegenüber, ergeben mögen, den Anord=
nungen der Regierung zu Washington zu unterstellen, und die
Verfassung von Texas, sammt der gehörigen Bescheinigung ihrer
Annahme durch das texanische Volk, soll an den Präsidenten der
Vereinigten Staaten übermacht werden, der sie dem Congreß
zur definitiven Feststellung bis spätestens 1. Januar 1846 vorle=
gen wird.

James K. Polk.

(Seite 303.)

b) Bestimmt die einzelnen verfassungsmäßigen Bedingungen der Aufnahme.

c) Gestattet, daß später aus Texas selber und mit dessen Be= willigung gebildete neue Staaten, wenn sie dem darüber durch die Constitution erlassenen Gesetz genügen, aufgenommen wer= den, und es von ihrer eignen Bestimmung abhängen soll, ob sie Sklaverei oder keine Sklaverei haben sollen.

Art. 3. Ermächtigt den Präsidenten, vorläufig die Aufnahme des Staates in die Union zu bewerkstelligen, und weist, zur Bestrei= tung der Kosten für Missionen und Unterhandlungen, 100,000 Dollars an.

Zum nächsten Präsidenten der Vereinigten Staaten war, nach ge= waltigem Wahlkampf, der Candidat der Demokraten, James K. Polk, ernannt worden, und derselbe erließ am 4. März 1845 seine An= trittsbotschaft, in welcher er sich nicht allein entschieden günstig für den Anschluß von Texas, sondern auch für die Besetzung des Ore= gongebietes erklärte. In Bezug auf den Tarif sprach er sich dahin aus, daß ihm die Staatsrevenüen als erste, der Zollschutz für ein= zelne Interessen aber nur als secundäre Rücksicht gelten würde.

Der mexikanische Gesandte erließ hierauf am 8. März einen energischen Protest gegen die Einverleibung von Texas, erklärte seine politischen Functionen für beendigt und verlangte seine Pässe. Auch die mexikanische Regierung richtete am 28. März eine diplomatische Note an Shannon, den amerikanischen Gesandten in Mexiko, worin sie sagt:

„Nichts ist mehr zu beklagen, als daß freie und republikanische Nationen, nahe Nachbarn und würdig einer brüderlichen Einigkeit, gegründet auf wechselseitige Interessen und auf gemeinsame Beobach= tung eines edlen und redlichen Verfahrens, nun ihre Verbindung wegen eines Ereignisses abbrechen, das Mexiko abzuwenden bestrebt war, das aber die Vereinigten Staaten vollendet haben, und das eben so beleidigend gegen jenes, als des guten Rufs der Union un= würdig ist. Der Unterzeichnete erneuert gegen Se. Excellenz W. Shannon Esq. die ihm früher zugesandte Verwahrung gegen jene Einverleibung, hinzufügend, daß die mexikanische Regierung sich ihr mit aller der Kraft widersetzen wird, die ihrer Ehre und Souve=

rainetät zukommt, und daß seine Regierung aufrichtig wünscht, die
der Vereinigten Staaten möchte die Erwägung der Ehre und Ge=
rechtigkeit mehr berücksichtigen, als die einer Gebietsvergrößerung
auf Kosten einer befreundeten Republik, welche, inmitten ihrer Miß=
geschicke, sich einen unbefleckten und guten Namen zu erhalten und
dadurch den Rang zu verdienen wünscht, der ihr vom Geschick be=
stimmt ist. Unterzeichneter versichert übrigens Se. Excellenz seiner
vollkommnen Hochachtung u. s. w. Luis G. Cuevas."

Die beigelegte Protestation, die derselbe Minister den Gesandten
Englands, Frankreichs und Spaniens zufertigte, spricht sich über die
Ungerechtigkeit des Verfahrens der Vereinigten Staaten aus, welche
in der Geschichte civilisirter Staaten ohne Beispiel dastehe, und
schließt mit den Worten:

„Mexiko wird seine Macht und seine Hilfsmittel aufbieten, um
den Anschluß von Texas an die nordamerikanische Union zu verhin=
dern, und auf unser gutes Recht vertrauend, hoffen wir, was auch
daraus entstehen möge, unsere Ehre zu wahren, welche wir in dieser
ernsten Frage um jeden Preis vertheidigen müssen."

Die ganze damalige Kriegsmarine der Vereinigten Staaten be=
stand aus folgenden Schiffen:

11 Linienschiffe: Pennsylvania, 120 Kanonen; Ohio, 80;
North Carolina, 80; Delaware, 80; Alabama, 80;
Vermont, 80; Virginia, 80; New York, 80; Franklin,
74; Washington, 74; Columbus, 74. — Ferner 17 Fre=
gatten: Independence, 54; United States, 44; Consti=
tution, 44; Potomac, 44; Brandywine, 44; Jowa, 44;
Hudson 44; Santee, 44; Cumberland, 44; Columbia,
44; St. Lawrence, 44; Sabine, 44; Guerriere, 44;
Savannah, 44; Raritan, 44; Constellation, 36; Ma=
cedonian, 36. Ferner 34 Corvetten, Brigs oder Schooner von
30 bis zu 6 Kanonen herab; dann 4 Dampfboote: Princeton
und Mississippi, von je 500 Pferdekraft, mit 10 und 12 großen
Kanonen; Fulton, von 220facher, Poinset, von 120facher
Pferdekraft. Von den genannten Linienschiffen waren aber damals
noch die Alabama, Vermont, Virginia und New York,
und eben so 6 Fregatten erst im Bau begriffen, so daß im Fall eines

Krieges nur 7 Linienschiffe und 11 Fregatten augenblicklich zur Ver=
fügung standen.

Im Jahre 1846 wurde Wisconsin als dreißigster Staat in die
Union aufgenommen.

Die Regierung schloß auch einen Vertrag mit den Winnebagoes
Indianern, kraft dessen dieser Stamm alles jetzt von ihm bewohnte
Land — gegen 1½ Millionen Morgen — und dazu weitere 2 bis 3
Millionen Acker, auf welche er bis jetzt das Jagdrecht ansprach, ab=
trat. Durch diesen und einen im Frühjahr mit den Pottawatomies
geschlossenen Vertrag sind alle Rechtstitel der Indianer auf Lände=
reien in dem neuen Staat Iowa erloschen. Die Indianer hatten
das Gebiet binnen Jahresfrist zu räumen, um westwärts vom Mis=
sissippi die ihnen angewiesene neue Heimath zu beziehen. Von der
stipulirten Kaufsumme wird vertragsmäßig ein sehr beträchtlicher
Theil, unter Oberaufsicht des Präsidenten, auf den Unterricht der
Indianer in den Künsten des civilisirten Lebens verwendet; ein an=
derer beträchtlicher Theil der Summe bleibt aber 30 Jahre lang,
mit fünf Procent, in den Händen der Regierung und wird für die
Winnebagoes als Sparpfennig verwaltet.

Wir kommen nun zu dem Zeitpunkt, wo die Feindseligkeiten mit
Mexiko einen immer ernsteren Charakter annahmen, und schon ein
Heer an den Rio Grande gesandt wurde, um den Forderungen Ame=
rika's Nachdruck geben und im schlimmsten Fall den Krieg beginnen
zu können.

Die Vereinigten Staaten hatten, wie erwähnt, die Aufnahme von
Texas in den Bund der Union angenommen, und dadurch eigentlich
nur den zweiten Schritt nach der schon früher erfolgten Anerken=
nung der Republik Texas gethan. Nicht aber daher allein rührte
die Feindseligkeit zwischen den beiden Schwesterrepubliken, sondern
sie kam dadurch nur zum schon lange gedrohten Ausbruch.

Es läßt sich wohl kaum verkennen, daß Amerika, und besonders
der südliche Theil der Union, aus allen Kräften dahin wirkte, den
Anschluß an Texas herbeizuführen, da er auf diese Weise namentlich
gegen die nördlichen Staaten gekräftigt wurde und mit Texas und
Californien eher das Gleichgewicht halten konnte, wenn die nicht
sklavenhaltenden Staaten Oregon erst besiedelt oder gar — ein in

26*

Amerika keineswegs für unmöglich gehaltener Fall — Canada mit in ihre Verbindung gezogen hätten. Zugleich hielt Amerika, und mit Recht, ſein Augenmerk auf den ſtillen Ocean gerichtet; die Regierung ſandte eine Flotte, unter Commodore Sloat, und eine Landexpedition, unter dem Oberſten Kearny und dem Capitän Fremont, mit Dragonern dorthin, die weiten, faſt noch unbekannten Landſtrecken Oregons und Obercaliforniens zu erforſchen und vielleicht auch durch ſolchen Zug die Geſinnung der dortigen Bewohner kennen zu lernen.

Daß der Beſitz des ſtillen Meeres für die Vereinigten Staaten von ungeheurer Wichtigkeit ſein mußte, läßt ſich nicht verkennen. Der Handel mit China, Japan, Auſtralien, den Südſeeinſeln und dem indiſchen Archipel konnte nur von hier aus mit Erfolg geſichert werden, und die Engländer thaten ſchon ihr Möglichſtes, diejenigen Beſitzungen zu erwerben, wo ſie dem amerikaniſchen Handel in ſpäterer Zeit am empfindlichſten geſchadet haben würden. Allerdings hatte ſich die Union durch den abgeſchloſſenen Oregonvertrag, welcher ihr wohl den Columbia=Strom ſicherte, aber ihre Grenzen nach Norden zu ſehr beſchränkte, einen ſehr günſtig gelegenen Küſtenſtrich geſichert; wer aber ſtand ihr dafür, daß die unmächtige, fortwährenden Spaltungen unterworfene mexikaniſche Regierung nicht über kurz oder lang mit England in Feindſeligkeit gerieth und dadurch dieſem die ſicher augenblicklich benutzte Gelegenheit geboten hätte, Californien zu beſetzen, oder dieſes gar durch irgend einen Vertrag ſich abtreten zu laſſen? Dann wären ſie an den Ufern der Südſee von den Engländern förmlich eingeſchloſſen, überwacht und beſchränkt geweſen, und einem ſolchen Falle glaubte die Regierung der Union ſchon „aus Pflicht gegen die Bürger ihrer Staaten" vorbeugen zu müſſen, welche dadurch in ihrem Rechte geſchmälert würden.

England kann auch darin Amerika nicht den geringſten Vorwurf machen, denn das iſt gerade das Princip, welches es ſelber ſeit langen Zeiten ſchon verfolgt und wodurch es faſt in allen Welttheilen ſich nach und nach in Beſitze und Eigenthumsrechte hineingedrängt hat. Im Anfang waren es immer nur einzelne, anſcheinend oder wirklich ganz aus eigenem Antriebe ausgewanderte Individuen, die ſich an irgend einem gutgelegenen Küſtenpunkte, Hafenplatz oder an der

Mündung eines Fluſſes niederließen; dieſen folgten mehrere, eine
Anſiedelung entſtand und England ſah ſich plötzlich — manchmal
ſogar gegen frühere Verträge, wie z. B. auf Borneo — genöthigt,
einen engliſchen Regierungsſitz dort anzulegen, natürlich nur des=
halb, um ſeine Unterthanen gegen Eingriffe der „Nachbarn" zu
ſchützen. Einer Niederlaſſung ſchloſſen ſich dann mehrere an, und
die Fremden ſprachen plötzlich von Rechten, wo ſie vor kurzer Zeit
nur erſt Schutz beanſprucht hatten.

Ob ein ſolches Verfahren gebilligt werden kann, will ich dahin=
geſtellt ſein laſſen; jedenfalls fußt es auf dem Rechte des Stärkeren
und dieſes iſt ja von jeher mit dem Rechte der Entdecker feſt und
innig verwebt geweſen.

Vorher aber, ehe Amerika, ſei es aus welchen Gründen immer,
Obercalifornien nach und nach beſiedelte, ja halb und halb ſchon in
Beſchlag genommen, hatte es Anſprüche auf mexikaniſche Entſchädi=
gungen gehabt, welche beſſer gegründet waren, als ſeine Anſprüche
auf mexikaniſche Territorien.

Viele Jahre ſchon vor dem Beginne des mexikaniſchen Krieges
hatten mehrere unglückliche Urſachen eine wirkliche und vollſtändige
Freundſchaft zwiſchen Mexiko und den Vereinigten Staaten verhin=
dert. Die mehrfachen Revolutionen, welche die ſüdliche Republik
ſeit ihrem Entſtehen zerriſſen hatten, wie die Thatſache, daß die An=
ſichten und die Politik jedes der wechſelnden Regierenden beinahe
ſtets mit den Anſichten und der Politik ſeines Vorgängers im voll=
kommenſten Widerſpruche ſtand, machen es für ein Nachbarreich,
welches ſich in ſeinen Grundſätzen treu blieb, unmöglich, eine ſtete
und ſichere Freundſchaft einzuhalten. Der Krieg mit Spanien hatte
dabei den mexikaniſchen Staatsſchatz erſchöpft, und es wurde nöthig,
dieſen durch außerordentliche Mittel wieder zu füllen. Die raſch
nach einander ans Ruder ſtürmenden Präſidenten verſtanden eben=
falls wenig vom Völkerrecht, oder kehrten ſich, wenn ſie es wirklich
verſtanden, noch viel weniger daran. Wo ſich ihnen daher die Ge=
legenheit bot, benützten ſie dieſelbe, Geld durch Conſiscation von
Eigenthum oder durch ſonſtige Preßmittel zu erhalten, und dehnten
dieſe Gewaltmaßregeln endlich auch auf ſolche Fremde und Fahr=
zeuge aus, die nicht unter ihrer Botmäßigkeit ſtanden.

Die Schiffe der Vereinigten Staaten, welche bei ihrer Lage und Nachbarſchaft ſehr natürlich mit dem merikaniſchen Handel am meiſten beſchäftigt waren, ſahen ſich ſolchen Bedrückungen immer mehr und mehr ausgeſetzt, während die Regierung ſelber umſonſt Entſchädigung und Schutz für erlittene und zukünftige Unbill verlangte. Doch hierüber führe ich beſſer die ſich hierauf beziehende Stelle aus der Botſchaft des Präſidenten Polk an, welcher ſich, zur Motivirung des damals ſchon begonnenen Krieges, über die einzelnen Urſachen ausſprach, die den erſten und wichtigſten Anlaß dazu gegeben hatten.

„Der gegenwärtige Krieg," ſagt er darin, „ward von den Vereinigten Staaten weder gewünſcht, noch hervorgerufen; im Gegentheil wurden alle ehrenhaften Mittel angewandt, um ihn zu vermeiden. Nachdem wir unſererſeits Jahre lang geſteigerte und nicht wieder gutgemachte Beleidigungen erbuldet, hat Mexiko, mit Verletzung heiliger Verträge und jedes, von den civiliſirten Völkern anerkannten Grundſatzes der Gerechtigkeit, die Feindſeligkeiten begonnen und durch ſein eigenes Handeln uns zum Kriege gezwungen. Lange vor dem Vorrücken unſeres Heeres an das linke Ufer des Rio Grande hatten wir hinlänglichen Grund zum Kriege mit Mexiko, und wären die Vereinigten Staaten ſchon früher zum Aeußerſten geſchritten, ſo würden ſie für die Gerechtigkeit ihrer Sache an die ganze civiliſirte Welt haben appelliren können."

„Ich halte es für meine Pflicht, Ihnen bei der jetzigen Gelegenheit eine gedrängte Ueberſicht der Beleidigungen, welche wir erlitten haben, der Urſachen, welche zum Kriege führten, und der Fortſchritte, welche derſelbe ſeit ſeinem Beginnen gemacht, vorzulegen. Dies iſt auch beſonders der Mißverſtändniſſe wegen um ſo nothwendiger, welche in gewiſſem Maße über ſeinen Urſprung und wahren Charakter obgewaltet haben. Der Krieg iſt dargeſtellt worden als ungerecht und unnöthig, und als ſei er unſererſeits ein Angriff auf einen ſchwachen und beleidigten Feind. Solche irrige Anſichten, obgleich nur Wenige ſie hegten, ſind weit und breit in Umlauf geſetzt, nicht nur hier im Lande, ſondern auch in Mexiko und in der ganzen Welt, und man hätte kein wirkſameres Mittel finden können, um den Feind zu ermuthigen und den Krieg in die Länge zu ziehen."

„Die Nation kann ſtolz darauf ſein und ſich freuen, daß die große

Maſſe unſeres Volkes der Regierung bei der erfolgreichen Fortfüh=
rung des Krieges keine ſolche Hinderniſſe in den Weg legte, ſondern
ſich höchſt patriotiſch und bereit erwies, ihres Vaterlandes Ehre und
Intereſſe mit jedem Opfer zu vertheidigen. Die Freudigkeit und
Schnelle, mit welcher unſere Freiwilligen auf des Vaterlandes Ruf
ins Feld eilten, beweiſt nicht nur ihren Patriotismus, ſondern auch
ihre feſte Ueberzeugung, daß unſere Sache gerecht ſei."

„Das Unrecht, welches wir von Mexiko faſt ſo lange, als es eine
unabhängige Macht war, erfuhren, und die Geduld, mit der wir es
ertrugen, iſt ohne Beiſpiel in der Geſchichte der civiliſirten Völker.
Es iſt freilich Grund, anzunehmen, daß durch die Beſtrafung und
Abwehr des erſten Unrechts der gegenwärtige Krieg hätte vermie=
den werden können, aber die Ungeſtraftheit einer Beleidigung er=
muthigt faſt nothwendig zur anderen, bis Mexiko zuletzt unſere
Nachſicht einer Schwäche und Unentſchloſſenheit zuzuſchreiben ſchien,
während ſie nur aus unſerer Großmuth und dem aufrichtigen
Wunſch, die freundſchaftlichen Beziehungen mit einer Schweſter=
republik zu erhalten, hervorging."

„Kaum hatte Mexiko ſeine Unabhängigkeit erlangt, welche die
Vereinigten Staaten von allen Völkern zuerſt anerkannten, ſo be=
gann es das Syſtem der Beleidigung und Beraubung, welches es
ſeitdem immer fortgeſetzt hat. Unſere in geſetzmäßigem Handel be=
griffenen Bürger wurden eingekerkert, ihre Schiffe in Beſchlag genom=
men und unſere Flagge in den mexikaniſchen Häfen inſultirt.
Brauchte man Geld, ſo war die Beſchlagnahme unſerer Kauffahrtei=
ſchiffe und ihrer Frachten eine gelegene Hilfsquelle, und mußte man
dazu ihre Eigenthümer, Capitäne und Mannſchaften einkerkern, ſo
geſchah es. Raſch wechſelten in Mexiko die Herrſcher; aber das
Raubſyſtem blieb. Auf die Beſchwerden der Vereinigten=Staaten=
Regierung antwortete man mit neuen Gewaltthaten; die feierlich=
ſten Verſprechungen der Abhilfe wurden von Mexiko verſchoben
oder umgangen. Die Archive des Staatsdepartements enthalten
ſprechende Beweiſe zahlreicher Ungeſetzlichkeiten, welche von Mexiko
gegen Eigenthum und Perſonen unſerer Bürger verübt wurden, und
von muthwilligen Beleidigungen unſerer Flagge. Das Einſchreiten
unſerer Regierung, um Genugthuung zu erhalten wurde einmal

über das andere angesprochen unter Umständen, welche keine Nation
mißachten darf."

„Nach dem am 5. April 1831 zwischen beiden Republiken abge=
schlossenen Freundschafts=, Handels= und Schifffahrtsvertrag durfte
man hoffen, daß die Verletzungen aufhören würden und daß Mexiko
durch die Gesetze, welche das Betragen civilisirter Nationen in ihrem
Verkehre mit einander reguliren, in Schranken gehalten werden
würde; aber diese Hoffnung erwieß sich bald als eitel. Das vor je=
ner Zeit stattgefundene Verfahren Mexiko's, das Eigenthum unserer
Bürger in Beschlag zu nehmen und zu confisciren, ihre Personen zu
verletzen und unsere Flagge zu beleidigen, wurde kaum eine kurze
Weile aufgegeben, obgleich der Tractat die Rechte und Pflichten der
respectiven Parteien so klar definirt, daß es unmöglich ist, sie mißzu=
verstehen oder sich darin zu irren. In weniger als sieben Jahren
nach Abschluß jenes Vertrages waren die erlittenen Kränkungen so
unerträglich geworden, daß sie nach des Präsidenten Jackson's
Ansicht nicht mehr geduldet werden konnten. In seiner Botschaft
vom Februar 1837 legte er sie der Beachtung des Congresses vor
und erklärte, daß „„die Länge der Zeit, seitdem einige dieser Beleidi=
gungen begangen, die wiederholten und erfolglosen Beschwerden, der
muthwillige Charakter vieler dieser Gewaltthätigkeiten gegen das
Eigenthum und die Personen unserer Bürger, gegen die Beamten
und die Flagge der Vereinigten Staaten, unabhängig von den neuen
Beleidigungen der Regierung und des Volkes durch den außeror=
dentlichen mexikanischen Gesandten, in den Augen aller Völker einen
unmittelbaren Krieg rechtfertigen würden."" Im Geiste der Güte
und Nachsicht empfahl er indeß Repressalien als mildere Form der
Genugthuung. Er erklärte, daß der Krieg, „„wenn derselbe mit Ehre
vermieden werden könnte, von einer gerechten, edelmüthigen Nation,
welche auf ihre Stärke vertraue, wegen geschehener Beleidigungen
nicht als Hilfsmittel gebraucht werden sollte,"" und er fügt hinzu:
„„bei Betrachtung der gegenwärtigen verwickelten Lage jenes Landes
ist mir der Gedanke aufgestiegen, daß wir sowohl mit Weisheit als
mit Mäßigung handeln würden, wenn wir Mexiko noch einmal Ge=
legenheit gäben, das Vergangene zu sühnen, ehe wir uns selbst zu
unserem Rechte verhelfen. Sowohl um jede irrige Meinung von

Seiten Mexiko's zu vermeiden, als auch um unseren eigenen nationalen Charakter vor Tadel zu schützen, sollte diese Gelegenheit mit
der erklärten Absicht und vollständiger Vorbereitung geboten werden,
um alsbald Genugthuung zu nehmen, wenn dieselbe nicht auf die
wiederholte Aufforderung gegeben wird. Zu diesem Ende empfehle
ich, daß eine Acte erlassen werde, welche zu Repressalien autorisirt
und der vollziehenden Gewalt die Kriegsmarine der Vereinigten
Staaten gegen Mexiko zur Verfügung stellt, um sie in Ausführung
zu bringen, im Fall die merikanische Regierung nach nochmaliger
vom Bord eines unserer Kriegsschiffe an der merikanischen Küste er-
lassener Aufforderung sich weigert, die streitigen Angelegenheiten mit
uns freundschaftlich zu ordnen.'"

„Die Comite's beider Häuser des Congresses, denen diese Botschaft
des Präsidenten überwiesen wurde, stimmten seiner Meinung hinsichtlich des von Mexiko erlittenen Unrechts vollkommen bei und empfahlen, daß eine nochmalige Aufforderung zur Abhilfe der Beschwerden geschehe, ehe man zu Krieg oder Repressalien autorisire. Das
Comite des Senats für die auswärtigen Angelegenheiten sagt in
seinem Berichte: „„Sollte nach solcher Aufforderung die merikanische
Regierung schnelle Gerechtigkeit verweigern, so können wir an alle
Nationen nicht nur wegen der Billigkeit und Mäßigung, mit welcher
wir gegen eine Schwesterrepublik handelten, sondern auch wegen der
Nothwendigkeit, welche uns zwang, Abhilfe wegen des erlittenen
Unrechts entweder durch wirklichen Krieg oder durch Repressalien zu
suchen, appelliren. Die Sache wird dann dem Congresse beim Beginn der nächsten Sitzung in klarer, deutlicher Form vorgelegt werden; und das Comite zweifelt nicht, daß man dann sogleich diejenigen Maßregeln treffen wird, welche nöthig sein mögen, um die
Ehre unseres Landes zu vertheidigen und unseren verletzten Bürgern
vollkommene Entschädigung zu sichern."'"

„Das Comite für die auswärtigen Angelegenheiten im Hause der
Repräsentanten gab ein gleiches Gutachten ab. In seinem Berichte
sagte dasselbe, daß es „„vollkommen der Meinung des Präsidenten
beistimme, daß hinreichende Ursache vorhanden sei, uns selbst Recht
zu schaffen, und daß es glaube, wir würden in der Meinung anderer
Nationen gerechtfertigt sein, diesen Schritt zu thun; daß es aber

bereit ſei, nochmals einen Verſuch mit einer in der feierlichſten Form
an die Gerechtigkeit der merikaniſchen Regierung gerichteten Auffor=
derung zu machen, ehe weitere Maßregeln ergriffen würden.""

„Damals herrſchte, wie man glaubte, über dieſen Punkt im Con=
greß keine Meinungsverſchiedenheit. Die ausübenden und geſetz=
gebenden Zweige ſtimmten überein. Dennoch war unſere Nachſicht
und der Wunſch, den Frieden mit Mexiko zu erhalten, ſo groß, daß
die Beleidigungen, über die wir uns damals beklagten, und welche
zu jenen feierlichen Verhandlungen Anlaß gaben, nicht allein bis
auf den heutigen Tag ungeſühnt blieben, ſondern neue, ernſtere Be=
ſchwerden ſich ſeitdem anhäuften."

„Bald nach jenen Verhandlungen ging ein Specialbotſchafter nach
Mexiko ab, um das letzte Verlangen für Genugthuung zu ſtellen;
dieß geſchah am 20. Juli 1837. Die merikaniſche Antwort, vom
29. deſſelben Monats datirt, enthält Betheuerungen des „„ſehnlichſten
Wunſches"" der Regierung, „„die endliche und billige Erledigung der
zwiſchen den beiden Regierungen obſchwebenden Streitfragen keinen
Augenblick aufzuſchieben;"" daß „„nichts unterlaſſen werden ſolle,
was zur ſchleunigſten und billigſten Abmachung der Angelegenheiten,
welche ſo ernſtlich die Aufmerkſamkeit der amerikaniſchen Regierung
in Anſpruch genommen, beitragen könne;"" daß „„die merikaniſche
Regierung die einfachſten Grundſätze des öffentlichen Rechts — die
heiligen Verpflichtungen, welche das Völkerrecht auferlege, und die
religiöſe Treue gegen Verträge zu ihren einzigen Führern nehmen
wolle;"" und daß „„Alles, was Vernunft und Gerechtigkeit in einem
jeden Falle gebieten möchten, geſchehen werde."" Es wurde ferner
die Verſicherung gegeben, daß die Entſcheidung der merikaniſchen Re=
gierung über jenen Klagepunkt, weswegen Abhilfe verlangt worden
ſei, der Regierung der Vereinigten Staaten durch den merikaniſchen
Miniſter in Waſhington mitgetheilt werden ſolle."

Dieſe feierlichen Verſicherungen, welche auf unſere Forderung um
Abhilfe gegeben worden waren, wurden nicht weiter beachtet. Durch
Ertheilung derſelben hatte jedoch Mexiko ferneren Aufſchub erlangt.
Präſident Van Buren ſagt in ſeiner Jahresbotſchaft an den
Congreß vom 5. December 1837, daß, „„obgleich die größere Zahl""
unſerer Beſchwerden und „„manche derſelben über erſchwerte Fälle

perſönlichen Unrechts jetzt der mexikaniſchen Regierung Jahre lang
vorgelegen hätten, und einige der Urſachen nationaler Klage und
dazu der beleidigendſten Art unverzügliche, einfache und genügende
Antworten zuließen, doch erſt ſeit einigen Tagen eine beſondere Mit=
theilung in Antwort auf unſere letzte, vor fünf Monaten gemachte
Forderung von dem mexikaniſchen Miniſter empfangen worden,""
und daß „„nicht für eine unſerer öffentlichen Beſchwerden Genug=
thuung gegeben oder angeboten ſei; daß nur einer der Fälle perſön=
lichen Unrechts günſtig beurtheilt ſei; daß nur vier Sachen beiderlei
Art von allen denen, welche formell übergeben und auf deren Ab=
machung ernſtlich gedrungen worden, bis jetzt durch die mexikaniſche
Regierung entſchieden worden ſeien."" Präſident Van Buren,
glaubend, daß es vergeblich ſein würde, noch ferner zu verſuchen,
durch die gewöhnlichen Mittel, welche die ausübende Gewalt in
Händen hat, Abhilfe zu erlangen, theilte dieſe Meinung dem Con=
greß in der gedachten Botſchaft mit, in welcher er ſagt: „„Nach einer
ſorgfältigen, bedächtigen Prüfung des Inhalts — der Correſpondenz
mit der mexikaniſchen Regierung — und in Betracht des von der
mexikaniſchen Regierung bewieſenen Geiſtes, iſt es mir zur ſchmerz=
lichen Pflicht geworden, die Sache, wie ſie jetzt ſteht, dem Congreß,
an den ſie gehört, zu übergeben, um über die Zeit, die Art und Weiſe
und die Maßregeln der Abhilfe zu entſcheiden."" Hätten die Verei=
nigten Staaten damals Zwangsmaßregeln ergriffen und ſich ſelbſt
Recht verſchafft, ſo würden alle unſere Schwierigkeiten mit Mexiko
wahrſcheinlich ſchon längſt geordnet und der jetzige Krieg abgewen=
det worden ſein. Großmuth und Mäßigung von unſerer Seite hat=
ten nur die Wirkung, die Schwierigkeiten verwickelter zu machen und
eine freundſchaftliche Abmachung zu erſchweren. Daß ſolche Maß=
regeln zur Abhilfe unter ähnlichen, von irgend einer der mächtigen
europäiſchen Nationen geſchehenen Provocationen von den Verei=
nigten Staaten prompt ergriffen worden wären, kann nicht bezweifelt
werden. Die Nationalehre und die Erhaltung des nationalen Cha=
rakters in der ganzen Welt, ſo wie auch unſere eigene Selbſtachtung
und der unſeren Bürgern ſchuldige Schutz würden jenen Ausweg
unumgänglich nöthig gemacht haben. Die Geſchichte keines civili=
ſirten Volkes der neueren Zeit bietet in einem ſo kurzen Zeitraume

ſo viele muthwillige Angriffe auf die Ehre ſeiner Flagge und auf
das Eigenthum und die Perſonen ſeiner Bürger, als damals die
Vereinigten Staaten von den mexikaniſchen Behörden und dem mexi=
kaniſchen Volke erduldet hatten. Aber Mexiko war eine Schweſter=
republik auf dem nordamerikaniſchen Continente, deren Territorium
an unſeres grenzte, und befand ſich in ſchwachem, verwirrtem Zu=
ſtande; dieſe Rückſichten haben muthmaßlich den Congreß bewogen,
es noch länger mit Nachſicht zu behandeln.“

„Statt uns ſelbſt Recht zu ſchaffen, wurden neue Unterhandlungen
begonnen, mit ſchönen Verſprechungen von Seiten Mexiko's, aber,
wie der Ausgang bewieſen hat, mit dem wirklichen Vorſatze, die Ent=
ſchädigung, welche wir verlangten, und welche uns ſo gerechter Weiſe
zukam, ins Endloſe hinauszuſchieben. Dieſe Unterhandlung endigte,
nachdem ſie länger als ein Jahr gedauert hatte, mit der Convention
vom 11. April 1839, „„zur Ordnung der Anſprüche von Bürgern
der Vereinigten Staaten von Amerika an die Regierung der mexi=
kaniſchen Republik.“‘ Das gemeinſchaftliche Collegium von Com=
miſſären, welches durch dieſe Convention geſchaffen wurde, um die
Anſprüche zu unterſuchen und über dieſelben zu entſcheiden, wurde
erſt im Auguſt 1840 organiſirt, und nach den Stipulationen der
Convention ſollten ſie ihre Arbeit innerhalb achtzehn Monaten von
jener Zeit an beendigen. Vier von den achtzehn Monaten wurden
mit vorläufigen Discuſſionen über geringfügige und hinhaltende,
von den mexikaniſchen Commiſſären vorgebrachte Punkte hingebracht,
und erſt im Monat December 1840 fingen ſie die Unterſuchung der
Forderungen unſerer Bürger an Mexiko an. Es blieben nur vier=
zehn Monate, um jene zahlreichen und complicirten Fälle zu unter=
ſuchen und zu entſcheiden. Im Monat Februar 1842 war die Zeit
der Commiſſion abgelaufen, weshalb viele Forderungen wegen Man=
gels an Zeit unerledigt blieben. Die Forderungen, welche durch
das Collegium und den Schiedsrichter, der durch die Convention
autoriſirt war, bei Meinungsverſchiedenheit zwiſchen den mexikani=
ſchen und amerikaniſchen Commiſſären zu entſcheiden, zugeſtanden
wurden, beliefen ſich auf 2,026,139 Dollars 68 Cents. Als die
Commiſſion ablief, lagen dem Schiedsrichter noch weitere Forderun=
gen zum Belaufe 928,627 Dollars 88 Cents vor, welche von den

amerikaniſchen Commiſſären unterſucht und zugeſprochen, von den
mexikaniſchen Commiſſären aber nicht gutgeheißen waren und über
welche ſie kein Urtheil abgaben, indem ſie als Grund anführten, ihre
Autorität hätte mit dem Ablaufe der gemeinſchaftlichen Commiſſion
aufgehört. Außer jenen Anſprüchen waren noch andere von amerikaniſchen Bürgern da, zur Summe von 3,336,837 Dollars 5 Cents,
welche dem Collegium eingereicht waren, über welche daſſelbe aber
keine Zeit gehabt hatte, vor der endlichen Vertagung zu entſcheiden."

„Die den Reclamanten zuerkannte Summe von 2,026,139 Dollars 68 Cents war eine liquidirte Schuld Mexiko's, über die kein
Streit obwalten konnte und die es nach den Vertragsbeſtimmungen
zu bezahlen verpflichtet war. Bald nachdem die endlichen Urtheile
über dieſen Betrag erfolgt waren, bat die mexikaniſche Regierung um
Aufſchub des Zahlungstermines, indem ſie angab, es würde ihr un-
gelegen ſein, die Zahlung zur feſtgeſetzten Zeit zu leiſten. In der
nachſichtigen Milde gegen eine Schweſterrepublik, welche Mexiko ſo
lange gemißbraucht hatte, gewährten die Vereinigten Staaten bereit-
willig jenes Geſuch. Ein neuer Vertrag wurde daher am 30. Januar 1843 zwiſchen den beiden Regierungen geſchloſſen, welcher im
Eingange erklärt, „„dieſes neue Arrangement ſei zur Bequemlichkeit
Mexiko's eingegangen worden."" Nach den Stipulationen dieſes
Vertrages ſollten die fälligen Zinſen auf die zu Gunſten der Reclamanten, zufolge der Convention vom 11. Auguſt 1839, entſchiedenen
Summen ihnen am 30. April 1843, bezahlt werden, und es wurde
ſtipulirt, daß „„das Capital jener zugeſprochenen Summen nebſt den
auflaufenden Zinſen innerhalb fünf Jahren in gleichmäßigen Raten
alle drei Monate bezahlt werden ſolle."" Ungeachtet dieſe neue Convention auf Mexiko's Geſuch und um ſeiner Verlegenheit abzuhelfen
eingegangen worden war, ſo haben die Reclamanten doch nur die
am 30. April 1843 fälligen Zinſen und drei von den zwanzig Ter-
minzahlungen erhalten. Obgleich die Zahlung der ſolchergeſtalt li-
quidirten und eingeſtandenermaßen von Mexiko an unſere Bürger
als Entſchädigung für anerkannte Gewaltthätigkeiten und Unrecht
ſchuldigen Summen durch Tractat geſichert war, deſſen Verpflichtungen ſtets von allen gerechten Nationen für heilig gehalten wurden,
ſo hat Mexiko doch durch Unterlaſſung und Verweigerung der Zah-

lung dieſe feierliche Verpflichtung verletzt. Die zwei im April und Juli 1844 fälligen Termine ſind, unter den beſonderen damit ver=
knüpften Umſtänden, von den Vereinigten Staaten aufgenommen und an die Reclamanten ausbezahlt worden; aber Mexiko iſt die=
ſelben noch ſchuldig. Aber dies iſt nicht Alles, worüber wir gerechte Urſache zu klagen haben. Um denjenigen Reclamanten, deren Sachen durch die gemeinſchaftliche Commiſſion zufolge der Conven=
tion vom 11. April 1839 nicht entſchieden worden waren, Hilfe zu ſchaffen, wurde es ausdrücklich durch den ſechſten Artikel der Conven=
tion vom 30. Januar 1843 feſtgeſetzt, daß „„eine neue Convention geſchloſſen werden ſolle zur Abmachung aller Anſprüche der Regie=
rung und der Bürger der Vereinigten Staaten an die Republik Mexiko, welche von der früheren Commiſſion, die in der Stadt Waſhington zuſammenkam, nicht völlig entſchieden worden ſeien, und aller Anſprüche der Regierung und Bürger Mexiko's an die Vereinigten Staaten.""

„Dieſer Stipulation gemäß wurde eine dritte Convention ge=
ſchloſſen und in der Stadt Mexiko am 20. November 1843 von den Bevollmächtigten der beiden Regierungen unterzeichnet, durch welche Vorkehrungen zur Conſtatirung und Bezahlung jener Forderungen getroffen wurden. Im Januar 1844 ratificirte der Senat der Ver=
einigten Staaten dieſe Convention mit zwei, augenfällig billigen Amendements. Als man aber die vorgeſchlagenen Amendements der mexikaniſchen Regierung vorlegte, fanden dieſelben Ausflüchte, Schwierigkeiten und Verzögerungen ſtatt, welche ſo lange die Politik jener Regierung gegen die Vereinigten Staaten bezeichneten. Ob=
gleich der Gegenſtand ihrer Berathung dringend anempfohlen wurde, hatte ſie doch ſelbſt jetzt — 8. December 1846 — noch nicht entſchie=
den, ob ſie die Amendements annehme oder nicht."

„Mexiko hat ſo zum zweiten Mal die Treue der Verträge verletzt, indem es unterließ oder ſich weigerte, den 6. Artikel der Convention vom Januar 1843 in Ausführung zu bringen."

„Das iſt die Geſchichte des Unrechts, das wir von Mexiko erlitten und eine ſo lange Reihe von Jahren geduldig ertragen haben. Weit entfernt, daß billige Genugthuung für Beleidigungen und Be=
ſchimpfungen, welche wir erlitten, gegeben worden wäre, liegt eine

große Erſchwerung derſelben in der Thatſache, daß, während die
Vereinigten Staaten — bemüht, das gute Vernehmen mit Mexiko
aufrecht zu erhalten — beſtändig, aber vergebens Erſatz für vergan=
genes Unrecht zu erlangen ſtrebten, fortwährend neue Beleidigungen
vorfielen, welche die Urſache zur Klage vermehrten und den Betrag
unſerer Forderungen ſteigern mußten. Während die Bürger der
Vereinigten Staaten, unter der Garantie eines Freundſchafts=,
Handels= und Schifffahrtstractats, geſetzlichen Handel mit Mexiko
trieben, haben viele derſelben alle Unbill erlitten, welche aus offenem
Kriege entſprungen ſein würde. Dieſer Tractat, ſtatt unſeren Bür=
gern Schutz zu gewähren, hat ſie veranlaßt, die mexikaniſchen Häfen
zu beſuchen, um dort, wie in zahlreichen Fällen geſchehen iſt, ge=
plündert und ihrer perſönlichen Freiheit beraubt zu werden, wenn
ſie ihre Rechte geltend machen wollten.“

„Hätte die ungeſetzliche Beſchlagnahme amerikaniſchen Eigenthums
und die Verletzung der perſönlichen Freiheit unſerer Bürger — um
nichts von den in den Häfen Mexiko's vorgefallenen Beleidigungen
unſerer Flotte zu ſagen — auf offener See ſtattgefunden, ſo würde
dies ſchon lange von ſelbſt den wirklichen Kriegszuſtand zwiſchen
beiden Ländern hervorgerufen haben. Indem wir ſo lange dulde=
ten, daß Mexiko ſeine feierlichſten Tractat=Verpflichtungen verletzte,
unſere Bürger plünderte und gefangen nahm, ohne ihnen einen Er=
ſatz zu bieten, haben wir eine der erſten und vornehmſten Pflichten,
welche eine Regierung gegen ihre Bürger hat, verſäumt, und die
Folge davon war, daß viele von ihnen, früher wohlhabend, jetzt in
Bankerott geſtürzt ſind. Der ſtolze Name eines amerikaniſchen Bür=
gers, der ihn überall gegen Beleidigung und Verletzung ſchützen
ſollte, hat unſeren Bürgern in Mexiko keinen ſolchen Schutz gewährt.
Lange vor Ausbruch der Feindſeligkeiten hatten wir alſo hinreichende
Urſache zum Kriege gegen Mexiko, aber ſelbſt da nahmen wir die
Genugthuung noch nicht in eigene Hand, bis endlich Mexiko ſelbſt
als Angreifender mit feindlichem Heer in unſer Gebiet einfiel und
das Blut unſerer Bürger vergoß.“

Was nun die Geſchichte von Texas ſelbſt betrifft, ſo wurde dieſes
ſchon im Jahre 1803, durch den zwiſchen Frankreich und England
geſchloſſenen Vertrag, mit dem übrigen Territorium, das unter dem

27*

Namen „Louisiana" bekannt war, ein Theil der Vereinigten Staa=
ten.   Durch den Florida=Vertrag von 1819 traten diese jedoch an
Spanien alle die Länderstrecken ab, welche innerhalb der jetzigen
Texasgrenzen lagen, und Mexiko gewann durch seine Revolution,
durch welche es sich vom Mutterlande losriß, auch, als unabhängige
Nation, die früher von jenem besessenen Rechte.   Diese ganze Län=
derstrecke bildete den Haupttheil des früheren Distrikts von Ta=
maulipas.

Im Jahre 1824 errichtete Mexiko eine Föderalconstitution, unter
welcher die Republik in eine Anzahl souverainer Staaten, ganz dem
Verhältnisse der nordamerikanischen Union entsprechend, eingetheilt
wurde.   Jeder derselben hatte seine eigene vollziehende, gesetzgebende
und richterliche Gewalt und war, alle Bundes=Zwecke ausgenommen,
so unabhängig von der Centralregierung oder einem der anderen
Staaten, wie Pennsylvanien oder Virginien 2c. unter der Regierung
der Union es sind.   Texas und Coahuila verschmolzen sich und bil=
deten einen dieser Staaten.   Die Constitution, die sie annahmen
und die auch von der mexikanischen Conföderation gebilligt wurde,
bestätigte nochmals, daß der Staat Texas frei und unabhängig von
irgend einem anderen mexikanischen Staat, wie von jeder anderen
Macht, dastehe, und proclamirte jenes große Princip menschlicher
Freiheit, daß die Souverainetät eines Staates ursprünglich und
rechtmäßig nur in der Masse der Individuen beruhe, aus denen
er bestehe.

Durch die Colonisationsgesetze wurden jetzt Auswanderer aus
den Vereinigten Staaten sowohl, wie aus anderen Ländern eingela=
den, sich in Texas niederzulassen, und Viele (z. B. Stephen F.
Austin 1821) besiedelten seine fruchtbaren Prairieen, so daß sich in
gar kurzer Zeit eine von den südlicher gelegenen Provinzen sehr ver=
schiedene Bevölkerung in dem jungen Staate bildete.

Im Jahre 1835 brach in der Stadt Mexiko eine Militärrevolu=
tion aus, welche die Föderal= und die einzelnen Staatenconstitutionen
vollkommen umwarf und einen militärischen Dictator (Santa Anna)
an die Spitze der Regierung stellte.   Unter dieser Gewalt verwarf ein
Congreßbeschluß die Constitutionen der einzelnen Staaten, errichtete
eine Centralrepublik und verwandelte die Staaten in abhängige

Districte. Das Volk von Texas protestirte gegen diese Maßregel als constitutionswidrig und tyrannisch, und als ihre Vorstellungen mißachtet wurden, erhob es sich in offenem Widerstand. Verschiedene kleine Gefechte — bei Gonzalez, Goliad, Alamo ꝛc. — wurden darauf mit wechselndem Erfolg geliefert, bis am 21. April 1836 eine Armee von texanischen Bürgern und Soldaten, unter General Samuel Houston, den mexikanischen Dictator, Santa Anna, auf den Ebenen von Sa Jacinto gänzlich aufs Haupt schlug.

Diese Schlacht war entscheidend; Santa Anna wurde gefangen und der mexikanischen Armee alle weiteren Angriffsversuche in Texas unmöglich gemacht, ja Texas verlangte jetzt sogar seine volle Unabhängigkeit von der Centralrepublik, und Santa Anna sah sich genöthigt, durch einen Vertrag diese Unabhängigkeit anzuerkennen. Er war zwar damals Kriegsgefangener, hatte aber auch umsonst versucht, Texas wieder zu erobern und eine gänzliche Niederlage erlitten; seine Autorität war nicht widerrufen worden, und kraft dieses Tractates erlangte er seine persönliche Freiheit wieder. Die Feindseligkeiten wurden durch diesen Vertrag aufgehoben, und die Armee, welche unter seinem Befehl in Texas eingedrungen, kehrte in Folge desselben unbelästigt nach Mexiko zurück. Die mexikanische Regierung desavouirte jedoch eine solche, ihrer Meinung nach abgezwungene Erklärung; ihre eignen verwickelten Umstände gestatteten ihr aber nicht, das Werk der Unterwerfung auszuführen, und Texas war bald nachher als unabhängige Republik von allen christlichen Nationen anerkannt.

Schon 1836 sprachen die Bewohner von Texas größerer Sicherheit wegen den Wunsch aus, in die Union Nordamerika's aufgenommen zu werden, und im folgenden November trug ein von der texanischen Regierung beauftragter Gesandter der Schwesterrepublik diese Bitte vor, die Vereinigten Staaten wiesen aber zu jener Zeit den Vorschlag zurück, und erst 1844 kam, unter der Präsidentschaft John Tyler's, der Antrag der Aufnahme nochmals in Verhandlung und wurde, wie schon vorerwähnt, vom ausscheidenden Präsidenten Tyler unterzeichnet.

Nach dem Protest der mexikanischen Regierung blieben die Sachen in ihrem unerquicklichen Stand bis zum September, wo Präsident

Polk durch den Gesandten der Vereinigten Staaten in Mexiko bei der Regierung dieses Landes anfragen ließ, ob sie einen amerikanischen Bevollmächtigten, zur Beilegung aller Streitigkeiten, annehmen würde. Die Antwort fiel bejahend aus, und der Bevollmächtigte erreichte am 30. Nov. 1845 Veracruz, wo er jedoch zu seinem nicht gerade freudigen Erstaunen fand, daß sich die Politik dieses Landes in für Amerika höchst ungünstiger Weise verändert hatte. Präsident Herrera, der dem Frieden günstig gewesen, sah eine starke Opposition, unter General Paredes, gegen sich, die unter dem Vorwand in volle Rebellion ausartete, daß Herrera den Staat Texas einem feindlichen Lande überliefern wolle, indem er einen Friedensgesandten von den Vereinigten Staaten annähme.

Herrera's Anhänger fürchteten für ihre Sicherheit und wiesen den Gesandten der Union zurück, „weil er nicht in der besonderen Angelegenheit der Texasfrage gekommen sei, sondern seine Aufträge sich auch noch auf die Berathung der lange bestrittenen Ansprüche amerikanischer Bürger ausdehnten."

Am 30. December 1845 legte General Herrera seine Präsidentschaft nieder und General Paredes nahm, ohne Widerstand, die Zügel der Regierung in die Hand. Der amerikanische Bevollmächtigte wurde von ihm nicht angenommen und kehrte in die Vereinigten Staaten zurück.

Indessen hatte schon Präsident Tyler, den endlichen Anschluß des Staates Texas, wie dessen natürliche Folgen voraussehend, die sogenannte „Observations-Armee" an die texanische Grenze gesandt, um nach dem Anschluß, und im Fall Mexiko mit Heeresmacht nach Texas einbrechen sollte, gleich gerüstet zu sein und den jungen Bruderstaat beschützen zu können. Die Regierung erwählte dann den damaligen Obristen des sechsten Infanterieregiments Zacharias Taylor zum Oberbefehlshaber sämmtlicher Truppen, die in oder bei Fort Jessup in Louisiana concentrirt werden sollten.

General Taylor traf zu Fort Jessup etwa Mitte Juni 1845 ein, und seine Armee umfaßte jetzt: sieben Compagnien des 2. Dragonerregiments unter dem Befehl von Obrist Twiggs; das dritte Infanterieregiment unter Obristlieutenant Hitchcock und acht Compagnien des vierten Infanterieregiments unter Obrist Vose. Von dort aus

begab er sich aber, empfangener Ordre zufolge, schon Anfang Juli
mit seinem Observationscorps nach New Orleans, um von hier aus,
sobald die texanische Regierung die amerikanische Erklärung des An=
schlusses bestätigt hätte, augenblicklich bereit zu sein, nach der west=
lichen Grenze des neuen Staates Texas aufzubrechen.   Am 22. Juli
1845 wurden die Truppen eingeschifft und landeten später an der
Corpus=Christi=Bai, welche die Mündung des Nueces bildet.

Außerdem nämlich, daß Mexiko ganz Texas nicht hergeben wollte,
bildete hier ein ziemlich breiter Landstrich, der zwischen den beiden
Flüssen Nueces und Rio Grande liegt, ein neues bestrittenes Ter=
ritorium, indem die Mexikaner behaupteten, dieses wenigstens gehöre
nicht mit zu Texas, sondern zu Mexiko selber, während die Ameri=
kaner die südliche Grenze von Texas bis zum Rio Grande aus=
dehnten.

An der südlichen Mündung des Nueces, also im bestrittenen
Lande, liegt das Städtchen Corpus Christi, gleichnamig mit der
Bai, und am westlichen Ufer der Rio Grande=Mündung, also in
Mexiko selber, die Stadt Matamoras, die von den Mexikanern sehr
befestigt war.

Die Truppen setzten ohne Weiteres nach Corpus Christi, auf das
von Mexiko bestrittene Land, über, ja General Taylor empfing Be=
fehl, den Rio Grande als Grenzgebiet und jeden bewaffneten Ein=
fall der Mexikaner auf das östliche Ufer desselben als Kriegserklärung
wie als Anfang des Krieges zu betrachten.   Am 11. März 1846
verließ die Armee demnach den Nueces und marschirte durch einen
öden, wasserarmen Landstrich dem Colorado zu.   Am 20. erreichte
sie den Arroyo Colorado, eine Salzwasser=Lagune, etwa dreißig
Meilen vom Rio Grande entfernt, und hier wollte ihr zuerst eine
Abtheilung von Mexikanern den Uebergang wehren.   General Taylor
ließ sich aber nicht durch leere Drohungen abschrecken, sondern setzte,
unter dem Schutze der aufgepflanzten Kanonen, ohne jedoch den
mindesten Widerstand zu finden, über.   Am 24. nahm Obrist Twiggs
von Point Isabel am Brazos Sant Jago Besitz, und am 28. er=
reichte die Hauptarmee den Rio Grande und pflanzte das „Sternen=
und Streifen=Banner" am linken Ufer dieses Flusses, Matamoras
gerade gegenüber, auf.   Die Batterien der Stadt wurden von den

Mexikanern auf das Lager der Amerikaner gerichtet; Taylor hin=
gegen begann sofort die Aufführung eines Forts, dessen Kanonen
das Herz der Stadt bedrohten. Er war indeß gegen alle Einwoh=
ner des Landes äußerst höflich und bemerkte, er sei in Frieden ge=
kommen, um Texas zu beschützen, und nicht, um in Mexiko einzu=
fallen; aber wenn er angegriffen würde, so wisse er sich zu vertheidigen.

Diesen Angriff konnte er mit gutem Grunde stündlich erwarten.
Der General Paredes hatte die besten Truppen Mexiko's, von den
fähigsten Generalen befehligt, an den Ufern des Rio Grande ver=
sammelt. An beiden Seiten des Flusses wurde eine kriegerische
Thätigkeit entwickelt. General Arista erhielt den Oberbefehl in
Matamoras, und das mexikanische Gouvernement erließ am 23. April
1846 eine förmliche Kriegserklärung gegen die Vereinigten Staaten.
General Arista benachrichtigte den General Taylor am 24., daß sei=
ner Meinung nach die Feindseligkeiten bereits begonnen hätten, und
an diesem Tage floß das erste Blut. Capitän Thornton mit 63
Dragonern wurde durch General Taylor zum Recognosciren einige
Meilen an dem Flusse hinaufgesandt. Sie fielen in einen Hinter=
halt, und nach einem vergeblichen Versuche, sich durchzuschlagen,
mußten sie sich ergeben, wobei sechzehn getödtet oder verwundet
wurden.

Der amerikanische Congreß und das Volk war nach Ankunft von
General Taylor's Bericht erstaunt und beunruhigt. Ihre Armee
war umgeben von den Soldaten, die die Schlächtereien von Goliad
und Alamo verübt hatten. Der Präsident benachrichtigte den Con=
greß, daß die Mexikaner „in unser Territorium eingefallen seien,
und daß Blut unserer Bürger auf unserm eigenen Grund und Bo=
den geflossen wäre.“ Der Congreß antwortete, daß durch diese
That Mexiko's der Krieg erklärt sei, und passirte nach zwei Tagen
ein Gesetz, das zur Aushebung von 50,000 Volontärs für den Dienst
von zwölf Monaten ermächtigte, und bewilligte zehn Millionen Dol=
lars zur Führung des Krieges. Die Kriegserklärung lag in den
Händen der Executive, und es scheint die Absicht derselben gewesen
zu sein, sich durch Erwerbung derjenigen Theile von Mexiko, welche
zwischen den Vereinigten Staaten und dem stillen Ocean liegen,
schadlos zu halten, und so den Krieg in die blühendsten und reichsten

Theile des feindlichen Landes zu spielen, um den Feind auf diese Art zu zwingen, gegen Geldvergütung und um Frieden zu schließen, diese Territorien abzutreten und Texas bis zum Rio Grande zu entsagen.

Die amerikanische Executive, unterstützt durch General Scott und das Kriegsdepartement, entwarf innerhalb zweier Tage einen Kriegsplan. Nach diesem Plane sollten Schiffe das Cap Horn umsegeln, um an den Küsten Californiens die Armeen zu unterstützen, welche mit der Eroberung jener Landestheile bereits beschäftigt sein würden. Eine West-Armee unter General Kearney sollte sich zu diesem Zwecke in Fort Leavenworth versammeln, Neu-Mexiko besetzen und, westwärts vorrückend, mit der Flotte vereint handeln. Eine Mittel-Armee sollte durch General Wool von den verschiedenen Theilen der Union in San Antonio de Berar (Texas) versammelt werden, und in die mexikanischen Provinzen Coahuila und Chihuahua einfallen. Da die bestehende reguläre Armee der Vereinigten Staaten die Stärke von 9000 Mann nicht überstieg, so mußten alle diese Armeen erst geschaffen werden.

General Taylor, dessen Truppen das Occupations-Heer genannt wurden, stand achttausend mexikanischen Truppen gegenüber, und sandte deshalb nicht blos an das Kriegsdepartement, sondern auch an die Gouverneure der nächsten Staaten Aufforderungen zur Hülfe, während General Arista auf der andern Seite Proclamationen an die Mexikaner erließ, worin er sie aufforderte, ihre bedrohte Heimath und ihre Altäre zu vertheidigen, und in denen er die amerikanischen Soldaten durch Anbietung hoher Belohnungen zur Desertion aufforderte.

Taylor erhielt Nachricht durch Capitän Walker, daß eine große mexikanische Truppenmacht sich in seinem Rücken zwischen ihm und seinen Vorräthen zu Point Isabel aufgestellt habe. Walker war daselbst vom Major Munroe aufgestellt worden, um die Verbindung aufrecht zu erhalten, und hatte am 28. April fünfzehn Minuten lang mit 1500 mexikanischen Reitern gekämpft, 30 davon getödtet und sich dann zurückgezogen.

Taylor war nicht unschlüssig. Er verließ sein Lager zu Matamoras mit Zurücklassung einer Garnison unter dem Befehle des

vertrauenswürdigen Veteranen Major Brown, und erreichte mit der
Haupt-Armee Point Isabel unbelästigt. Die Mexikaner, in dem
Glauben, er habe sein Lager in Flucht verlassen, griffen dasselbe an,
und Major Brown erwiderte diesen Angriff durch ein Feuer auf die
Stadt (vom 6.—9. Mai). Taylor vernahm den Kanonendonner
mit großer Angst, als ein Adjutant des Majors ihn um Hülfe bat.
Er verstärkte die Garnison zu Point Isabel um 500 Mann, die ihm
durch den Commodore Connor von der Flotte zur Disposition ge=
stellt waren, und benachrichtigte das Kriegsdepartement, daß er am
7. Mai Point Isabel verlassen würde, um die Verbindung mit Major
Brown zu öffnen und Provisionen in sein Lager zu bringen. „Wenn
der Feind meinen Marsch durch irgend welche Stärke verhindern will,
so werde ich ihn schlagen." Denselben Abend marschirte er, und den
nächsten Mittag bekam er die mexikanische Armee in Sicht, die in
voller Schlachtordnung ihm den Weg versperrte. Taylor machte Halt
und formirte seine Schlachtlinie. Colonel Twiggs commandirte den
rechten, Colonel Belknap den linken Flügel. Auf jeder Seite befanden
sich Batterien leichter Artillerie. Um 2 Uhr eröffneten die Mexikaner
das Feuer. Die leichte Artillerie unter Major Ringgold und Duncan
leistete Außerordentliches. Ringgold wurde tödtlich verwundet. Die
Mexikaner, obgleich durch das Terrain begünstigt und mehr als doppelt
so stark an Zahl, waren nach fünf Stunden gezwungen, am 8. Mai
1846 Abends 7 Uhr das Schlachtfeld von Palo Alto zu räumen. Um
2 Uhr am nächsten Tage setzte Taylor seinen Marsch fort, und ent=
deckte nach Zurücklegung von drei Meilen die Mexikaner, günstig
mit Artillerie postirt, zu Resaca de la Palma, ungefähr 6000 Mann
stark, während er nur über 2200 Mann zu commandiren hatte.
Um 4 Uhr erreichten die Amerikaner das Schlachtfeld, das von den
Mexikanern heftig vertheidigt wurde. Capitän May mit seinen Dra=
gonern griff eine mexikanische Batterie an, hieb die Mannschaft nieder
und nahm den General La Vega, als er eben im Begriff war, eine
Kanone abzufeuern, gefangen. Die Mexikaner wurden gänzlich in
die Flucht geschlagen; ihr Lager, ihre Vorräthe, ihr Gepäck und
General Arista's Papiere fielen in die Hände der Amerikaner. Zwei=
hundert Mexikaner bedeckten das Schlachtfeld; die Fliehenden wur=
den verfolgt und ertranken in großer Anzahl beim Uebersetzen des

Rio Grande. Als General Taylor in dem Lager gegenüber Mata=
moras ankam, verbreitete er endlosen Jubel unter den ermüdeten
Vertheidigern desselben, fand aber den braven Commandanten des
Forts todt. Taylor nannte den Platz, wo er kämpfte und fiel, Fort
Brown.

Groß war die Freude in den Vereinigten Staaten über diese
Siege am Rio Grande. Taylor wurde zum Generalmajor erho=
ben und viele seiner Offiziere befördert.

Die mexikanische Armee verließ Matamoras, und die Amerika=
ner nahmen am 18. Mai ohne Widerstand Besitz von der Stadt.

Während die Nachrichten von der großen Gefahr der Armee
am Rio Grande die Herzen der amerikanischen Nation durchdran=
gen, versammelte General Gaines eine bedeutende Anzahl Frei=
williger, um dem General Taylor zu Hülfe zu eilen. Ueberall
waren die jungen Männer bereit und beeilten sich, mit ihren Brü=
dern sich zu vereinigen und die Mexikaner zu bekämpfen. General
Taylor war im Juni und Juli durch die große Anzahl schlecht
armirter Ankömmlinge aufgehalten worden, die trotz der Anstren=
gungen des Generals Jesup erst nach ungefähr drei Monaten
vollständig ausgerüstet werden konnten. Indessen nahm man Be=
sitz von den Städten am untern Rio Grande, und Camargo wurde
zu einem Depot für Lebensmittel und Munition gemacht und mit
einer Garnison von 2000 Mann unter General Patterson ver=
sehen.

Die Armee war jetzt 6000 Mann stark, und die 1. Division
unter General Worth setzte sich am 20. August in Bewegung,
welcher General Taylor mit der Haupt=Colonne folgte. Am 5.
September vereinigten sich die verschiedenen Divisionen zu Marin,
und bezogen am 9. September, drei Meilen von Monterey, bei
Walnut=Springs ein Lager. Hier erhoben sich gegen Süden
und Westen die hohen Berge der Sierra Madre, während ihnen
die befestigten Wälle von Monterey, bespickt mit Kanonen, ent=
gegenstarrten. Sie befanden sich in unbekannten Regionen, in
einem eroberten Lande, von Tausenden erbitterter Feinde umgeben.
Die meisten der Truppen waren unerfahrene Freiwillige, obwohl
ihre Offiziere, die entweder direct oder indirect ihre Erziehung in

28

Westpoint erlangt hatten, unübertrefflich waren. Sie hatten be=
sonders einen kaltblütigen und vorsichtigen Befehlshaber, der ein=
sichtsvoll bei Entwerfung eines Planes und energisch bei der Aus=
führung war.

Die einzige Straße von Saltillo nach Monterey zieht sich südwest=
lich durch eine von dem Flusse San Juan durchströmte Schlucht.
Indeß fanden amerikanische Ingenieure unter Capt. Mansfield einen
Weg, auf dem man die Saltillo=Straße erreichen und wahrscheinlich
den Feind von jedem Succurs trennen konnte. General Worth wurde
mit diesem wichtigen Dienst betraut, und führte eine Abtheilung von
600 Mann am 20. und 21. September auf diesem gefahrvollen Um=
wege nach der Saltillo=Straße. Am Morgen des 21. hatten sie nahe
Monterey ein Gefecht, in welchem Colonel Hay und seine texanischen
Rangers sich besonders auszeichneten. Nachdem so die Saltillo=
Straße gewonnen war, stellte sich ihnen durch zwei auf einem Hügel
vorgeschobene Batterien in der Nähe der Stadt ein neues Hinderniß
dar. Ungeachtet des heftigsten Feuers wurden sie von den Ameri=
kanern genommen und gegen die dritte und Hauptbatterie gerichtet,
welche sich in einem befestigten, noch unvollendeten Steinhause (der
Bischofspalast genannt) auf einem steilen Hügel befand. Die Nacht
brach herein, und die ermüdeten und hungrigen Soldaten hatten
noch die Gefahren eines Sturmes zu bestehen. Um 3 Uhr Morgens
am 22. September bestieg eine Truppenabtheilung unter Colonel
Childs in Begleitung der Ingenieure Saunders und Meade den
Hügel. Ein heftiger Ausfall aus dem Fort wurde zurückgeworfen,
die Amerikaner betraten dasselbe mit den fliehenden Mexikanern
und nahmen es. Nachdem auch diese Batterie erobert und gegen
die Stadt gewendet war, standen die durch den Tod Vieler verrin=
gerten und durch dreitägige Anstrengung ermüdeten Truppen dicht
hinter Monterey.

Mittlerweile hatte Taylor die Aufmerksamkeit des Feindes von
diesem Punkte durch einen Scheinangriff in der Front abzulenken
gesucht. Aber so hitzig wurde diese Bewegung vom General Butler,
Capitän Backus und Andere ausgeführt, daß sie die Stadt nahmen,
obgleich mit großem Verlust an Mannschaft, da jede Straße ver=

barrikadirt und die Häuser mit Kanonen besetzt waren. Am zweiten Tage wurde ein Theil der Vertheidigungswerke von der Garnison verlassen, und die Amerikaner erreichten, General Quitman an der Spitze, den Marktplatz, indem sie die Zwischenwände der Häuser niederrissen. Am Morgen des 23. September wurden die Vertheidigungswerke auf der gegenüberliegenden Seite durch General Worth angegriffen und genommen.

General Taylor vereinigte sich jetzt mit Worth und empfing den merikanischen Befehlshaber, General Ampudia, der mit einer weißen Flagge kam, um über Capitulation und Waffenstillstand zu unterhandeln, in der Erwartung, daß ein Friede in Kurzem abgeschlossen werden würde, da General Santa Anna jetzt an der Stelle von Paredes Präsident von Merico geworden war. General Taylor glaubte die günstige Gesinnung zu kennen, die der schlaue Santa Anna gegen Amerika zeigte, und hatte deshalb Ordre an den Commodore Conner erlassen, denselben unbelästigt von Cuba, seinem bisherigen Exil, zurückkehren zu lassen. Taylor hatte nicht Mannschaft genug, um die merikanischen Gefangenen bewachen zu lassen, und da er außerdem alle Lebensmittel, die sich in Monterey befanden, für seine eigene Armee gebrauchte, so schloß er am 24. September einen Waffenstillstand auf acht Wochen ab, der den Merikanern freien Abzug mit den Waffen gestattete. Nach Verlauf von sechs Wochen wurde indeß der Krieg erneuert, da Präsident Polk den Waffenstillstand verwarf und den Befehl ertheilte, die Demarcationslinie zu überschreiten und den Krieg mit Nachdruck fortzusetzen.

Doch auch den Westen Amerika's und Californien dürfen wir nicht aus den Augen verlieren.

General Wool, Commandeur der Mittel-Armee, erhielt am 29. Mai 1846 seine Befehle vom Gouvernement in Troy, reiste sofort nach Washington und von dort durch die Staaten Ohio, Indiana, Illinois, Kentucky, Tennessee und Mississippi, überall die angeworbenen Freiwilligen inspicirend. Die Anzahl derselben belief sich auf 12,000 Mann, welche 10½ Regimenter Infanterie und 2 Regimenter Cavallerie bildeten. Sie gingen am 16. Juli nach ihren verschiedenen Bestimmungsorten ab. Neuntausend derselben marschirten nach dem Rio Grande, um General Taylor zu verstärken, während diejenigen, welche die Mittel=Armee bilden sollten, auf verschiedenen Wegen nach dem Sammelplatze San Antonio aufbrachen. Hier begann General Wool die Einübung jener strengen Disciplin, welche ·sein Corps so auszeichnete und seiner Armee den Ruf einer Muster= truppe gab. Seine Stärke belief sich auf 500 Reguläre und 2440 Volontärs. Die Avantgarde verließ San Antonio am 21., 22. und 23. September, und am 25. folgte Wool mit der Haupt=Armee.

Am 8. October stand Wool am Rio Grande, Presidio gegenüber, den er vermittelst einer fliegenden Brücke passirte. Von hier aus marschirte er 26 Meilen westlich nach Nava, durch eine wasserlose, menschenleere, öde Gegend. Die Truppen passirten beim Ueberstei= gen der Sierra San Jose und San Rosa steile, felsige Anhöhen und tiefe Schluchten. Oft mußte der Weg erst gebahnt werden, ehe ihre dreihundert schwer geladenen Wagen durchkommen konnten. Sehr oft flohen die unwissenden Bewohner des Landes beim Anblick der Armee, in dem Glauben, es seien mexikanische Räuberbanden. Schreiende Weiber verließen eilig ihre Wohnungen und umklammer= ten die am Wege stehenden Kreuze, bebend ihr Schicksal erwartend. Bald wurden sie indeß besser von der Absicht der Amerikaner unter= richtet, und begrüßten Wool's Nahen mit Freude. Er unterstützte die Ruhigen und Schwachen gegen die Gesetzlosen und Starken, und als er San Fernando und Santa Rosa passirte, wurde er als Freund empfangen. Er betrat die Hauptstadt von Coahuila — Monclova — am 31. October, und bald wehte die amerikanische Flagge auf dem Gouvernementsgebäude der Provinz. Hier vernahm er die Einnahme von Monterey und den Abschluß eines Waffenstillstandes. Auch sah er ein, daß die beabsichtigte Route nach Chihuahua der Sierra Madre entlang für seine Wagenzüge unpassirbar sei, und daß er dieses Land nur auf Umwegen über Parras erreichen könnte. Er und General Taylor hielten es für nicht räthlich, eine Truppen= abtheilung so weit vom Kriegsschauplatze zu entfernen, besonders da die schon eroberten Provinzen Neu=Leon und Coahuila sie auch in den Besitz von Chihuahua setzten.

Am 25. November marschirte General Wool gegen Parras, wo er am 5. December anlangte. Auf den Rath des Generals Taylor sammelte er in diesen fruchtbaren Gegenden Lebensmittel für beide

Armeen in genügender Quantität, da in dem Monterey umgeben=
den Lande Mangel daran gelitten wurde. Die strenge Disciplin
seiner Truppen verbesserte indeß nicht nur seine Armee, sondern brachte
auch der Bevölkerung jener Striche ein ganz unbekanntes Gefühl
der Sicherheit bei, und erregte in ihnen den Wunsch nach einer bes=
sern Regierung.

Während der Zeit war General Taylor nach der Hauptstadt der
Provinz Tamaulipas — Victoria — vorgedrungen, wo er in Ver=
ein mit General Patterson und einer Flotte Tampico zu erobern
hoffte. Dieser Platz hatte sich aber schon am 14. November dem
Commodore Conner ergeben. General Butler befand sich als Com=
mandant in Monterey, während General Worth in Saltillo, der
Hauptstadt von Coahuila, von welcher die Amerikaner am 17. fried=
lich Besitz genommen hatten, commandirte.

Die veränderlichen Mexikaner hatten ihren Präsidenten Paredes
beseitigt und Santa Anna wieder mit der höchsten Gewalt bekleidet,
der eine Armee von 22,000 Mann zu San Louis Potosi concentrirte.
General Worth befand sich sechzig Meilen von Monterey und zwei=
hundert Meilen von General Taylor — in Victoria — entfernt,
als er die bestürzende Nachricht erhielt, daß diese Armee ihn in Kürze
angreifen würde. Er konnte nur über 900 Mann verfügen, und
sandte deshalb einen Courier an General Wool, ihn um eilige
Hülfe mit seiner ganzen Macht ersuchend. In zwei Stunden be=
fand sich Wool's ganze Abtheilung auf dem Wege; nur 14 Solda=
ten waren wegen Krankheit nicht fähig, ihm zu folgen, und wurden
von den dankbaren Bewohnern von Parras freiwillig und mit vieler
Liebe gepflegt. In vier Tagen marschirte diese Armee hundert und
zwanzig Meilen bis nach Agua Nueva, einundzwanzig Meilen von
Saltillo entfernt.

General Taylor erfuhr indeß, daß ein Angriff auf die Hauptstadt
Mexiko über Vera Cruz gemacht werden sollte, und daß General
Scott zum Leiter dieser Invasion ernannt sei, und als der ältere
Offizier auch das Commando über ihn haben würde. Die Streit=
macht des General Scott sollte von Taylor's Armee genommen
werden. General Scott befahl daher dem General Taylor, ihm
seine besten Truppen zu senden und ließ ihm, so lange, bis Verstär=

28*

kungen vom Gouvernement geschickt werden könnten, sich defensiv zu
verhalten. Taylor gehorchte, was er auch immer fühlen mochte,
strikt dem Befehle, und entsendete nach Vera Cruz den größeren
Theil seiner regulären Truppen und Freiwilligen. Dieselbe Ordre
erhielt General Wool. Aber mit den Ueberresten ihrer Streitkräfte
stellten sich diese beiden Generale der furchtbarsten Armee, welche
Mexiko jemals ins Feld gesandt hatte, entgegen, hielten ihren An=
griff auf und schlugen sie zurück.

General Taylor entnahm nun aus ganz entschiedenen Anzeichen,
daß Santa Anna ihn bedrohte. Indem er deshalb eine kleine Gar=
nison in Monterey hinterließ, rückte er mit ungefähr 300 Mann
südlich vor zu dem Lager bei Agua Nueva. Ihre ganze Macht, Offi=
ziere und Soldaten zusammen, belief sich auf 4690 Mann, und
Santa Anna näherte sich mit mehr als einer vierfachen Uebermacht.
Außer dem besaß er noch 3000 Mann regulärer Cavallerie unter
Gen. Minon und 1000 unter Gen. Urcea, die er vorausgesandt hatte,
die Stellung der Amerikaner zu umgehen, ihre Magazine zu zerstören
und ihnen den Rückweg abzuschneiden. Die Armee blieb ruhig im La=
ger zu Agua Nueva bis zum Vormittag des 21. Februar 1847. Santa
Anna rückte nun heran. Jetzt wurde das Lager bei Agua Nueva
abgebrochen, und Santa Anna, in dem Glauben, daß seine Feinde
in Schrecken vor ihm flohen, verfolgte sie mit Eifer, bis er zu dem
rauhen Bergpaß von Angostura gelockt war, welchen die amerikani=
schen Generale schon vorher als den Platz ausgewählt hatten, an
welchem sie die Schlacht annehmen wollten. General Wool wurde
von Taylor als activer Commandeur bei Buena Vista zurückgelassen,
während er selbst, besorgt um seine von Minon bedrohten Magazine,
nach Saltillo ging. Am Morgen des 22. stellte General Wool die
Armee in Schlachtordnung. Der Bergpaß bildete den Schlüssel zur
amerikanischen Stellung. Hier war Capitän Washingtons Batterie
postirt. Es war gerade der Geburtstag des großen Washington, und
als Feldgeschrei war gewählt worden: „Gedenkt Washington's!"
Von ihrer Stellung blickten die Truppen durch den Paß hinunter
nach Süden zu und sahen aus den ungeheuren Staubwolken die
lange Reihe des mexikanischen Heeres mit seinen glänzenden Waf=
fen und bunt ausgeschmückten Fahnen emportauchen. Als die Mexi=

kaner näher heranrückten, entzückte ihre herrliche Musik für den Au=
genblick selbst das Ohr der feindlichen Krieger, aber bald wurde sie
übertäubt durch das Jubelgeschrei der Amerikaner, als General
Taylor, den sie für unüberwindlich hielten, plötzlich auf dem Schlacht=
felde erschien. Um Mittag ungefähr schoben die Merikaner eine
Abtheilung auf den östlichen Höhen gegen den linken Flügel der
Amerikaner vor. Um 3 Uhr begann die Schlacht. Das Corps der
Volontär=Riflemen unter Colonel Marshall traf mit den vorgerückten
Merikanern zusammen. Diese brachten die amerikanischen Linien
nicht zum Wanken, während sie selbst Verluste erlitten. Die
Nacht brach herein, die Amerikaner blieben unter Waffen. Zwei
Stunden nach Mitternacht begannen die Merikaner den Angriff von
Neuem. Keine Sprache kann die gefährliche Lage der verhältniß=
mäßig wenigen Amerikaner beschreiben, welche die lange und blutige
Schlacht bei Buena Vista schlugen und endlich gewannen. Bei Be=
ginn des Tages begannen einige der Freiwilligen zu fliehen, und in
dem Versuche, sie zum Stehen zu bringen, verlor Capitän Lincoln,
Adjutant des Generals Wool, sein dem Vaterlande theures Leben.
Einmal hatten die Merikaner den linken Flügel der Amerikaner um=
gangen und rückten dort siegreich vor, als sich ihnen der Colonel
Jefferson=Davis mit den ihr Ziel nie verfehlenden Mississippi=Volon=
tärs entgegenwarf und sie zum Rückzuge zwang. Zu wiederholten
Malen wäre die Schlacht verloren gewesen ohne die reitende Artil=
lerie, welche, mit reißender Schnelligkeit ihre Stellung verändernd,
stets auf dem Punkte der Gefahr erschien. Zwei Mal hielt Lieute=
nant O'Brien die Massen des Feindes mit seiner kleinen Batterie
auf, indem er unerschüttert gegen sie Stand hielt, bis er nach Ver=
lust einiger Geschütze nur noch sich und seine Mannschaft retten
konnte. Capitän Washington behauptete, obgleich wiederholt an=
gegriffen, standhaft seine Position im Bergpasse. Ein Mal hatte die
merikanische Cavallerie einen Weg in den Rücken der Amerikaner
gefunden und griff deren Lager an. Sie wurden jedoch zurückge=
schlagen. Hier verlor Colonel Yell sein Leben. Dann kam ein
Augenblick, wo mehrere Tausend Merikaner in Gefahr waren, gefan=
gen genommen zu werden, aber Santa Anna befreite sie und änderte
die Positionen seiner Batterien für einen letzten entscheidenden An=

griff, indem er die Amerikaner durch den ehrlosen Streich, daß er einen Parlamentär mit Flagge wie zur Uebergabe an sie schickte, in Unthätigkeit versetzte. Dieser letzte Angriff wurde mit Wuth gegen das Centrum, das Taylor selbst commandirte, gemacht. Eine kurze Zeit lang waren die Volontärs in Gefahr, von der Uebermacht über= wältigt zu werden. Die Obersten Hardin, Clay und McKee wur= den getödtet, aber die Batterien von Bragg und Sherman kamen zur Verstärkung an, und durch fast übermenschliche Anstrengungen retteten sie den Erfolg des Tages.

Santa Anna sah sich genöthigt, seine sehr geschwächten Trup= pen zurückzuziehen. Die zweite Nacht brach herein. Offiziere und Soldaten blieben unter Waffen und die Pferde gesattelt. Das Schlachtfeld war bedeckt mit den leblosen Opfern des Krieges. Die amerikanischen Militärärzte und ihre Assistenten sprangen den Verwundeten, Freund oder Feind, hülfreich bei, während mexika= nische Weiber den Tod der Sterbenden zu erleichtern suchten und die Dahingeschiedenen beklagten.

Die Amerikaner waren vorbereitet, den Kampf von Neuem wie= der aufzunehmen. Entfernt stationirte Außenposten hatten staunen= erregende Märsche gemacht und das Lager erreicht. General Mar= shall mit seinen berittenen Kentuckiern und Capitän Prendiß mit seiner Artillerie hatten vom Passe von Rinconada in einem Tage auf schlechtem Wege fünfunddreißig Meilen gemacht. Bei dem ersten Grauen des Tages ging General Wool auf Recognosci= rung aus und bemerkte, daß der Feind in vollem Rückzuge war. Er eilte mit dieser frohen Botschaft zu dem Zelte Taylors, und beide fielen sich weinend vor Freude in die Arme, während das Jauchzen des Siegesgeschrei's über das Schlachtfeld tönte.

Santa Anna hatte vor der Schlacht seinen Truppen das Leben und das Eigenthum ihrer Feinde versprochen, und hatte außer den regulären Soldaten Horden von Rancheros ausgesandt, die Bergpässe zu besetzen, so daß kein einziger Amerikaner mit dem Leben davon kommen sollte. Von einer Abtheilung dieser Ranche= ros wurde ein Cavallerie=Train bei Ramas angegriffen und 45 Trainsoldaten getödtet. Am Tage der Schlacht wurde General Minon mit 1800 Mann vom Capitän Webster und seinen Leuten

von Saltillo zurückgeſchlagen. Colonel Morgan und Irven ſchlug
eine andere Abtheilung bei Agua Frio am 26. Februar, und Major
Giddings beſtand ein ſiegreiches Gefecht bei Ceralvo am 7. März.
Der Sieg von Buena Viſta, ohne welchen der Guerillakrieg eine
ganz andere Geſtalt angenommen hätte, ließ die Amerikaner nach
dieſem Gefechte in den ruhigen Beſitz der nördlichen Provinzen
Mexiko's. Nachdem die activen Operationen hier beendigt waren,
verließ General Taylor nach wenigen Monaten die Armee und
kehrte heim, wo er mit hohen Ehren empfangen wurde. General
Wool blieb in Monterey, um das eroberte Land zu regieren und
zu decken.

Als der Krieg begann, war bereits eine Flotte an den Küſten
Californiens angelangt. Commodore Sloat, der ſie commandirte,
war von dem Navy-Departement inſtruirt worden, daß, wann
Krieg mit Mexiko ausbräche, er ohne weitere Befehle abzuwarten,
mit der Flotte feindlich gegen Mexiko agiren ſollte. Da er die
Ueberzeugung gewonnen zu haben glaubte, daß der Krieg wirklich ausgebrochen ſei, ſo griff er am 7. Juli 1846 Monterey, Cal.,
an und nahm es ein. Am 9. wurde Francisco, nördlich von
Monterey, durch einen Theil des Geſchwaders unter Befehl des
Commodore Montgommery genommen. Am 15. langte eine Fregatte unter Commodore Stockton an. Am 17. detaſchirte Commodore Sloat eine Abtheilung nach der Miſſion St. John,
um Kanonen und andere Munition, welche der Feind dort ver-
wahrt hatte, zu nehmen.

An dieſem Platze fanden ſie jedoch bereits die amerikaniſche
Flagge wehend, welche Colonel Fremont aufgepflanzt hatte. Derſelbe war nämlich ſchon im Jahre 1845 von der Regierung der
Vereinigten Staaten angeblich auf eine friedliche Forſchungsreiſe
mit 63 Mann abgeſandt worden. Als ein Offizier des topographi-
ſchen Ingenieur-Corps war Fremont in den Jahren 1842—1843
beſchäftigt geweſen, die großen Flüſſe, Thäler, Prairien, See'n und
Bergpäſſe auf der großen Tour nach Oregon zu unterſuchen, und
hatte ſchon damals durch ſeine ſcharfen Beobachtungen, durch ſeinen
Muth und ſein tactvolles Benehmen unter den Indianern die Fähigkeiten des einſtigen tüchtigen Commandeurs verrathen. Beim Aus-

bruche des Krieges war er nun zufällig dort zur Stelle. Obgleich er vom merikanischen General Castro, Militärcommandanten von San Juaquin die Erlaubniß, dort zu überwintern, erhalten hatte, so fand er doch bald, daß ihm und allen Amerikanern Verderben drohte. Er bot daher die amerikanischen Ansiedler am Sacramento auf, sie stießen zu ihm und vertrieben die merikanischen Behörden vom nördlichen Theil des innern Californiens. Die amerikanischen Californier erklär= ten sodann am 6. Juli ihre Unabhängigkeit von Mexiko und stellten Fremont an die Spitze ihrer Regierung. Wenige Tage darauf kam die Nachricht, daß der Krieg zwischen den Vereinigten Staaten und Mexiko ausgebrochen wäre, und die californische Flagge, welche einen Bären als Wappen zeigte, wurde abgenommen und die Flagge der Vereinigten Staaten unter lautem Jubel aufgesteckt.

Commodore Stockton formirte aus den 160 Mann, die er unter Fremont antraf, ein Bataillon Marinesoldaten mit diesen segelten sie nach San Diego, wo sie sich mit den übrigen Marinetruppen vereinigten, auf Los Angeles losrückten und diesen Sitz des Gouvernements einnahmen. Hier proclamirte Commodore Stok= ton sich selbst zum Gouverneur und setzte eine Civilregierung ein. Sodann wandten sich beide Anführer, eine kleine Garnison zurücklassend, wieder nordwärts. Im September kam eine merika= nische Streitmacht unter den Generalen Flores und Don Pico her= an, erregte einen Aufstand und griff Los Angeles an. Capitän Gillippi, der amerikanische Commandant, sah sich genöthigt, zu capi= tuliren, und Capitän Mervine, der mit den Mariniers der Savan= nah die Garnison zu befreien versuchte, wurde zu seinem Schiffe zu= rückgetrieben. Commodore Stockton segelte nun nach den südlichen Häfen, und Colonel Fremont marschirte, nachdem er sein Bataillon frisch rekrutirt hatte, gleichfalls nach Süden, um bei der Wieder= eroberung des verlornen Landstrichs mitzuwirken.

Unmittelbar nach dem Ausbruche des Krieges im Jahre 1846 hatte die Executive Ordres ausgegeben, daß eine Armee des Westens unter Befehl des Generals Kearny gebildet werden sollte, um Neu= Mexiko und Californien zu nehmen und den amerikanischen Staaten einzuverleiben. Diese Armee sollte bestehen aus einem Regiment berittener Freiwilliger aus Missouri (856 Mann unter Doniphan),

einem Bataillon Infanterie (145 Mann), aus leichter Artillerie
(250 Mann mit 16 Kanonen) und aus 407 Dragonern.

Am 5. Juni traf die erste Abtheilung dieser Truppen auf ihrem
Sammelplatze, Fort Leavenworth, ein. Die Wahl der commandi=
renden Offiziere für das 1. Missourieregiment schien den Freiwilli=
gen von großer Wichtigkeit, weil im Falle des Todes von General
Kearny das Commando der ganzen Armee auf den Colonel dieses
Regiments übergehen mußte. Alle Offiziere, welche von den Frei=
willigen gewählt wurden, waren als Gemeine eingetreten. Die
Wahl zum Obersten fiel auf Doniphan; Ruff ernannten sie zu ihrem
Oberstlieutenant und Gilpin zum Major. Zwanzig Tage lang
wurden die Freiwilligen sodann von ihren Offizieren, die zum Theil
früher auf der Schule zu Westpoint gewesen waren, einexercirt, er=
hielten von den Damen von Liberty Fahnen geschenkt, und setzten
sich am 30. Juni in Marsch, nachdem General Kearny die Bagage
bereits vorausgeschickt hatte. Die Armee ging, in südlicher Richtung
sich bewegend, über den Plattefluß, die Nebenflüsse des Kansas, dem
Arkansas entlang, nach Bent's Fort und von da wieder südlich und
südwestlich nach Santa Fe.

Ein großer Theil der Gegenden, welche die Armee durchzog, war
eine freie, wilde, unermeßliche Ebene, oder sanft gewelltes Flachland,
oft so weit das Auge reichte grün mit dichtem langem Grase über=
wachsen, oft mit unzähligen bunten Blumen freundlich geschmückt;
hier glühte weit und breit das Roth der verschiedenen Arten der
Prairierose, dort war wieder das Feld orangegefärbt von der wilden
Lilie, und dann zeigte sich wieder das sanfte Grün und das zarte
Weiß und Roth der Mocassinblume, dieser Königin der Prairien.

Längst den Ufern des Arkansasflusses fanden die Truppen ganze
Heerden von Büffeln, deren Jagd ihnen vielfach Vergnügen und
festlichen Genuß bereitete. Aber auch schwere Mühseligkeiten hat=
ten sie zu bestehen. Der Boden war häufig so weich und sumpfig,
daß die Wagen einsanken, und die Soldaten selbst mußten mit äußer=
ster Anstrengung heben und mit den Pferden ziehen, um dieselben
fortzubringen. Dann wieder mußten Schluchten ausgefüllt werden,
um den Weg passirbar zu machen, über Ströme mußten Brücken
geschlagen werden, und dann mußte der Freiwillige oft zur Nacht=

ruhe sich niederlegen auf Plätzen, die von Schlangen, gehörnten Fröschen, Eidechsen und Muskitos wimmelten. Lange Märsche mußten gemacht werden ohne alles Wasser und zuweilen selbst ohne etwas zu essen; schon vom 8. Juli an wurden die Rationen auf die Hälfte und später sogar auf ein Drittel herabgesetzt. Zweimal entstand unter ihren Pferden eine sogenannte Estampeda, d. h. ein allgemeines panisches Scheuwerden. Das erste Mal, bei Bent's Fort, wurden die fast tausend auf der Prairie weidenden Pferde durch den Anblick eines Indianers so erschreckt, daß sie in wilder Flucht davon jagten, und trotz aller Bemühungen konnten ungefähr fünfundsechzig von ihnen nicht mehr zurückgebracht werden.

Als General Kearny sich der Hauptstadt Neu-Meriko's näherte, erfuhr er, daß der Gouverneur Don Manuel Armigo eine furchtbare Streitmacht zusammengebracht hätte, um seinem Vorrücken Schranken zu setzen. Er stellte daher fünfzehn Meilen von Santa Fe beim Passe Galisteo seine Armee in Schlachtordnung, um dem Feinde entgegen zu treten; aber die Merikaner hatten nicht den Muth dazu, und so rückte General Kearny am 18. August ohne Schwertstreich in die 6000 Einwohner enthaltende Stadt ein, nahm vom Palaste des Gouverneurs Besitz und pflanzte auf demselben die Flagge der Vereinigten Staaten auf. Die Armee hatte somit in fünfzig Tagen fast neunhundert Meilen durch wilde, wüste Landstrecken zurückgelegt.

General Kearny schritt nun nach seiner Instruction zur Errichtung einer Civilregierung, ohne weder in Santa Fe, noch in der umliegenden Gegend irgend erhebliche Schwierigkeiten zu finden. Schon am Tage nach seinem Einzuge erließ er eine Proclamation, in der er erklärte, daß er selbst die Gouverneursstelle von Neu-Meriko verwalten würde, und sagte ferner: „ihr seid nunmehr amerikanische Bürger und den merikanischen Behörden keinen Gehorsam mehr schuldig." Die angesehensten Männer leisteten unter Anrufung der heiligen Dreieinigkeit den von ihnen geforderten Eid der Treue gegen die Vereinigten Staaten, und es wurde bekannt gemacht, daß von jetzt an Jeder, der gegen diesen Eid handeln würde, als Verräther bestraft werden sollte.

Diese Maßregeln gaben jedoch, als sie in Washington bekannt

wurden, zu sehr lebhaften Debatten Anlaß, denn es erhob sich die
Frage, ob die Regierung nicht ihre conſtitutionellen Befugniſſe über=
ſchritten hätte, indem ſie ohne Zuthun und Zuſtimmung des Con=
greſſes in obiger Weiſe ein Territorium der Union einverleibt
hätte.

Nachdem General Kearny nunmehr Neu=Mexiko erobert und
die neue Regierung des Landes, an deren Spitze er Charles Bent
ſtellte, organiſirt hatte, ſo mußte er nach ſeiner Inſtruction nach
Californien aufbrechen. Er übergab deshalb Oberſt Doniphan
das Commando in Neu=Mexiko, mit der Beſtimmung, daß er ſo lange
dort bleiben ſollte, bis die Freiwilligen unter Oberſt Price ange=
kommen wären, und dann mit ſeinem Regimente und einigen Ver=
ſtärkungen nach Chihuahua marſchiren und ſich dort um weitere Be=
fehle an General Wool wenden ſollte.

Während nun General Kearny den Rio Grande entlang ſüd=
wärts marſchirte, traf ihn der berühmte Kit Carſon, der, vom Colo=
nel Fremont abgeſandt, ihm die Nachricht brachte, daß Californien
bereits von den Amerikanern erobert wäre. Kearny nöthigte ihn
jedoch, ſeine Briefe Hrn. Fitzpatrik zu übergeben und ihm ſelbſt zum
Führer nach Californien zu dienen, und nachdem er ſich hundert
Mann zu ſeiner Escorte ausgewählt hatte, ſchickte er ſeine übrigen
Truppen nach Santa Fe zurück. Kearny zog nun weiter, überſchritt
den Rio Grande ungefähr unterm 33. Grad nördlicher Breite, und
erreichte die Kupferminen des Gila am 20. October. Den Lauf
des Fluſſes verfolgend, kam er am 22. November an deſſen Mündung
unterm 32. Breitengrade an. Von hier marſchirte er, ſich immer
möglichſt nahe am Colorado haltend, vierzig Meilen weiter, dann
circa ſechzig Meilen weſtlich durch eine dürre öde Wüſte und erreichte
am 2. December das Dorf Wamas, die erſte Anſiedlung an Cali=
forniens Grenze. Auf ſeinem Weitermarſche ſtieß am 5. nahe bei
San Diego Capitän Gillespie mit 36 Mann zu ihm, welche auf ſein
Anſuchen vom Commodore Stockton, der damals als Gouverneur
von Californien fungirte, geſandt waren. Ein feindliches Corps
war in der Nähe. Am folgenden Morgen ließ der General, der
einen Angriff erwartete, ſeine kleine Truppe auf die gänzlich erſchöpf=
ten Pferde ſteigen, mit denen ſie bereits von Santa Fe 1050 Meilen

29

gemacht hatten, und marschirte bei Anbruch des Tages nach San Pascal ab, wo er auf 160 berittene Californier stieß. Die Ameri=taner blieben im Gefechte zwar endlich Sieger, aber diese mexikani=schen Krieger des Nordens verkauften den Sieg viel theurer, als die südlichen. Kearny selbst erhielt zwei leichte Wunden, die Capitäne Johnson und Moore, sowie Lieutenant Hammond wurden getödtet, ja die volle Hälfte der amerikanischen Offiziere und 19 Gemeine waren verwundet oder getödtet worden. Unfähig, sich mit den Ver=wundeten fortzubewegen, wurde Kearny darauf in seinem Lager selbst vom Feinde blockirt, bis durch Carson und Beale, die zu Stockton ge=sandt worden waren, 200 Marinesoldaten zum Entsatz kamen, mit welchen Kearny am 12. December San Diego erreichte.

Am 29. December übernahm Kearny auf Commodore Stockton's Ersuchen das Commando über 500 Marinesoldaten und die Land=truppen, und marschirte gegen Angeles, um gemeinschaftlich mit Fre=mont die Empörung zu unterdrücken, die damals durch eine mexika=nische Streitmacht von 600 Mann unter den Generalen Flores und Pico unterstützt wurde. Letztere griff er bei San Gabriel am 8. Januar 1846 an und trieb sie zurück; am 9. griff er sie nochmals bei Mesa an und schlug sie aufs Haupt, wobei die Amerikaner nur 17 Mann verloren. Die Mexikaner zogen sich darauf zwölf Meilen hinter Angeles nach Cowenga zurück, und da auch noch der Colonel Fremont, nachdem er einen höchst beschwerlichen Wintermarsch von vierhundert Meilen zurückgelegt hatte, gerade jetzt im Felde erschien, so ergaben sich die mexikanischen Generale demselben auf Capitula=tion am 12. Januar. Stockton übertrug nun die Gouverneursstelle an Fremont, der sie bis zum 1. März verwaltete; dann folgte ihm nach verschiedenen Zwistigkeiten Kearny im Amte.

Kearny wurde in seiner Position unterstützt durch die Flotte unter Commodore Shubrik, und seine Landmacht war verstärkt worden durch das Mormonenbataillon, welches gegen Ende des Januar unter Oberst Cooke eintraf. Dieses Bataillon war ursprünglich von Colonel Allen von Council Bluff nach Santa Fe geführt worden, doch Allen starb unterwegs und Lieutenant Smith übernahm vor=läufig das Commando. Cooke war von Santa Fe aus erst den Del Norte abwärts gegangen, und war dann mehr südlich als Kearny marschirt, wobei er die Gegend fruchtbarer und den Weg besser fand. Auf Befehl der Regierung führte Kearny den Oberst Mason ins Amt als Chef der californischen Regierung ein, und kehrte (am 16. Juni 1847) über die Rocky Mountains durch den Südpaß nach Hause zurück. Ihn begleiteten die Colonels Fremont und Cooke, sowie der ehrenwerthe Willard P. Hall, der als Volontär mit ausgezogen und nachher zum Mitgliede des Congresses gewählt worden war, ferner Offiziere und Soldaten, im Ganzen vierzig Personen. Am 22. August kamen sie bei Fort Leavensworth an, von wo Kearny unmittelbar nach Washington abging, nachdem er in wenig mehr als einem Jahr den Continent zweimal durchkreuzt hatte.

Drei Tage nachdem Kearny im Jahre 1846 Santa Fe verlassen hatte, langte Colonel Price daselbst mit seinen Verstärkungen an. Colonel Doniphan, der Ordre hatte, nunmehr nach Chihuahua zu marschiren, erhielt am 11. October von General Kearny Contreordre, datirt von „bei La Joya," worin ihm befohlen wurde, mit seinem Regimente gegen die Navajo-Indianer zu ziehen. Die Häuptlinge dieser Indianer waren nämlich, wie alle übrigen, zu einer Versammlung nach Santa Fe eingeladen worden, um mit ihnen Freundschafts- und Friedensverträge zu schließen; sie hatten auch zu kommen versprochen, waren aber statt dessen feindlich in Neu-Mexiko eingefallen, und hatten bei Solon sieben Mexikaner getödtet und Weiber und Kinder in die Gefangenschaft geschleppt. Die Mexikaner sollten daher nunmehr als amerikanische Bürger beschützt werden. Dies war jedoch keine leichte Aufgabe. Der Winter war vor der Thüre und die Lager der mächtigen Navajos, der „Herren des Gebirges," lagen im Westen, weit entfernt in unbekannten Gegenden. Oberst Doniphan theilte deshalb, um das Gebiet jener Indianer vollständig zu durchstreifen und gehörig darin aufzuräumen, sein Regiment in drei Colonnen; die eine unter Major Gilpin sollte eine nördliche Richtung einschlagen, eine zweite unter Colonel Jackson eine südliche, während er selbst zwischen beiden in der Mitte vorrücken wollte. Alle sollten sich endlich bei Ojo Oso (Bärenquelle) vereinigen, und die Häuptlinge zwingen, sich dort zu einer Berathung zu versammeln.

Während dessen ging ein Detachement unter Capitän Walton den Del Norte hinab nach Salverde, um einen Transport Kauf-

mannsgüter für den Handel in Chihuahua zu escortiren. Dieses De=
tachement ward von den mexikanischen Streitkräften bedroht; glückli=
cher Weise jedoch stieß Capitän Burguin, den General Kearny mit 200
Mann zurückgeschickt hatte, zu denselben und nun war es zu stark, um
von den Mexikanern angegriffen zu werden. Die Colonnen setzten
sich in Marsch und nach unglaublichen Beschwerden und furchtbaren
Abentheuern unter den Wilden, indem sie über Höhen und Schluch=
ten eines unbekannten Gebirges drangen, wo ein einziger falscher
Schritt Roß und Reiter in den unermeßlichen Abgrund stürzen
konnte, und nachdem in dem Schnee und Unwetter im Gebirge, meh=
rere Freiwillige erfroren waren, erreichten sie doch endlich vollständig
ihren Zweck. Major Gilpin hatte 750 Meilen im Indianergebiete zu=
rückgelegt. Capitain Reid von Jacksons Abtheilung er bot sich freiwil=
lig mit 30 Mann Sandoval, einen Navajo Häuptling, zu einer fünf
Tagereisen entfernten Versammlung des Stammes über's Gebirge
zu begleiten. Sie waren da ganz in der Gewalt der Indianer,
aber durch muthiges Vertrauen und Lustigkeit gewannen sie deren
Herzen für sich. Von den mehr als 500 Mann, die sie dort versam=
melt trafen, hatten nur wenige je einen Weißen gesehen. Reid und
seine Leute nahmen an ihren Tänzen und Gesängen Theil, und was
den Indianern ganz besonders gefiel, tauschten mit ihnen ihre Klei=
dungsstücke aus. So wurden diese Wilden freundlich gestimmt und
ihr erster Häuptling Narbona kam, obgleich krank und alt, selbst zum
Lager nach Ojo Oho (Nov. 22.) und es wurde ein Vertrag ge=
schlossen, wonach die Amerikaner, Mexikaner und Navajos in be=
ständigen Frieden mit einander leben sollten, obgleich die Indianer
es sehr auffallend fanden, wie es auch ihr Häuptling Sarcilla Largo
aussprach, daß die Amerikaner, welche hergekommen wären, die Neu=
Mexikaner zu bekriegen, die nie feindlich gegen Amerikaner gehan=
delt hätten, sie (die Navajos), deren alte Feinde doch die Neu=Mexi=
kaner wären, verhindern wollten, dasselbe zu thun.

    Colonel Doniphan ging darauf zurück nach Valverte, welches er
zum Sammelplatz seiner Truppen machte, und wohin er auch eine
Abtheilung regulärer leichter Artillerie mit 10 Kanonen von Santa
Fe dirigiren ließ. Mitte December brach er dann mit seiner Macht
in drei Divisionen nach Süden auf, indem er mit seiner Bagage

auch noch einen Transport Kaufmannsgüter escortirte. Er hatte
jetzt auf 90 Meilen jene traurige Wüste zu durchziehen, welche „die
Tour des Todes" heißt, und wo man an Wasser, wie an Speise und
Feuermaterial Mangel litt. Zu Donnana erst, am 22. Dec., fan=
den seine Truppen wieder Erholung. Indem sie nun in der Rich=
tung auf El Paso vorrückten, trafen sie am 25. Dec., bei Bracito
am del Norte, auf mexikanische Streitkräfte unter General Ponce de
Leon. Dieser sandte einen Officier mit einer schwarzen Fahne und
befahl dem amerikanischen Commandeur vor ihm zu erscheinen. Als
dies verweigert wurde, fügte der Parlamentär mit hochmüthiger
Verachtung hinzu: Wir werden weder Pardon geben noch anneh=
men. Die Mexikaner rückten darauf vor und feuerten auf ihrer
ganzen Linie entlang dreimal hintereinander ihre Gewehre ab. Die
Missourier warfen sich dabei zu Boden und als die Mexikaner, sie
für todt haltend, näher kamen, sprangen sie plötzlich auf und richte=
ten ein so furchtbares Feuer auf den Feind, daß derselbe in wilder
Unordnung die Flucht ergriff, 200 Todte und Verwundete auf dem
Schlachtfelde lassend, während die Amerikaner nur sieben Verwun=
dete und gar keinen Todten hatten. Die Stärke der Mexikaner be=
trug 1200 Mann, denen Doniphan nur 500 entgegen zu stellen
hatte. Die Amerikaner hatten nun in dem reizenden Thale des
El Paso del Norte Gelegenheit, sich vollständig von den ausgestan=
denen Mühseligkeiten zu erholen. Hier stießen auch die von Santa
Fe unter Clarke und Weightman gesandten Artillerie=Compagnien
zu ihnen.

Von El Paso sollte ihr Weg nun weiter in unbekannte, feindliche
Gegenden gehen, und nun erfuhren sie, daß General Wool nicht in
Chihuahua wäre, und daß sie auf seine Armee nicht zu ihrem Schutz
zählen durften. Missouri begann Besorgniß für das Schicksal sei=
ner Söhne zu fühlen. Sie aber drangen furchtlos weiter vor. Am
8. Februar brach Doniphan vom El Paso auf. Seine Truppen
hatten jetzt eine Wüste von 65 Meilen zu durchziehen, und die ganze
Macht kam hier in die dringendste Gefahr, bis auf den letzten Mann
vor Durst zu Grunde zu gehen. Viele der Zugthiere und Pferde
stürzten nieder, mancher Brave warf sich verzweifelnd zu Boden, um
zu sterben; viele Soldaten und Officiere selbst warfen alles von sich,

29*

um leichter mit ihren letzten Kräften noch einen 10 Meilen entfernten Landsee (Laguna de los patos) zu erreichen; aber die gütige Vor=sehung, welche so oft während des Krieges unsre Krieger gnädig er=hielt und rettete, erlöste sie auch hier wieder von ihrem Leiden, indem ein so heftiger Regenschauer eintrat, daß die Waldbäche von den Felsen hinabstürzten, sie zu erquicken; so gelang es ihnen endlich den See zu erreichen, wo sie lagerten, und nachdem sie nur einen Tag ausgeruht, traten sie am 18. Februar von neuem ihren Marsch an.

Als Colonel Doniphan sie nunmehr Chihuahua näherte, erfuhr er, daß eine Streitmacht von 4000 Mann vom Gouverneur der Provinz Don Angel Trias ausgehoben worden wäre, um sich ihm entgegen zu stellen, und am 28. Februar stieß er auf den Feind, der sich stark verschanzt in einer festen Position am Paß von Sacramento, 18 Meilen von der Hauptstadt, aufgestellt hatte. Während des ganzen Krieges wurden wohl kaum kühnere Thaten vollbracht als in dem Kampfe, der sich nun entspann, und besonders that sich Capitain Reid hervor, der an der Spitze der Cavallerie allen seinen Leuten voraus die feindlichen Batterien stürmte. So wurde die viermal stärkere Uebermacht (die Amerikaner zählten nur 925 Mann), die unter den Augen ihres Gouverneurs auf selbstgewähltem, vortheil=haften Terrain, und commandirt von den Generalen Heredia und dem wissenschaftlich gebildeten, ehemaligen Kriegsminister General Conde focht, mit einem Verluste von 300 Todten, und ebenso vielen Verwundeten, gänzlich geschlagen, während die Amerikaner nur den Verlust eines Todten und 18 Verwundeter zu bedauern hatten.

Nach dieser Niederlage war die Stadt und Provinz Chihua=hua ganz in der Gewalt der Sieger. Da Capitain Reid und Weightman sich in der Schlacht beide vorzugsweise ausgezeichnet hatten, so wurde ihnen die Ehre zu Theil, am folgenden Tage deta=chirt zu werden, um militärisch von der Hauptstadt des Landes Be=sitz zu nehmen. Oberst Doniphan selbst sammelte erst die Trophäen seines Sieges, und rückte sodann den 2. März selbst mit dem Haupt=corps in Chihuahua ein, und ließ die Flagge seines Landes über eine Stadt wehen, die 40,000 Einwohner enthielt, und in deren Nähe einige der reichsten Bergwerke Mexikos sich befinden.

In diesem gesunden und herrlichen Clima genossen seine schwer strapezirten Truppen sechs Wochen lang der stärkenden Ruhe, wäh= rend des Beginns des Frühlings; dann marschirten sie über Parras nach Saltillo, wo sie endlich am 22. Mai zu General Wools Ar= meecorps stießen. Aber schon war die Schlacht bei Buena Vista geschlagen worden, und ihre Dienstzeit ging am letzten Mai zu Ende. Sie wurden deßhalb über Comargo und Rio Grande zurück nach New=Orleans dirigirt, woselbst sie am 15. Juni ankamen, nachdem sie seit ihrem Ausmarsch von den Ufern des Mississippi 5000 Meilen marschirt waren.

Während dessen hatten die Neu=Mexikaner eine Verschwörung angezettelt, um sich dem Joche der Amerikaner zu entziehen. Am 19. Januar 1847 brachen zu gleicher Zeit an verschiedenen Orten Aufstände aus. Zu Fernando de Taos wurde der amerikanische Gouverneur Charles Bent, der Sheriff Lee und noch vier Andere grausam ermordet, zu Arroya Honda fielen ebenfalls sieben Ameri= kaner, desgleichen in Rio Colorado und vier in Mora. Oberst Price, der das Militaircommando in Santa Fe führte, erhielt diese erschütternde Kunde am 20. Jan., zugleich mit der Nachricht, daß der Feind, dem stündlich Verstärkungen zukämen, gegen ihn heran= rücke. Er sandte sofort Befehle an alle seine Außenposten, zu ihm zu stoßen. Am 23. marschirte er dem Feinde entgegen. Am 24. traf er bei der kleinen Stadt Canada mit demselben zusammen, griff ihn sofort an und schlug ihn in die Flucht. Am 29. hatte Oberst Price, der inzwischen, durch Capitain Burguin von Albu= querque, bis auf 479 Mann verstärkt worden war, ein zweites sieg= reiches Rencontre mit den 1500 Mann starken Mexikanern beim Bergpasse Embudo. Nun zogen die Amerikaner über die Berge von Taos durch zwei Fuß tiefen Schnee, bei einer so starken Kälte, daß vielen die Glieder erfroren. Durch Fernando de Taos passirten sie, ohne vom Feinde belästigt zu werden. Zu Puebla aber fanden sie am 5. Februar den Feind in einer verschanzten Position aufge= stellt. Diese Position wurde zwar mit Sturm genommen und der Feind vertrieben, aber nicht ohne den schmerzlichen Verlust mehrerer besonders tapferer Officiere, namentlich des Capitains Burguin, der hier fiel.

Ebenso war Capt. Hendley am 22. Januar bei einer Attaque auf
das Dorf Mora gefallen. (Das Dorf wurde am 3. Februar durch
ein Detachement unter Capt. Morin zerstört.)

Im Ganzen mögen in diesen Gesechten die Mexikaner circa 300
Mann an Todten verloren haben; die Zahl ihrer Verwundeten ist
nicht bekannt. Der Verlust der Amerikaner betrug an Todten und
Verwundeten ungefähr 60. 15 Mexikaner wurden als Verschwörer
hingerichtet.

Obgleich nun aber die Amerikaner Sieger geblieben waren, so
lebten sie doch fortan immer in Furcht vor geheimen Verschwörun-
gen. Auch die Indianer, besonders die Commanches, begannen
feindselige Gesinnungen zu zeigen, und längs der weiten Communicationslinie, von den Niederlassungen am Missouri bis nach Santa
Fe, Californien und Oregon, wurden Raub und Mord von den
Wilden gegen Reisende verübt. Die Regierung der Vereinigten
Staaten verstärkte deßhalb die hier stationirten Truppen. Ein
neues Bataillon wurde nach Neu-Mexiko geschickt, eins wurde in
Santa Fe unter Colonel Gilpin verwandt, ein anderes unter Colonel Powell auf der Tour nach Oregon aufgestellt. Colonel Price
wurde zum General avancirt, und erreichte, nachdem er das Commando an Colonel Walker übergeben hatte, am 25. September Missouri wieder, nachdem er von seinem Bataillon im Kampfe zc. mehr
als 400 Mann verloren hatte.

Da die mexikanische Regierung es verweigert hatte, sich auf Friedensunterhandlungen einzulassen, so beschloß die Executive der Vereinigten Staaten, über Vera Cruz einen Streich auf die Hauptstadt des
feindlichen Landes selbst auszuführen. General Scott, der im Range
höchste Officier der Armee, wurde gebührlicherweise auserwählt, dieses gefährliche Unternehmen zu leiten. Am 18. November 1846
erhielt der General seine Ernennung durch Secretair Marcy, und
war angewiesen, die nöthigen Streitkräfte hauptsächlich von der Armee des General Taylor zu entnehmen; während diesem General
Mittheilung gemacht worden war, daß die Truppen zu besagter Invasion von seinem Corps abgerufen werden würden. Am 25. November gab General Scott, obwohl mit Widerstreben, die Ordres,
durch welche, wie bereits erwähnt, den Generalen Taylor und Wool

der größere Theil ihrer Streitkräfte entzogen wurde. Aber mit einer
schwächeren Macht als die, welche General Scott gegeben wurde,
wäre es Wahnsinn gewesen, einen solchen Einfall zu beginnen; noch
konnte von andrer Seite die Natur des Unternehmens den Verzug
und Zeitverlust gestatten, um neue Truppen auszuheben und zu dis-
cipliniren. Das tödtliche Sommerclima von Vera Cruz erforderte
unverzügliches und schnelles Handeln. Santa Anna lag bei San
Luis Potosi mit 20,000 Mann. Es schien eher wahrscheinlich, daß
er sich nach Vera Cruz wenden würde, woselbst er dann vereint mit
den Streitkräften in jener Gegend der Landung des General Scott
sich mit 30,000 Mann hätte widersetzen können; als daß er sich gegen Gen. Taylor wenden würde. Aber (General Scott erfuhr dies
erst nach seiner Landung) Santa Anna wählte das Letztere und
wurde bei Buena Vista geschlagen. Um die wichtigen und großar-
tigen Vorbereitungen für eine Belagerung im fremden Lande zu
machen, war General Jesup, der Generalquartiermeister, noch New
Orleans gegangen, um selbst mit General Scott alle Details zu
ordnen. In welch' großartigem Style die Sache angegriffen wurde,
mag daraus erhellen, daß allein 163 Transportschiffe dazu gebraucht
wurden. Zum allgemeinen Sammelplatz der verschiedenen Truppencorps, welche die Invasionsarmee bilden sollten, war die 125
Meilen von Vera Cruz gelegene Insel Lobos gewählt worden. Unvermeidliche Verzögerungen traten jedoch ein, so daß General Scott
sich doch erst am 7. März mit seinen Truppen auf der Transport-
flotte einschiffte, welche von Commodore Conner befehligt wurde.
Am 9. erreichte er Vera Cruz und landete die ganze Armee, mit be-
wundrungswürdiger Ordnung an der Westseite der Insel Sacrifi-
cios. Die Garnison der Stadt wurde nun aufgefordert, sich zu ergeben, und da sie sich weigerte, ließ General Scott Belagerungsbat-
terien unter Leitung des Oberingenieurs Colonel Totten errichten,
und begann in der Nacht des 18. März ein furchtbares Bombarde-
ment gegen die Stadt. Die Flotte wirkte hierbei gleichfalls mit,
obgleich sie sich dadurch dem Feuer des Castells aussetzte. Am 26.
Morgens ließ General Landera, Commandant von Vera Cruz, Ca-
pitulations-Vorschläge machen. Die Generale Worth, Pillow und
Totten kamen endlich mit ihm über die einzelnen Bedingungen über-

ein, und am 27. Abends wurde Vera Cruz und das starke Castell San Juan d'Ullao, die Haupthandelsstadt und die stärkste Festung Mexikos mit 5000 Mann (die auf Ehrenwort entlassen werden sollten) und 500 Stück Geschützen übergeben. Bei der ganzen Belagerung erlitten die Amerikaner nur den sehr geringen Verlust von neun Mann, unter denen sich leider auch die beiden sehr verdienten Offi= ciere, Capt. Alburtis und Vinton, befanden. Capt. Swift, eine hervorleuchtende Zierde der Armee, der eine Compagnie Sappeurs und Mineurs gebildet hatte, schonte in seinem Diensteifer seine Gesund= heit so wenig, daß er vor der Front seiner Compagnie niederstürzte, und von Allen bedauert im Hospital starb. General Scott übte strenge Disciplin in seiner Armee, und Eingriffe in das Privat= recht friedlicher Mexikaner wurden nicht gestattet.

Die amerikanische Regierung nahm jetzt das System an, von den eroberten Gebieten Geldabgaben zu erheben, damit nicht durch zu große Milde und prompte Bezahlung für alle Bedürfnisse der Ar= mee, der Krieg so zusagen zu einem pecuniären Vortheil für einige Stände der Mexikaner werden, und der Frieden sich dadurch verzö= gern möchte. Da nun also die besten Häfen Mexikos erobert wa= ren, so wurden amerikanische Zollbeamten ernannt und Einfuhrzölle erhoben. Am 8. April brach General Scott von Vera Cruz auf, nachdem er eine Garnison daselbst zurückgelassen. General Twiggs wurde mit der Avantgarde auf der Straße nach Jalapa vorgescho= ben. Die übrigen Abtheilungen der Armee rückten am Fuße der großen östlichen Bergkette der Cordilleren vor, und der Ober=Gene= ral schlug bei Plan del Rio ein Lager auf. Jetzt lag ein steiler, schwierig zu passirender Bergpaß vor ihm. Der Paß selbst, sowie die Höhen, welche ihn beherrschten, starrten von Kanonen, und wa= ren von 12,000 Mann unter Santa Anna besetzt. Dieser hatte alle möglichen Anstrengungen gemacht, den Muth der Seinigen auf= recht zu erhalten, und hatte erklärt, daß er lieber fechtend fallen wolle, als dulden, daß die amerikanischen Schaaren stolz die kaiser= liche Hauptstadt von Azteca bedrohen sollten. General Scott re= cognoscirte den Feind und fand, daß seine Stellung so stark befestigt, und so vollkommen durch die Batterien auf den Höhen des Cerro Gordo gedeckt waren, daß jeder Frontangriff unausführbar wäre.

Aber unterstützt durch das Genie der Ingenieure Lee und Beauregard fand er, daß durch Anlegung einer neuen Straße, über steile
Klippen und tiefe Abgründe, die feindliche Stellung nach links hin
(auf dem feindlichen rechten Flügel) umgangen werden könnte.
Nachdem in drei Tagen heimlich die nöthigen Arbeiten hierzu vollendet worden, veröffentlichte der Obergeneral am 17. April in einem
Armeebefehl den ganzen detaillirten Plan des Angriffs für den folgenden Tag, genau nachweisend, wie die Schlacht gewonnen, wie der
Feind verfolgt und wie die größtmöglichen Vortheile aus dem Siege
gezogen werden müßten; und alles wurde pünktlich so ausgeführt,
wie er es befohlen hatte.

Gegen Mittag schon war der steile Paß genommen, die Höhen
von Cerro Gordo waren von der Brigade Twiggs erstürmt, und
das feindliche Lager durch eine Abtheilung unter Colonel Harney,
Gen. Shields (der schwer verwundet wurde) und Col. Riley erobert worden. Um 2 Uhr Nachmittags wandte das feindliche Heer
sich zur hastigen Flucht, über tausend todte und verwundete Mexi-
caner bedeckten das Schlachtfeld; von den 8500 Amerikanern waren 430 getödtet oder verwundet. 3000 Mexikaner wurden gefangen genommen, aber da man weder Lebensmittel, noch sonst Gelegenheit hatte sie zu halten, so wurden sie auf Ehrenwort wieder
losgelassen. Santa Anna wurde nun mit großem Eifer verfolgt.
Gen. Scott hatte schon vor der Schlacht befohlen, daß jeder der
Verfolger Lebensmittel auf zwei Tage mit sich nehmen und daß
ihnen, damit sie nicht inne zu halten nöthig hätten, Munitionswa-
gen 2c. unmittelbar nachfolgen sollten. Am 19. rückte die amerikanische Cavallerie auf dieser Verfolgung in Jalappa ein und nahm
die Stadt in Besitz. Am 20. fanden sie den wichtigen Posten La
Hoya verlassen. Am 22. pflanzte General Worth, nachdem die
Amerikaner nun den Gipfel der östlichen Cordilleren erreicht hatten,
ohne Widerstand zu finden, die Fahne seines Landes in dem Castel
von Perote (nach San Juan d' Ulloa der stärksten Festung Mexiko's) auf. Durch diese nachdrückliche und unaufhaltsame Verfolgung jenes denkwürdigen Sieges, wurde der Feind verhindert, sich
wieder zu erholen und in diesen seinen stärksten Inlandspositionen
Stand zu fassen, und dadurch wurden der siegreichen Armee neue

Schlachten erspart. Santa Anna's Equipage und Kanzlei wurden
bei Cerro Gordo zwar gerettet, aber eine große Anzahl Geschütze
fiel dort sowohl, wie in Perote, den Amerikanern in die Hände.
Von Perote weiter, durch das große tafelförmige Thalland zwischen
den großen Ketten der Cordilleren, die Terras Frias (das kalte
Land) genannt, hatte die amerikanische Armee nun keinen ernstli=
chen Widerstand mehr zu erwarten.

Am Morgen des 15. Mai rückte die Avantgarde unter Worth
in Puebla ein, die zweite Stadt des Landes von 80,000 Einwoh=
nern. Die Mexikaner, Männer und Weiber, drängten sich eifrig
von den gefüllten Balcons die gewaltigen Sieger zu sehen. Durch
die Kriegsstrapatzen mitgenommen, und in das einfache nüchterne
Grau der amerikanischen Armee gekleidet, entsprachen sie den Er=
wartungen der an glänzende Uniformen gewöhnten Mexikaner
durchaus nicht, und diese konnten endlich gar keinen anderen
Grund für die Erfolge der Amerikaner auffinden, als den, „daß
ihre Anführer grauhärige, alte Männer wären."

Da nun die amerikanischen Heere die nördlichen Theile des Lan=
des überzogen, und ferner einen erfolgreichen, die Hauptstadt selbst
bedrohenden Einfall ins Innere gemacht hatten, so sandte die Regie=
rung zu Washington Nicolas P. Trist mit dem Auftrag ab, zu ver=
suchen, ob die mexikanische Regierung jetzt vielleicht zu Friedensver=
handlungen geneigt wäre. Aber wiederum wurde der Olivenzweig
des Friedens zurückgewiesen. Dagegen war die Unterbrechung, die
durch diese nutzlosen Versuche, Frieden zu schließen, in den Opera=
tionen der Armee hervorgerufen wurde, vielfältig nachtheilig. Die
Stärke des Heeres schwand durch Krankheiten, denn das Klima, so
angenehm es ist, erwies sich doch in so hohem Grade ungesund, daß
die Amerikaner zu Hunderten in die Hospitäler kamen, und viele
selbst starben. (700 starben in Perote und 1800 lagen einmal zu
gleicher Zeit in Puebla.) Die Zeit, für welche viele der Freiwilli=
gen Dienste genommen hatten, ging zu Ende, viele (1700 Mann)
waren sogar desertirt. Inzwischen hatte der Congreß die Bildung
von 10 neuen Regimentern durch einen Beschluß vom 11. Februar
1847 sanctionirt, und von diesen wurde der Armee über Vera Cruz
Verstärkung nachgeschickt. Obgleich jedoch diese Verstärkungen nicht

groß genug waren, um Scott in den Stand zu setzen Besatzun=
gen zurückzulassen, die hinlänglich gewesen wären, ihm seine Zu=
fuhrslinie im Rücken frei zu halten, so beschloß er dennoch vorzu=
rücken.

Am 7. August brach er demgemäß 10,728 Mann stark von Pue=
bla auf und ließ 3000 Mann in den Hospitälern und als Be=
satzung unter Col. Childs zurück. Die einzelnen Colonnen muß=
ten sich nur in solchen Entfernungen halten, daß sie einander
nöthigenfalls unterstützen konnten, und so führte Scott, persönlich
die Vorhut begleitend, seine kleine Armee vorwärts, um gleich
einem neuen Cortes den zahllosen Massen entgegen zu treten, die
der bevorstehende Todeskampf einer zur Wuth getriebenen Nation
gegen ihn heraufbeschwören könnte. Der Marsch der Amerikaner
ging jetzt durch eine reizend schöne angebaute Gegend, in der Was=
ser reichlich vorhanden war. Schnell begannen sie nun die Berge
der großen Cordilleren von Anahuac, die die Scheidelinie zwischen
beiden Weltmeeren bilden, emporzusteigen. Am dritten Tage ging
ihr mühsamer Marsch an steilen Abhängen hinauf. Endlich war
der Gipfel erreicht und drei Meilen jenseits Rio Frio tauchte plötz=
lich vor ihren in Staunen entzückten Augen alle die Pracht und
Schönheit des großen Thales von Mexiko auf. Der gigantische
Gipfel des Popacatapetl erhob sich in der Ferne zu ihrer Linken,
vor ihnen lag der See Texcuco und jenseits desselben die Dome
und Thürme der Stadt der Montezuma's. Mancher tapfere Ame=
rikaner jubelte damals, diese Thürme zu sehen, zu denen er nie
gelangen sollte. Die Bergpässe waren hier nicht besetzt und die
Armee ging daher weiter, bis die Avantgarde unter General
Twiggs am 11. zu Ayotla, nördlich vom See Chalco, nur 15 Mei=
len von der Hauptstadt Halt machte. Die übrigen Corps wurden
nun schnell concentrirt und in kleinen Distanzen von einander,
theilweise am östlichen Ufer des Sees gelagert. Jetzt kam es da=
rauf an, genau die Position der Stadt und Alles, was auf ihre
Vertheidigung Bezug hatte, kennen zu lernen und in gehörige Er=
wägung zu ziehen. Der eigentliche Grund der Stadt war früher
eine Insel gewesen, und der See, der sie früher begränzte, war zu
einem schlammigen Morast eingetrocknet. Durch diesen Sumpf

führten lange gerade Dämme, die sehr leicht durch Artillerie bestrichen werden konnten, als Straßen von der Landstraße ab zu den verschiedenen Thoren. Der Damm jedoch, der für den von Vera Cruz Kommenden zu passiren war, zeigte sich als der längste von allen. Bevor man aber überhaupt einen dieser Dämme erreichen konnte, war noch erst ein äußeres sehr starkes System von Verschanzungen zu überwinden.

Eine kühne Recognoscirung wurde gemacht. Auf dem Wege von Vera Cruz, wo die Armee jetzt lagerte, konnte man sich der Stadt nicht nähern, ohne vorher die stärksten der äußeren Befestigungswerke, die von El Penon, zu nehmen. „Ohne Zweifel," sagt General Scott, „hätten sie genommen werden können, doch sicher nicht ohne einen großen und unverhältnißmäßigen Verlust, und ich mußte die tapfre Armee schonen und aufsparen für eine große Schlacht, die, wie ich deutlich voraussah, noch geschlagen werden mußte, bevor die Hauptstadt genommen, oder der große Zweck des Feldzuges, ein gerechter und ehrenwerther Friede, errungen werden konnte." Durch die Ingenieure geleitet rückte daher die Armee am 15., in einem Marsche von 27 Meilen auf einem neugebahnten Wege über scharfe vulcanische Felsen und tiefe Abgründe, an Stellen, von denen der Feind nie sich hatte träumen lassen, daß sie passirbar wären, die Seen Chalco und Jochamileho umgehend, nach St. Augustine auf dem Wege von Acapulco acht Meilen südlich von Mexiko. Dort wurde am 18. ein Lager aufgeschlagen. Die feindlichen Werke, die auf dieser Seite den Zugang zur Stadt wehrten, waren das Fort Antonia, und anderthalb Meilen nördlich, die stark befestigte Höhe von Churubusco. Diesen Werken konnte man sich in Front nur auf einem sehr gefährlichen Dammwege nähern. Wenn man aber eine Umgehung nach Westen machte, wo indessen neue Gefahren und Schwierigkeiten entgegen standen, war es jedoch möglich, sie in der linken Flanke anzugreifen. Der Obergeneral befahl daher zwei Bewegungen, die beide gleichzeitig ausgeführt wurden. General Worth rückte mit Harney's Cavallerie vor, um Fort Antonio in Front zu bedrohen, während General Pillow's Division, bestehend aus den Brigaden Pierce und Cadwallader, sich nach links wandte, um unter Leitung der In-

genieure Lee, Beauregard ꝛc. einen Weg zu bahnen, durch zerrissene
Klippen alter Lava, deren tiefe Schluchten mit Wasser gefüllt waren.
Um diese Arbeiten zu decken und zu unterstützen, wurde General Twiggs
Division, bestehend aus den Brigaden Riley und Percifer Smith
nachgesandt. Am Nachmittag des zweiten Tages, nachdem dieser
schwierige Weg fast drei Meilen weit fortgeführt worden war, befan=
den sich die Truppen auf Kanonenschußweite von dem befestigten
Lager bei Contreras, welches mit 22 schweren Geschützen bepflanzt
und von 6000 Mann unter General Valencia besetzt war. Dieses
Lager stand ferner durch eine gute Straße mit der Stadt Mexiko, und
ebenso mit dem Hauptlager Santa Anna's in Verbindung, welches
zwei Meilen näher lag. Man konnte sehen, wie die Mexikaner sich
auf dieser Straße eilig nach dem bedrohten Punkte bewegten. Nun
begann der Kampf in dem die Divisionen Twiggs und Pillow, be=
sonders aber die Brigade Riley, engagirt war. Unerschrocken rückten
sie vorwärts, obgleich sie stark vom feindlichen Feuer zu leiden hatten,
während die leichten amerikanischen Batterien von Magruder und
Callender, welche sie unterstützten, nur mit großen Schwierigkeiten
in Action gebracht werden konnten. Die Sonne neigte sich schon
zum Untergange, als der Obergeneral selbst mit neuen Truppen auf
dem Kampfplatz erschien, und Colonel Morgan von der regulären
Infanterie eine Ordre gab, die dieser unterstützt durch General
Shields von den Freiwilligen mit Erfolg ausführte; der Oberst
sollte nämlich das Dorf Contreras (oder, wie es auch genannt wird,
Ansalda), welches auf dem Wege der Communicationslinie vom La=
ger Valencia's zu dem Santa Anna's lag, wegnehmen. Jetzt
war dem General Valencia jede Verstärkung abgeschnitten. Die
Nacht, die nun eintrat, war kalt und finster und der Regen stürzte
in Strömen herab auf die Truppen, die ohne alle Nahrung schlaflos
im Felde bivouakirten. Die Lage der Truppen in Ansalda war au=
ßerdem in hohem Grade gefährlich, denn in ihrer vorgeschobenen
Stellung waren sie jetzt durch ein unpassirbares Lavafeld, in dessen
tiefen Einschnitten der Regen reißende Ströme gebildet hatte, vom
Hauptquartier abgeschnitten. Sieben Adjutanten hatte General
Scott seit Beginn der Nacht mit Befehlen an sie abgeschickt, aber
keinem gelang es, zu ihnen zu dringen. Aber die Befehlshaber die=

ser Abtheilung fanden neue Hülfsquellen in ihrem Genie, ihrem
Muthe und ihrer Einigkeit.   General Percifer Smith schlug vor,
um Mitternacht aufzubrechen, den Feind zu überfallen und das La=
ger bei Contreras zu stürmen.   Jeder war sogleich bereit, und wie
aus eigenem Antriebe griff alles in einander, Officiere wie Sol=
daten jeder war prompt und schnell bei dem erforderlichen Werke.
General Shields vertheilte seine 600 Mann auf eine lange Linie,
und ließ zahlreiche Wachtfeuer anzünden, um Santa Anna und sei=
ner Armee von 12,000 Mann, der er allein gegenüberstand, die Be=
wegung gegen Valencia's Lager zu verdecken.   Einem einzigen Bo=
ten nur, dem Ingenieur Lee, gelang es, in der tiefen Finsterniß,
durch die Wasser und Felsen hindurch, in's Hauptquartier zu kom=
men, und dem Obergeneral die angenehme Nachricht von dem tap=
fern Vorhaben zu bringen, und in General Smith's Namen um
Unterstützung zu bitten.   General Scott gab seine Einwilligung,
und sandte General Twiggs, um gegen fünf Uhr Morgens die im
Rücken des Feindes Stürmenden dadurch zu unterstützen, daß er die
Front des Feindes bedrohte.   Um Mitternacht brach General Smith
geführt von Ingenieur Smith auf.   Oberst Riley befehligte die
Vorhut.   Der Regen goß noch immer in Strömen herab, und der
Marsch ging nur langsam vorwärts.   Eine so tiefe Finsterniß
herrschte, daß die Soldaten dicht an einander gedrängt gehen muß=
ten, um sich nicht zu trennen und zu verlieren.   Endlich, ungefähr
bei Sonnenaufgang, stürmten sie 4500 Mann stark die Verschan=
zungen, und warfen sich völlig unerwartet auf die bestürzten Mexi=
kaner.   17 Minuten lang herrschte der Schrecken und das Morden,
dann ergaben sich die Mexikaner und das Lager war genommen.
Vier Generale, 88 Officiere und 3000 Mann wurden gefangen,
und 33 Geschütze erbeutet, unter welchen sich auch zwei von je=
nen befanden, die Lieutenant O'Brien auf so ehrenvolle Weise bei
Buena Vista verloren hatte, und die durch Capitain Drum, mit
einer Abtheilung desselben Regiments, erobert worden, zu dem sie
in jener Schlacht gehört hatten.   Die Sieger von Contreras konn=
ten sich des jubelnden Hurrahs bei ihrer Ueberlieferung nicht ent=
halten, worin auch der inzwischen am Platze erschienene Obergene=
ral, stolz auf seine brave Armee, herzlich mit einstimmte.   700 Me=

rikaner waren geblieben, die Amerikaner verloren an Todten und Verwundeten 66 Mann, unter ersteren den braven Capitain Hanson. Jetzt befahl General Scott eine Bewegung gegen Churubusco, wozu der eben gewonnene Sieg nunmehr den Weg gebahnt hatte. In nordöstlicher Richtung auf der Straße durch St. Angel vorrückend, hielt er ein weites Feld besetzt. General Worth commandirte auf dem äußersten rechten Flügel, wo er den jetzt vom Schrecken ergriffenen Feind aus Fort Antonia trieb. General Shields, der bei Contreras Stunden lang die ganze Armee Santa Anna's in Schach gehalten hatte, befehligte den äußersten linken Flügel, und hatte auch jetzt noch die gefährliche Aufgabe, die mexikanische Hauptarmee von dem eigentlichen Punkt, der gegenwärtig angegriffen werden sollte, abzuhalten. Das Centrum führte General Twiggs und rückte schnell auf Churubusco los. Er langte von Westen herkommend dort an, und attaquirte die eine der beiden sehr starken Befestigungen, die verschanzte Kirche von San Pablo, mit entschlossenem Muth. Gleichzeitig traf aber auch General Worth, durch General Pillow und Cadwallader verstärkt, von Fort Antonio kommend, bei Churubusco ein; stürzte sich wüthend auf die ihm entgegenstehende, stärkere Verschanzung, den sogenannten Pont du Tête (Brückenkopf) und nahm sie stürmend ein. Sofort ließ er nun die Kanonen wenden und auf die zur Citadelle gemachte Kirche richten, worauf auch hier der Feind, unter dem alten, tapfern General Rincon, sich ergab. (20. August.)

Während dieser Vorgänge kämpften auf dem linken Flügel die Generale Shields, Pierce zc. eine blutige Schlacht gegen Santa Anna's furchtbare Uebermacht, nur unterstützt von einzelnen Regimentern, die Scott, nach dem erfolgreichen Fortgange der Operationen an den andern Punkten, allmälig als Succurs dorthin schickte. Endlich räumte Santa Anna das Feld. Shields und Worth verfolgten ihn, und Colonel Harney's Dragoner, die zu hitzig bis vor die Thore der Stadt selbst nachjagten, erlitten dadurch empfindlichen Verlust, einige Officiere fielen, und Capitain Kearney verlor hier seinen Arm.

Der Obergeneral hätte nun, wenn er seinen Sieg verfolgen wollte, die Stadt Mexiko nehmen können. Aber er war gesandt worden, nicht das Land zu erobern, sondern den Frieden zu erzwingen, und er glaubte, daß die Einnahme der Hauptſtadt einen Friedensſchluß eher verzögern, als beſchleunigen würde.   Er wollte die Regierung nicht entehrt aus der Stadt verjagen.   „Die Armee,“ ſagte Scott in ſeiner Depeſche, „möchte dieſer Republik noch etwas laſſen, woran ihr Stolz ſich hielte, und ſie opfert dem Patriotismus mit freudigem Herzen den glänzenden Ruhm, mit dem Schwerdte in der Hand, in eine ſo große Hauptſtadt einzuziehen.“

Der Obergeneral verlegte nun das Hauptquartier nach Tacu= baya, woſelbſt er am 21. Auguſt den Palaſt des Erzbiſchofs mit deſſen ſchönen Gärten bezog.   Hier wurde am 24. mit den mexika= niſchen Bevollmächtigten ein Waffenſtillſtand als Vorläufer des endlichen Friedens abgeſchloſſen.   N. P. Triſt, der Bevollmächtigte der Vereinigten Staaten, ſollte nun die Friedensbedingungen mit der mexikaniſchen Regierung feſtſtellen.   Unter andern verlangte dieſe, daß weite Strecken zwiſchen beiden Republiken als Trennung wüſt liegen bleiben ſollten.   Aber obgleich gedemüthigt, konnten die Mexikaner ſich dennoch nicht zur Abtretung der verlangten Lände= reien verſtehen.   Die Unterhandlungen wurden abgebrochen und nochmals erhob ſich der Muth der Mexikaner, einen letzten entſchei= denden Kampf zu wagen.   Sie verletzten den Waffenſtillſtand, in= dem ſie ihre Verſchanzungen verſtärkten.   Sie errichteten bei der ſogenannten Königs = Mühle eine Gießerei, in der ſie die von den Kirchthürmen genommenen Glocken zu Kanonen verarbeiteten.   Sie riefen die Provinzen auf, ſich in Maſſe zu erheben und ihnen zu Hülfe zu kommen, und mit Feuer, Gift, Dolch oder in jeder mögli= chen Weiſe die fremden Eindringlinge zu beſchädigen und zu ver= nichten.

Die Stadt Mexiko konnte von Tacubaya deutlich geſehen wer= den; ſie lag nordöſtlich etwa 3 Meilen entfernt, mehr in nördlicher Richtung, nur eine Meile entfernt, ragte aber die befeſtigte Berg= kuppe des Chapultepec hervor.   Seine Porphyrfelſen ſtiegen an der Süd= und Oſtſeite ſteil in die Höhe, während er auf der Weſtſeite durch eine bewaldete Abdachung mehr allmälig ſich erhob, hier aber lag am Fuß des Berges das befeſtigte ſteinerne Gebäude El Moli= nos del Rey (die Königsmühle) und eine Viertelmeile davon nach Weſten ſtand ein zweites ſteinernes Fort Caſa Mata.   Dies waren

die Hindernisse, welche jetzt den Amerikanern den Zugang nach der
Hauptstadt versperrten, und sie bildeten die Stützpunkte der mexika=
nischen Armee, welche 14,000 Mann stark unter Santa Anna hin=
ter ihnen aufgestellt war.

Nachdem die Generale Scott und Worth persönlich eine Recognos=
cirung vorgenommen und den Plan verabredet hatten, beorderte
ersterer letzteren zum Angriff auf Molinos del Rey. Ein furchtba=
rer Kampf entspann sich nun (8. September) und führte als Re=
sultat die Eroberung von Molinos und Casa Mata herbei. 800
Mexikaner nebst 52 Offizieren wurden gefangen; aber auch die
Amerikaner hatten schweren Verlust erlitten. Sie hatten 116 Todte
und 665 Verwundete, worunter sich 49 Offiziere befanden. In
heißesten Kampf stürzte sich Major Wright, von Mason vom Inge=
nieurcorps unterstützt, auf die Hauptbatterie im Centrum des
Feindes und nahm sie. So fürchterlich aber war der wüthende
Angriff, den die Mexikaner nun machten, um ihre Batterie wieder
zu nehmen, daß von 14 amerikanischen Offizieren allein 11 todt
auf dem Platze blieben, unter ihnen befand sich auch Wright und
Mason selbst. Eine Brigade verlor ihre drei ältesten Offiziere,
Col. M'Intosh, Major Waite wurden verwundet und Oberst
Martin Scott getödtet. Casa Mata war in die Luft gesprengt,
und El Molinos demolirt worden. Hier an dem Chapultepec war
es, wo früher der Palast der Montezumas stand, und hier empfin=
gen nun die Nachfolger Cortez die harte Züchtigung durch die ame=
rikanischen Waffen.

In der Nacht des 11. September ließ nun Gen. Scott aus den
eroberten schweren Geschützen 4 Batterien gegen die Befestigungen
des Chapultepec selbst errichten. Am 12., bevor noch die Nacht an=
brach, waren bereits die äußeren Schanzen durch das Feuer der
Amerikaner demolirt und Bresche geschossen worden. Am 15., um
8 Uhr Morgens begann der Sturm auf die Feste, die letzte Hoff=
nung einer großen Nation. Die Batterien, die bisher ununter=
brochen gefeuert hatten, hielten eine kurze Weile inne und dies
war das verabredete Signal vorzurücken. Gen. Quitman geht im
Sturmschritt von Süden vor; Gen. Percifer Smith von Südost
und Gen. Pillow und Colonel Clark greifen von Westen her über

die waldige Abdachung des Berges an. Die amerikanischen Bat=
terien fuhren indessen während der wüthenden Attaque immer fort
Bomben über die Köpfe ihrer Kameraden auf den Feind zu schleu=
dern. Die Garnison wehrte sich zwar heldenmüthig, aber endlich
dennoch überwältigt, begann sie zu weichen und sich zurückzuziehen.
In diesem Momente wurden die Reservetruppen , die unter Santa
Anna hinter Chapultepec aufgestellt waren, von Gen. Worth ange=
griffen und geworfen. Auf Befehl des Obergenerals verfolgte er
den Feind hart auf dem Fuße und suchte durch einen Umweg durch
das nordwestliche Thor San Cosme in die Stadt selbst einzudrin=
gen. Gen. Quitman verfolgte während dessen den nach der Stadt
fliehenden Feind auf dem geraden Wege von Chapultepec her; er
hatte Befehl, einen Scheinangriff auf das südwestliche, oder Belen=
Thor zu machen, welches sich in der Nähe der innerhalb der Stadt
gelegenen furchtbaren Citadelle befindet, um den Feind vom eigent=
lichen Angriffspunkte, dem San Cosme=Thore, abzuziehen.

Scott selbst rückte mit General Worth in die Vorstadt San Cosme
vor, wo die feindlichen Batterien, welche sie aufhalten sollten, nach
kurzem Kampfe genommen wurden. Zur Nacht jedoch kehrte er nach
Chapultepec zurück, um mit väterlicher Sorgfalt persönlich nachzu=
sehen, daß die Bedürfnisse des kämpfenden Heeres und der vielen
Verwundeten 2c. nach bester Möglichkeit befriedigt würden. General
Worth blieb seiner Instruction gemäß bis am Morgen in der Vor=
stadt liegen. Quitman dagegen brachte mit Shields und Smith
diese Nacht schon in der Stadt selbst zu, nachdem er von dem Schein=
angriff, der ihm befohlen worden, zu einem wirklichen übergegangen
war, und, obgleich mit beträchtlichem Verlust, das Belen=Thor ge=
nommen hatte. Die Citadelle hatten sie jedoch noch nicht passirt.
Als General Scott darauf am nächsten Morgen um vier Uhr
(14. Sept.) wieder in der Vorstadt San Cosme angekommen war,
erschien eine Deputation der mexikanischen Behörden, um mit ihm
eine Capitulation zu schließen. (Die mexikanische Armee war nach
Mitternacht aus der Stadt entflohen.) General Scott erwiderte
der Deputation, „daß die Amerikaner einrücken würden, ohne alle
andre Bedingungen als diejenigen, welche das eigene Ehrgefühl, der
humane Geist des jetzigen Zeitalters und die Würde des amerika=

nischen Charakters ihnen auferlegten." Worth und Quitman rück=
ten nun vorsichtig vorwärts; ersterer nach der Alameda, letzterer
nach dem Grand Plaza, wo die siegreiche Armee auf dem National=
palaste von Meriko das Sternenbanner der nordamerikanischen Re=
publik aufpflanzte.

Die merikanischen Streitkräfte in den Kämpfen vom 12. — 14.
beliefen sich ungefähr auf 20,000 Mann, denen die Amerikaner nur
7180 entgegen zu stellen hatten. Die Ersteren mögen dabei nahe
an 6000 Mann, die zahlreichen Deserteure mitgerechnet, eingebüßt
haben. Der Verlust der Amerikaner belief sich auf 10 Officiere und
130 Soldaten, die gefallen, und 68 Officiere und 703 Soldaten,
die verwundet worden waren. Um zehn Uhr Morgens rückte Ge=
neral Scott selbst mit einer Cavallerieeskorte, unter den hellen Fan=
faren der Trompeten, in die besiegte Hauptstadt der Azteken ein und
wurde auf dem Grand Plaza vom lauten Jubel seiner Kampfge=
nossen empfangen.

Während der ersten 24 Stunden hatten die Truppen von der
Anarchie in Meriko mehr zu erdulden, als vorher durch den Kampf.
2000 Verbrecher, die man aus den Gefängnissen entlassen hatte,
griffen die Amerikaner von den Dächern herab an, indem sie dabei
gleichzeitig in die Häuser einbrachen und Räubereien begingen.
Endlich wurden am 15. Morgens diese Banditen mit Hülfe der
Merikaner selbst unschädlich gemacht.

General Scott erließ an die Armee am Tage des Einzuges in
Meriko einen denkwürdigen Tagesbefehl, wie sie die Disciplin
und ihr Benehmen gegen die Besiegten halten sollte. Nachdem er
die Compagnien und Regimenter angewiesen hatte, sich zusammen
zu halten, fährt er fort: „Vermeidet alle Unordnung, Streit und
Trunkenheit; Marodeure werden kriegsgerichtlich bestraft werden.
Die gute Ordnung, deren Befolgung zu Puebla der Armee zu hoher
Ehre gereicht, muß auch hier befolgt werden. Die Ehre der Armee
und des Vaterlandes fordert von uns, daß Jeder sich bestmöglichst
betrage. Der Tapfere und Starke muß sich Gottes und seines Lan=
des Billigung seiner Thaten dadurch verdienen, daß er mit nüchter=
ner Besonnenheit, ordentlich und schonungsvoll verfährt. Der Ober=
general hofft, daß seine edlen Waffenbrüder ihr Ohr der mahnen-

den Stimme ihres Commandeurs und Freundes nicht verschließen werden."

Am 16. forderte General Scott auf, öffentlich und für sich Dankgebete für den glücklichen Sieg zu Gott zu erheben.

Am 19. wurde zur besseren Aufrechterhaltung strenger Ordnung das Kriegsrecht proklamirt, so daß die Bürger Mexiko's jetzt unter der amerikanischen Armee gesicherter gegen Gewaltthätigkeiten waren, als jemals vorher unter ihrer eigenen Regierung.

Die Crisis des Krieges war nunmehr vorüber. Das ganze weite Gebiet des mexikanischen Staats war dem Wesen nach thatsächlich erobert, und was von Kriegsoperationen noch folgte, war nur gleichsam das Wogen der Wellen, nachdem der Sturm sich schon gelegt hat.

Wir sahen oben, daß Scott, als er Puebla verließ, seine eigene Communikationslinie unterbrechen mußte, indem er nicht stark genug war, hinreichende Garnisonen zurückzulassen. Auch so hatte er, als er endlich in die Hauptstadt als Sieger einrückte, nur noch 6000 Mann bei sich. Hätte die Armee nicht so glückliche Erfolge erkämpft, so konnte sie in allem Ernste aus den früheren Erfahrungen erwarten, daß ihr wüthend erbitterter Feind keinen Mann von ihr am Leben gelassen haben würde. Die Mexikaner erndteten somit den verdienten Lohn ihrer früheren Grausamkeiten, indem die Amerikaner zu Thaten fast übermenschlicher Energie dadurch angetrieben wurden.

Obgleich nun aber Mexiko erobert war, so verlangten die Vereinigten Staaten doch nichts weiter von ihm, als einen Friedensvertrag zu schließen, und waren bereit, ihren Edelmuth in milden Bedingungen zu bewähren.

Santa Anna hatte Mexiko in der Nacht vom 13. September verlassen und ließ einige Tage lang nichts von sich hören. Während der Vorgänge in Mexiko nun war der Col. Childs, der in Puebla commandirte, und dessen ganze active Stärke 247 Mann betrug (1800 Mann lagen in den Hospitälern), seit dem Tage der Schlacht bei Chapultepec vom Feinde eng eingeschlossen worden. Der Muth der Belagerer wurde noch gehoben, als am 22. September Santa Anna selbst mit mehreren tausend Mann, dem Rest seiner Armee, vor

Puebla erschien. Col. Childs wurde aufgefordert, sich zu ergeben; aber, obgleich er selbst und seine kleine Schaar von Wachen und Strapazen fast erschöpft war, so wies er dennoch alle Anträge ab und setzte die Vertheidigung tapfer fort. Inzwischen war Santa Anna gemeldet worden, daß General Lane mit 3000 Mann Ver= stärkung für General Scott von Vera Cruz heranzöge. Er verließ daher am 30. Sept. Puebla, um nach Pinal zu gehen, wo Lane täglich erwartet wurde. Dieser hatte jedoch gleichfalls die Bewegung der Mexikaner erfahren; er wich daher von seiner directen Marschroute ab, und traf dadurch unerwartet bei Huamantla mit Santa Anna zusammen. Der Kampf begann und die Mexikaner räumten mit einem Verluste von 150 Mann das Feld. Die Amerikaner verloren 13 Todte und 11 Verwundete; unter den ersteren war der wohlbe= kannte Capt. Walker von den Texas Rangers. Am 12. October langte Lane bei Puebla an und entsetzte die Stadt, welche eine 40tägige Belagerung ausgehalten hatte. Nochmals wich nun Ge= neral Lane von seinem Marsche ab, um den Feind aufzusuchen. Zu Atlixco (10 Leagues von Perote) traf er auf den wohlbekannten General Rea, der eine starke Guerilla befehligte, und zerstreute die= selbe nach einem heftigen Gefechte, wobei 219 todte und 300 verwun= dete Mexikaner auf dem Platze blieben, während auf amerikanischer Seite nur ein Mann getödtet und Einer verwundet worden war. Von diesen Guerillabanden, deren Hauptquartier Atlixco bildete, waren früher viele Amerikaner, die einzeln oder in kleinen Abthei= lungen umherstreiften oder sich von ihren Corps entfernten, getödtet worden. Desgleichen war Major Sally, der 1000 Mann von Lane's Truppen von Vera Cruz nach Jalappa führte, von diesen Guerillas unter Rea viermal aus dem Hinterhalt angegriffen wor= und obgleich er sie dennoch jedesmal in die Flucht trieb, so hatte er doch 100 Mann seiner Leute eingebüßt.

Santa Anna verzweifelte nun an jedem glücklichen Erfolge; er verließ die Trümmer der Armee, legte am 18. October sein Amt nieder und begab sich selbst auf die Flucht. Senor Pena y Pena, als Präsident des höchsten Gerichtshofes, war dadurch der gesetzmä= ßige Nachfolger Santa Anna's in der höchsten Staatsgewalt. Er erließ sogleich einen feierlichen Aufruf an die verschiedenen Staaten

der Republik Mexiko, und forderte sie auf, Deputirte nach Gueretaro
zu schicken, woselbst die Friedensbedingungen berathen werden soll=
ten.   Am 11. November versammelte sich daselbst ein Congreß, der
vier Bevollmächtigte, unter denen auch General Rincon sich be=
fand, ernannte, welche mit Trist die Friedenspreliminarien feststellen
sollten.   Das amerikanische Gouvernement hatte zwar während dessen
das Vertrauen zu Trist verloren und seine Bevollmächtigung zurück=
genommen; dessenungeachtet unterzog er sich mit Zustimmung und
Billigung General Scotts in diesem dringenden Falle der Unterhand=
lung.   Am 2. Februar 1848 wurde der vorläufige Vertrag, über den
man sich verständigt hatte, von Trist und den mexikanischen Bevoll=
mächtigten zu Guadelupe Hidalgo unterzeichnet.   Am 22. wurde
derselbe vom Präsidenten Polk dem Senate zur Genehmigung vorgelegt.   Der Senat nahm den Vertrag jedoch nur mit Modificatio=
nen an, und der Präsident ernannte nun Sevier, Mitglied des Se=
nats, und Clifford, General=Anwalt, um mit dem so modifirten
Vertrage nach Quaretaro zu gehen und dessen Annahme dort zu
bewirken.   Der Vertrag wurde nochmals im mexikanischen Congreß
vorgelegt und von dessen Präsidenten dringend zur Annahme em=
pfohlen, welche auch mit einer starken Majorität ausgesprochen ward.

Der Friede wurde in Mexiko selbst der Armee erst am 29. Mai
von General Butler bekannt gemacht, dem Scott, da er heimkehren
wollte, das Commando übergab.

In der Zwischenzeit war General Sterling Price mit einer Streit=
macht von Neu=Mexiko nach Chihuahua gezogen, und hatte am
16. März bei Santa Cruz de Rozales, 60 Meilen von obiger Stadt
auf der Straße nach Durango, ein mexikanisches Corps unter Ge=
neral Angel Frias angegriffen und geschlagen, wobei er den General
selbst nebst 42 seiner Officiere gefangen nahm und den Mexikanern
im Ganzen einen Verlust von 238 Mann beibrachte, während er
selbst nur 20 verlor.

Sevier brachte den ratificirten Vertrag nach Hause zurück, wäh=
rend Clifford als amerikanischer Gesandter in Mexiko blieb, und am
4. Juli 1848 wurde der Friedensschluß in einer Proclamation des
Präsidenten Polk dem Volke der Vereinigten Staaten officiell bekannt gemacht.

Der Friedensvertrag zwischen den Vereinigten Staaten und Mexiko enthält 22 Artikel folgenden Inhalts:

Art. 1. Es wird fester und allgemeiner Friede zwischen den contrahirenden Theilen stipulirt. Art. 2. Bis zu der (jetzt erfolgten) Ratification des Friedens tritt Waffenstillstand ein. Art. 3. Nach erfolgter Ratification wird Mexiko unverweilt von den amerikanischen Truppen geräumt; es werden die Zollstätten sofort den mexikanischen Behörden wieder übergeben, alle, von dem Tage der Auswechselung der Ratification an eingegangenen Zollgebühren nach Abzug der Erhebungskosten an Mexiko ausgezahlt, und die Hauptstadt innerhalb Monatsfrist vollständig geräumt. Art. 4. Die genommenen Forts und Waffen werden zurückgegeben, das Land innerhalb dreier Monate vollkommen geräumt, diejenigen amerikanischen Truppentheile indeß, welche vor dem Eintritt der ungesunden Jahrszeit nicht eingeschifft werden können, gastfrei gehalten; die Kriegsgefangenen werden ausgewechselt und die Vereinigten Staaten tragen dafür Sorge, daß die von Indianern aus dem Gebiete der Vereinigten Staaten gefangen genommenen Mexikaner wieder in Freiheit gesetzt werden. Art. 5. Die neue Grenzlinie beginnt von der Mündung des Rio Grande, läuft durch die Mitte dieses Flusses bis zu der Südgrenze von Neu-Mexiko, von dort längs dieser Grenze bis zu ihrem westlichen Endpunkt, von dort nordwärts, längs der Westgrenze Neu-Mexiko's, bis zum Flusse Gila, von dort diesen Fluß hinab bis zum Colombo, und dann längs der Grenzlinie zwischen Ober- und Nieder-Californien bis zur Südsee. Die beiden Regierungen ernennen Commissäre, welche diese Grenzlinie gemeinschaftlich zu reguliren haben. Art. 6. Den Schiffen der Vereinigten Staaten wird freie Schifffahrt im Meerbusen von Californien zugesichert, und die Vereinigten Staaten erhalten das Recht, auf beiden Ufern des Gila eine Eisenbahn zu bauen oder einen Canal anzulegen. Art. 7. Das Recht der Schifffahrt auf dem Gila und dem Rio Grande steht beiden Völkern gleichmäßig zu, ohne daß von ihren Schiffen irgend eine Gebühr erhoben wird. Art. 8. Den Mexikanern in den abgetretenen Gebietstheilen steht es frei, entweder zu bleiben, oder mit ihrem Eigenthum auszuwandern. Art. 9. Die Bewohner der abgetretenen Gebietstheile werden, sobald thun-

31

lich, auf vollkommen gleichem Fuß mit den übrigen Bürgern, in die Union der Vereinigten Staaten aufgenommen. Art. 10. Die Vereinigten Staaten versprechen die mexikanischen Grenzen gegen die Indianer zu schützen; den Bürgern der Vereinigten Staaten ist es untersagt, von den Indianern gestohlenes Eigenthum der Mexikaner zu kaufen, und gefangene Mexikaner, welche in das Gebiet der Union gebracht werden, sollen von der Regierung wieder zurückgeliefert werden. Art. 11. Die Vereinigten Staaten bezahlen 15,000,000 Dollars an Mexiko, nämlich: bei der Ratification des Vertrags 3 Millionen baar in der Hauptstadt Mexiko, und ferner alljährlich, vier Jahre hindurch, 3 Millionen, ebenfalls in der Hauptstadt Mexiko, mit 6 Procent Zinsen vom Tage der Ratification an gerechnet. Art. 12. Die Vereinigten Staaten übernehmen die Bezahlung der, durch die Convention von 1834 regulirten Entschädigungs-Forderungen von Bürgern der Vereinigten Staaten an Mexiko. Art. 13. Die Vereinigten Staaten begeben sich aller weiteren Ansprüche an Mexiko. Art. 14. Die Vereinigten Staaten entlasten Mexiko überdies von gewissen früheren Zahlungsansprüchen amerikanischer Bürger, und versprechen zur Tilgung derselben 3,250,000 Dollars zu bezahlen; zur Untersuchung dieser Ansprüche soll eine Commission niedergesetzt werden. Art. 15. Beiden Theilen steht es frei, jeden beliebigen Punkt ihres Gebietes zu befestigen. Art. 16. Der Handelsvertrag von 1831 wird von Neuem auf acht Jahre in Kraft gesetzt. Art. 17. Die für den Unterhalt der amerikanischen Truppen vor der Räumung erforderlichen Vorräthe werden zollfrei eingeführt. Art. 18. 1) Waaren, welche eingeführt sind, während sich die Zollstätten im Besitz der Vereinigten Staaten befanden, sollen weder confiscirt noch neu verzollt werden; 2) dasselbe gilt von den, innerhalb 60 Tagen nach erfolgter Ratification eingeführten Waaren; 3) von den vorerwähnten Waaren soll keinerlei Abgabe erhoben werden; 4) alle bereits im Innern des Landes befindlichen, von außen eingeführten Waaren bleiben abgabefrei; 5) sind solche Waaren aber nach einem Orte gebracht worden, der nicht von amerikanischen Truppen besetzt war, so zahlen sie nachträglich den Zoll des mexikanischen Tarifs; 6) alle Waaren können ohne Erlegung eines Zolles wieder verschifft werden. Art. 19.

Alle Waaren, welche innerhalb 60 Tagen nach der Rückgabe der Zollstätten in mexikanische Häfen eingeführt werden, zahlen den Einfuhrzoll nach dem Zollregulativ der Vereinigten Staaten. Art. 20. Ergeben sich Differenzen, so werden die beiden Republiken sich bemühen, dieselben durch Unterhandlung auszugleichen. Art. 21. enthält Bestimmungen für den Fall, daß dennoch wieder einmal Krieg zwischen den Vereinigten Staaten und Mexiko ausbrechen sollte. Art. 22. Die Ratificationen sollen innerhalb dreier Monate ausgewechselt werden.

So endigte dieser glorreiche Krieg, der den Vereinigten Staaten nicht weniger als 30,000 Menschenleben und 78 Millionen kostete.

* * *

In Folge des Friedens verließ am 12. Juni 1848 die letzte Abtheilung der amerikanischen Armee die Stadt Mexiko und am 1. August übergab General Smith die Stadt Vera Cruz den mexikanischen Behörden.

General Scott, der, wie vorher bemerkt das Commando der Armee an General Butler übergeben hatte, wurde bei seiner Rückkehr nach den Vereinigten Staaten mit den größten Ehrenbezeigungen empfangen, so unter andern am 25. Mai 1848 von den Stadtbehörden und der Miliz New Yorks.

In den Vereinigten Staaten rüstete man sich um diese Zeit zu einem Kampfe anderer Art, nämlich zur Präsidenten-Wahl. Am 7. und 8. Juni versammelte sich die Whig-National-Convention in der Independence Hall zu Philadelphia und nominirte am 2. Tage den General-Major Zacharias Taylor zum Präsidenten und Millard Fillmore von New York zum Vicepräsidenten. Kurze Zeit vorher hatte die demokratische National-Convention zu Baltimore Lewis Caß von Michigan zum Präsidenten und Wm. O. Butler von Kentucky zum Vicepräsidenten nominirt. Mit diesen letzten Nominationen war indeß eine Anzahl Glieder der demokratischen Partei nicht zufrieden und diese stellten deßhalb in einer Convention, welche am 22. und 23. Juni in Utica, N. Y., abgehalten wurde, Martin Van Buren als Candidat für die Präsidentschaft und H. Dodge für die Vicepräsidentschaft auf. Diese Nomination adoptirte auch eine am 9. und 10. Aug. in Buffalo abgehaltene Freesoil-Convention.

Die nächste Folge dieser Zersplitterung der demokratischen Partei war die Wahl Taylor's zum Präsidenten und Fillmore's zum Vicepräsidenten, welche beide am 4. März 1849 ins Amt eingeführt wurden.

Am 4. Juli 1848 wurde in Washington, D. C., mit großen Ceremonien und vor einer ungeheuren Volksmenge, die aus allen Theilen der Union herbeigekommen war, der Grundstein zu einem National=Denkmal zu Ehren des Vaters der Republik, General Washington gelegt. Am 1. Januar 1848 hatte zu Philadelphia eine ähnliche Feierlichkeit bei Eröffnung des bekannten Girard=College stattgefunden, das nach dem testamentarischen Willen des zu Philadelphia verstorbenen Bürgers Girard und aus dessen hinterlassenem Vermögen zur Aufnahme und Erziehung von Waisenkindern erbaut worden war.

In dem durch den mexikanischen Krieg erworbenen Californien wurde kurze Zeit nach der Besetzung durch die Amerikaner ein ungeheurer Goldreichthum entdeckt und am 8. December 1848 wurden die ersten Depositen von California=Gold in der Vereinigten Staaten Münze gemacht. Ein gewaltiger Auswandererstrom richtete vom Goldfieber erfaßt, aus allen Theilen der Union und Europa's seinen Lauf nach dem neuen Eldorado. Die Bevölkerung Californiens nahm rasch zu und schon am 11. December fand zu Pueblo de San Jose eine Versammlung zu Gunsten eines provisorischen Gouvernements statt. In einer ähnlichen am 21. December zu San Francisco abgehaltenen Versammlung wurde beschlossen, auf den 6. August 1849 eine Convention mit der vollen Macht, eine Constitution für Californien zu entwerfen und dem Volke vorzulegen, nach Monterey zu berufen. Diese Convention fand wirklich am 31. August statt und constituirte sich am 4. September durch Erwählung Robert Simple's zum Präsidenten.

Das Aufblühen der Städte in Californien wurde indeß durch öftere bedeutende Feuersbrünste sehr gehemmt. Das erste ausgedehnte Feuer in San Francisco fand am 24. December 1849 statt, und vernichtete für nahe zu 1½ Millionen Eigenthum. Ein zweites Feuer folgte schon am 14. Juni 1850 und der durch dasselbe entstandene Verlust wird auf 5 Millionen geschätzt. Durch mehr oder

Zacharias Taylor.

(Seite 361.)

minder bedeutende Feuersbrünste wie am 17. September 1850 (Verlust $300,000), am 3. Mai 1851 (Verlust $5,000,000), am 22. Juni 1851 (Verlust $3,000,000) in San Francisco und am 14. Mai 1851 in Stockton, kamen Tausende von Menschen, die sich in Californien goldene Berge geträumt hatten, an den Bettelstab.

Durch die Erwerbung neuer Gebiete wurde indeß eine Frage von höchster Wichtigkeit, die Einführung von Sklaven in diese Länder=theile betreffend, hervorgerufen. Dieselbe wurde mit großer Hef=tigkeit in= und außerhalb des Congresses debattirt und drohte zu einer Zeit das stolze Gebäude der Union zu vernichten. Schon am 22. Januar 1849 fand eine Versammlung der südlichen Mitglie=der des Congresses statt, die eine von Calhoun entworfene Abdresse annahmen, in welcher die Rechte der Sklavenhalter in leidenschaft=licher Sprache vertheidigt wurden. Die Erbitterung zwischen den Parteien zeigte sich bei der Eröffnung des Congresses im December 1849, wo erst nach 3 wöchentlichem Abstimmen beim 63. Ballote=ment im Hause der Repräsentanten ein Sprecher, Howell Cobb von Georgia, erwählt wurde. — Der Hauptvertheidiger der Rechte der Sklavenstaaten John Caldwell Calhoun, Senator von Süd=Caro=lina, starb aber am 31. Mai 1850 und vielleicht nur hierdurch wurde die Passirung der Fugitive Slave Bill, die am 12. September 1850 im Repräsentantenhause in der Form, wie sie aus dem Senate kam, angenommen wurde, ermöglicht.

Durch dieses Gesetz wurden die Nichtsklavenstaaten verpflichtet, die flüchtigen Sklaven, welche sich unter ihrer Jurisdiction befanden, an die sie reclamirenden Eigenthümer auszuliefern und denselben mit allen gesetzlichen Mitteln zur Erlangung ihres Eigenthums be=hülflich zu sein. Die Freunde der Union waren erfreut über die ziemlich allgemein befriedigende Lösung der Verderben drohenden Frage und drückten ihre Anerkennung in zahlreichen Unions=Ver=sammlungen aus. Solche Versammlungen fanden statt am 30. März in St. Louis, am 30. Oktober in New York, am 21. November in Philadelphia u. s. w.

Indeß dauerte eine bedenkliche Aufregung in den südlichen wie in den nördlichen Staaten dennoch fort. Am 19. November 1850 versammelte sich eine Convention von Disunionisten in Nashville,

Tenn., und emfahl durch einen Beschluß einen Congreß der Sklavenstaaten, um ferner Schritte zur Wahrung ihrer Rechte und
nöthigenfalls zur Trennung von der Union zu thun. Der Hauptsitz dieser südlichen Fanatiker war Süd-Carolina, wo sich am 5.
Mai 1851 eine Convention von Delegaten der südlichen Rechte-
associationen in Charleston versammelte und beschloß, daß sie in
Verbindung m i t oder selbst o h n e andere Staaten für den Austritt
aus der Union seien. Der gesunde Sinn des Volkes siegte jedoch
in fast allen südlichen Staaten über diese Partei und die Beibehal-
tung der Union wurde von der Majorität des Volkes auch jetzt noch
für die sicherste Garantie der Freiheit und des Gedeihens erkannt.

Der Congreß passirte im September 1850 ein Gesetz für Errichtung einer Territorial-Regierung für Neu Mexiko und Utah und
verleibte zu gleicher Zeit Californien als Staat der Union ein.

Oregon hatte schon im August 1848 eine Territorial-Regierung
erhalten.

Als eine unmittelbare Folge des mexikanischen Krieges muß jener
kriegerische Geist betrachtet werden, der jetzt noch alle Volksschichten
durchdringt. Diese abenteuerliche Kriegslust, besonders der südlichen
und südwestlichen Staaten, äußerte sich in Expeditionen nach Cuba
und nach den nördlichen Staaten Mexiko's, so daß sich Präsident
Taylor am 11. August 1849 veranlaßt fühlte, eine Proclamation
zu erlassen, worin er alle Bürger vor der Betheiligung an bewaffneten Expeditionen gegen Länder, die mit den Vereinigten Staaten
in Frieden leben, warnte. Nichts desto weniger rüstete der verbannte spanische General Narciso Lopez, unterstützt von reichen Cu-
banesen und Amerikanern, eine Expedition gegen Cuba aus. Dieselbe bestand aus 609 Mann in drei Abtheilungen, die sich auf der
Mugeresinsel vor der Küste von Yucatan am 15. Mai 1850 vereinigten und den Dämpfer „Creole" bestiegen. Am 19. Mai zwischen zwei und drei Uhr Morgens erreichte Lopez Cardenas im Osten
von Matanzas, landete seine Truppen, nahm nach Sonnenaufgang
die Stadt in Besitz, sah sich indeß gezwungen, dieselbe wieder zu
räumen und auf sein Dampfboot zurückzukehren, welches hart von
dem spanischen Kriegsdämpfer „Pizarro" verfolgt, in Key West vor

der Küste von Florida, eine Zuflucht fand. Die Mannschaft stieg sofort ans Land und der „Creole" wurde am 21. Mai von den ame= rikanischen Behörden mit Beschlag belegt und General Lopez selbst am 27. Mai in Savannah verhaftet, aber aus Mangel an Bewei= sen unter dem Jubelruf des versammelten Volkes wieder freigelassen.

Trotz dem unerwartet kalten Empfange, dem Lopez bei der Bevöl= kerung Cuba's, auf deren Unterstützung er bei der Befreiung der Insel vom spanischen Joche gerechnet hatte, zu Theil geworden war, ließ er sich nicht von einem neuen Versuche abschrecken. Mit aus= dauernder Thätigkeit und mit sonst bei Creolen seltener Beharrlich= keit rüstete er eine zweite Expedition aus. Der Präsident der Ver= einigten Staaten erließ am 25. April 1851 wieder eine warnende Proclamation an das Volk der Vereinigten Staaten, sich nicht an dem Einfalle in Cuba zu betheiligen, oder denselben auf irgend eine Weise zu unterstützen. Abermals sammelten sich indeß 600 Aben= teurer in New Orleans, von denen sich 480 am 3. August 1851 auf dem Dämpfer „Pampero", der nicht groß genug war, um Alle auf= zunehmen, einschifften und an der Nordküste von Cuba unweit Ba= hia Honda landeten. Kurze Zeit vorher, am 4. Juli, pflanzte die Freiheitspartei von Cuba im Gebirge Puerto Principe die Fahne des Aufruhrs auf, wodurch die Aussichten auf einen günstigen Er= folg dieser zweiten Expedition bedeutend stiegen. Eine Abtheilung spanischer Truppen unter General Lemery zerstreute übrigens gar bald die einzelnen Abtheilungen der Insurgenten, und am 31. Juli, noch vor Lopez' Landung, war die Ruhe auf der ganzen Insel wie= der hergestellt.

Als die Nachricht von Lopez' Landung nach dem ungefähr 28 Meilen entfernten Havanna kam, wurden sofort ansehnliche Tru= penabtheilungen gegen Bahia Honda zu in Bewegung gesetzt. Am 13. August wurden die Banditen (wie die Spanier Lopez' Truppen nannten) von General Enna in ihren Verschanzungen bei Las Po= zas angegriffen, leisteten aber tapfer Widerstand und verloren in diesem Gefechte 30 Mann, unter denen sich der Ungar Oberst Pra= gay (zweiter Befehlshaber der Expedition) befand. Colonel Crit= tenden, der mit 130 Mann in Cubanos zur Beschützung der Vor= räthe geblieben war, wurde bei dem Versuche, sich mit Lopez zu ver=

einigen, von einer überlegenen spanischen Truppenmacht angegriffen und aufgerieben. Ungefähr Dreißig retteten und vereinigten sich mit dem Hauptcorps, während Fünfzig bis Sechszig, unter ihnen Crittenden, sich nach der Seeküste zurückzogen und in vier Booten auf die hohe See steuerten. Der spanische Dämpfer Habanero nahm sie Alle gefangen und brachte sie nach Havannah, wo sie am 16. August ankamen und wenige Stunden später erschossen wurden. Inzwischen setzte General Enna, der Verstärkungen erhalten hatte, seine Operationen gegen Lopez fort und suchte ihn zu umzingeln. Durch die Oertlichkeit begünstigt gelang es indeß den Insurgenten mit Zurücklassung der Verwundeten, die von den spanischen Solda= ten und Bauern sofort erschossen wurden, in die Gebirge zu entkom= men. Am 17. August aber waren sie ringsum eingeschlossen. Es entspann sich ein heftiger Kampf, bei dem General Enna tödtlich verwundet wurde. Während der dadurch unter den Spaniern aus= gebrochenen Verwirrung gelang es den Umzingelten zu entrinnen. Am 19. August zerstörte ein starker Regen die Munition Lopez' und machte die Waffen seiner Truppen unbrauchbar, so daß sie bei dem am 20. von den Spaniern erfolgten Angriff geschlagen und zerstreut wur= den. Nur 125 Mann entkamen, wurden jedoch von den Bauern mit Hülfe der Bluthunde eingefangen und bei den Behörden eingebracht. Lopez selbst wurde am 29. durch eine Anzahl Landleute gefangen und am 1. September Morgens 7 Uhr auf dem Platze La Punta in Havanna garrotirt. Er starb wie ein tapferer Mann mit Segens= wünschen für sein geliebtes Cuba.

Dies ist der Verlauf eines Unternehmens, von welchem die Ame= rikaner noch wenige Wochen vorher große Dinge erwarteten. Die Entrüstung in den Vereinigten Staaten über die barbarischen Hin= richtungen der meistens aus geborenen Amerikanern bestehenden Theilnehmer der Expedition, äußerte sich am 21. August in einem Auflaufe, der in New Orleans stattfand und wobei das Eigenthum mehrerer Spanier zerstört wurde. Selbst der spanische Consul mußte sich vor der Wuth des Volkes flüchten und Schutz im Stadt= gefängniß suchen. Die hieraus mit Spanien entstandenen Miß= helligkeiten wurden friedlich beigelegt, in Folge dessen der spanische Consul nach New Orleans, das er verlassen hatte, zurückkehrte und

Millard Fillmore.

(Seite 369.)

die gefangenen Amerikaner, welche mittlerweile nach Spanien trans=
portirt waren, freigegeben wurden.

Das Jahr 1849 brachte eine Menge Unglücksfälle über die Ver=
einigten Staaten. Am 12. Mai fand eine große Ueberschwemmung
von New Orleans statt und der entfesselte Mississippi verursachte
großen Schaden an den Gebäuden der Stadt und den Pflanzungen
der Umgegend. Am 17. Mai zerstörte eine furchtbare Feuersbrunst
in St. Louis 23 im Hafen liegende Dampfschiffe und 15 Square
Häuser in der Nähe des Hafens. — Der Verlust ist auf 3 Millionen
tarirt. Zudem brach die Cholera aus, forderte am 15. May ihr
erstes Opfer in New York und verbreitete sich schnell und mit gro=
ßer Heftigkeit über die ganze Union. Auch einige Riots ängstigten
die Bewohner von New York (am 10. Mai) und Philadelphia (am
9. und 10. Oktober), wurden aber mit Hülfe der Miliz und nach
Zurücklassung von einigen Todten und Verwundeten, unterdrückt.

Am 9. Juli 1850 starb Zacharias Taylor, Präsident der Ver=
einigten Staaten nach einer kurzen Krankheit von 5 Tagen und
wurde unter großen Feierlichkeiten begraben. Der Vicepräsident
Millard Fillmore wurde am 10. Juli in das Amt eines Präsidenten
der Vereinigten Staaten eingeführt, das er noch jetzt verwaltet.
Der Erpräsident James K. Polk war am 15. Juni 1849 zu Nash=
ville, Tenn., ebenfalls zu seinen Vätern heimgegangen.

An demselben Tage, als der Präsident zum großen Leidwesen
der gangen Nation sein Leben aushauchte, wüthete ein großes Feuer
in Philadelphia, das 350 Häuser zerstörte und wobei 172 Menschen
getödtet und verwundet wurden.

Durch die Erwerbung der großen Ländergebiete an den Ufern des
stillen Oceans, durch die Ausbeutung der reichen Goldminen Cali=
forniens und durch eine im eigentlichsten Sinne des Wortes zur
Völkerwanderung angewachsene Einwanderung aus dem geknechteten
Europa, die besonders seit Unterdrückung der Freiheitsbestrebungen
von•1848 und 1849 eine große Masse intelligente Kräfte nach den
Vereinigten Staaten führte, entstand ein neues reges Leben und
der Handel erreichte eine hohe Blüthe.

Im Jahre 1849 trafen die ersten ungarischen Flüchtlinge in
New York ein, die, Ujhazy an der Spitze, am 15. Januar 1850 eine

Audienz bei dem Präsidenten Taylor hatten. Im Dezember 1851 langte das Haupt der ungarischen Revolution, Ludwig Kossuth, in New York an. Die menschenfreundlichen Anstrengungen der eng= lischen und amerikanischen Regierung für ihn hatten seine Befreiung und Entlassung aus türkischer Haft zu Kiutahia in Kleinasien zur Folge und auf dem ihm von der Vereinigten Staaten Regierung zur Disposition gestellten Kriegsdämpfer Mississippi erreichte er Gibraltar, von wo er sich nach England einschiffte. Dieser große Agitator für Völkerfreiheit wurde in allen bedeutenden Städten der Union mit nie gesehenem Pomp und Enthusiasmus empfangen. Auch wurde ihm eine Ehre zu Theil, die vor ihm nur Lafayette ge= nossen hatte, indem er beiden Zweigen des Congresses offiziell vor= gestellt wurde. Mit wunderbarer Beredsamkeit vertheidigte er das Prinzip der Nichtinterventionspolitik, und es ist außer Zweifel, daß durch seine rastlose Thätigkeit der Zeitpunkt sehr nahe gerückt ist, in welchem die mächtigen Freistaaten Nordamerikas ihre gewaltige Stimme in die Wagschale für die niedergetretenen Nationen legen werden.

Anhang.

I.

Die Constitution der Vereinigten Staaten.

Im Jahre 1787 durch eine Convention von Abgeordneten zusammengestellt, welche aus den Staaten New Hamshire, Massachusetts, Connecticut, New York, New Jersey, Pennsylvania, Delaware, Maryland, Virginia, Nord-Carolina, Süd-Carolina, und Georgia in Philadelphia zusammenkamen.

Wir, das Volk der Vereinigten Staaten, verordnen und gründen, um einen vollkommenen Verein zu bilden, Gerechtigkeit festzustellen, innere Ruhe zu sichern, für gemeinsame Wehr zu sorgen, allgemeine Wohlfahrt zu fördern und den Segen der Freiheit uns und unsern Nachkommen zu erhalten, diese Verfassung für die Vereinigten Staaten von Amerika.

Erster Artikel.

Erste Section.

Die gesammte, hierdurch verliehene gesetzgebende Gewalt soll einem Congresse der Vereinigten Staaten übertragen werden, welcher aus einem Senat und einem Repräsentantenhause bestehen soll.

Zweite Section.

I. Das Repräsentantenhaus soll aus Gliedern bestehen, die alle zwei Jahre vom Volke der verschiedenen Staaten gewählt werden, und die Wähler jedes Staates sollen die für Wähler des zahlreichsten Zweiges der Gesetzgebung des Staates erforderlichen Eigenschaften haben.

II. Niemand soll Volksvertreter werden, der nicht das fünf und=
zwanzigste Jahr erreicht hat, nicht sieben Jahre Bürger der Vereinig=
ten Staaten gewesen, und bei seiner Erwählung nicht Bewohner
des Staates ist, in welchem er gewählt werden soll.

III. Die Volksvertreter und directen Steuern sollen unter den
verschiedenen Staaten, welche in diesem Vereine befaßt sind, je nach
deren Volkszahl ausgeglichen werden, welche durch Zusatz von drei
Fünftheilen zu der Gesammtzahl freier Personen (die auf eine Zahl
Jahre Dienstpflichtigen mit eingerechnet, die nicht besteuerten India=
ner abgerechnet) zu bestimmen ist. Die dermalige Zählung soll
binnen drei Jahren, nach dem ersten Zusammentreten des Congres=
ses der Vereinigten Staaten und dann binnen zehn Jahren, auf
solche Weise, wie sie das Gesetz angiebt, vorgenommen werden. Die
Zahl der Volksvertreter soll e i n e n für jedes Dreißigtausend nicht
überschreiten, aber jeder Staat soll auch mindestens e i n e n Vertre=
ter haben, und bis diese Zählung vollzogen sein wird, soll der Staat
New Hampshire drei, Massachusetts acht, Rhode=Island und Provi=
dence einen, Connecticut fünf, New York sechs, New Jersey vier,
Pennsylvanien acht, Delaware einen, Maryland sechs, Virginien
zehn, Nord=Carolina fünf, Süd=Carolina fünf und Georgia drei
zu wählen berechtigt sein.

IV. Wenn in der Vertretung irgend eines Staates Erledigungen
stattfinden, so soll die vollstreckende Gewalt desselben Wahlbefehle
zur Besetzung der Stellen ergehen lassen.

V. Das Repräsentantenhaus soll seinen Sprecher und andere
Beamten wählen und allein die Macht haben, sie gerichtlich zu
belangen.

Dritte Section.

I. Der Rath der Vereinigten Staaten soll aus je zwei Senatoren
aus jedem Staate bestehen, die von der dortigen Gesetzgebung auf
sechs Jahre zu wählen sind, und jeder Senator soll Eine Stimme
haben.

II. Unmittelbar nachdem sie sich, zufolge ihrer ersten Wahl, ver=
sammelt haben, sollen sie so viel als möglich in drei Classen getheilt
werden; die Sitze der Senatoren erster Classe sollen mit Ablauf des

zweiten Jahres, die der zweiten mit Ablauf des vierten und die der dritten mit Ablauf des ſechſten erledigt ſein, ſo daß alle zwei Jahre ein Drittel wählbar iſt, und wenn durch Abdankung oder ſonſtwie während der Nichtverſammlung des geſetzgebenden Körpers irgend eines Staates Erledigungen vorfallen, ſo ſoll die vollſtreckende Ge= walt daſelbſt einſtweilige Beſtallungen bis zur nächſten Zuſammen= kunft der geſetzgebenden Gewalt beſorgen, wo dann jene Erledigun= gen wieder auszufüllen ſind.

III. Niemand ſoll vor ſeinem dreißigſten Jahre und ehe er neun Jahre Bürger der Vereinigten Staaten geweſen, auch wenn er nicht bei ſeiner Wahl Bewohner desjenigen Staates iſt, für welchen man ihn wählen will, Senator werden können.

IV. Der Vicepräſident der Vereinigten Staaten ſoll Präſident des Senates ſein, jedoch keine Stimme haben, wenn dieſe nicht gleich getheilt ſind.

V. Der Senat ſoll ſeine übrigen Beamten wählen, ſo wie auch einen einſtweiligen Präſidenten, in Abweſenheit des Vicepräſidenten oder wenn dieſer das Amt des Präſidenten der Vereinigten Staaten verſehen müßte.

VI. Der Senat ſoll allein die Gewalt haben, alle Klagen gegen Staatsbeamte zu prüfen. Wenn er zu dieſem Zwecke Sitzungen hält, ſo muß dies auf Eid oder Handgelöbniß geſchehen. Wenn der Präſident der Vereinigten Staaten vor Gericht gezogen wird, ſoll der Oberrichter den Vorſitz führen, und Niemand kann für überführt erachtet werden, ohne Beiſtimmung von zwei Dritteln der gegen= wärtigen Mitglieder.

VII. Das Urtheil in ſolchen Klagſachen ſoll ſich nicht weiter als auf Amtsentſetzung und Entziehung des Rechtes, irgend ein Amt, welches Ehre, Vertrauen oder Vortheil gewährt, in der Unions= regierung erhalten und bekleiden zu dürfen, erſtrecken; nichtsdeſto= weniger ſoll der überführte Theil der gerichtlichen Anklage, Unter= ſuchung, Urtheil und Strafe nach Geſetz unterworfen ſein.

Vierte Section.

I. Zeit, Ort und Art der Wahl der Senatoren und Abgeordne= ten ſoll in jedem Staate von der daſigen geſetzgebenden Gewalt be=

stimmt werden; der Congreß kann jedoch jederzeit dergleichen Ein=
richtungen treffen oder abändern, ausgenommen die Bestimmung
der Orte, wo die Senatoren zu wählen sind.

II. Der Congreß soll jährlich mindestens einmal zusamenkom=
men, und zwar am ersten Montage des Decembers, wenn er nicht
durch ein Gesetz einen andern Tag festsetzt.

Fünfte Section.

I. Jedes Haus soll Richter der Wahlen, Wiedererwählungen und
der Befähigung seiner eigenen Mitglieder sein, und die Majorität
in jedem soll zur Vornahme der Geschäfte berechtigt sein; eine klei=
nere Zahl dagegen kann sich von Tag zu Tag vertagen und ist be=
fugt, fehlende Mitglieder zum Erscheinen zu zwingen, auf solche
Weise und unter solchen Strafen, wie sie jedes Haus verfügen wird.

II. Jedes Haus kann seine Geschäftsordnung festsetzen, seine
Mitglieder wegen ungehörigen Verhaltens bestrafen und mit Bei=
stimmung von zwei Dritteln ein Mitglied ausstoßen

III. Jedes Haus soll ein Protokoll (Journal) seiner Beschlüsse
führen und dasselbe von Zeit zu Zeit veröffentlichen, solche Fälle
dabei ausgenommen, welche nach seinem Ermessen Geheimhaltung
erfordern. Die Ja's und Nein's der Mitglieder jedes Hauses, und
bei jeder Gelegenheit, sollen, auf Verlangen eines Fünftheils der
Anwesenden, in das Protokoll eingetragen werden.

IV. Kein Haus soll sich während der Sitzung des Congresses
ohne Zustimmung des andern länger als drei Tage vertagen, oder
an einem andern Orte Sitzung halten, als an welchem beide Häuser
versammelt sind.

Sechste Section.

I. Die Senatoren und Repräsentanten sollen für ihre Dienste
eine durch das Gesetz bestimmte und aus der Schatzkammer der
Vereinigten Staaten zu zahlende Entschädigung erhalten. Sie
sollen in allen Fällen — Verrath, Felonie und Friedensbruch aus=
genommen — so lange sie der Sitzung ihres Hauses beiwohnen und
wenn sie nach demselben gehen oder daher kommen, vor Verhaftung
sicher sein; auch können sie wegen irgend einer in einem der beiden

Häuſer gehaltenen Rede oder Debatte nirgends anders zur Rechen=
ſchaft gezogen werden.

II. Kein Senator oder Repräſentant ſoll während der Zeit, für
welche er gewählt wird, in irgend einem bürgerlichen Amte unter der
Regierung der Vereinigten Staaten angeſtellt werden, welches in
ſolcher Zeit errichtet, oder deſſen Gehalt in derſelben erhöht worden,
und kein Beamter der Vereinigten Staaten ſoll Mitglied eines oder
des andern Hauſes werden, ſo lange er im Amte ſteht.

Siebente Section.

I. Alle Anträge wegen Erhebung der Abgaben ſollen vom Hauſe
der Repräſentanten ausgehen; der Senat kann aber Vorſchläge
machen oder unter Abänderung beitreten, wie bei anderen Anträgen.

II. Jeder Antrag, welcher im Hauſe der Repräſentanten, und im
Senate durchgegangen iſt, ſoll, ehe er Geſetz wird, dem Präſidenten
der Vereinigten Staaten vorgelegt werden; billigt dieſer ihn, ſo un=
terzeichnet er; wo nicht, ſo ſendet er ihn mit ſeinen Einwürfen an
das Haus, von welchem er ausging, zurück; dieſes ſoll die Einwürfe
in ſein Protokoll eintragen und die Sache nochmals in Erwägung
ziehen. Wenn nach ſolcher abermaligen Erwägung zwei Drittel
für den Antrag ſind, ſo wird er nebſt den Einwürfen an das andere
Haus geſchickt. Dieſes hat ihn nun ebenfalls zu erwägen, und
wenn zwei Drittel deſſelben ihn billigen, ſo ſoll er Geſetz werden.
In ſolchen Fällen aber ſollen die Stimmen mit Ja und Nein ge=
geben und die Namen der für und wider den Antrag Stimmenden
in das Protokoll jedes Hauſes eingetragen werden. Wenn ein An=
trag binnen zehn Tagen, von der Ueberſendung an gerechnet (die
Sonntage ausgenommen), nicht vom Präſidenten zurückgeſendet
wird, ſo ſoll er Geſetz ſein, ſo gut, als ob derſelbe ihn unterzeichnet
hätte; ausgenommen jedoch, der Congreß hätte durch Vertagung die
Rückgabe verhindert, in welchem Fall er nicht Geſetz ſein ſoll.

III. Jeder Befehl, Beſchluß oder jedes Votum, wozu der Beitritt
des Senates und des Hauſes der Repräſentanten erforderlich iſt (die
Frage über Vertagung ausgenommen) ſoll dem Präſidenten der
Vereinigten Staaten vorgelegt werden, und ehe er in Wirkſamkeit
tritt, von ihm genehmigt oder, wenn nicht von ihm genehmigt, wieder

durch zwei Drittel des Repräſentantenhauſes genehmigt werden müſ=
ſen, nach den bei Anträgen vorgeſchriebenen Verordnungen und
Beſchränkungen.

Achte Section.

Der Congreß ſoll Macht haben:

I. Auflagen, Zölle, Gefälle und Steuern aufzulegen und einzu=
ziehen, Schulden zu zahlen und für die gemeinſame Vertheidigung
und Wohlfahrt der Vereinigten Staaten zu ſorgen; aber alle Zölle,
Auflagen und Steuern ſollen in den geſammten Vereinigten Staaten
gleichmäßig ſein.

II. Geld für Rechnung der Vereinigten Staaten aufzunehmen.

III. Den Handel mit dem Auslande und unter den verſchiedenen
Staaten und mit den indianiſchen Stämmen zu ordnen.

IV. Eine gleichförmige Regel für die Einbürgerung (naturaliſa-
tion) und gleichförmige Geſetze hinſichtlich der Bankerotte in den
Vereinigten Staaten feſtzuſtellen.

V. Geld zu prägen, den Werth deſſelben, ſowie den der auslän=
diſchen Münzen zu beſtimmen und Maß und Gewicht zu reguliren.

VI. Das Fälſchen der Banknoten und laufenden Münzen der
Vereinigten Staaten zu beſtrafen.

VII. Poſtämter und Poſtſtraßen anzulegen.

VIII. Den Fortſchritt der Wiſſenſchaften und nützlichen Künſte
durch Sicherung der für eine beſtimmte Zeit ausſchließlichen Rechte
der Schriftſteller und Erfinder auf ihre Schriften und Erfindungen
zu fördern.

IX. Gerichte, die unter dem Obergerichte ſtehen, zu errichten.

X. Seeraub und Felonie auf dem Meere und Verſtöße gegen
das Völkerrecht zu beſtimmen und zu beſtrafen.

XI. Krieg zu erklären, Caperbriefe und Erlaubniß zu Repreſ=
ſalien zu verleihen und Verordnungen über das Beutemachen zu
Waſſer und zu Lande zu geben.

XII. Heere zu errichten und zu halten, nur ſoll keine diesfallſige
Geldbewilligung auf länger als zwei Jahre geſchehen.

XIII. Eine Seemacht auszurüſten und zu erhalten.

XIV. Vorſchriften über Leitung und Einrichtung der Land= und
Seemacht zu geben.

XV. Für Aufruf der Landwehr zur Vollziehung der Gesetze der Union, zur Unterdrückung von Aufständen und zur Abwehr von Angriffen zu sorgen.

XVI. Für Organisation und Disciplin der Landwehr zu sorgen und den Theil derselben zu leiten, welcher zum Dienste der Vereinig= ten Staaten gebraucht wird, wobei die Besetzung der Offizierstellen, wie die Macht, die Landwehr nach der vom Congreß vorgeschriebenen Kriegszucht einzuüben, den einzelnen Staaten vorbehalten bleibt.

XVII. Ausschließliche Gesetzgebung in allen möglichen Fällen über einen nicht über zehn Quadratmeilen umfassenden District auszuüben, welcher, durch Abtretung einzelner Staaten und mit Ge= nehmigung des Congresses, der Sitz der Regierung der Vereinigten Staaten werden soll. Und eben so auch Machtvollkommenheit zu üben an allen, mit Zustimmung der gesetzgebenden Gewalt des Staa= tes, in welchem sie liegen, angekauften Plätzen zur Errichtung von Festungen, Speichern, Zeughäusern, Schiffsvorräthen und andern nöthigen Gebäuden; — und

XVIII. Alle Gesetze zu geben, welche nöthig und zweckmäßig sind, die vorbeschriebenen und alle mittelst dieser Verfassung der Regie= rung der Vereinigten Staaten oder einem Departement oder einer Behörde derselben verliehenen Befugnisse zu handhaben.

Neunte Section.

I. Die Einwanderung oder Einbringung solcher Personen, deren Zulassung die jetzt vorhandenen Staaten für räthlich halten, soll vor dem Jahre 1808 nicht vom Congresse verboten werden, wohl aber kann auf solche Einwanderungen eine Steuer oder ein Zoll gelegt werden, der jedoch zehn Dollars für die Person nicht über= schreiten darf.

II. Das Vorrecht der Habeas-corpus=Acte soll nicht aufgehoben werden, außer wenn dies, im Fall der Empörung oder eines An= griffs, die öffentliche Sicherheit erfordert.

III. Keine Bill auf Confiscation des Vermögens oder Entziehung der bürgerlichen Rechte, noch ein Gesetz ex post facto soll gegeben werden.

32*

IV. Kein Kopfgeld noch andere directe Steuer soll aufgelegt werden, außer im Verhältniß zur Schätzung oder der oben ange= ordneten Zählung.

V. Kein Gefäll oder Zoll soll auf die Ausfuhr aus irgend einem Staate gelegt werden. Keinem Hafen eines Staates soll durch Handelsverordnungen oder Uebereinkommen ein Vorzug vor dem andern eingeräumt werden; noch sollen Schiffe, welche aus oder nach einem Staate kommen oder gehen, gehalten sein, in einem andern anzulegen, auszuladen oder Abgaben zu bezahlen.

VI. Kein Geld soll aus dem Schatze bezogen werden, außer zu gesetzlicher Verwendung, und von Zeit zu Zeit soll eine regelmäßige Berechnung der Einnahme und Ausgabe aller Staatsgelder ver= öffentlicht werden.

VII. Kein Adelstitel soll von den Vereinigten Staaten verliehen werden und Niemand, der von ihnen ein besoldetes oder mit Ver= trauen bekleidetes Amt hat, soll ohne Zustimmung des Congresses Geschenke, Accidentien oder irgend einen Titel von einem Könige, Fürsten oder auswärtigen Staaten annehmen.

Zehnte Section.

I. Kein Staat soll einen Vertrag, Bund oder Vereinigung ein= gehen, Caperbriefe und Ermächtigungen zu Repressalien verwilligen, Geld prägen, Creditscheine ausstellen, etwas Anderes als Gold= und Silbermünze bei Schuldzahlungen bieten, eine Bill auf Confiscation des Vormögens oder Entziehung der bürgerlichen Rechte, oder ein ex post facto=Gesetz, oder ein die Verbindlichkeit der Verträge schwä= chendes Gesetz geben, oder einen Adelstitel verleihen.

II. Keiner soll, ohne Zustimmung des Congresses, Gefälle oder Zölle auf Ein= und Ausfuhr legen, ausgenommen so weit es durch= aus nothwendig zur Vollziehung der Aufsichtsgesetze ist, und der reine Ertrag aller von einem Staate auf Ein= und Ausfuhr geleg= ten Gefälle und Zölle soll zum Gebrauche der Schatzkammer der Vereinigten Staaten dienen, und alle diesfallsigen Gesetze sollen der Durch= und Oberaufsicht des Congresses unterworfen werden. Kein Staat soll unter Zustimmung des Congresses Tonnengeld fordern und in Friedenszeiten Truppen und Kriegsschiffe halten, irgend eine

Uebereinkunft ober einen Vertrag mit einem anbern Staate ober einer auswärtigen Macht eingehen, ober sich auf Krieg einlaffen, wofern er nicht eben angegriffen wirb ober in so brohenber Gefahr ist, baß Auffchub nicht zuläffig wäre.

Zweiter Artikel.
Erste Section.

I. Die vollziehenbe Gewalt soll einem Präsidenten ber Vereinigten Staaten von Amerika übertragen werben. Er soll sein Amt vier Jahre verwalten unb mit bem auf eben so lange gewählten Vicepräsidenten folgenbermaßen gewählt werben:

II. Jeber Staat soll in ber Weise, wie seine Gefeßgebung vorschreibt, eine Zahl von Wählern gleich ber Gefammtzahl ber Senatoren unb Volksvertreter, welche ber Staat zum Congreffe zu schicken berechtigt ist, bestimmen; aber kein Senator ober Volksvertreter, ober wer ein befolbetes ober mit Vertrauen bekleibetes Amt im Dienste ber Vereinigten Staaten hat, soll Wähler werben.

III. Die Wähler sollen in ihren Staaten zusammenkommen unb mittelst Wahlkugeln für zwei Perfonen stimmen, wovon Einer wenigstens nicht Bewohner beffelben Staates mit ihnen sein soll. Unb sie sollen eine Liste von allen benjenigen Perfonen machen, für welche gestimmt worben, unb von ber Zahl ber Stimmen, die ein Jeber bekommen hat. Diefes Verzeichniß sollen sie unterschreiben unb beglaubigen, unb versiegelt an ben Regierungsfiß ber Vereinigten Staaten, unb zwar an ben Präsidenten bes Senats abbreffirt, senben. Der Präsident bes Senats soll in Gegenwart bes Senats unb Repräsentantenhaufes alle Beglaubigungen eröffnen, unb bann sollen die Stimmen gezählt werben. Wer die meisten Stimmen hat, soll Präsident sein, wenn die Zahl biefer Stimmen die Mehrheit von allen bestimmten Wählern ist, unb hat mehr als Einer biefe Mehrheit unb gleiche Stimmenzahl, bann soll bas Haus ber Repräsentanten sofort burch Abstimmung Einen bavon zum Präsidenten ernennen. Hat Niemanb eine Mehrheit, so soll befagtes Haus auf biefe Weise ben Präsidenten aus ben fünf höchsten auf bem Verzeichniffe wählen. Aber bei ber Wahl bes Präsidenten

sollen die Stimmen staatenweise gesammlt werden, so daß die Repräsentation jedweden Staates eine Stimme hat. Zu diesem Ende
müssen wenigstens von zwei Drittheilen der Staaten je ein oder
mehrere Mitglieder zugegen sein und die Mehrheit aller Staaten
ist zur Wahl nöthig. In jedem Falle soll Derjenige, welcher nach
der Wahl des Präsidenten die meisten Wahlstimmen hat, Vicepräsident sein. Sollten aber Zwei oder Mehrere übrig sein, die gleiche
Stimmen haben, so soll der Senat den Vicepräsidenten aus ihnen
mittelst Wahlkugeln wählen.

IV. Der Congreß hat die Zeit der Ernennung der Wähler und
den Tag, wo die Wähler ihre Stimmen abgeben sollen, zu bestimmen; dieser Tag soll durch die ganzen Vereinigten Staaten derselbe sein.

V. Niemand, außer ein eingeborener Bürger oder wer zur Zeit
der Annahme dieser Verfassung Bürger der Vereinigten Staaten
war, kann zum Präsidenten-Amte wählbar sein, auch Niemand, der
nicht fünfunddreißig Jahr alt ist und vierzehn Jahre in den Vereinigten Staaten gelebt hat.

VI. Auf den Fall der Entfernung des Präsidenten vom Amte,
oder seines Todes, seiner Abdankung oder seiner Unfähigkeit, die
Befugnisse und Pflichten dieses Amtes zu üben, soll dasselbe dem
Vice-Präsidenten anheimfallen und der Congreß mittelst Gesetzes
für den Fall der Absetzung, des Todes, der Abdankung oder Unfähigkeit sowohl des Präsidenten, als des Vice-Präsidenten Vorsorge
treffen und erklären, welcher Beamte dann des Präsidenten Stelle
vertreten soll, und ein solcher Beamte soll, bis die Unfähigkeit beseitigt oder ein Präsident erwählt ist, demgemäß verfahren.

VII. Der Präsident soll zu festgesetzten Zeiten für seine Dienste
eine Entschädigung bekommen, welche während der Zeit, auf die er
erwählt worden, weder steigen noch fallen darf, und in dieser Zeit
soll er weder von den Vereinigten Staaten, noch einem einzelnen
Staate unter ihnen irgend eine andere Vergünstigung erhalten.

VIII. Ehe er sein Amt antritt, soll er folgenden Eid oder Gelöbniß ablegen:

„Ich schwöre (oder gelobe) feierlich, daß ich das Amt eines Präsidenten der Vereinigten Staaten treu verwalten und nach meinen

besten Kräften die Verfassung der Vereinigten Staaten bewahren, schützen und vertheidigen will."

Zweite Section.

I. Der Präsident soll der Oberbefehlshaber des Heeres und der Seemacht der Vereinigten Staaten, wie auch der Landwehr der verschiedenen Staaten, wenn sie in den wirklichen Dienst der Union tritt, sein. Er hat das Recht, die schriftliche Meinung jedes der Hauptbeamten bei jedem Verwaltungsdepartement über Alles, was die Pflichten ihrer Stellen betrifft, einzuziehen, und zugleich die Macht, bei Vergehen gegen die Vereinigten Staaten Strafmilderung oder Begnadigung zu ertheilen; nur nicht im Falle der Anklage gegen die Staatsverwaltung.

II. Er soll Macht haben, auf und mit Rath und Zustimmung des Senats Verträge zu schließen, wofern zwei Drittel der gegenwärtigen Senatoren beitreten; und er soll ernennen und auf und mit Rath und Zustimmung des Senats anstellen: Gesandte, andere hohe Staatsbeamte und Consuln, Oberrichter und alle anderen Beamten der Vereinigten Staaten, für deren Anstellung anderweitig nicht gesorgt ist und welche dem Gesetze gemäß anzustellen sind. Der Congreß kann übrigens gesetzlich die Anstellung von Bürgern, welche er für räthlich hält, dem Präsidenten allein, oder den Gerichtshöfen, oder den Häuptern des Departements übertragen.

III. Der Präsident soll die Macht haben, alle, während der Senat nicht versammelt ist, vorfallenden Amtserledigungen zu ersetzen, indem er die Bestallung bis zu Ende der nächsten Sitzung ertheilt.

Dritte Section.

Er soll von Zeit zu Zeit dem Congreß Kunde von dem Zustande der Union geben und seiner Erwägung solche Maßregeln empfehlen, die er für nöthig und förderlich hält. Bei außerordentlichen Anlässen kann er auch beide Häuser oder eins versammeln und sie, falls sie in Betreff der Vertagungszeit nicht übereinstimmen, auf eine ihm angemessen erscheinende Zeit vertagen. Er hat Gesandte und andere Staatsbeamte zu empfangen, Sorge zu tragen, daß die Gesetze getreu vollzogen werden, und alle Beamten der Vereinigten Staaten zu bestellen.

Vierte Section.

Der Präsident, Vice-Präsident und alle Civilbeamten der Vereinigten Staaten sollen, wenn des Verraths, der Bestechlichkeit oder
anderer schwerer Verbrechen und Unbill nach Form des Gesetzes
angeklagt und überwiesen, ihres Amtes entsetzt werden.

Dritter Artikel.

Erste Section.

Die richterliche Gewalt der Vereinigten Staaten soll einem Obergerichtshof und niederen Gerichtshöfen, welche der Congreß von Zeit
zu Zeit anordnen und gründen mag, übertragen werden. Die Richter sowohl der obern als der niedern Gerichtshöfe sollen ihr Amt
behalten, so lange sie sich gut verhalten, und zu festgesetzten Zeiten
für ihre Dienste eine Entschädigung bekommen, die, so lange sie im
Amte stehen, nicht verringert werden darf

Zweite Section.

I. Die richterliche Gewalt soll sich auf alle Fälle des gemeinen
Rechts wie der Billigkeit unter dieser Verfassung, den Gesetzen der
Vereinigten Staaten, den unter ihrer Machtvollkommenheit eingegangenen oder einzugehenden Verträgen, auf alle Fälle, welche Botschafter, andere öffentliche Gesandte und Consuln berühren, auf alle
Fälle der Admiralitäts- und Marine-Gerichtsbarkeit, auf Streitigkeiten, wo die Vereinigten Staaten Partei sind, auf Streitigkeiten
zwischen zwei oder mehreren Staaten, zwischen einem Staat und
Bürgern eines andern, zwischen Bürgern verschiedener Staaten und
zwischen einem Staate oder dessen Bürgern und auswärtigen Staaten, Bürgern oder Unterthanen, erstrecken.

II. In allen Fällen, welche Botschafter, andere öffentliche Gesandte und Consuln betreffen, und in denen, wo ein Staat Partei
ist, soll der Obergerichtshof die privative Gerichtsbarkeit haben. In
allen übrigen vorerwähnten Fällen soll der Obergerichtshof Appela-
tions-Instanz sowohl wegen des Rechtspunktes, als der Thatsache
sein, mit solchen Ausnahmen und unter solchen Einrichtungen, welche
der Congreß für gut finden wird.

III. Alle Verbrechen ſollen, mit Ausnahme derer gegen die
Staatsverwaltung, durch ein Schwurgericht, unterſucht werden;
dieſe Unterſuchung ſoll in dem Staate, wo beſagte Verbrechen be=
gangen worden ſind, vorgenommen werden; ſind ſie aber nicht in
einem Staate begangen worden, ſo ſoll die Unterſuchung an dem
Orte oder den Orten, welche der Congreß durch Geſetz beſtimmt, vor
ſich gehen.

Dritte Section.

I. Hochverrath gegen die Vereinigten Staaten ſoll blos darin
beſtehen, daß Krieg gegen ſie erregt wird, oder daß man, ihren Fein=
den anhängend, denſelben Hülfe und Vorſchub leiſtet. Niemand ſoll
des Verraths anders, als auf das Zeugniß zweier Zeugen in of=
fener Verhandlung oder auf Bekenntniß vor offenem Gerichtshofe
überwieſen werden.

II. Der Congreß ſoll Macht haben, die Strafe des Verraths
zu beſtimmen, aber kein Urtheil gegen Verrath ſoll eine Entziehung
der bürgerlichen Rechte oder Confiscation der Güter des Verurtheil=
ten auf länger als deſſen Lebenszeit nach ſich ziehen.

Vierter Artikel.

Erſte Section.

In jedem Staate ſoll den öffentlichen Urkunden, Regiſtraturen
und dem gerichtlichen Verfahren jedes andern Staates volle Treue
und Glauben beigemeſſen werden, und der Congreß ſoll mittelſt all=
gemeiner Geſetze die Art vorſchreiben, wie ſolche Urkunden, Regiſtra=
turen und Verfahren zu beglaubigen ſind und welche Wirkung ſie
haben.

Zweite Section.]

I. Die Bürger jedes Staates ſollen zu allen Freiheiten und
Privilegien der Bürger der übrigen Staaten berechtigt ſein.

II. Wer in einem Staate des Verraths, der Felonie oder eines
andern Verbrechens angeklagt, der Juſtiz entflieht und in einem an=
dern Staat ergriffen wird, ſoll auf Verlangen der vollſtreckenden
Gewalt desjenigen Staates, aus welchem er entfloh, ausgeliefert

und nach dem Staate gebracht werden, welcher über das Verbrechen zu richten hat.

III.   Niemand, der in einem Staate unter dasigen Gesetzen zu einem Dienste oder einer Arbeit verpflichtet ist und in einen andern flüchtet, soll, zufolge irgend eines diesfallsigen Gesetzes oder einer Verfügung, dieses Dienstes oder dieser Arbeit entbunden sein, son= dern auf Anspruch der Partei, welcher dieser Dienst oder diese Arbeit gebührt, ausgeliefert werden.

Dritte Section.

I.   Durch den Congreß können neue Staaten zu dieser Union zugelassen, aber kein neuer Staat soll innerhalb der Gerichtsbarkeit eines andern gebildet oder errichtet werden, noch soll ein Staat durch Verbindung zweier oder mehrerer Staaten oder Staatentheile ohne Zustimmung der gesetzgebenden Gewalten der dabei betheiligten Staaten sowohl, als des Congresses gebildet werden.

II.   Der Congreß soll die Macht haben, alle nöthigen Einrichtun= gen und Verfügungen hinsichtlich des Gebiets oder andern, den Ver= einigten Staaten zuständigen Eigenthums zu treffen, und Nichts in dieser Verfassung soll so gedeutet werden, daß es irgendwie Ansprüche der Vereinigten Staaten oder auch eines einzelnen beeinträchtigte.

Vierte Section.

Die Vereinigten Staaten sollen jedem in dieser Union begriffenen Staat eine republikanische Regierungsform gewährleisten und jeden gegen Einfall, oder auf Ansuchung der gesetzgebenden oder, falls diese nicht zusammenberufen werden könnte, der ausübenden Macht, gegen innere Gewaltthätigkeit schützen.

Fünfter Artikel.

Wenn zwei Drittel beider Häuser es nöthig finden, soll der Con= greß Verbesserungen dieser Constitution vorschlagen, oder auf Ansu= chen der gesetzgebenden Gewalten von zwei Dritteln der einzelnen Staaten eine Zusammenkunft veranstalten, um Verbesserungen vorzuschlagen, welche in beiden Fällen für alle Absichten und Zwecke als Theil dieser Verfassung gültig sein sollen, wenn sie von den ge=

ſetzgebenden Körpern von Dreivierteln der einzelnen Staaten, oder
durch Uebereinkunft in Dreivierteln derſelben, je nachdem der Congreß eine oder die andere Genehmigungsart vorgeſchlagen hat, genehmigt worden. Es ſoll jedoch keine vor dem Jahre 1808 gemachte
Verbeſſerung irgendwie die erſte und vierte Clauſel des neunten Ab-
ſchnitts im erſten Artikel berühren und keinem Staate ſoll, ohne
ſeine Zuſtimmung, ſeine gleiche Stimme im Senate genommen
werden.

Sechster Artikel.

I. Alle vor Annahme dieſer Conſtitution gemachten Schulden
und eingegangenen Verbindlichkeiten ſollen gegen die Vereinigten
Staaten unter dieſer Conſtitution gleich rechtsbeſtändig ſein, wie
unter der Conföderation.

II. Dieſe Conſtitution und die Geſetze der Vereinigten Staaten,
welche ihr zufolge gemacht werden, und alle unter Machtvollkommenheit der Vereinigten Staaten geſchloſſenen oder zu ſchließenden Verträge ſollen das höchſte Landesgeſetz, und die Richter in jedem Staate
daran gebunden ſein, was auch in der Conſtitution, Verfaſſung oder
den Geſetzen eines Staates dagegen ſein mag.

III. Die vorerwähnten Senatoren und Repräſentanten, und
die Mitglieder der verſchiedenen Staatsgeſetzgebungen und alle vollſtreckenden und gerichtlichen Beamten der Vereinigten, wie der einzelnen Staaten ſollen eidlich oder durch Gelöbniß verbindlich gemacht werden, dieſe Verfaſſung aufrecht zu halten; nie aber ſoll ein
an ein Religionsbekenntniß geknüpfter Eid zur Befähigung zu einem
Amte oder zu einem öffentlichen Auftrage im Dienſte der Vereinigten Staaten erfordert werden.

Siebenter Artikel.

Die Genehmigung der Verſammlungen von neun Staaten ſoll
zur Gründung dieſer Conſtitution zwiſchen den dieſelbe ſo genehmi-
genden Staaten hinreichend ſein.

Gegeben im Convent durch einmüthige Zuſtimmung der gegenwärtigen Staaten am 17. September

33

des Jahres unseres Herrn eintausend siebenhundert und siebenundachtzig, und dem zwölften der Unabhängigkeit der Vereinigten Staaten von Amerika. Zum Zeugniß dessen haben wir hier unsere Namen unterschrieben.

Die Constitution, obgleich 1787 festgestellt, wurde erst 1788 angenommen und trat erst 1789 in Wirksamkeit. Die Zahl der zu diesem Convent gewählten Abgeordneten war 65, von denen zehn nicht erschienen und sechzehn sich weigerten, die Constitution zu unterzeichnen. Die folgenden neununddreißig unterschrieben die Constitution:

New Hampshire — John Langdon, Nicholas Gilman.

Massachusetts — Nathaniel Gorham, Rufus King.

Connecticut — William Samuel Johnson, Roger Sherman.

New York — Alexander Hamilton.

New Jersey — William Livingston, David Brearley, William Patterson, Jonathan Dayton.

Pennsylvania — Benjamin Franklin, Thomas Mifflin, Robert Morris, George Clymer, Thomas Fitzsimons, Jared Ingersoll, James Wilson, Gouverneur Morris.

Delaware — George Read, Gunning Bedford jr., John Dickinson, Richard Basset, Jacob Broom.

Maryland — James M'Henry, Daniel of St. Thomas Jenifer, Daniel Carroll.

Virginia — John Blair, James Madison jr.

Nord=Carolina — William Blount, Richard Dobbs Spaight, Hugh Williamson.

Süd=Carolina — John Rutledge, Charles C. Pinkney, Charles Pinkney, Pierce Butler.

Georgia — William Few, Abraham Baldwin.

George Washington, Präsident.

William Jackson, Secretär.

Amendements

zur Constitution der Verein. Staaten, nach der Clausel des fünften Artikels der vorhergehenden Constitution ratificirt.

(Bei seiner ersten Sitzung unter der Constitution die 1789 in New York gehalten wurde, legte der Congreß den Legislaturen der verschiedenen Staaten zwölf Verbesserungen vor, von denen jedoch nur zehn angenommen wurden. Es sind die ersten zehn der folgenden Amendments, und sie wurden von drei Viertheilen der constitutionellen Zahl der Staaten am 15. December 1791 bestätigt. Das eilfte Amendment wurde in der ersten Sitzung des dritten Congresses vorgeschlagen und den beiden Häusern in einer, vom 8. Januar 1798 datirten Botschaft des Präsidenten der Vereinigten Staaten, als von der constitutionellen Zahl der Staaten angenommen, mitgetheilt. Das zwölfte Amendment, in der ersten Sitzung des achten Congresses vorgeschlagen, wurde, laut eines öffentlichen, vom 25. September 1804 datirten Berichts des Staatsministers, im Jahre 1804 durch die constitutionelle Zahl der Staaten angenommen.)

Erster Artikel.

Der Congreß soll kein Gesetz erlassen, wodurch irgend eine Religion zur herrschenden erklärt, oder die freie Ausübung einer andern verhindert, oder die Freiheit der Rede und Presse, oder das Recht des Volkes, sich friedlich zu versammeln und dem Congresse Petitionen für die Abhilfe von Uebelständen, wie Adressen vorzulegen, beschränkt würde.

Zweiter Artikel.

Da eine gutgeordnete Miliz zur Sicherheit eines freien Staates nöthig ist, so soll das Recht des Volkes, Waffen zu besitzen und zu führen, nicht geschmälert werden.

Dritter Artikel.

Kein Soldat soll in Friedenszeiten in irgend ein Haus ohne die Bewilligung des Eigenthümers, und selbst im Kriege nicht, außer nach gesetzlichen Bestimmungen, einquartirt werden.

Vierter Artikel.

Das Recht des Volkes, seine Personen, Häuser, Papiere und Effecten gegen unvernünftige Nachsuchungen sicher zu wissen, soll nicht angetastet und kein Durchsuchungsbefehl ausgestellt werden, außer auf wahrscheinliche Ursache, durch Eid oder Versicherung an Eidesstatt unterstützt und mit besonderer Beschreibung des zu durch= suchenden Platzes und der in Beschlag zu nehmenden Personen oder Effecten.

Fünfter Artikel.

Niemand soll eines Haupt= oder entehrenden Verbrechens wegen vor Gericht gezogen werden können, außer auf eine Vorlage und Anklage der Grand Jury; solche Fälle ausgenommen, welche sich bei der Land= oder Seemacht, oder bei der Miliz, wenn in activem Dienste, wie in Kriegszeit und in allgemeiner Gefahr ereignen. Niemand soll aber für ein und dasselbe Vergehen zweimal in Gefahr von Leben und Freiheit gebracht werden; eben so wenig soll er ge= zwungen sein, in irgend einem Criminalfall als Zeuge gegen sich selbst auszusagen, noch seines Lebens, seiner Freiheit oder seines Eigenthums beraubt werden dürfen ohne das gehörige Rechtsver= fahren. Auch soll Privateigenthum nicht ohne gerechte Vergütung zu öffentlichem Gebrauche verwendet werden dürfen.

Sechster Artikel.

Bei allen criminalrechtlichen Klagen soll dem Angeklagten das Recht eines schnellen und öffentlichen Verhörs zustehen, und zwar durch eine unparteiische Jury des Staates und Distrikts, in welchem das Verbrechen begangen sein soll, welcher Distrikt vorher recht= mäßig auszumitteln ist. Dann soll ihm die Natur und Ursache der auf ihm lastenden Beschuldigung mitgetheilt und er mit den gegen ihn aufgerufenen Zeugen confrontirt werden; auch steht ihm das Recht zu, Zeugen zu seinen Gunsten gerichtlich zum Erscheinen im Gerichtshofe zwingen zu lassen; eben so soll er die Unterstützung eines Advokaten zu seiner Vertheidigung haben.

Siebenter Artikel.

In Sachen des gemeinen Rechts, wo der fragliche Werth zwan= zig Dollars übersteigt, soll das Recht einer Prüfung durch Ge=

schworene vorbehalten bleiben und kein solcher, schon durch eine Jury
geprüfter Fall soll noch einmal in irgend einem andern Gerichtshofe
der Vereinigten Staaten, es sei denn nach den Vorschriften des ge=
meinen Gesetzes, vorgenommen werden.

Achter Artikel.

Ueberhohe Bürgschaft soll nicht verlangt werden, auch sollen keine
übermäßigen Geld=, noch grausame und ungewöhliche Gefängniß=
strafen auferlegt werden.

Neunter Artikel.

Die Aufzählung gewisser Rechte in der Constitution soll nicht da=
hin ausgelegt werden, als würden dem Volke dadurch andere Rechte
abgeleugnet oder vernachlässigt.

Zehnter Artikel.

Die den Vereinigten Staaten durch die Constitution weder über=
tragene, noch durch diese den Staaten untersagte Gewalt soll den
einzelnen Staaten, oder dem Volke darin, bewahrt bleiben.

Elfter Artikel.

Die gerichtliche Gewalt der Vereinigten Staaten soll nicht dahin
ausgedehnt werden können, daß sie in irgend einem Rechtsfalle,
welcher, nach gemeinem Rechte oder Billigkeitsverfahren, von Bür=
gern eines andern Staates oder Unterthanen einer fremden Macht
gegen einen Theil der Union begonnen oder betrieben würde, sich
einmische.

Zwölfter Artikel.

Die Wähler sollen in ihren respectiven Staaten zusammenkom=
men und durch Wahlzettel einen Präsidenten und Vicepräsidenten
ernennen, von denen jedoch Einer wenigstens nicht Bewohner des=
selben Staates mit ihnen sein darf. Sie haben in ihren Stimm=
zetteln ganz bestimmt die Person zu benennen, welche sie zum Präsi=
denten, und die, welche sie zum Vicepräsidenten wünschen; ferner
sollen sie genaue Listen aller der Personen, für welche zur Präsident=
schaft, und aller derjenigen, für welche zur Vicepräsidentschaft ge=
stimmt worden ist, wie auch die Zahl der Stimmen angeben, und
diese Listen sollen sie unterzeichnen und beglaubigen, und versiegelt

an den Regierungssitz der Vereinigten Staaten, „an den Präsiden=
ten des Senats" adressirt, einsenden. Der Präsident des Senats
soll dann in Gegenwart des Senats und des Hauses der Abgeord=
neten alle die Certificate eröffnen und die Stimmen sollen dann ge=
zählt werden. Derjenige, welcher die meisten Stimmen zur Präsi=
dentschaft hat, soll Präsident werden, wenn diese Zahl die Mehrheit
der Gesammtzahl der bestimmten Wähler ist, und wenn Niemand
eine solche Majorität hat, dann soll das Haus der Repräsentanten
sofort von Denen, welche die meisten Stimmen haben, jedoch aus
nicht mehr als Dreien, einen Präsidenten durch Abstimmung erwäh=
len. Bei der Wahl des Präsidenten aber sollen die Stimmen staa=
tenweise genommen werden, so daß die Repräsentation jedweden
Staates eine Stimme hat. Die hierzu erforderliche Zahl soll aus
einem Mitglied oder aus Mitgliedern von zwei Drittheilen der
Staaten bestehen, und eine Majorität aller Staaten soll zu einer
Wahl nothwendig sein. Und wenn das Haus der Repräsentanten,
sobald ihm das Recht der Wahl zufällt, bis zu dem Tage vor dem
4. März keinen Präsidenten erwählt hat, dann soll der Vicepräsident
als wirklicher Präsident fungiren, wie es bei einem Todesfall oder
anderer Regierungsunfähigkeit des Präsidenten der Fall gewesen
sein würde.

Derjenige, welcher die meisten Stimmen zur Vicepräsidentschaft
hat, soll Vicepräsident sein, wenn solche Zahl eine Majorität der
ganzen Zahl der bestimmten Wähler ist, und wenn Niemand eine
solche Majorität hat, dann soll der Senat aus den zwei höchsten
Zahlen der Liste den Vicepräsidenten wählen. Die erforderliche Zahl
hierzu soll aus zwei Drittheilen der ganzen Zahl der Senatoren
bestehen, und eine Majorität der ganzen Zahl ist zu einer Wahl
nöthig.

Aber Niemand, welcher der Constitution nach unwählbar für das
Amt des Präsidenten ist, soll wählbar zum Vicepräsidenten der Ver.
Staaten sein.

II.

Unabhängigkeits-Erklärung der Vereinigten Staaten.

Gegeben im Congreß am 4. Juli 1776.

Wenn im Laufe der Begebenheiten ein Volk genöthigt wird, die politischen Banden aufzulösen, welche es mit einem andern verein= ten, und unter den Mächten der Erde die gesonderte und gleiche Stellung einzunehmen, wozu es durch die Gesetze der Natur und deren Schöpfer berechtigt ist, so fordert die geziemende Achtung vor den Meinungen der Menschen, daß es die jene Trennung veranlas= senden Ursachen öffentlich verkünde.

Wir halten folgende Wahrheiten für klar und keines Beweises bedürfend, nämlich: daß alle Menschen gleich geboren; daß sie von ihrem Schöpfer mit gewissen unveräußerlichen Rechten begabt sind; daß zu diesem Leben, Freiheit und das Streben nach Glückseligkeit gehören; daß, um diese Rechte zu sichern, unter den Menschen Re= gierungen eingesetzt sind, deren gerechte Gewalten von der Zustim= mung der Regierten herkommen; daß jedesmal, wenn irgend eine Regierungsform zerstörend in diese Endzwecke eingreift, das Volk das Recht hat, jene zu ändern oder abzuschaffen, eine Regierung einzusetzen und diese auf solche Grundsätze zu gründen und deren Gewalten in der Form zu ordnen, wie es ihm zu seiner Sicherheit und seinem Glück am erforderlichsten scheint. Die Klugheit zwar gebietet, schon lange bestehende Regierungen nicht um leichter oder vorübergehender Ursachen willen zu ändern, und demgemäß hat alle Erfahrung gezeigt, daß die Menschen geneigter sind, die Leiden zu ertragen, so lange sie zu ertragen sind, als sich durch Vernichtung der Formen, an welche sie sich einmal gewöhnt, selbst Recht zu ver= schaffen. Wenn aber eine lange Reihe von Mißbräuchen und un= rechtmäßigen Eingriffen, welche unabänderlich immerdar den näm= lichen Gegenstand verfolgen, die Absicht beweist, das Volk dem ab= soluten Despotismus zu unterwerfen, so hat dieses das Recht, so ist

es seine Pflicht, eine solche Regierung umzustoßen und neue Schutz=
wehren für seine künftige Sicherheit anzuordnen. Von der Art war
auch das stille Dulden dieser Colonien, und von der Art ist nun die
Nothwendigkeit, welche sie das frühere System der Regierung zu
ändern zwingt. Die Geschichte des gegenwärtigen Königs von
England ist eine Geschichte von wiederholten Ungerechtigkeiten und
unrechtmäßigen Anmaßungen, welche alle die Errichtung einer
unumschränkten Tyrannei über diese Staaten bezwecken. Zum
Beweise dessen seien hiermit Thatsachen der unparteiischen Welt
vorgelegt.

Er hat seine Genehmigung den heilsamsten und nothwendigsten
Gesetzen für gemeine Wohlfahrt verweigert.

Er hat seinen Statthaltern verboten, Gesetze von unaufschiebbarer
und dringender Wichtigkeit rechtskräftig zu machen, oder er hat ihre
Wirkung suspendirt, bis seine Genehmigung dazu erlangt wurde,
und die so aufgeschobenen hat er zu beachten gänzlich vernachlässigt.

Er hat es verweigert, andere Gesetze zu zweckmäßiger Einrichtung
ausgedehnter Districte des Volkes zu genehmigen, es sei denn, daß
dieses Volk sein Vertretungsrecht bei der Gesetzgebung aufgeben
würde — ein Recht, dem Volke unschätzbar und nur furchtbar dem
Tyrannen.

Er hat gesetzgebende Körper in ungewöhnliche, unbequeme und
von den Bewahrungsörtern ihrer öffentlichen Urkunden entfernte
Plätze zusammenberufen, und dies aus der alleinigen Absicht, sie durch
Ermüdung zur Willfährigkeit gegen seine Maßregeln zu zwingen.

Er hat zu wiederholten Malen die Häuser der Repräsentanten
aufgelöst, weil sie sich mit mannhafter Festigkeit seinen Eingriff in
die Volksrechte widersetzten.

Er hat nach solchen Auflösungen für eine geraume Zeit die Wahl
anderer (Repräsentantenhäuser) zu veranstalten sich geweigert, wo=
durch die gesetzgebende Gewalt, welche nicht vernichtet werden kann,
dem gesammten Volke zur Ausübung wieder zugefallen ist und mitt=
lerweile der Staat allen Gefahren eines feindlichen Einfalls von
außen und Erschütterungen im Innern ausgesetzt blieb.

Er hat sich Mühe gegeben, das Steigen der Bevölkerung dieses
Staates zu verhindern, indem er zu diesem Endzwecke den Gesetzen

für die Naturalisation Fremder Hindernisse in den Weg legte, an=
dere Gesetze zum Ermuntern der Einwanderungen hieher zu erlassen
verweigerte und die Preisbedingungen zu neuem Ländererwerb
steigerte. Er hat die Handhabungen der Gerechtigkeitspflege gestört,
indem er seine Zustimmung zu Gesetzen, die Errichtung richterlicher
Gewalten bezweckend, verweigerte.

Er hat die Richter von seinem Alleinwillen abhängig gemacht in
Hinsicht der Dauer ihrer Aemter und des Betrages und der Bezah=
lung ihrer Gehalte.

Er hat eine Menge neuer Aemter errichtet, Schwärme von Be=
amten hierher geschickt, um unser Volk zu belästigen und seinen
Lebensunterhalt aufzuzehren.

Er hat mitten unter uns in Friedenszeiten stehende Heere, ohne
Zustimmung unserer gesetzgebenden Behörden, gehalten.

Es war sein Bestreben, die Kriegsmacht unabhängig von der
bürgerlichen Gewalt und erhaben über sie zu stellen.

Er hat sich mit andern verbündet, uns einer, unserer Verfassung
ganz fremden und von unsern Gesetzen nicht anerkannten Gerichts=
barkeit zu unterwerfen, indem er seine Genehmigung ihren Aus=
sprüchen angeblicher Gesetzgebung ertheilte, diese nämlich:

Zur Einquartierung starker bewaffneter Truppencorps bei uns;

Zur Beschützung derselben durch ein Scheingericht vor der Strafe
auf den Todtschlag, wenn sie ihn an den Bewohnern dieses Staates
begehen würden;

Zur Abschneidung unseres Handels mit allen Theilen der Welt;

Zur Auflage von Abgaben auf uns, ohne unsere Zustimmung;

Zur Beraubung der Wohlthat des Gerichtsverfahrens durch
Geschworene in mancherlei Fällen;

Zu unserer Transportirung übers Meer, um angeblicher Ver=
brechen wegen gerichtet zu werden;

Zur Vernichtung des freien Systems der englischen Gesetze in
einer benachbarten Provinz, indem er eine Willkürregierung in der=
selben einführte und ihre Grenzen erweiterte, um sie zu gleicher
Zeit als Muster und als taugliches Werkzeug für die Einführung
der nämlichen unumschränkten Herrschaft innerhalb dieser Colonieen
gebrauchen zu können;

Zur Wegnahme unserer Freiheitsbriefe, Vernichtung unserer werthvollsten Gesetze und Veränderung unserer Regierungsform von Grund aus;

Zur Suspendirung unserer eigenen Gesetzgeber und zur Ermäch= tigung jener, uns in allen und jeglichen Fällen Gesetze zu geben.

Er hat der Regierung hier entsagt, indem er uns außerhalb seines Schutzes erklärte und Krieg gegen uns führte.

Er hat unsere Meere geplündert, unsere Küsten verwüstet, unsere Städte verbrannt und Tod und Verderben über unser Volk gebracht.

Er hat, indem er gegenwärtig große Heere ausländischer Söld= linge überschifft, um das Werk des Todes, des Elendes und der Tyrannei zu vollenden, allbereits mit Handlungen von Treulosigkeit und Tyrannei begonnen, welche kaum ihres Gleichen selbst in den barbarischen Zeitaltern haben und des Hauptes einer civilisirten Nation völlig unwürdig sind. Er hat unsere auf hoher See gefan= genen Mitbürger gezwungen, die Waffen gegen ihr eigenes Vater= land zu tragen, die Henker ihrer Freunde und Brüder zu werden oder selbst durch deren Hände zu fallen.

Er hat unter uns innere Aufstände erregt und gegen die Bewoh= ner unserer Grenzen jene grausamen Indianer aufzubringen ge= trachtet, deren bekannte Kriegsweise ein rücksichtsloses Vertilgen jeg= lichen Alters, Geschlechts und Standes ist.

Bei jeglicher Stufe dieser Unterdrückungen haben wir auf das Allerunterthänigste um Abhilfe gebeten: unsern wiederholten Bitten wurde nur mit wiederholtem Unrecht geantwortet.

Ein Fürst, dessen Charakter durch eine jede Handlung so sehr den Tyrannen bezeichnet, ist untauglich, eines freien Volkes Herrscher zu sein.

Wir haben es aber auch nicht an Aufforderungen an unsere britischen Brüder fehlen lassen. Wir haben sie von Zeit zu Zeit vor dem Unternehmen gewarnt, durch ihre Gesetzgebung eine uner= laubte Rechtspflege über uns auszudehnen. Wir haben sie an die Umstände unserer Auswanderung und diesseitigen Niederlassung erinnert. Wir haben an ihre angeborene Gerechtigkeitsliebe und Hochherzigkeit appellirt und sie bei den Banden unserer gemeinsa= men Abkunft beschworen, jener angemaßten Herrschaft zu entsagen, die unvermeidlich unsere Verbindungen und Gemeinschaft unter= brechen würde. Aber auch sie waren taub gegen die Stimmen der Gerechtigkeit und der Blutsverwandtschaft. Daher müssen wir der Nothwendigkeit, welche unsere Trennung von ihnen erheischt, nach= geben und sie für das halten, wofür uns die übrige Menschheit gilt, für—Feinde im Krieg, für Freunde im Frieden.

Wir daher, die Volkspräsentanten der Vereinigten Staaten von Amerika, versammelt im Generalcongreß und den höchsten Richter der Welt für die Reinheit unserer Absichten zum Zeugen anrufend, verkünden hiermit feierlichst und erklären im Namen und aus Macht= vollkommenheit des guten Volkes dieser Colonieen, daß diese verein= ten Colonieen frei und unabhängige Staaten sind und es zu sein das Recht haben sollen; daß sie von allem Gehorsam gegen die britische Krone los und ledig gesprochen sind, und daß alle politische Verbindung zwischen ihnen und dem britischen Reiche gänzlich auf= gelöst ist und sein soll; daß sie als freie und unabhängige Staaten volle Gewalt haben, Krieg anzufangen, Frieden zu schließen, Bünd= nisse einzugehen, Handel zu treiben und alle andern Handlungen und Dinge zu verichten, wozu unabhängige Staaten rechtlich befugt sind. Und zur Aufrechthaltung dieser Erklärung verbürgen wir uns, mit festem Vertrauen auf den Schutz der göttlichen Vorsehung, wech= selseitig mit unserm Leben, unserer Habe und unserem Gut und un= serer unverletzlichen Ehre.

Unterzeichnet auf Befehl und in Vertretung desselben:

John Hancock, Präsident.
Charles Thompson, Secretär.

Josiah Bartlett.
William Whipple.
Matthew Thornton.
Samuel Adams.
John Adams.
Robert Treat Payne.
Elbridge Gery.
Stephen Hopkins.
William Ellery.
Roger Sherman.
Samuel Huntingdon.
William Williams.
Oliver Wollcott.
William Floyd.
Philipp Livingston.
Francis Lewis.
Lewis Morris.
William Paca.
Thomas Stone.
C. Carrol of Carrolton.
George Wythe.
Richard Henry Lee.
Thomas Jefferson.
Benjamin Harrison.
Thomas Nelson, jr.
Francis Lightfoot Lee.

Richard Stockton.
John Witherspoon.
Francis Hopkingson.
John Hart.
Abraham Clark.
Robert Morris.
Benjamin Rush.
Benjamin Franklin.
John Morton.
George Clymer.
James Smith.
George Taylor.
James Wilson.
George Roß.
George Read.
Thomas M'Kean.
Samuel Chase.
Carter Braxton.
Edward Rutledge.
Thomas Heyward, jr.
Thomas Lynch, jr.
Arthur Middleton.
Burton Gwinnet.
Lyman Hall.
George Walton.

III.
Bevölkerung der Vereinigten Staaten.
Siebenter Census 1850.

Staaten.	Weiße Bevölkerung.	Freie farbige Bevölkerung	Summa der Freien.	Sklaven.
Maine	581,763	1,325	583,088	—
New Hampshire	317,389	475	317,864	—
Vermont	312,756	710	313,466	—
Massachusetts	985,498	8,773	994,371	—
Rhode Island	144,012	3,543	147,555	—
Connecticut	363,189	7,415	370,604	—
New York	3,042,574	47,448	3,090,022	—
New Jersey	466,240	23,093	489,333	222
Pennsylvania	2,258,480	53,201	2,311,681	—
Delaware	71,289	17,957	89,246	2,289
Maryland	418,590	74,077	492,667	90,368
Virginia	894,149	53,906	948,055	473,026
Nord-Carolina *	552,477	27,271	579,748	288,412
Süd-Carolina	274,775	8,769	283,544	384,925
Georgia	513,083	2,586	515,669	362,966
Florida	47,120	926	48,046	39,341
Alabama	426,515	2,250	428,765	342,894
Mississippi	291,536	898	292,434	300,419
Louisiana	254,271	15,685	269,956	230,807
Texas	133,131	926	134,057	53,346
Arkansas	162,071	587	162,658	46,982
Tennessee	756,893	6,271	763,164	239,461
Kentucky	770,061	9,667	779,728	221,768
Missouri	592,077	2,544	594,621	87,422
Ohio	1,951,101	25,930	1,977,031	—
Michigan	393,156	2,547	395,703	—
Indiana	983,634	5,100	988,734	—
Illinois	853,059	5,293	858,352	—
Wisconsin	303,600	626	304,226	—
Jowa	191,830	292	192,122	—
Californien	200,000	—	200,000	—
Summa	19,517,885	409,200	19,927,085	3,164,648
Territorien.				
District Columbia	38,027	9,973	48,000	3,687
Minesota	6,192	—	6,192	—
New Mexico	61,632	—	61,632	—
Oregon	20,000	—	20,000	—
Utah	25,000	—	25,000	—
Im Ganzen	19,668,736	419,173	20,087,909	3,168,335

* 710 Indianer mitgerechnet.

Kurze Uebersicht.

	Freie Bevölkerung 1840.	Sklaven 1840.	Freie Bevölkerung 1850.	Sklaven 1850.
Freie Staaten	9,654,865	1,102	13,533,327	222
Sklavenstaaten	7,290,719	2,481,532	6,393,758	3,164,426
Distr. u. Territor.	117,769	4,721	160,824	3,687
Im Ganzen	17,063,353	2,487,355	20,087,909	3,168,335

———◆———

IV.

Das Wachsthum der Bevölkerung der Vereinigten Staaten.

Der Census von 1790 ergab 3,929,827

—	—	1800	—	5,305,941, also eine Zunahme von 35 pCt.
—	—	1810	—	7,239,814,	— — — — 36 „
—	—	1820	—	9,638,191,	— — — — 33 „
—	—	1830	—	12,866,020,	— — — — 33 „
—	—	1840	—	17,069,453,	— — — — 32 „
—	—	1850	—	23,256,244,	— — — — 36 „

Die Bevölkerung der Vereinigten Staaten nahm also in 60 Jahren um 19,326,417 zu, und zwar

an Weißen . . . um	16,456,797
an freien Farbigen . um	369,195
an Sklaven . . . um	2,500,425

V.

Bevölkerung der hauptsächlichsten Städte der Vereinigten Staaten.

(Nach den verschiedenen Zählungen.)

Städte.	1790	1800	1810	1820	1830	1840	1850*
Portland, Maine	—	3,677	7,169	8,581	12,601	15,218	26,819
Bangor, „	—	—	850	1,221	2,867	8,627	14,441
Manchester, N. H.	—	—	615	761	877	3,235	18,933
Boston, Maſſ.	18,038	24,027	32,250	43,298	61,392	93,383	138,788
Lowell, „	—	—	—	—	6,474	20,796	32,964
Springfield „	—	—	2,767	3,914	6,784	10,935	21,602
Salem, „	7,921	9,457	12,613	12,721	13,886	15,082	18,846
Providence, R. J.	—	7,614	10,071	11,767	16,832	23,171	41,513
New Haven, Conn.	—	—	5,772	7,147	10,180	14,890	22,539
Hartford, „	—	—	3,955	4,726	7,074	12,793	17,966
New York, N. Y.	33,131	60,489	96,373	123,706	203,007	312,710	515,394
Brooklyn, „	—	3,298	4,402	7,175	12,042	36,233	96,850
Albany, „	3,498	5,349	9,356	12,630	24,238	33,721	50,771
Buffalo, „	—	—	1,508	2,095	8,654	18,213	40,266
Rocheſter, „	—	—	—	1,502	9,269	20,191	36,561
Williamsb., „	—	—	—	—	1,620	5,680	50,786
Troy, „	—	—	3,885	5,264	11,401	19,334	28,785
Syracuſe, „	—	—	—	—	—	6,502	22,235
Utica, „	—	—	—	2,972	8,323	12,782	17,240
Newark, N. J.	—	—	—	6,507	10,953	17,290	38,885
Trenton, „	—	—	—	—	—	4,035	6,766
Paterſon, „	—	—	—	—	—	7,596	21,341
Philadelphia, Pa.	42,520	70,287	96,664	108,116	167,188	258,037	409,353
Pittsburg, „	—	1,565	4,768	7,248	12,542	21,115	46,601
Reading, „	—	—	—	—	—	8,410	15,821
Lancaſter, „	—	—	—	—	—	8,417	12,382
Harrisburg, „	—	—	—	—	—	6,020	8,173
Pottsville, „	—	—	—	—	—	4,337	7,496
Baltimore, Md.	13,503	26,614	46,555	62,738	80,626	134,379	169,012
Waſhington, D.C.	—	3,210	8,208	13,247	18,827	23,364	40,001
Richmond, Va.	—	5,537	9,735	12,046	16,060	20,153	27,483
Charleston, S. C.	16,359	18,712	24,711	24,480	30,289	29,261	42,806
Savannah, Ga.	—	—	—	7,523	9,748	11,214	27,841
Mobile, Ala.	—	—	—	—	3,194	12,672	20,513
Naſhville, Tenn.	—	—	—	—	5,566	6,929	17,502
Louisville, Ky.	—	—	1,357	4,012	10,352	21,210	43,217
Cincinnati, Ohio	—	750	2,540	9,644	24,831	46,338	116,108
Columbus, „	—	—	—	—	2,435	6,048	17,367
Cleveland, „	—	—	547	606	1,076	6,071	17,074
Zanesville, „	—	—	—	—	—	4,766	10,355
Detroit, Mich.	—	—	—	1,422	2,222	9,102	21,057
New Albany, Ind.	—	—	—	—	—	4,226	9,785
Madiſon, „	—	—	—	—	—	3,798	8,037
Indianapolis, „	—	—	—	—	—	2,692	8,034
Chicago, Ill.	—	—	—	—	—	4,479	28,269

* Noch nicht revidirt in der Cenſus-Office.

Städte.	1790	1800	1810	1820	1830	1840	1850
Milwaukie, Wisc.	—	—	—	—	—	1,700	20,026
Racine, "	—	—	—	—	—	2,000	5,111
Dubuque, Jowa	—	—	—	—	—	1,300	3,710
Burlington, "	—	—	—	—	—	1,300	5,102
St. Louis, Mo.	—	—	—	4,598	5,852	16,469	82,744
Little Rock, Ark.	—	—	—	—	—	3,000	4,138
New Orleans, La.	—	—	17,242	27,176	46,310	102,193	119,285
Galveston, Texas	—	—	—	—	—	—	6,000
Santa Fé, N.Mex.	—	—	—	—	—	—	7,713
City of the Great Salt Lake, Utah	—	—	—	—	—	—	12,000
S. Francisco, Cal.	—	—	—	—	—	—	15,000
Sacramento, "	—	—	—	—	—	—	8,000
Oregon City, Oreg.	—	—	—	—	—	—	702

VI.

Religiöse Sekten der Vereinigten Staaten.*
(Nach Berichten aus den Jahren 1844–1851.)

Name.	Kirchen	Priester	Glieder.
Römische Katholiken	1,073	1,081	1,233,350
Protestantische Episcopalen	1,232	1,497	67,550
Presbyterianer, alte Schule	2,675	2,027	210,306
" neue "	1,579	1,489	140,060
Cumberland-Presbyterianer	480	350	50,000
Presbyterianer anderer Bekenntnisse	530	293	45,500
Holländisch-Reformirte	282	299	33,980
Deutsch-Reformirte	261	273	70,000
Evangelisch-Lutherische	1,604	663	163,000
Herrnhuter	22	24	6,000
Methodistische Episcopalen (Nord)	—	3,984	662,315
Methodistisch-protestantische Kirche	—	740	64,313
Reformirte Methodisten	—	75	3,000
Wesleyan'sche Methodisten	—	600	20,000
Deutsche Methodisten (Verein. Brüder)	1,800	500	15,000
Allbright-Methodisten (Evangel. Gesellsch.)	600	250	15,000
Mennoniten	400	250	58,000
Orthodoxe Congregationalisten	1,971	1,687	197,196
Unitarische Congregationalisten	245	250	30,000
Universalisten	1,194	700	60,000
Swedenborgianer	42	30	5,000
Reguläre Baptisten	8,872	5,509	719,290
Baptisten der sechs Grundsätze	21	25	3,586
" des siebenten Tages	53	43	6,243
" des freien Willens	1,252	1,082	56,452
" der Kirche Gottes	97	128	10,102
Reformirte Baptisten (Campbelliten)	1,848	848	118,618
Christliche Baptisten (Unitarier)	607	498	3,040
Anti-Mission-Baptisten	2,023	897	64,738

* Dem "American Almanac" für das Jahr 1852 entnommen.

VII.

Wann, wo und durch wen ein Staat zuerst angesiedelt und in welchem Jahre jeder Staat der Union einverleibt wurde.

Staaten.	Jahr der Ansiedlung.	Ort der ersten Ansiedlung.	Abstammung der ersten Ansiedler.	Aufgenom. in die Union
Virginia	1607	Jamestown	Englisch	Die 13 ursprünglichen Staaten.
New York	1614	New York	Holländisch	
Massachusetts	1620	Plymouth	Englisch	
New Hamshire	1623	Dover	"	
New Jersey	1624	Bergen	Holländisch	
Connecticut	1633	Windsor	Englisch	
Maryland	1634	St. Mary	"	
Rhode Island	1636	Providence	"	
Delaware	1638	Wilmington	Schwedisch	
North Carolina	1650	Albemarle	Englisch	
South Carolina	1670	Charleston	"	
Pennsylvania	1681	Philadelphia	"	
Georgia	1733	Savannah	"	
Vermont	1724	Fort Dummer	"	1791
Kentucky	1775	Boonsboro'	Ver. Staaten	1792
Tennessee	1756	Fort London	Englisch	1796
Ohio	1788	Marietta	Ver. Staaten	1802
Louisiana	1699	Iberville	Französisch	1812
Indiana	1690	Vincennes	"	1816
Mississippi	1716	Natchez	"	1817
Illinois	1683	Kaskaskia	"	1818
Alabama	1702	Nahe Mobile	"	1819
Maine	1630	York	Englisch	1820
Missouri	1763	St. Genevieve	Französisch	1821
Arkansas	1685	Arkansas Post	"	1836
Michigan	1670	Detroit	"	1837
Florida	1565	St. Augustine	Spanisch	1845
Texas	1692	Bexar	"	1845
Iowa	1833	Burlington	Ver. Staaten	1846
Wisconsin	1836	—	"	1847
California	—	—	"	1850

VIII.

Präsidenten der Ver. Staaten seit Annahme der Constitution.

1. Georg Washington aus Virginien vom 30. April 1789—3. März 1797.
2. John Adams " Massachusetts " 4. März 1797—3. " 1801.
3. Thomas Jefferson " Virginien " 4. " 1801—3. " 1809.
4. James Madison " " " 4. " 1809—3. " 1817.
5. James Monroe " " " 4. " 1817—3. " 1825.
6. John Quincy Adams " Massachusetts " 4. " 1825—3. " 1829.
7. Andreas Jackson " Tennessee " 4. " 1829—3. " 1837.
8. Martin Van Buren " New York " 4. " 1837—3. " 1841.
9. Wilh. Heinrich Harrison * " Ohio " 4. " 1841—4. April 1841.
10. John Tyler " Virginien " 4. April 1841—3. März 1845.
11. James Knox Polk " Tennessee " 4. März 1845—3. " 1849.
12. Zacharias Taylor * " Louisiana " 5. " 1849—9. Juli 1850.
13. Millard Fillmore " New York " 9. Juli 1850—3. März 1853.

* Starb während der Dienstzeit.